Norwegen

Michael Möbius
Annette Ster

Inhalt

Am Rande des Kontinents

Routen durch Norwegen

Der Süden

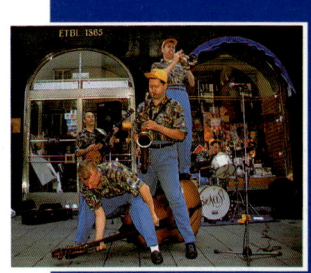

Ins ›Reich der Mitte‹

Serviceteil

Verzeichnis der Karten und Pläne

Auf den Karten dieses Buches finden sich die Ortsbezeichnungen in der im Norwegischen üblichen Form, d. h. mit angehängtem bestimmtem Artikel, der im Text der besseren Lesbarkeit wegen in der Regel weggelassen wurde (Vestfjord-en, Lakselv-a, Hardangerjøkul-en etc.).

Am Rande des Kontinents

›Die Schweiz am Meer‹ –
Ein geographischer Steckbrief

Gäbe es einen Preis für das Land mit der bizarrsten geographischen Gestalt – Norwegen, an der schmalsten Stelle lediglich 6,3 km breit, doch in der Luftlinie 1752 km lang, wäre seiner würdig. Im äußersten Nordwesten unseres Kontinents gelegen, zieht es sich in einem Bogen aus Bergen, Wäldern und Fjorden längs dem Westrand der skandinavischen Halbinsel über mehr als 14 Breitengrade hin und kann in der Form an einen kauernden Löwen erinnern, dessen gewaltige Kopf- und Schulterpartie im Westen ruht, dessen Vorderpranken den Südwesten bilden und dessen langer Schwanz zusammengerollt an der Grenze zu Finnland und Rußland im hohen Norden endet.

Die Längserstreckung Norwegens, die etwa der Distanz Oslo – Rom entspricht, ist die größte Europas, wie auch die Länge der norwegischen Küste auf diesem Kontinent nicht ihresgleichen findet. Zwischen dem Skagerrak im Süden und der Barentssee im Nordosten wird sie von ungezählten Fjorden und Buchten gegliedert, und beträgt ihr grober Umriß etwa 2650 km, so ergibt eine detaillierte Messung 21 347 km, was beinahe gleich dem halben Erdumfang ist. Dabei berücksichtigt diese eindrucksvolle Zahl noch nicht einmal die Küstenlinien von Spitzbergen (Svalbard) und einigen anderen Besitzungen in der Arktis und Antarktis sowie die Küstenlinien der dem Festland vorgelagerten 150 000 Inseln, die allein schon weitere 35 662 km umfassen.

Als das hervorstechendste Merkmal dieses Landes, dessen Bevölkerung zu rund 80 % in Sichtweite der Küste lebt, kann also seine enge Verbundenheit mit dem Meer gelten, was auch der Name ›Norwegen‹ veranschaulicht. Er geht auf das altnordische Wort Nordvegr zurück und bezieht sich als ›der Weg nach Norden‹ auf den Seeweg, der für viele Jahrhunderte das entscheidende Bindeglied zwischen den weit verstreut liegenden Gemeinden Norwegens darstellte. Überlandrouten nämlich gab es bis in unsere Zeit hinein nur wenige. Zudem waren sie gefahrvoll und zeitraubend, denn neben allem anderen präsentiert sich Norwegen auch als steilstes Bergland. Ein Viertel der gesamten Landesfläche erhebt sich höher als 1000 m über den Meeresspiegel, und mehr als die Hälfte des Gebietes liegt noch über 500 m hoch.

Somit zählt Norwegen auch zu den gebirgigsten Ländern Europas, und es ist, als ob »ein ungeheures Felsengebirge mit all seinen Hängen und Thälern, Zinnen und Wänden in das Meer gesunken wäre«, wie es Ferdinand Krauß in seiner ›Nordlandfahrt‹ im 19. Jahrhundert ausdrückte. Dieses Felsengebirge, das Norwegen in seiner gesamten Länge durchläuft, heißt das Kaledonische und ist, nach den Alpen, das längste und auch höchste Gebirge Europas. Hier finden sich, neben anderen Superlativen, die größten und mächtigsten Gletscher sowie ausgedehntesten Hochebenen unseres Kontinents ebenso wie die höchsten Wasserfälle und tiefsten Seen. Die Bilder wechseln oft auf engstem Raum: Genießt man gerade noch das Gegenspiel schwarzer Schluchten und farbenfroher Blumentäler, so schon wenig später den

Blick auf weite Tundrasteppen zwischen eisverbrämten Riesen.

Norwegen, »die Schweiz am Meer«, schwärmte Honoré de Balzac, ist einzigartig, ja überwältigend und hebt sich mit seiner außergewöhnlichen Vielfalt an Naturformen deutlich von allen anderen Ländern Europas ab. Diesem Umstand verdankt es heute seine touristische Beliebtheit, doch bei aller Begeisterung für Norwegens urtümliches Erscheinungsbild vergißt der Reisende nur zu schnell, daß das Königreich auch ein selten gutes Beispiel für ein Land abgibt, »das von der Natur stiefmütterlich bedacht wurde ...«, wie es Jean Baptiste Bernadotte, Napoleons Ex-Marschall, ausdrückte, als er 1818 auf den schwedisch-norwegischen Thron stieg.

Zwar ist Norwegen das sechstgrößte Land Europas und etwa so groß wie Deutschland, doch von der gesamten Landesfläche (324 000 km^2) bestehen rund 74 % aus Gebirgs- und Ödland sowie Gewässern und sind nur etwa 3 % agrarwirtschaftlich nutzbar. Das gilt als Weltrekord, der nur von Island überboten wird, und das erklärt auch, warum hier, im Verhältnis zur Landesgröße, sehr wenige Menschen leben. Die Bevölkerungsdichte gering zu halten, ist geradezu ein Imperativ der norwegischen Geschichte, und schon die Eroberungsfahrten der Wikinger wurden vom Landhunger ausgelöst. Heute zählt man ca. 4,4 Mio. Einwohner, rund 13,6 pro Quadratkilometer, womit Norwegen, nach Island, auch das am dünnsten besiedelte Land Europas ist. Dabei ist die Bevölkerung keineswegs gleichmäßig über das Land verteilt, sondern divergiert, je nach Region, sehr stark. In ganz Nord-Norwegen, das etwa ein Drittel der Landesfläche ausmacht, leben gegenwärtig nur rund 470 000 Einwohner, wohingegen im Großraum Oslofjord jeder dritte Norweger zu Hause ist. Auch diese äußerst ungleichmäßige Verteilung ist dem Naturraumpotential geschuldet, das sich in den verschiedenen Regionen des Landes eben ganz unterschiedlich präsentiert.

Bauernhof im nordwestlichen Jotunheimen

Landeskunde im Schnelldurchgang

Lage (ohne Spitzbergen, Jan Mayen und die antarktischen Gebiete)
– Südlichster Punkt: 57° 57′ 31″ N. (entspricht in etwa der Lage von Anchorage in Süd-Alaska)
– Nördlichster Punkt: 71° 11′ 8″ N. (entspricht in etwa der Lage von Mittel-Grönland)
– Westlichster Punkt: 4° 30′ 13″ O. (entspricht in etwa der Lage von Paris)
– Östlichster Punkt: 31° 10′ 4″ O. (entspricht in etwa der Lage von Istanbul)

Staatsform: Parlamentarische Erbmonarchie

Geographische Strukturdaten
Fläche: 323 883 km^2 ohne Spitzbergen (62 050 km^2), Jan Mayen (373 km^2) und die Gebiete der Antarktis (ca. 63 000 km^2). Von dieser Landfläche sind rund 23 % bewaldet, 74 % bestehen aus Gebirgs- und Ödland sowie Gewässern und nur 3 % sind landwirtschaftlich nutzbar.
Landesbreite: maximal 430 km; minimal 6,3 km
Größte **Länge** (Luftlinie): 1752 km
Küstenlinie ohne Fjorde, Buchten, Inseln: 2650 km; inkl. Fjorde und Buchten (ohne Inseln): 21 347 km; Küstenlinie der Inseln: 35 662 km
Anzahl der **Inseln** und Eilande: ca. 150 000 (davon 2000 bewohnt)
Höchste **Berge:** Galdhøpiggen (2469 m), Glittertind (2465 m), Skagastølstind (2405 m)
Längste **Fjorde:** Sognefjord (204 km), Hardangerfjord (179 km), Trondheimsfjord (126 km)
Längste **Flüsse:** Glomma (617 km), Tana (360 km), Numedalslågen (337 km)
Größte **Binnenseen:** Mjøsa (368 km^2), Røssvatn (210 km^2), Femund (201 km^2)
Gletscher: Rund 1700 Gletscher bedecken über 3300 km^2, die größten sind der Jostedalsbreen (ca. 1000 km^2 inkl. der benachbarten Firnfelder), Svartisen (368 km^2), Folgefonn (212 km^2)
Die wichtigsten **Städte:** Oslo: ca. 500 000 Einw., Bergen: ca. 230 000 Einw., Trondheim: ca. 150 000 Einw., Stavanger: ca. 102 000 Einw., Kristiansand: ca. 68 000 Einw.
Landesgrenzen: 1619 km mit Schweden, 727 km mit Finnland, 196 km mit Rußland

Bevölkerung
Einwohner: ca. 4,4 Mio., von denen rund 29 % auf dem Land und 71 % in Städten und Ballungsgebieten leben (in Deutschland leben rund 80 Mio. Menschen, der Anteil der Stadtbevölkerung beträgt 90 %)
Bevölkerungsdichte: ca. 13,6 Einw./km^2 (BRD: ca. 223 Einw./km^2)
Ethnische Minderheiten: ca. 30 000 Samen (Lappen) und 7000 Kvener (baltischen Ursprungs)
Geburtenüberschuß: ca. 0,6 %
Lebenserwartung: 75 Jahre für Männer und 81 Jahre für Frauen
Religion: 88 % evangelisch-lutherische Christen

Facettenreiche Landschaften –
Die fünf Großräume Norwegens

Traditionell wird Norwegen in fünf Groß-
räume eingeteilt: das längs der Skager-
rak-Küste sich erstreckende Sørland
(Südland), das wald- und bergreiche
Østland im Südosten, das hochgelegene
Vestland (Westland) im Südwesten an
der Nordsee-Küste, das Gebiet von Trøn-
delag in der Mitte sowie Nord-Norge
(Nord-Norwegen), das zum allergrößten
Teil nördlich des Polarkreises liegt.

Sørland

Sørland, der mit rund 16 500 km² kleinste Landesteil, setzt sich im administrativen Sinn aus den beiden *fylker* (Regie-
rungsbezirke) **Aust- und Vest-Agder**
zusammen und schiebt sich wie ein Keil
ins Landesinnere. Ca. 250 000 Menschen wohnen hier, mehr als 80 % direkt
an der stark zerlappten Schärenküste,
die, Fjorde und Buchten eingerechnet,
allein schon etwa 2700 km lang ist. Ihr
entlang finden sich kleine, pittoreske Kü-
stenorte, beeindruckend schöne Sandstrände. Weil die Region vor den von
Westen kommenden Regenwolken geschützt ist, liegt die Niederschlagsmen-
ge weit unter dem Landesdurchschnitt
und ist es hier am wärmsten und sonnigsten. Das milde Klima begünstigt

In Risør

nicht nur Vegetation und Landwirtschaft, sondern hat auch dazu beigetragen, daß viele Norweger ihre Sommerferien an der ›Sonnenküste‹ verbringen. Landeinwärts schließt sich eine durch Hügel und mäßig hohe Berge modellierte Landschaft an, die eher mit dem Harz als mit den Alpen vergleichbar ist und von jeher Raum für Landwirtschaft sowie insbesondere Holzindustrie bot. Gen Norden ist das Land von tief eingeschnittenen Taltrögen gegliedert, die schon seit Urzeiten Standorte bäuerlicher Siedlungen sind und schließlich hinaufführen zu den Bergregionen an der Grenze zwischen Sør- und Østland.

Østland

Østland, das mit rund 95 000 km² einen Anteil von nahezu 30 % an der norwegischen Staatsfläche hat, besteht aus den acht Provinzen Telemark, Buskerud, Oppland, Hedmark, Oslo, Akershus sowie Vest- und Østfold und umfaßt, abgesehen nur von den Fjorden des Westens, eigentlich alle Landschaftstypen, die für Norwegen in seiner Gesamtheit charakteristisch sind. Hier ist jeder zweite Norweger zu Hause, hier finden sich die größten Industriezentren ebenso wie die ausgedehntesten Wälder und landwirtschaftlichen Nutzflächen des Landes.

Gletscherwanderung in Jotunheimen

Das Gebiet rings um den Oslofjord, wozu die *fylker* **Oslo, Akershus, Vest- und Østfold** zusammengefaßt werden, gilt als Norwegens ›klassische Erde‹. Hier, wo nur 0,5 % der Landesfläche höher als 300 m liegen, ließen sich vor etwa 10 000 Jahren die ersten Siedler nieder, woran noch insgesamt über 2000 Zeugnisse – meist Felszeichnungen – erinnern. Das Land ist fruchtbar, besteht entsprechend zu über einem Fünftel aus landwirtschaftlichen Nutzflächen, trägt aber auch viel Wald und kann alles in allem rege an Schweden erinnern, woran es grenzt.

Die Provinzen **Hedmark und Oppland,** heute in Prospekten unter der touristischen Werbeformel ›Troll-Park‹ vereint, entsprechen schon mehr dem Bild, das man sich gemeinhin von Norwegen macht. Zwar hat die Region als einzige des Landes keinen Zugang zur Küste, doch macht sie diesen ›Mangel‹ in allen anderen Bereichen wieder mehr als wett, weshalb sie sich allergrößter Beliebtheit bei Touristen aus dem In- und Ausland erfreut. Der gesamte Bereich, zusammen über 52 000 km² groß, präsentiert sich als ein dichtes Beieinander von Naturereignissen. Hier ist es, wo noch »ewig die Wälder singen« – insbesondere in der zu mehr als 50 % bewaldeten Hedmark, wo neben den größten Binnenseen des Landes auch die angeblich schönsten Bergseen locken; wo gleich sechs Nationalparks zu finden sind und mit Jotunheimen, Dovrefjell und Rondane die wildesten und höchsten Gebirgszüge Nordeuropas. Doch auch die traditionsreichsten norwegischen Bauerntalungen – allen voran das Gudbrandsdal – erstrecken sich in diesem von der Natur so sehr verwöhnten Landstrich, zu dessen kulturellen Attraktionen u. a. auch zahlreiche Stabkirchen zählen.

Natur und Kulturgeschichte schön vereint – das also macht den Reiz sowohl des Oslofjord-Gebietes als auch des ›Troll-Parks‹ aus, und nicht anders verhält es sich mit den beiden Bezirken dieses Landesteiles, die den Raum zwischen dem Sørland im Süden, Oslofjord im Osten und Oppland im Norden bezeichnen. **Buskerud** erstreckt sich vom Westufer des Oslofjordes bis fast an den Sognefjord und zeigt auf einer Fläche von rund 15 000 km² einen Querschnitt nahezu aller Naturschönheiten des Königreiches. Gegliedert wird der Bezirk durch zwei von Süd nach Nord verlaufende Talzüge. Durch das Hallingdal führt die sogenannte ›Märchenstraße‹, durch das Numedal die ›Silberstraße‹. Beide treffen im Bergort Geilo zusammen, einem der beliebtesten Wintersport-Orte Norwegens und ›Tor zur Hardangervidda‹. Dieses Hochfjellplateau umfaßt ein Areal von mehr als 9000 km² – was knapp 3 % der norwegischen Landesfläche entspricht – und ist damit das größte Gebirgsplateau Europas. In einer Höhenlage zwischen 1000 und 1200 m trägt es ein arktisches Pflanzenkleid, ist Heimat wilder Rentiere wie auch Wölfe und Vielfraße und lockt als rauheste Wildnis des Südens zu allen Jahreszeiten Liebhaber der Natur an.

So auch die **Telemark,** die ebenfalls teilhat an der Hardangervidda und lediglich zu 2 % aus landwirtschaftlichen Nutzflächen besteht. Gewässer bedecken hier gleich 7 % des gesamten Areals – das ist Landesrekord. Weit über die Grenzen hinaus wurde diese Provinz zudem als ›Wiege des Skisports‹ bekannt. Auch die Rosenmalerei ist hier beheimatet, und wie es heißt, werden nirgendwo sonst in Norwegen die traditionellen Handwerkstechniken so sehr gepflegt wie in der Telemark, die wegen ihrer Vielfalt an Landschaftsformen

Bergen: Blick auf die Tyske Brygge

auch als ›Norwegen en miniature‹ bekannt ist und an der Skagerrak-Küste im Süden vielleicht die malerischsten Holzhausstädtchen des Königreiches überhaupt umfaßt.

Vestland

Als ›Land der Fjorde‹ ist Norwegen weltweit ein Begriff, doch als ›Fjordland‹ im engeren Sinn wird eigentlich nur die Küste zwischen Stavanger im Süden und Molde im Norden zusammengefaßt. Im Norwegischen heißt dieser Landesteil Vestland, er umfaßt die vier Provinzen Rogaland, Hordaland, Sogn og Fjordane sowie Møre-Romsdal, die mit über 18 000 km Küstenlinie traditionell zum Meer hin ausgerichtet sind. Entsprechend leben die rund 1,1 Mio. Fjordländer, die etwa ein Viertel der norwegischen Gesamtbevölkerung stellen, überwiegend in den schärenreichen Küstenzonen, von denen aus die tief ins Land, ja teils ins Hochgebirge schneidenden Fjorde ihren Ausgang nehmen. Hier ist es zu finden, das Norwegen der Reiseprospekte, das durch die Nordland-Begeisterung des wilhelminischen Deutschland schon zu Beginn unseres Jahrhunderts zu einem Eldorado des Fremdenverkehrs wurde. Tourismus ist entsprechend eine wichtige Einnahmequelle, doch auch die Fischerei, der traditionelle Haupterwerbszweig in diesem Landesteil, spielt eine beachtliche Rolle, wird aber seit den späten 60er Jahren von der Ölwirtschaft bei weitem überflügelt.

Die Ölmetropole Norwegens heißt Stavanger. Sie ist Hauptstadt von **Rogaland,** dem südlichsten Fjordbezirk, und die Stadt mit den größten Kontrasten im ganzen Land. Altes und Neues liegen hier dicht beieinander. Das Stadtbild präsentiert sich auf Schritt und Tritt in anderen Facetten, und genauso vielfältig stellt sich auch die Natur dieses rund

9000 km² großen Gebietes dar, aus dem dereinst die Wikinger zu ihren Reisen aufbrachen. Nicht nur die Nordsee zeigt hier, am Übergang zwischen der Süd- und Westküste, ganz unterschiedliche Gesichter, sondern auch im Binnenland wechseln Fjordarme, die sich tief in die Berge eingegraben haben, mit stillen Gebirgsseen, schroffen Felswänden, aber auch saftiggrünen Wiesen und wogenden Kornfeldern.

Im Fjordland gibt es hunderte Fjorde, und alle haben ihren ganz besonderen Reiz, doch der weit verzweigte Hardangerfjord, der rund 180 km tief ins Bergland reicht, gilt vielen als der schönste. Seinen imposanten Hintergrund bildet die Eiskrone des Folgefonn-Gletschers, tosende Wasserfälle ergießen sich in seine bis 860 m messende Tiefe, und Obstbäume, fast eine halbe Million an der Zahl, säumen seine Ufer. Dieser Fjord erstreckt sich im **Hordaland.** Er dominiert die rund 16 000 km² große Provinz derart, daß sie oft auch als Hardangerland bezeichnet wird. Hier kommen sie her, die berühmten Segler vom Hardangertyp, auch Norwegens Nationalinstrument, die Hardangerfidel, ist hier zu Hause, und in den Werken vieler Künstler hat die Schönheit der so außerordentlich kontrastreichen Landesnatur tiefe Spuren hinterlassen.

Da verwundert es auch nicht, daß keine Stadt Norwegens so viele bedeutende Künstler hervorgebracht hat wie **Bergen,** Hauptstadt der Provinz, Metropole von Vestland, bis ins 19. Jahrhundert hinein wichtigste und größte Stadt Norwegens und vor rund 600 Jahren zu Recht als glanzvolle »Hauptstadt des Nordens« gepriesen. Seinerzeit war sie bedeutender als Kopenhagen oder Stockholm und schon gar als Oslo, das es bis heute nicht geschafft hat, Bergen den Rang als Kulturmetropole des Landes

abzulaufen. Die Stadt mit den vielleicht beeindruckendsten Sehenswürdigkeiten ist sie obendrein – man denke nur an die berühmte Tyske Brygge aus der Hansezeit –, und weil sie obendrein als schönste Stadt des Landes gilt, verzeichnet die ›Europäische Kulturstadt 2000‹ auch die meisten Übernachtungen im Jahr.

So weltoffen wie die etwa 230 000 Bergenser, so eigenbrödlerisch und verschlossen sind die ca. 110 000 Einwohner von **Sogn og Fjordane** – sagen zumindest die Bergenser und bezeichnen die Grenze zwischen Hordaland und Sogn og Fjordane auch als ›Bibelgürtel‹. In der Tat erfreut sich in dieser rund 19 000 km² großen Provinz die fundamentalistische Christliche Volkspartei größter Beliebtheit und auch mancherlei Aberglaube wird gepflegt. Verstehen kann man es: Die Natur ist wild, selbst für norwegische Verhältnisse oft geradezu unwirtlich, das Landschaftsbild wird vollkommen von Fjorden und dem sie unmittelbar flankierenden Hochfjell bestimmt. Der eindrucksvollste Zeuge der pleistozänen Vereisung Norwegens ist zweifellos der Sognefjord, der ›König der norwegischen Fjorde‹, der sage und schreibe 204 km weit ins Land hineinreicht, somit der längste und – mit bis zu 1300 m Tiefe – auch der tiefste Fjord der Welt ist. An manchen Stellen wird er von über 1000 m hohen, senkrecht aufragenden Felswänden umschnürt, hinter seinem Ostende türmt sich Jotunheimen auf, und im Norden der weit verzweigten Wasserstraße schließlich erstreckt sich der Jostedalsbreen – Europas größter Festlandgletscher. Eine Bootsfahrt auf dem Sognefjord gehört zu den ganz großen Erlebnissen einer Skandinavien-Reise, und dies um so mehr, als an seinen Ufern auch einige der berühmtesten Stabkirchen Norwegens stehen, wie sich in Sogn og Fjordane überhaupt mehr Stabkirchen als in anderen Provinzen befinden.

Ebenfalls nur mit einem Superlativ kann man dem nördlich angrenzenden Bezirk **Møre-Romsdal** (15 000 km²) gerecht werden, den Bjørnstjerne Bjørnson, einer der großen unter Norwegens Literaten, angeblich im Sinn gehabt haben soll, als er den Ausspruch tat:»Wenn die Vereinigten Staaten Gottes eigenes Land sind, dann wurde Norwegen mindestens vom Heiligen Geist erschaffen.« Für viele der jährlich in immer größerer Zahl anreisenden Besucher ist es hier und nirgends sonst zu finden, das ›wirkliche‹ Norwegen. Schon seit über 100 Jahren gehen Postkarten vom Geirangerfjord, dem ›Fjord aller Fjorde‹, um die Welt. Weltberühmt auch sind der Trollveggen – Europas höchste senkrechte Felswand – sowie der Trollstigen, der wie kaum eine andere Straße ins luftige Reich der Wolken entführt.

Trøndelag

Viele Gebiete Norwegens erheben für sich den Anspruch, alle Vorzüge der norwegischen Naturlandschaft innerhalb ihrer Grenzen zu vereinigen, und auch Trøndelag, das ›geographische Herz Norwegens‹, macht da keine Ausnahme. Voller Stolz verkünden die rund 380 000 Einheimischen, ihr Landesteil sei *Norge i ett nøtteskall,* Norwegen in einer Nußschale. Das trifft auch zu in diesem 41 000 km² umfassenden Raum, der in geographischer wie landschaftlicher Hinsicht den Übergang zwischen Süden und Norden bildet und folglich auch als Mittel-Norwegen bezeichnet wird. Das Gebiet erstreckt sich von den seenreichen Wald- und Hochfjellflächen an der Grenze zu Schweden über weite Taleinschnitte bis hin zur wild zerklüfteten Fjordküste im Westen. Trotz der nördlichen Breite, die der von Island und Süd-Grönland entspricht, ist hier die Landwirtschaft überaus ertragreich. Es gedeihen Obst, Gemüse und Getreide; während im Landesdurchschnitt nur rund 2 % der erwerbstätigen Norweger in der Land- und Forstwirtschaft beschäftigt sind, sind es hier etwa 20 %.

Insbesondere die flachen Ufersäume des etwa 130 km langen Trondheimsfjord, die nur etwa ein Sechstel der Gesamtfläche dieses Landesteils einnehmen, vereinigen auf sich die Hälfte des kultivierten Landes von ganz Trøndelag. Schon im Mittelalter wurde hier, wo die Witterung außerordentlich mild ist, intensiv Landwirtschaft betrieben. Ihr traditioneller Mittelpunkt über die Jahrhunderte hinweg war **Trondheim,** seinerzeit Zentrum der kirchlichen und weltlichen Macht in Norwegen. Heute ist die Stadt Verwaltungssitz der Provinz **Sør-Trøndelag,** zugleich wichtigster Ort der ganzen Landschaft und drittgrößte Stadt des Königreiches sowie – nach Oslo und Bergen – bestimmt auch die besuchenswerteste des Landes, weil die mit den meisten Sehenswürdigkeiten. Nicht weniger beeindruckend ist die ganz im Südosten von Sør-Trøndelag gelegene Erzstadt Røros, die heute, wie auch die ägyptischen Pyramiden und das Versailler Schloß, auf der World Heritage List der UNESCO steht. In Oppdal, nahe der Grenze zu Møre-Romsdal, findet sich eines der größten Wintersportgebiete des Landes.

Als Geheimtip gilt das Küstengebiet von **Nord-Trøndelag** zwischen Trondheim und Namsos, das mit seinem Fjord- und Inselgewirr seinesgleichen

Eine der größten Attraktionen des Vestland: der Geirangerfjord

in Norwegen sucht. Der berühmte Kystriksveien, die Reichsstraße 17, die bis weit über den Polarkreis hinauf nach Bodø führt, erschließt diese Landschaft, die immer reizvoller wird, je weiter man nach Norden vorstößt.

Nord-Norge

Nord-Norge, bestehend aus den drei Bezirken **Nordland, Troms** und **Finnmark,** ist in mancherlei Hinsicht einzigartig. Als das hervorstechendste Merkmal dieses Landesteils gilt bei Touristen wohl die Tatsache, daß im Sommer hier der Tag die Nacht mit einbezieht. Jenseits des Polarkreises, der – obwohl ›unsichtbar‹ – als eine der bedeutendsten Sehenswürdigkeiten des Landes gilt, geht die Sonne sommers innerhalb eines bestimmten Zeitraums bekanntlich nicht unter, weshalb Nord-Nordwegen auch ›Land der Mitternachtssonne‹ genannt wird. Weit und einsam, so stellt man sich diesen entlegensten Teil Europas gemeinhin vor: Daß diese beiden oft strapazierten Begriffe hier durchaus den Kern der Wahrheit treffen, zeigt ein Blick auf die Statistik: Auf einer Fläche von rund 113 000 km^2 leben hier weniger Menschen als beispielsweise in Dortmund, nämlich nur rund 470 000, wobei diese Zahl noch nichts über die Bevölkerungsdichte aussagt. Teilen sich in Nordland im Durchschnitt noch 6,6 Einwohner einen Quadratkilometer, so sind es in Troms nur 5,8 und in der Finnmark gar nur noch 1,6.

Ist es also Einsamkeit, was man sucht, können einen diese Zahlen aufhorchen lassen. Ebenso die Tatsache, daß hier – dank Golfstrom – Sommertemperaturen von 20 °C im Schatten keine Seltenheit sind und die Landschaft das gesamte Spektrum zwischen arktischen Einöden

und nahezu südländisch anmutenden Ackerbaugebieten umfaßt. Was Norwegen insgesamt an Landschaftsformen eigentümlich ist, das kann man auch hier erleben, obschon man sich fragen sollte, ob man dafür ab Oslo noch einmal mindestens 1100 km je Weg (bis zum Polarkreis) fahren möchte. So richtig dunkel wird es im Sommer ja auch in Süd-Norwegen kaum, im Trøndelag schon gar nicht mehr, Einsamkeit und Weite sind typisch norwegische Phänomene, und Rentiere, von denen es hier über eine halbe Million gibt, kann man u. a. auf der Hardangervidda sehen. Nur die Samen freilich, die im Norden, insbesondere in der Finnmark lebenden Ureinwohner Nord-Skandinaviens, kann man, zumindest in ihren farbenfrohen Trachten, nur hier sehen. Ebenso das Nordkap, aber das zu erreichen muß man ab Düsseldorf eben auch 3600 km weit fahren.

Nord-Norges südlichster Teil heißt **Nordland.** Er ist länger (rund 500 km) und schmaler (an der schmalsten Stelle nur 6,3 km) als alle anderen Bezirke des Landes und umfaßt dabei eine Küstenlinie von stolzen 14 000 km. Keine andere Provinz des Königreiches hat einen derart ausgeprägten Küstencharakter. Binnenwärts dann, wo sich das rund 38 000 km^2 große Nordland als eine einzige Symphonie in Stein und Eis präsentiert, glaubt man sich schnell mitten in den höchsten Alpen, ja der Inselgruppe der Lofoten sagt man gar eine ›Alpenkulisse‹ nach, die aus Wogen steigt.

Ähnliches aber könnte man mit gleichem Recht auch über die Lyngen-Alpen sagen, die sich, bis über 1800 m hoch, aus dem Eismeer hinausrecken und zu **Troms** gehören. Auch in diesem Bezirk, der sich mit rund 26 000 km^2 Fläche nördlich an Nordland anschließt, geht es ›amphibisch‹ zu, denn 22 % des Areals bestehen hier aus Inseln; auch Tromsø, Verwaltungssitz dieser höchst gebirgigen Provinz, ist ringsum von Wasser umgeben. ›Paris des Nordens‹ wird die ca. 50 000 Einwohner große Stadt (wegen ihrer zahlreichen Nacht-clubs und Bars) u. a. genannt, doch ein anderer Übername – ›Hauptstadt des Nordens‹ – ist zutreffender, besitzt Trom-sø doch als einzige Stadt nördlich von Trondheim so etwas wie Urbanität und zahlreiche Sehenswürdigkeiten.

Trotz dieser Superlative ist Troms für das Gros der Touristen nur eine Transit-landschaft, denn die ›Traumziele‹ liegen hier greifbar nahe: Hammerfest, die nördlichste Stadt der Welt, und das Nordkap befinden sich beide in der 49 000 km² großen **Finnmark**, die ledig-lich von knapp 80 000 Menschen be-wohnt wird. Rund ein Drittel aller Ein-wohner sind Samen, von denen heute aber nur noch die allerwenigsten von der Rentierwirtschaft leben und gar keine mehr als Nomaden – wie bunte Prospekte weismachen wollen. Auch Hammerfest, eine knapp 10 000 Einwoh-ner zählende Ansammlung von Haus-schachteln, ist für viele nicht das, was sie sich davon versprechen, wie selbst das Nordkap, gemäß der Besuchersta-tistik ›die‹ Sehenswürdigkeit des Nor-dens überhaupt, schon manch einen enttäuscht hat. Fraglos ist es empfeh-lenswert, schon den Weg, der ab Oslo immerhin 2100 km lang ist, zum Ziel zu machen, denn auch Kirkenes, ganz am Ende der Europastraße gelegen und wiederum mehr als 500 km vom Kap entfernt, ist kein Ziel, das für sich alleine stehen kann. Der Weg dahin aber, über die ›Arktische Route‹, die auch durch die Einsamkeit der Tundra führt, kann unbe-dingt faszinieren.

Ein glazial gestaltetes Relief – Geologie und Morphologie

Die zahlreichen geologischen Eigenarten Norwegens und ihr ästhetischer Wert liegen weit außerhalb des Üblichen. Mit Fug und Recht kann man die Behauptung aufstellen, daß die vielfältigen Formen, in denen sich hier die Natur darbietet, jeder Reise einen ganz besonderen Zauber verleihen. Norwegen, das an seinen Felsen, Fjorden und Tälern überall seine geologische Vergangenheit offenbart, läßt einen immer wieder Einblicke ins faszinierende Buch der Erdgeschichte nehmen und ist, aus heutiger geologischer Sicht betrachtet, das Ergebnis einer langsamen Bewegung riesiger Platten, aus denen die Oberflächenschichten der Erde bestehen. Dieser, durch die Erdzeitalter andauernde Prozeß faltet durch Plattenkollision, bei denen unvorstellbare Kräfte wirksam sind, nicht nur Gebirge auf, er läßt auch Ozeane entstehen und vergehen, zerbricht und verformt ganze Kontinente.

So soll es auch vor etwa 500 Mio. Jahren geschehen sein, als es, wie man heute annimmt, nur einen einzigen großen Kontinent auf Erden gab. Er zerbrach in vier auseinanderdriftende Stücke; zwei dieser großen Landmassen, die amerikanische und die eurasische Kontinentalplatte, kollidierten etwa 100 Mio. Jahre später wieder miteinander. Dabei wurde entlang ihrer Frontalränder das Kaledonische Gebirgssystem aufgefaltet, das sich heute von den Britischen Inseln über Westskandinavien nach Spitzbergen erstreckt und seine Fortsetzung in der nördlichen Appalachenkette im Nordosten Amerikas findet. Seiner Struktur nach ist es ein Decken-

gebirge, das auf die archaischen Gesteine (hauptsächlich Granite, Gneise, Schiefer) der Kontinentalplatten geschoben wurde, und es besteht, schematisch dargestellt, aus den vertikal aufeinander folgenden Gesteinsarten der Amphibolit- und Syenit-Gruppe sowie kambrisch-silurischen Schichten.

Dieser Bergbogen nun, der sich von Stavanger im Süden bis zum Varangerfjord im äußersten Nordosten hinaufzieht und heute im Prinzip Norwegen ausmacht, wurde, wie ganz Skandinavien, von der Erosion sowie den Eiszeiten maßgeblich geprägt. Bevor aber dieses Kapitel der Schöpfungsgeschichte geschrieben werden konnte, drifteten die beiden Kontinentalplatten wieder auseinander, wodurch sich der heutige Nordatlantik zu öffnen begann und im Erdzeitalter des Tertiärs (vor ca. 50 Mio. Jahren), als sich auch die Alpen auffalteten, das ganze Land noch einmal, und zwar in einer Reihe von Blöcken, gehoben wurde. Bis über 8000 m hoch, so wird heute grob geschätzt, soll das Kaledonische Gebirge ehemals gewesen sein.

Vor etwa drei bis zwei Mio. Jahren trat im Norden eine Klimaverschlechterung ein. Die Gletscher des damals noch wesentlich höheren Berglandes wuchsen, in geologischen Zeiträumen gemessen, blitzartig an, verbanden sich zu mächtigen Eisströmen, die schließlich, Lage um Lage, ganz Nordeuropa unter einem kilometerdicken Eispanzer begruben. Ihren Höhepunkt erreichte die Vereisung vor rund 300 000 Jahren während der sogenannten Saale-Eiszeit, als ein 2–3 km dicker Eispanzer ganz Europa

Der Gletscher Jostedalsbreen

vom Nordkap bis zur Saale, von Irland bis Sibirien, bedeckte. Rund 45 Mio. km² Festland waren seinerzeit vergletschert, und unter der Last von Milliarden und aber Milliarden Tonnen Eis tauchte der Kontinent tief in den darunterliegenden Erdmantel ein. Wie tief, ist heute kaum mehr rekonstruierbar, aber noch vor etwa 20 000 Jahren, als rund 4 Mio. km² Europas unter Eis lagen, soll Skandinavien bis zu 1000 m unter dem präglazialen Niveau gelegen haben.

Vor ca. 15 000 Jahren schließlich begann als Folge von noch ungeklärten Klimaverbesserungen das Eis zu schmelzen, und schon etwa 5000 Jahre später, eine erdgeschichtliche Nanosekunde nur, war es lediglich auf Skandinavien beschränkt. Nach weiteren 2000 Jahren war auch der Subkontinent vom Inlandeis befreit, der Meeresspiegel stieg um 70 m, und in Wahrung des isostatischen Gleichgewichts hob sich auch die entlastete Erdkruste – und zwar um teilweise

Steter Tropfen höhlt den Stein –
Die Werkzeuge der Erosion

Als die Gletscher der letzten Eiszeit abgeschmolzen waren, wurde ein völlig entblößtes Felsbett freigelegt, das schutzlos den Kräften der Erosion ausgeliefert war. Diese sind unverändert am Werk und führen dazu, daß Norwegens Landschaften ständigen Veränderungen unterworfen sind – fast unmerklich zwar, aber dennoch unaufhaltsam.

Eine der wichtigsten Waffen in dieser Schlacht sind die Niederschläge, die Jahr für Jahr herabprasseln und die vom häufig wehenden Südwestwind gegen den Bergwall gepeitscht werden. Regen und geschmolzener Schnee sammeln sich in Felsspalten, dehnen sich winters aus, wenn sie gefrieren, und sprengen dadurch Felsen, erweitern Spalten und vertiefen Rinnen. Die weicheren Gesteinsschichten – etwa die sedimentären – sind natürlich am anfälligsten, aber selbst härtestes Gestein (wie Gneis und Granit) wird schließlich auf diese Weise bezwungen. In den Monaten zwischen Mai und Oktober aber, wenn die Temperaturen größtenteils über dem Gefrierpunkt liegen, muß das Regenwasser, das auf die Berge fällt, auf seinem Weg zum Meer einen Höhenunterschied von bis über 2000 m überwinden. Somit ist die Kraft, mit der es in den Fels eindringt und Gestein davonträgt, das gerade vom Frost herausgesprengt wurde, wesentlich größer als die, die der Regen hat, wenn er sich über eine Küstenebene ergießt.

Noch wirkungsvoller aber sind vielleicht die Wellen und die Sedimentfrachten, die sie mitbringen, wenn sie gegen die Küste anbranden und ihr bei jedem Wogenschlag zusetzen. Wasser kann in natürliche Felsspalten eingeschlossen werden, wodurch es zu einer solch starken Komprimierung der Luft kommt, daß Druckkräfte entstehen, die durchaus in der Lage sind, tonnenschwere Felsbrocken abzusprengen. Gegen Klippen anbrandende Wellen umfluten und vergrößern unaufhörlich alle Spalten und Risse im Gestein, tragen den Fuß des Felsens ab, bis der unterspülte Überhang herabstürzt. Andere Bereiche werden abgetragen, bis nur noch waschbrettartige Felsbänder übrig sind. Aber auch sie werden von den wie Schmirgel wirkenden Felsbrocken und Kieseln abgeschliffen, die sie selbst den Wellen überlassen haben. Durch diesen Prozeß werden die Felsbänder weiter abgetragen, bis sie unter Wasser liegende Plattformen bilden. Auf ihnen lagert sich Gesteinsschutt ab, der allmählich immer feiner zermahlen wird, bis er eine derartige Körnigkeit aufweist, daß man ihn als Sand bezeichnen kann. Anfangs ist diese Sandschicht noch dünn, aber innerhalb weniger Jahrhunderte kann ein echter Strand entstehen: schmal und begrenzt durch Felszungen und Klippen, gegen die das Meer jetzt in seinem unablässigen Kampf gegen die Küste angreifen kann.

bis zu 1 m in hundert Jahren. Noch immer ist das Gleichgewicht nicht wiederhergestellt, die Hebung, wenn auch in geringem Ausmaß, dauert noch an und gibt beredtes Zeugnis dafür, daß – im Zeitraffer der Erdgeschichte gesehen – nichts auf der Welt für die Ewigkeit geschaffen ist. Auch die Berge nicht, denn was das Eis mit Norwegens Bergen angerichtet hat, findet auf der Welt kein Gegenstück. Viele hundert Meter Urgestein hat es von den Gipfeln der alten Skanden, wie das Kaledonische Gebirge in Anlehnung an den Begriff Skandinavien auch genannt wird, abgetragen, fast unvorstellbar ist die Hobelarbeit in den Tälern, und es ist bestimmt nicht übertrieben zu sagen, daß ganz Norwegen ein vollkommen vom Eis geformtes Land ist.

Im alpinen Fjell, dem eigentlichen Hochgebirge, trifft man unter den Firsten der Bergkämme auf in die Hänge eingelagerte Nischen mit breitem Boden, von steilen Wänden überragt und zumeist hoch über der Sohle des benachbarten Tales gelegen. Das sind die in den verschiedensten Größen und Abwandlungen der typischen Form ausgebildeten **Kare,** die als Gletscherbetten angesehen werden.

Unter der Schneegrenze gelegene Kare sind häufig mit Wasser gefüllt, und wie dunkle Edelsteine sind diese **Cirque-Seen** über die Höhenlagen des Kaledonischen Gebirges verteilt. Auch **Karlinge,** worunter man von allen Seiten von Karen ›angefressene‹ Berge versteht, sind ein überall in Norwegen anzutreffendes Phänomen. Insbesondere in Vestland sowie in Nordland haben sie ganzen Landschaften ihren Stempel aufgedrückt.

So sich die Kare auch heute noch oberhalb der Schneegrenze befinden (die in Ost-Norwegen bei etwa 1600–1700 m liegt, in West-Norwegen bei rund 1250 m), häuft sich in ihnen unablässig Schnee an, der sich durch den zunehmenden Druck zu Firn sowie – bei weiterem Belastungsdruck – zu blankem Eis verdichtet. Diese aus lamellar aufgebauten Eiskörnchen bestehende Masse ist plastisch verformbar, weshalb sie sich, einer Abwärtsbewegung an den Kesselwänden folgend, bei Überschreitung eines Grenzwertes ganz von allein in Bewegung setzt. – Ein **Gletscher** ist geboren, und mehr als 1700 Gletscher sind heute noch in Norwegen zu finden. Sie bedecken ein Areal von über 3300 km^2 (von denen allein der Jostedalsbreen, der größte Festlandsgletscher Europas, rund 1000 km^2 einnimmt), doch handelt es sich bei ihnen nicht etwa um Überbleibsel aus der Eiszeit, sondern vielmehr um ›neue‹ Gletscher, die im Subatlantikum, einer um 500 v. Chr. beginnenden Kaltzeit, entstanden sind. Heute befinden sich die norwegischen Gletscher allesamt auf dem Rückzug, was einer deutlichen Klimaverbesserung geschuldet ist.

Fließt ein Gletscher zu Tal, schleift der eingefrorene Gesteinsschutt – die Moräne – sowohl den Boden als auch die Seitenwände glatt, fräst hervorstehende Felsmassen ab und hobelt mit der Zeit ein einst enges, V-förmiges Flußtal zu einem weiten, U-förmigen **Trogtal** aus, das häufig, aber nicht immer, steilfelsige Talhänge aufweist. Das vielleicht am markantesten ausgeprägte Trogtal ist das Romsdal im Fjordland, das von senkrechten, glattpolierten Felswänden umschnürt ist. Doch auch bei den Süd- sowie Ost-Norwegischen Bauerntalungen, die teilweise ein eher muldenförmiges Aussehen haben, handelt es sich um Trogtäler, die auf Erosion durch die glazialen Gletscherströme zurückzuführen sind.

Oft weisen sie einen treppenförmigen Verlauf auf sowie zahlreiche, hintereinander angeordnete Seen. Jeder dieser Seen markiert eine Stelle, wo der Eispanzer durch einen Felsriegel aufgehalten wurde und so gezwungen war, sich erst einmal eine Zeitlang horizontal zu bewegen, bevor er seinen Weg nach unten fortsetzen konnte. So bildete sich eine Reihe von Vertiefungen, die sich dann, alle vom selben Flußlauf gespeist, mit Wasser füllten und **Paternoster-Seen** genannt werden.

Ein anderes typisches Element der Trogtal-Landschaft sind Seitentäler, die nicht auf gleichem Niveau in den Hauptalzug münden, sondern vielmehr oft hoch darüber. Bei ihnen handelt es sich um glaziale **Hängetäler,** die dadurch entstanden, daß die Erosionskraft ihrer Gletscher merklich geringer war als die des Haupttalgletschers, so daß der Talboden des Seitentales über dem Haupttal ›hängt‹, und der heutige Seitenfluß im Wasserfall oder in enger Klamm den Haupttalboden erreicht.

Als die landschaftlich eindrucksvollsten Zeugen der Eiszeit gelten die **Fjorde,** die sich weltweit überall dort gebildet haben, wo Gletscher in Trogtälern vom Gebirge herunterdrängten und in den Gezeitenbereich des Meeres gerieten. Das war, außer in der Arktis und Antarktis, u. a. in Kanada, West-Schottland, Chile und Neuseeland der Fall, doch nirgendwo weisen die Fjorde derart markante Formen auf, wie in Norwegen, das entsprechend auch ›Land der Fjorde‹ genannt wird. Der Begriff Fjord für die Verzahnung von Meer und Land ist ein altnordischer Ausdruck, der als ›Firth‹ im Schottischen und als ›Förde‹ im Deutschen zum Ausdruck kommt. Er bezeichnet jene vom Eis geformten Trogtäler, in die das Meer zu einem späteren Zeitpunkt eindrang. Da die Glet-

scher im Gezeitenbereich des Meeres an Mächtigkeit abnahmen, daher im eigentlichen Trog sozusagen auf der Stelle schürften und an der Mündung die Trümmer ihrer Hobelarbeit ablagerten (Endmoräne), weisen die Fjorde in aller Regel ein sehr stark gestuftes Längsprofil auf. So senkt sich der Sognefjord, der ›König der norwegischen Fjorde‹ und mit rund 200 km der längste der Welt, bis über 1300 m tief unter den Meeresspiegel und steigt dann an seiner Mündung ins Meer wieder bis 150 m unterhalb des Wasserspiegels hervor.

Am Ende eines Fjordes wölbt sich häufig ein Wall auf, der quer zum Wasserbecken verläuft. Es handelt sich hierbei um die Moräne eines während der Schmelzzeit zwischenzeitlich wieder vorgestoßenen Gletschers, hinter der sich oft ein Süßwassersee aufstaut, der meist nur wenige Meter über dem Meeresspiegel gelegen ist. Diese Moräne wird **Eid** genannt, eine Bezeichnung, die häufig in Namen von Ortschaften wiederkehrt (etwa in Eidfjord). Auch die **Schären,** jene meist in Gürteln auftretenden nackten Felsenklippen, von denen tausende und abertausende der norwegischen Küste vorgelagert sind, wurden durch die Gletschererosion geschaffen, und sie gelten, da sie der Schiffahrt häufig als Wellenbrecher dienen, als eine besondere Gunst des Naturraums. Ebenso auch die **Strandflate,** die als flacher Küstensaum die gesamte mittel- und nordnorwegische Küste begleitet und seit jeher eine große Bedeutung für die Ansiedlung der Bevölkerung hatte. Sie stellt eine von Eis und Brandung mitgeformte und wahrscheinlich durch die postglaziale Landhebung Skandinaviens hervorgerufene Verebnungsfläche dar. Endgültig geklärt sind die Ursachen für die Entstehung dieser Küstenplattform aber noch nicht.

Zwischen ›polar‹ und ›solar‹ – Das Klima

Man muß nur den Verlauf der Isothermen, der Linien gleicher Temperatur, auf einer Klimakarte verfolgen, um zu sehen, daß Norwegen durch senkrechte Isothermen in ein maritimes atlantisches und ein von Extremen geprägtes kontinentales Klima geschieden ist. In kaum einem anderen europäischen Land findet man, insbesondere im Winter, einen derart schwach ausgeprägten nord-südlichen klimatischen Formenwandel, weshalb die große Erstreckung Norwegens über mehr als 14 Breitengrade keineswegs auch automatisch das Durchlaufen einer Vielfalt unterschiedlicher Klimazonen bedingt.

In Bergen beispielsweise, etwa auf der Höhe von Oslo gelegen, beträgt die Amplitude (Differenz zwischen der Temperatur des kältesten und wärmsten Monats) 13,5 °C; für Trondheim ergeben sich 17,8 °C, für Narvik sind es 16,5 °C, und für Tromsø im höchsten Norden weist die Statistik 16,4 °C auf. Zu diesen ausgeglichenen Werten in krassem Gegensatz stehen die Amplituden von Binnenorten, und errechnen sich für das südöstlich von Trondheim gelegene Røros schon 23,6 °C, so für Karasjok, in der inneren Finnmark und auf gleicher Breite wie Tromsø zu finden, gar 30,1 °C.

Geschuldet ist diese ›verdrehte‹ Temperaturstaffelung dem Golfstrom sowie dem Kaledonischen Gebirge. Ersterer sorgt als natürliche ›Warmwasserheizung‹ nicht nur für ein eisfreies Meer an allen norwegischen Küsten, sondern erhöht auch die Temperatur der vom Nordatlantik her wehenden Westwinde beträchtlich und erwärmt so das Land bis hin zur Barriere der Skanden. Dort werden die milden atlantischen Winde zum Aufsteigen gezwungen, wodurch

sie abkühlen. Der ozeanische Einfluß läßt nach, das Klima wird kontinentaler, mithin extremer. Das bedeutet relativ kalte Winter, aber auch relativ heiße Sommer sowie – ganzjährig – außerordentlich geringe Niederschlagsmengen: Fallen an der Westseite des Küstengebirges durchschnittlich 2000 mm, in einigen exponierten Regionen – etwa an der Mündung des Nordfjords – gar bis zu 6000 mm, so empfangen die Flächen im Lee des Skandenrückens nur rund 500–700 mm, obwohl es sogar Regionen gibt, die dieses Minimum noch unterbieten. So etwa das Ottadal, ein Seitental des Gudbrandsdals, das mit weniger als 400 mm pro Jahr auskommen muß, was die Bauern in früheren Zeiten zu umfangreichen Bewässerungsmaßnahmen veranlaßte.

Norwegens Klima ist also wesentlich besser als sein Ruf, und es ist nicht über-

trieben zu sagen, daß das Königreich, zusammen mit Island, der klimatisch am meisten begünstigte Raum der hohen nördlichen Zone ist. Auch das ist wieder dem Golfstrom zu verdanken, der ja auch Island umspült; im Vergleich mit Nordamerika und Nordasien wird die Maritimität des norwegischen Klimas noch deutlicher: für Churchill beispielsweise, an der kanadischen Hudson Bay und auf gleicher Breite wie Stavanger gelegen, errechnet sich eine Amplitude von 41 °C, während Kondinskoje am sibirischen Ob um 44 °C aufweist, wofür

jeweils die extrem niedrigen Durchschnittstemperaturen der Wintermonate von –20 bis –25 °C verantwortlich sind. Selbst in einem der winterkältesten Orte Norwegens, in Karasjok, zeigt das Thermometer im Januar kaum je weniger als –17 °C an; entlang der Nordmeerküste von Kirkenes im fernen Nordosten bis hinunter nach Trondheim beträgt die mittlere Januartemperatur nur um –4 °C, und entlang der Vestlandküste zwischen Bergen und Stavanger sind Minuswerte gar die absolute Ausnahme.

Obstbaumblüte am Hardangerfjord

Reichtum im Kargen – Flora und Fauna

Wo sonst kann man nördlich des 60. Breitengrades unter blühenden Kirschbäumen liegen oder auf dem 70. Breitengrad, der ja auch mitten durchs grönländische Inlandeis verläuft, Erdbeeren ernten? – Nirgends auf der Welt außerhalb von Norwegen, und dank der klimatischen Gunst erstreckt sich hier auch der Wald viel weiter nach Norden als in allen anderen Regionen der nördlichen Hemisphäre, womit die sonst global gültige Regel, daß Waldsäume inmitten eines Kontinents weiter nach Norden reichen als an der Meeresküste, durchbrochen wird.

Norwegen läßt sich in fünf pflanzengeographische Regionen einteilen, und wie in Asien und Nordamerika auch, geht hier die gemäßigte Zone, die Laubwaldregion, nach Norden hin oder in höheren Lagen in eine Mischwaldregion über, an die sich das boreale/montane Waldgebiet mit seinen dominierenden Nadelbäumen anschließt. Wieder ein Stückchen weiter gen Norden oder höher hinauf erstreckt sich die subarktische bzw. subalpine Region, bei der es sich aber eigentlich um nichts weiter als eine Übergangszone zwischen der borealen/montanen Nadelwaldregion und der arktischen/alpinen Region handelt. Jeder geographischen Breite und jeder Höhenzone entspricht also stets auch eine ganz bestimmte, ihr eigene Vegetationsstufe, mit der wiederum die Tierwelt in Wechselbeziehung steht.

Die arktische/ alpine Region

Während auf dem amerikanischen Kontinent schon der 51. Breitengrad eigentlich die Nordgrenze der Baumvegetation darstellt, hat Norwegen nur mit einem äußerst schmalen Saum nördlich des 71. Breitengrades Anteil an der arktischen Region, die nach dem finnischen Wort *tunturi* – was soviel wie ›waldloser Hügel‹ bedeutet – als Tundra bezeichnet wird. Neben dieser arktischen Tundra, dem **Tundral,** gibt es aber auch baumlose Zonen in den Hochgebirgen oberhalb der Baumgrenze, und in Norwegen, einem der gebirgigsten Länder Europas, hat diese Sonderform der Tundra, das **Oreal** (griech.: *oros* = Berg, Gebirge), sogar einen eigenen Namen: *fjell.* Diese Pflanzenformation nimmt landesweit große Flächen ein und reicht an der Ostabdachung des Kaledonischen Gebirges weit nach Schweden hinüber. Die Hardangervidda und das Dovrefjell gelten als eindrucksvollste Vertreter dieser auch als Kahlfjell bezeichneten Landschaft, die aber gar so kahl, wie der Name glauben machen will, nicht ist. Explosionsartig entwickeln sich hier im Sommer Flechten, Moose, Gräser und Seggen, zwischen denen der Alpensilberwurz, das breitblättrige Weidenröschen sowie zahlreiche Steinbrech- und Läusekrautarten farbige Akzente setzen.

Alle Pflanzen haben sich perfekt an die extremen klimatischen Bedingungen angepaßt und schmiegen sich eng an den Boden, wachsen in dichten Polstern, schützen sich durch dicke Blatthäute und flaumig behaarte Stengel. Auch die Tiere begegnen den lebensfeindlichen Faktoren dieser Region mit unterschiedlichen Strategien. Die großen Säugetiere wie der Moschusochse (der im Dovrefjell zu Hause ist; s. S. 182f.), das Rentier (das man außer auf der Hardangervidda insbesondere im

Skandinavien im Gegensatz zu allen anderen Teilen der Nordhalbkugel aber nicht die Nadelhölzer, sondern Fjellbirkengehölze das Landschaftsbild bestimmen. Dieser Unterschied wird auf die lange pleistozäne Vereisung zurückgeführt, die insbesondere in Norwegen wesentlich länger andauerte als in Nordamerika oder Nordasien. Die Wiederbesiedlung erfolgte somit erst sehr spät und ist zur Zeit auch noch keineswegs abgeschlossen, rückt doch der Kiefernwald seit mehreren Jahrzehnten verstärkt auch in diese Übergangszone vor. Noch aber ist die kleinwüchsige *Betula tortuosa,* eine enge Verwandte der Moorbirke, die vorherrschende Baumart dieser Landschaft. Als feurige Herbstschönheit vollzieht sie wie kaum ein Baum sonst im Norden Europas jenen Kulissenwechsel, bei dem das Grün der Chlorophylle auf chemischem Wege verschwindet, bis nur noch die intensiven Gelb- und Rottöne des Carotin, Xanthophyll und Anthocyan übrigbleiben. Zug um Zug knipst die Natur ab Ende August die grünen und blauen Chromophoren, die Farbträger, aus, bis die Pracht des ›Indian Summer‹ in den übriggebliebenen gelben und roten Chromophoren die Landschaft förmlich erglühen läßt.

hohen Norden auf der Finnmarksvidda antrifft), der seltene Polarfuchs sowie der vom Aussterben bedrohte Wolf sind durch ein dichtes Haarkleid und ein zusätzliches Fettdepot vor Wärmeverlust geschützt. Eisfuchs und Schneehase tragen im Winter ein weißes Fell, andere Arten wie die Rentiere ziehen im Herbst – in ihrem Gefolge oft die großen Räuber Vielfraß und Wolf – bis ins boreale Waldgebiet hinunter, wo sie wesentlich günstigere Nahrungsbedingungen vorfinden. Auch die Vögel suchen mit Beginn der kalten Jahreszeit nahezu ausnahmslos wärmere Quartiere auf, wieder andere Tierarten verbringen den Winter in mehr oder weniger passivem Zustand: Wechselwarme Wirbeltiere wie auch Wirbellose fallen in Winterstarre, der Braunbär verweilt in Winterruhe.

Die subarktische/ subalpine Region

Südlich des Tundral sowie unterhalb des Oreal schließt sich in pflanzengeographischer Hinsicht die subarktische/subalpine Region an, in der in

Die boreale/ montane Waldregion

Dort, wo Tundral und Oreal in die boreale/montane Waldregion übergehen, beginnt das Reich der Kiefern *(Pinus sylvestris)* und Fichten *(Picea abies),* das nach einer aus der Geographie Sibiriens übernommenen Bezeichnung auch Taiga genannt wird. Man unterscheidet die dunkle Fichtentaiga auf nährstoffreichem Boden sowie die eher lichte Kieferntaiga, die vor allem auf trockenen nährstoffarmen wie auch auf nassen und nährstoffreichen Böden gedeiht. Diese ›vom Nordwind bestimmten‹ Nadelwälder (Boreas: griechischer Nordwind-Gott) legen sich wie ein Gürtel um die gesamte Nordhalbkugel, reichen aber nur in Norwegen bis an den 68. Breitengrad heran. In der Finnmark findet sich diese Pflanzenformation sogar bis über den 70. Breitengrad hinaus und bildet dort, im Stabbursdal-Nationalpark, den nördlichsten Kiefern-Urwald der Welt. Im Süden verläuft die Grenze der Taiga da, wo die klimatischen Bedingungen für das Wachstum verschiedener Laubbaumarten zu ungünstig sind, wo nämlich konkret der Winter mehr als 6 Monate währt und an weniger als 120 Tagen Mitteltemperaturen von über 10 °C herrschen. Dieses Klima ist also durch kurze und relativ kühle Sommer sowie lange Winter mit viel Schnee gekennzeichnet, und wie die Botaniker heute glauben, findet in den Bäumen zur Herbstzeit eine Art ›Abhärtung‹ statt (die auf einer Erhöhung der Zuckerkonzentration im Zellsaft beruht), die es ihnen ermöglicht, auch extremste Temperaturen zu ertragen, während die Nadeln sonst schon bei –7 °C absterben.

Da im Inneren der Taiga nur wenig Licht zum Boden durchdringt, sind hier die Kraut- und Strauchschicht eher schwach ausgebildet. Einen großen Teil der Pflanzen stellen Moose und Flechten, die manchmal regelrechte Teppiche bilden. Ansonsten wird der Unterbewuchs in der Hauptsache von Zwergsträuchern geprägt, die wie die Blaubeere (Vaccinium myrtillus), Rauschbeere (Vaccinium uliginosum) und Preiselbeere (Vaccinium vitis-idaea) zur Familie der Ericaceae gehören. Was sonst noch gedeiht, hängt vom Nährstoffgehalt des Bodens sowie seiner Versorgung mit Wasser ab, aber ganz generell ist die Pflanzenformation des borealen Waldgebietes in Nordeuropa wesentlich ärmer an Arten als irgendwo sonst, was daraus resultiert, daß diese Zone erst vor ca. 9000–2000 Jahren eisfrei wurde, also zu einem Zeitpunkt, da sich die sibirische und nordamerikanische Taiga schon längst gebildet hatten.

Trotz ihrer Artenarmut aber präsentiert sich Norwegens Taiga nun keineswegs als eintöniger Nadelwald, denn die hohe, schlanke Fichte hat mit ihren kurzen gebogenen Ästen und der spitzen Krone einen markanten, aber freundlichen Habitus, während sich die Kiefer durch Wildheit, ja Charakter auszeichnet und ein Naturell, das um so ausgeprägter ist, je dürftiger der Boden, je heftiger der zerrende Wind. Große Gebiete sind hier noch im Urzustand erhalten, und wahrhaft gigantische Bäume, so erhaben und gerade wie die Säulen einer gotischen Kathedrale, ragen 20 m und höher empor. Der Boden darunter ist mit einem dicken Teppich aus Nadeln bedeckt, zwischen den Bäumen öffnen sich Ausblicke auf skurril verdrehte und weiß schimmernde Baumleichen sowie

Auch im Dividal-Nationalpark finden sich diese skurril verdrehten Baumstämme

auf einzelne, grün bemooste Findlinge, die seit der Eiszeit hier liegen und den Wäldern eine märchenhafte Note verleihen. Dazu die dramatische Stille, vereinzelt unterbrochen vielleicht vom Ruf des Auerhahns, der hier ebenso zu Hause ist wie der Elch, der als größter Hirsch des Landes im 19. Jahrhundert nahezu ausgerottet war, doch heute mit einer Population von über einer halben Million Exemplare als Landplage in ganz Skandinavien gilt. Die wenigen Wölfe, die es heute noch gibt, haben hier ihr Revier, wo auch der unter Schutz stehende Braunbär seinen Bau hat. Die Zahl dieses Allesfressers wird auf mehrere hundert Exemplare geschätzt, während es vom einzigen wildlebenden katzenartigen Raubtier des Nordens, dem Luchs, mittlerweile wieder rund 1000 Exemplare in Norwegen geben soll. Neben ihm leben der Vielfraß, ebenfalls unter Schutz stehend, sowie der Fuchs und nicht zuletzt der Biber, der noch in manchen Seen und Wasserläufen der Taiga beheimatet ist.

Nordeuropäische Mischwald-/Laubwaldregion

An die große boreale Waldzone schließt sich nach Süden hin und in einem schmalen Streifen parallel zur Küste verlaufend die Mischwaldzone an. Ihr Nordrand, der mit der Eichengrenze zusammenfällt, reicht bis über Trondheim hinauf und bildet zugleich den *limes norrlandicus,* wie in der botanischen Terminologie der Grenzsaum zwischen Taiga und Mischwald bezeichnet wird. Bei dieser oft auch ›Südtaiga‹ genannten Pflanzenformation handelt es sich eigentlich um nichts weiter als eine Übergangsregion zwischen Nadel- und Laubwald, und infolge der forstwirtschaftli-

chen Maßnahmen in dieser stark anthropogen geprägten Zone dominieren hier bei weitem die Nadelhölzer, deren Anteil zwischen 70 und 80 % liegt. Dabei herrscht im Westen die Kiefer und im Osten die Fichte vor, daneben haben hier u. a. mehrere Birkenarten, die Erle, Zitterpappel und Eberesche, Salweide, Faulbaum sowie Winter- und Sommereiche ihre natürlichen Standorte. Auch Ulme und Winterlinde sind vertreten, der Ahorn, die Esche nebst zahlreichen Weidenarten, doch hat das Schlagen von Schiffsholz während des späten Mittelalters und der frühen Neuzeit zu einer weitgehenden Waldlosigkeit insbesondere im Bereich des Vestlandes geführt.

So auch in der Zone der sich südlich entlang der Atlantik- sowie Skagerrakküste anschließenden Laubwaldregion, die durch die menschliche Wirtschaft wie keine andere Vegetationszone Nordeuropas beeinflußt wurde. Noch zu Beginn des letzten Jahrhunderts, so ist urkundlich belegt, waren die Rotbuche sowie zahlreiche Eichenarten neben den schon oben genannten Bäumen das besondere Erlebnis dieser Region, die in West-Norwegen bis in den Raum Ålesund – Molde reicht und sich im Südosten über die Grenze zu Schweden hinaus erstreckt. Doch heute sind nur noch Relikte dieser ehemaligen norwegischen Laubwälder vorhanden, die meist dem Ackerbau weichen mußten und in neuerer Zeit gar vielerorts durch ökonomisch interessantere Nadelwaldanpflanzungen ersetzt wurden. Der größte, heute noch in Norwegen vorhandene Rotbuchenwald befindet sich bei Larvik am Skagerrak, doch für Besucher aus deutschen Landen dürfte er kaum ein Ereignis darstellen.

Refugien der Natur – Die Nationalparks

Verglichen mit seinem heutigen Zustand war Europa am Ende der Eiszeit eine Naturlandschaft von schier unvorstellbarer Vielfalt und Üppigkeit. Vom Mittelmeer bis zur Barentssee, vom Atlantik bis zum Ural lagen unregelmäßig verstreut Sümpfe, Wälder und Moore, Gebirge, Steppen und Wiesen – Biotope, die von Lebewesen in einer heute unglaublichen Mannigfaltigkeit besiedelt wurden. Unter diesen Lebewesen war auch eine räuberische Art, deren Erfolg sich schon bald nachteilig auf die Geschicke aller anderen Arten auswirken sollte – ein Primat, der als *Homo sapiens* oder Mensch bezeichnet wird. Sein Einfluß auf die Tierwelt war verheerend. Eine Art nach der anderen wurde ausgerottet, ganze Gattungen verschwanden, und alles in allem machte der Mensch mehr als der Hälfte aller größeren Säugetiere Europas den Garaus – sei es durch die Jagd, sei es durch sein Geschick im Roden und Bebauen des Bodens.

Es ist nicht übertrieben zu sagen, daß Europa heute fast nur noch das ist, was der Mensch daraus gemacht hat, und in einer Zeit, da die Landschaften unserer Erde in kaum noch überschaubarem Maß verändert werden, nimmt sich Norwegen, dessen Fläche zu rund 74 % aus Gebirgs- und Ödland sowie Gewässern besteht, nahezu wie ein Anachronismus aus. Aber auch hier findet man schon beinahe auf Schritt und Tritt Hinweise auf die Anwesenheit des Menschen, werden die wirklichen Wildnisgebiete Jahr für Jahr mehr beschnitten. Vor diesem Hintergrund ist es von eminenter Bedeutung, daß auch im »Großen Naturland Norwegen«, wie es die Prospekte nennen, mehr und mehr Nationalparks eingerichtet werden. Gebiete also, in denen der Urzustand erhalten bleibt oder wiederhergestellt werden soll, wo die dort ansässigen Lebewesen frei und ungehindert nach ihren eigenen natürlichen Gesetzen leben können, und wo nicht zuletzt auch der Mensch Freiheit, Ruhe und Einsamkeit finden kann.

Am 21. Dezember 1962 wurde in Norwegen eine erste Fläche von 572 km^2 zum Naturschutzgebiet erklärt, das 1970 in Verbindung mit einem neuen Naturschutzgesetz den Status eines Nationalparks erhielt. Heute umfassen insgesamt 20 Nationalparks ein Areal von zusammen rund 11 000 km^2 auf dem Festland sowie 10 000 km^2 auf Spitzbergen, und gemäß eines neuen Plans sollen bis zum Jahre 2008 insgesamt 20 weitere Nationalparks eingerichtet und sechs schon bestehende erweitert werden. Das Ziel lautet, das Leben in freier Natur zu sichern, die biologische Vielfalt zu bewahren, und im Gegensatz zu vielen anderen Ländern Europas ist das Etikett ›Nationalpark‹ in Norwegen heute ein ›Gütesiegel‹ für den uneingeschränkten Schutz der Landschaft. Eben deshalb ist auch die Zahl der touristischen Einrichtungen vergleichsweise gering. Zwar bieten die Parks häufig gute Wandermöglichkeiten und teilweise auch Übernachtungsmöglichkeiten in Hütten, aber generell wird nur ein Minimum an Infrastruktur zur Verfügung gestellt, denn ein Nationalpark soll nach Meinung der Norweger immer auch eine Wildnis sein, also eine Region, wo dem Menschen das physische Überleben schwer gemacht wird.

Entsprechend wurden für die ausgewiesenen Gebiete besondere Bestimmungen erlassen, die den Rang von Gesetzen haben und manche Regelungen des Jedermannsrecht (s. S. 72ff.) außer Kraft setzen. Die einzelnen Verordnungen können zwar von Park zu Park variieren (Sonderregelungen für einzelne Parks sind getrennt erlassen und durch besondere Beschilderung mitgeteilt), aber insgesamt sind die folgenden Sondervorschriften von Bedeutung:

Im Bereich der Nationalparks ist es untersagt, die natürliche Beschaffenheit der Erdoberfläche oder fester, natürlich entstandener Gegebenheiten zu zerstören oder zu beschädigen und Mineralien zu entnehmen; lebende oder abgestorbene Bäume und Büsche zu fällen oder zu beschädigen und andere Pflanzen oder Teile von Pflanzen zu entnehmen; ohne besondere Genehmigung Fischfang zu betreiben; wildlebende Tiere zu jagen, zu fangen und vorsätzlich zu töten oder getötete oder gefangene Tiere von einem Ort zu einem anderen zu bringen und Eier, Nester und Rogen zu beschädigen oder zu entnehmen; Hunde mitzuführen; mit Luftfahrzeugen zu landen.

Unbehindert dieser Beschränkungen ist es gestattet, bei vorübergehendem Bedarf trockene Zweige zum Feuermachen und zum Bau von Schutzvorrichtungen zu verwenden; für unmittelbaren Verzehr Beeren zu pflücken; in der Zeit vom 1. Januar bis 30. April Zughunde mitzuführen.

Gjendegrat im Jotunheim-Nationalpark

Norwegens Weg durch die Jahrtausende

Zwischen Stein- und Eisenzeit

Vor etwa 15 000 Jahren lag Norwegen, wie heute noch Grönland, fast vollständig unter einer mächtigen Eisschicht begraben. Allmählich aber begann dieser glaziale Panzer zu schmelzen, und wie man heute dank des in Schweden entwickelten geochronologischen Systems weiß, war der Süden der skandinavischen Halbinsel etwa um 12 000 v. Chr. vom Eis befreit. Sein südlicher Rand verschob sich nun von Jahr zu Jahr mehr nach Norden, nach Meinung der Geologen um etwa 350 m pro Jahr, und noch viele tausend Jahre mußten vergehen, bis Skandinavien etwa 7000 v. Chr. gänzlich eisfrei war.

Schon vorher aber enthüllt sich in undeutlichen Umrissen aus dem Dunst der Frühzeit das Bild halbnomadischer Jäger- und Fischerkulturen, die bereits vor mindestens 11 000 Jahren existierten, wie man anhand der Radiocarbon-Methode zweifelsfrei nachweisen konnte. Erstaunlich ist dabei, daß diese ältesten Spuren menschlicher Besiedlung in geographisch weit voneinander entfernten Räumen gefunden wurden (einerseits nämlich in Fosna/West-Norwegen, andererseits bei Komsa/Nord-Norwegen am Altafjord), und es zumindest die nach dem Fundort Komsa benannte Komsa-Kultur eigentlich gar nicht hätte geben dürfen, lag doch Nord-Norwegen zu jener, der Altsteinzeit zuzurechnenden Epoche noch unter einer dicken Eisschicht begraben. Zahlreiche Wissenschaftler präferieren deshalb die sogenannte Überwinterungstheorie, die auf der Prämisse beruht, daß dort oben ein eisfreies Refugium existierte, das möglicherweise während der gesamten letzten Glazialzeit bestand. Anderen Theorien zufolge sollen diese ›Ur-Norweger‹ über die Halbinsel Kola im nördlichen Rußland eingewandert sein, und nicht wenige Wissenschaftler gehen davon aus, daß es sich beim Komsa-Volk um Samen gehandelt hat, die dann nach Ende der Kaltzeit auch in weiter südlich liegende Teile der skandinavischen Halbinsel einwanderten. Das Fosna-Volk, so wird argumentiert, könne aus Mitteleuropa, über Dänemark und Schweden, eingewandert sein, aber Genaues weiß man nicht, wie auch unbekannt ist, ob diese ersten menschlichen Kolonien untereinander Kontakt gehabt haben, welcher Art der Glaube, wie ihr gesellschaftliches System beschaffen war usw.

Ab 8000 v. Chr. etwa, dem Beginn der mittleren Steinzeit, finden sich dichtere Besiedlungsformen, und in Süd-Norwegen tritt jetzt die Nøstvet-Kultur auf (benannt nach dem gleichnamigen Ort in der heutigen Provinz Akershus), deren Blütezeit im 6. Jahrtausend liegt. Der Hund wird bereits als Haustier gehalten, die Töpferei beherrscht, es wird lebhafter Handel mit Steinwerkstoffen und Steinwerkzeugen betrieben und eine erste Besiedlung der äußeren Fjordränder in West-Norwegen erfolgt. Ab 5000 v. Chr. dann kann bereits landesweit eine Bewegung von den Fjorden aus ins Landesinnere verfolgt werden. Als eindrucksvollste kulturelle Zeugnisse dieser Epoche gelten die Felszeichnungen älteren Typus', die nahezu ausschließlich naturalistisch eingeritzte Tiere wie Elche, Rehe, Bären, Wale, Robben, Fische und Vögel darstellen, woraus ersichtlich

*Bronzezeitliche
Felszeichnungen
bei Skjeberg*

wird, welche Bedeutung die Jagd für die Menschen gehabt hat. Die größte Konzentration dieser im Norwegischen *helleristninger* geheißenen Felsritzungen findet sich in Nord-Norwegen, insbesondere wieder an der Eismeerküste, und wer sich für die Zeugnisse dieser Epoche interessiert, sollte das ebenfalls noch dem Komsa-Volk zugerechnete Felsbilderfeld von Hjemmeluft, das 1985 von der UNESCO zum Weltkulturgut ernannt wurde, besichtigen (s. S. 212): Es umfaßt nicht weniger als rund 3000 Figuren, womit es das größte und fraglos faszinierendste seiner Art in Nordeuropa ist.

Die Jungsteinzeit, die etwa um 3000 v. Chr. einsetzt, bringt die sogenannte neolithische Revolution, während derer die bis dahin halbnomadisch und von der Jagd lebenden Sippen seßhaft werden. Aus zahlreichen Knochenfunden von Kühen, Schweinen und Schafen ist zu folgern, daß nun die Viehwirtschaft Einzug hält. Dank einer zunehmenden Erwärmung des Klimas wird auch Akkerbau möglich, nach und nach werden die breiten Taltröge, die das Landesinnere von Norwegen durchschneiden, besiedelt.

Mit dem Aufkommen der Bronzezeit ab 1500 v. Chr. machen Ackerbau und Viehzucht sprunghafte Fortschritte. Spinnen und Weben werden erlernt, in der Verarbeitung von Kupfer und Zinn (das importiert werden muß) zu Bronze bringen es die Norweger zur Meisterschaft. Wie symbolische oder halbnaturalistische Felszeichnungen belegen, sind auch Rad, Wagen und Pflug bereits bekannt. Andere *helleristninger* weisen Motive mit Menschen und Tieren auf, sehr häufig werden auch Schiffe dargestellt, und neben diesen Felsmalereien, von denen sich heute hunderte allein im Bereich des ›Sagazeit-Weges‹ (s. S. 168) finden, sind es insbesondere riesige Hügelgräber (ebenfalls u. a. im Bereich des ›Sagazeit-Weges‹), die diese Epoche dokumentieren.

Auf der Grundlage importierter Eisengegenstände und der Nutzung heimischer Erzablagerungen entwickelt sich von ca. 500 v. Chr. an die Eisenzeit, die aber dank einer wesentlichen Klimaverschlechterung keineswegs eine Ära der Blüte, sondern vielmehr des Niedergangs und der Bevölkerungsabnahme ist. Erst von der Zeitenwende an kommt es, aufgrund einer Klimaverbesserung und eines regen Handelskontaktes mit dem übrigen Europa, zu einem neuen Aufschwung. Die Bevölkerung nimmt rapide zu, im Rahmen der etwa 400 n. Chr. einsetzenden germanischen Völkerwanderung fallen neue Stämme ins Land ein. Zahlreiche Ruinen von Wehranlagen (u. a. am ›Sagazeit-Weg‹ zu sehen) erzählen von Feindschaft und kriegerischen Konflikten, während umfangreiche Keramik- und reiche Grabfunde (darunter auch viele Gegenstände aus Gold) davon zeugen, daß es in dieser Zeit, aus der u. a. das älteste Runenalphabet stammt, auch zu einem regen Kulturaustausch kommt.

Die Wikinger

Gegen Ende des 9. Jahrhunderts dann tritt Norwegen plötzlich mit Feuer und Schwert ins Licht der europäischen Geschichte ein. Glaubt man den christlichen Annalen, beginnt alles im Frühjahr des Jahres 793, als eine Schar heidnischer Seefahrer das Kloster Lindisfarne vor der Küste Nordostenglands angreift: »Sie verheerten alles durch schreckliche Plündereien, zertrampelten mit gottlosen Füßen die geheiligten Städten, rissen die Altäre heraus und bemächtigten sich aller Schätze ...«. Solche Szenen wiederholen sich im Laufe der kommenden Zeit unzählige Male, nicht lange, da tauchen die Wikinger, wie sich die kriegerischen Nordmänner nach ihren angestammten Sitzen in den Buchten *(vik)* Norwegens nennen, an allen Küsten Europas auf, kreuzen im Mittelmeer, stekken Paris in Brand, machen sogar Karl den Großen tributpflichtig und häufen unermeßliche geraubte Schätze in ihrer Heimat an.

Nach und nach aber wandeln sich die wahrscheinlich durch Überbevölkerung und Landknappheit in Norwegen ausgelösten Raubzüge der Wikinger zu Handelsfahrten und Expeditionen, während derer u. a. die heutige Normandie, die Shetland- und Orkney-Inseln, Teile Schottlands, Englands und Irlands besiedelt sowie zahlreiche Königreiche gegründet werden. Um 870 entdecken und besiedeln sie Island, 980 stößt Erik der Rote nach Grönland vor, 1002 erreicht dessen Sohn Leiv Erikson Nordamerika. Diese ›Horizonterweiterung‹, aber auch die engen Kontakte mit der bereits hochentwickelten Kultur der Kelten geben den Wikingern neue Eindrücke und Anregungen, die bald in eine eigenständige künstlerische Formgebung einfließen.

Die Tierornamentik, die in ihren Bildinhalten aus einheimischen Wurzeln der Völkerwanderungszeit entwickelt wurde und in die nun viele Elemente aus dem insularen Westen Eingang finden, erreicht ihren Höhepunkt. Aber auch pflanzliche Ornamente sowie Spiralmotive, die bis um 800 im nordischen Motivschatz noch nicht vorhanden waren, finden sich bald. Da Holz als Material

Brakteat aus der Wikingerzeit, der als Amulett getragen wurde

überreichlich zur Verfügung steht und es zudem seit der Bronzezeit eine ungebrochene Holzschnitztradition im Norden gibt, wird es zum wichtigsten Ornamentträger der Wikingerkunst. Aus dieser Zeit stammt auch das berühmte Osebergschiff, das 1904 in einem Grabhügel in Vestfold gefunden wurde und mit seinen verschlungenen Greiftierfiguren zum Bewundernswertesten gehört, was je ein Volk aus Holz geschaffen hat. Es ist heute, zusammen mit anderen Funden aus Tune, Borre und Gokstad, in der Wikingerschiffshalle auf Bygdøy ausgestellt (s. S. 64), und angesichts der nahezu kultischen Präsentation wird klar, von welch herausragender Bedeutung die Wikingerzeit, die dem Land den heroischen Höhepunkt seiner Geschichte bringt, für Norwegen ist.

Aber nicht nur in künstlerischer, sondern auch staatspolitischer Hinsicht bringt das wikingische Norwegen Wesentliches hervor. Als wichtigste Leistung dieser Epoche gilt die Vereinigung zahlreicher lokaler Klein- und Kleinstfürstentümer, deren Herrscher ständig Krieg gegeneinander führten, zu einem Gesamtreich. Einer dieser Potentaten ist Harald Hårfagre, ein Kleinkönig aus dem Bereich des Oslofjords, der die prunkvollen Höfe abendländischer Könige kennengelernt hat und nun von dem Gedanken beseelt ist, ein norwegisches Reich mit sich selbst an der Spitze zu gründen. Da er bereits eine gewisse Hausmacht besitzt, außerdem aus dem uralten Königsgeschlecht der von Schweden her eingewanderten Ynglingar stammt und starke Verbündete hat, kann er sich gegenüber seinen Konkurrenten durchsetzen und nach der siegreichen Schlacht am Hafrsfjord (bei Stavanger) im Jahre 872 nach dem Vorbild Karls des Großen darangehen, die Reichssammlung voranzutreiben. Er gilt

als erster König norwegischer Nation, und wer sich ihm nicht unterwirft, muß sterben oder verläßt das Land, wodurch die starke Emigration tausender Wikinger nach Island, Grönland sowie Jämtland, damals ein unabhängiges Reich, vorangetrieben wird.

Nach dem Tod von Harald ›Schönhaar‹ um das Jahr 940 zerfällt das Werk der Einigung, da besitzlüsterne Häuptlinge, Kleinkönige und dänische Herrscher das Land in ihre Hand zu bekommen versuchen. In dieser Schicksalsstunde erhebt Olav Tryggvason, ein direkter Nachfahr Harald Hårfagres, Anspruch auf den Thron, und von Mittel-Norwegen aus stellt er die nationale Einheit und Unabhängigkeit wieder her.

Statue des Hl. Olav vor dem Nidarosdom in Trondheim

Das nächste Anliegen dieses zuvor in England zum Christentum übergetretenen Königs ist die Christianisierung der Norweger, die noch immer größtenteils an die Götterwelt der Asen glauben. Mit Hilfe von Feuer und Schwert sowie englischen Missionaren gelingt es ihm tatsächlich, die Stellung des Christentums zu konsolidieren. 997 gründet er Nidaros, das spätere Trondheim (s. S. 184ff.), wo er einen Palast und eine erste Kirche errichten läßt. Doch der Widerstand gegen die neue Religion ist stark, und im Jahre 1000, der ersten überprüfbaren Jahreszahl in der Geschichte Norwegens, fällt Olav im Kampf gegen eine ›unheilige‹ Allianz aus Norwegern, Dänen und Schweden.

Die politische Einheit zerfällt erneut, bis 1015 Olav Haraldsson, ein anderer Nachkomme Harald Hårfagres, den norwegischen Thron besteigt. Sein Hauptanliegen ist die endgültige Christianisierung des Landes – ein Ziel, das er paradoxerweise durch seinen Tod in der 1030 verlorenen Schlacht von Stiklestad (s. S. 192) erreicht. Olav wird zum Märtyrer im Kampf für das Reich und den ›wahren‹ Glauben, wird heiliggesprochen und zum *rex perpetuus Norvegiae*, zum ewigen König Norwegens, erklärt. Ihm zu Ehren wird in Stiklestad noch heute alljährlich das Schauspiel ›Olav der Heilige‹ aufgeführt (s. S. 193), und sein Grab in Trondheim, über dem später der Nidarosdom (s. S. 188), das größte mittelalterliche Bauwerk Skandinaviens errichtet wird, steigt zur bedeutendsten Wallfahrtsstätte des gesamten Nordens auf.

gerzeit als beendet. Das künstlerische Erbe dieser Ära aber, die Holzschnitzkunst, lebt in den norwegischen Stabkirchen (s. S. 108f.) weiter, ja entfaltet sich in diesen einzigartigen Sakralbauten, die als Norwegens origineller Beitrag zur Architekturgeschichte der Welt gelten, zur vollen Blüte. Insbesondere das 12. Jahrhundert, während dessen das Land zahlreiche Kunst- und Architektur-Impulse durch christliche Orden erhält und auch die Gotik (u. a. im Nidarosdom) eingeführt wird, gilt als Höhepunkt des Stabkirchenbaus.

In staatspolitischer Hinsicht ist das durch die Schlacht von Stiklestad in Norwegen eingeleitete Mittelalter von Expansion sowie Wachstum geprägt. Das unabhängige, souveräne Königreich vereint bald schon auch die Faröer, die Shetland- und Orkney-Inseln, die Hebriden und die Isle of Man unter seiner Krone, schließlich wird auch Island und Grönland angeschlossen, und der vermehrte Handel hat die Entstehung neuer Städte wie Bergen, Oslo und Stavanger zur Folge. Norwegen, das jetzt die größte Ausdehnung seiner Geschichte besitzt, wird mehr und mehr integrierter Bestandteil des mittelalterlichen Europas. Als seine Blütezeit gilt das 13. Jahrhundert, während dessen auch die ersten bedeutenden Handelsverträge abgeschlossen werden. So 1223 mit England und – äußerst folgenschwer – 1250 mit der Lübecker Hanse, die 1278 die ersten schriftlich fixierten Privilegien in der jetzigen Königsstadt Bergen bekommt und bald den gesamten norwegischen Handel übernimmt.

Norwegen im Mittelalter

Mit der endgültgen Christianisierung Norwegens gilt die eigentliche Wikin-

Unter Fremdherrschaft

Zwar ist es für Norwegen auf manche Weise äußerst vorteilhaft, daß die Ostseestädte mit Lübeck an der Spitze jetzt den deutschen Handel mit Bergen und dem übrigen Land in ihre Hand bekommen haben, aber die Kaufleute, die sich auf der Tyske Brygge (s. S. 128) in Bergen niederlassen, zeigen bald eine Neigung, ihr Handelsmonopol zu mißbrauchen. Von nun an hat ein äußerst mächtiger Handelspartner seinen Platz neben der Residenz des König in Bergen und greift auch dann noch in die Politik ein, als 1299 Oslo die neue Hauptstadt des Königreiches wird und Norwegen 1380 mit Olav VI. (Sohn des norwegischen Königs Håkon IV. und der dänischen Königstochter Margarete), der König von Dänemark und Norwegen gleichermaßen ist, vom wirtschaftlich und militärisch überlegenen Dänemark abhängig wird.

Der Niedergang ist nicht mehr aufzuhalten, zumal kurz zuvor, im Jahre 1349, über den Bergenser Hafen die Pest ins Land kam. Rund die Hälfte oder sogar zwei Drittel der norwegischen Bevölkerung, die seinerzeit aus etwa 400 000 Menschen besteht, werden vom Schwarzen Tod dahingerafft. Erst gegen Mitte des 16. Jahrhunderts hat Norwegen wieder den alten Bevölkerungsstand erreicht. Wirtschaftlich aber liegt es völlig danieder. Das Jahr 1536, in dem der König von Dänemark erklärt, daß Norwegen nicht mehr ein Reich für sich sei, sondern ein Teil Dänemarks, kennzeichnet den größten Tiefstand in der Geschichte des norwegischen Volkes. Der Fremdadel drängt sich in alle wichtigen Stellungen, Dänisch wird Amts-, Kirchen- und Schulsprache, bald schon haben die Norweger sowohl im Handel als auch in der Verwaltung jegliches Mitspracherecht verloren, auch von ihrem Glauben müssen sie lassen, da jetzt von Kopenhagen aus die Reformation gewaltsam durchgesetzt wird.

Dennoch aber begreift sich Norwegen auch weiterhin als eigenständiges Reich mit einer eigenen Tradition, verliert also in den Jahrhunderten der Fremdherrschaft nicht seine Identität, wie spätestens klar wird, als sich die Norweger weigern, den 1814 geschlossenen Kieler Vertrag anzuerkennen, der festschreibt, daß Dänemark, das als Verbündeter Napoleons zu den Verlierern der Napoleonischen Kriege zählt, Norwegen an Schweden abtreten muß. Das Volk ist empört, überall werden Proteste gegen die Abtretung laut, weil niemand, wie es heißt, das Recht habe, Norwegen einem fremden Land zu überlassen. In aller Eile werden jetzt Wahlen für eine konstituierende Versammlung abgehalten, die Gemeinden schwören den Eid, die Unabhängigkeit Norwegens zu verteidigen und Leben und Blut für ihr geliebtes Vaterland zu opfern. Am 10. April tritt die aus 112 Mitgliedern bestehende Nationalversammlung in Eidsvoll (s. auch S. 171) zusammen.

Am 17. Mai, dem heutigen Nationalfeiertag, wird die neue Verfassung, die eine konstitutionelle, erbliche Monarchie festschreibt und auf dem Prinzip der Volkssouveränität fußt, verabschiedet. Der Zeitpunkt, ein freies und unabhängiges norwegisches Königreich zu verkünden, könnte gar nicht besser gewählt sein, denn Karl Johan von Schweden, zur Zeit noch am Endkampf gegen Napoleon beteiligt, weilt außerhalb seines Reiches, so daß Norwegen bei den Signatarmächten des Kieler Vertrages um Verständnis für seine Sache werben kann. Da im Bündnisvertrag festgelegt worden war, daß die Union zwischen Norwegen und Schweden friedlich geregelt und auf das Glück sowie die Freiheit des norwegischen Volkes so viel Rücksicht wie möglich genommen werden solle, begegnen England und Öster-

Der Nationalfeiertag am 17. Mai wird überall im Land ausgelassen gefeiert

reich, die beide keine Verschmelzung von Schweden und Norwegen wollen, den Norwegern mit großer Sympathie. Die Erfüllung des Vertrages aber, so wird argumentiert, müsse gewährleistet sein, und nach einem kurzen kriegerischen Intermezzo zwischen Schweden und Norwegen fügt sich das Storting (Nationalversammlung) zu Christiania (dem heutigen Oslo) und wählt den schwedischen Regenten einstimmig zum König auch über Norwegen. Die Verfassung ist gerettet, die Union auf dem Willen des Volkes und nicht auf dem Kieler Vertrag begründet. Im nächsten Jahr wird ein Unionsvertrag entworfen, der festschreibt, daß Norwegen und Schweden eine Union formell gleichberechtigter Staaten bilden, in der

Schweden jedoch die Außenpolitik zu bestimmen hat.

Zwar fehlt es in den kommenden Jahren nicht an Versuchen von schwedischer Seite, am norwegischen Storting vorbeizuregieren, aber dank der zähen Verteidigung ihrer Rechte mischt Stockholm in der Innenpolitik, die nun zunehmend von den Strömungen des Liberalismus und Nationalismus bestimmt wird, immer weniger mit. Auch in kultureller Hinsicht geht Norwegen jetzt ganz und gar eigene, von der nationalen Begeisterung getragene Wege, deren Themen von Literaten wie Henrik Wergeland, Malern wie J. C. C. Dahl und Adolph Tiedemann pointiert ausgedrückt werden und, auf einen Nenner gebracht, genau das aussagen, was Bjørnstjerne

Bjørnson im Jahre 1858 mit seinem zum Nationallied gewordenen Gedicht »Ja, wir lieben dieses Land« in pathetische Worte faßt. Diese Epoche, die den Namen Nationalromantik trägt, bringt alle großen Gestalten der norwegischen Musik (u. a. Edvard Grieg), der Bildenden Kunst (u. a. Edvard Munch), der Literatur (etwa Henrik Ibsen und Knut Hamsun), der Forschung (u. a. Roald Amundsen, Fridtjof Nansen) wie auch des humanitären Denkens (Fridtjof Nansen) hervor. Es wird eine neue norwegische Sprache geschaffen, und in dieser Epoche wurzelt das sprichwörtliche Nationalbewußtsein, das auch heute die Norweger noch auszeichnet.

Das unabhängige Norwegen

Die Union mit Schweden wird am 26. Oktober 1905 ohne jedes Blutvergießen aufgelöst. Vorausgegangen war eine Volksabstimmung, und im November des selben Jahres folgt eine zweite, in der sich die überwiegende Mehrheit aller Norweger gegen die Republik und für die konstitutionelle Monarchie als zukünftige Staatsform aussprechen. Bleibt nur noch das Problem zu lösen, wer denn nun der neue König werden soll. In seiner Not wendet sich das Storting kurioserweise an Schweden mit dem Angebot, einen Prinzen des Hauses Bernadotte zum norwegischen König zu krönen. Stockholm lehnt ab, und so wird der vakante Thron Prinz Carl von Dänemark angetragen, der nun als Håkon VII. die noch heute in Norwegen herrschende Dynastie begründet.

Mit ihm kommt ein Prinz aus dem deutschen Haus Glücksburg auf den norwegischen Thron, aber die guten Beziehungen zu Deutschland werden schon bald auf eine harte Belastungsprobe gestellt, als norwegische Schiffe im Verlauf des ersten Weltkrieges auf ihren Fahrten nach England von deutschen U-Booten torpediert werden. Norwegen, das sich am Vorabend des Weltkrieges auf Neutralität festgelegt hat, verliert durch diese Angriffe fast die Hälfte seiner Schiffe, doch der bislang schwerste Schlag für das einst so gute deutsch-norwegische Verhältnis erfolgt am 9. April 1940, als die deutsche Wehrmacht »zur Sicherung der Neutralität der nordischen Staaten«, wie Hitler es ausdrückt, das neutrale Land überfällt.

Der König muß fliehen, erst nach Tromsø, dann, am 7. Juni und drei Tage bevor auch die letzten norwegischen Truppen kapitulieren, nach London, um den Krieg um die Freiheit Norwegens von dort aus weiterzuführen. Bald folgen ihm Tausende von jungen Norwegern, in Großbritannien wird eine norwegische Armee ins Leben gerufen und die norwegische Handelsflotte den Alliierten unterstellt. All dies aber kann nicht verhindern, daß das Land bald vollständig von den Nazis besetzt ist und die Norweger, die teils passiven, teils aktiven Widerstand gegen die Faschisten ausüben und nur zu einem geringem Prozentsatz zur Kollaboration bereit sind, das brutale Druckrepertoire ihrer »arischen Blutsverwandten« zu spüren bekommen. Aber je stärker die neue Obrigkeit ihre Ideologie im norwegischen Volk zu verwurzeln sucht, je stärker die Repressalien werden, mit desto größerem Eifer wird der Freiheitskrieg vorangetrieben. Juden werden heimlich über die Grenze nach Schweden geschleust, militärische Geheimabteilungen organisieren Waffen und Sabotageaktionen, insgesamt machen bald nicht weniger als 47 000 organisierte Untergrundkämpfer den Besatzern das Leben

Nei til EU! – Norwegen und die Europäische Union

Bei der Volksabstimmung am 27./28. November 1994 nahmen es sich die Norweger heraus, den Wünschen ihrer Regierung und der Wirtschaft zum Trotz, mit 52,3 % gegen die Mitgliedschaft ihres Landes in der Europäischen Union zu stimmen und sorgten damit vielleicht noch für größere Schlagzeilen als im September des Jahres 1972. Schon damals hatten sie sich in einer Volksabstimmung mit 53,5 % entschlossen, den Pro-EG-Ratschlägen ihrer politischen und wirtschaftlichen Führer nicht zu folgen. Doch vermochte es Brüssel seinerzeit noch, solche Sturheit zu verzeihen, so schlugen die Emotionen jetzt, wo sich doch gerade zuvor Österreich, Finnland und Schweden für eine Mitgliedschaft ausgesprochen hatten, hoch. Da war von bitteren Konsequenzen für das norwegische Volk die Rede, vom Ausgeschlossensein Norwegens vielleicht für immer, von einem ›Albanien des Nordens‹, und die spontanen Kommentare aus dem Europaparlament reichten von »zutiefst beklagenswert« bis »ungeheuerlich«.

Nur in der Schweiz, die sich ja ebenfalls beharrlich weigert, der EU beizutreten, stieß das norwegische Nein auf Verständnis, wenn auch fraglich ist, ob die Argumentation der Eidgenossen richtig ist, die da meinten: »Das reiche Norwegen war nicht bereit, für die anderen Mitgliedsstaaten der EU zu be-

zahlen«. Es ist ganz und gar nicht klar, ob bei den Norwegern bei ihrer Ablehnung wirklich das Finanzielle im Vordergrund stand, ob es Angst vor einem zentralisierten Kapitalismus war, puritanische Bedenken wegen eines Verfalls der Sitten oder »kleinmädchenhafter Stolz und wahnwitziger Trotz der Peripherie«, wie es Andreas Hompland (Kolumnist der Osloer Tageszeitung ›Dagbladet‹) einmal ausdrückte.

Hinter der Ablehnung verbargen sich vielmehr sehr stimmige Befürchtungen der Fischer und Bauern vor einer Zerstörung ihrer Lebensgrundlage, und entsprechend stimmten insbesondere im hohen Norden, wo noch bis zu 20 % der Bevölkerung im primären Sektor tätig sind, die allermeisten Wähler (nämlich durchschnittlich 72,6 %) mit Nein. Doch machen ja die Bauern und Fischer insgesamt nur einen geringen Bruchteil aller Norweger aus, so daß dieser Ansatz alleine kaum erklären kann, warum sich die Norweger auch in allen anderen Bezirken mit Ausnahme von Buskerud (wo nur 44 % mit Nein stimmten), Vestfold (43 %), Ostfold (47 %), Akershus (36 %) und Oslo (34 %) mehrheitlich gegen einen Beitritt ihres Landes in die EU aussprachen. Vielleicht ist es ja einmal mehr Norwegens vielzitierte »Wir-Gesellschaft«, die für das Wahlergebnis verantwortlich ist: Die Menschen hier identifizieren sich mit etwas, und zwar mit ihrer lokalen

Heimat mindestens ebenso stark wie mit ihrem Land und ihrer Gesellschaftsordnung. Dieses »Wir-Gefühl« ist umso stärker, je kleiner, also überschaubarer diese Heimat ist, und es müßte schon ein seltsamer Zufall sein, daß gerade in den kleinsten kommunalen Einheiten des Landes, wo jeder jeden auch im Rathaus kennt, auch die meisten Neinsager sitzen.

Der Norweger ist ein Provinzler – was hier im positiven Sinn des Wortes gemeint ist –, und so ist es ihm unmöglich, sich für so etwas vollkommen Anonymes wie einen europäischen Megastaat zu entscheiden, mit dem sich niemand mehr identifizieren kann.

Da hilft es auch nicht, daß Norwegen wirtschaftlich schon weitestgehend in die Union integriert ist (die 83 % der Exporte aufnimmt und mit über 70 % an den Importen beteiligt ist) und das Parlament 1992 den EWR-Vertrag gebilligt hat; auch das Risiko, daß Norwegen vielleicht die Ankopplung an die dynamische Industrie-Entwicklung verlieren könne und finanzielle Einbußen hinnehmen müsse, ist dem Norweger kein Argument, denn – wie ein norwegischer Lump in einem Märchen von Hans Christian Andersen zu einem dänischen Lumpen sagt: »Ich bin ein Norweger, und wenn ich sage, ich bin ein Norweger, dann sagt das wohl genug!«

schwer. Viele müssen ihren Einsatz mit dem Leben bezahlen, insgesamt rund 40 000 Norweger werden von den Deutschen inhaftiert, gefoltert, in Gefangenen- und Arbeitslager deportiert.

Im Herbst 1944 dann wendet sich das Blatt, als russische Truppen die Besatzungsmacht zum Rückzug aus der Finnmark zwingen. Doch statt einfach abzuziehen, wendet die deutsche Wehrmacht auf ihrer Flucht nach Süden jetzt die Taktik »Verbrannte Erde« an, um den nachrückenden Alliierten das Vorkommen so schwer wie irgend möglich zu machen. Straßen werden aufgerissen, Brücken gesprengt, Strom- und Telefonmasten gefällt, Viehherden getötet, Häuser verbrannt, Hafenanlagen zerstört, ja ganze Städte, wie zum Beispiel Hammerfest, mit der sprichwörtlichen Gründlichkeit, die man den Deutschen nachsagt, zerstört.

Im Mai des darauffolgenden Jahres schlägt endlich die Stunde der Befreiung. Das Dritte Reich kapituliert an allen Fronten, und am 7. Mai ergibt sich das deutsche Oberkommando in Oslo bedingungslos den Alliierten. Viele Tage, ja Wochen lang, herrscht ein Jubel ohne Ende. Höhepunkt der Befreiungszeit ist die Rückkehr des Königs aus seinem Exil am 7. Juni. Der Alptraum aber ist noch nicht beendet, denn nun folgt die Abrechnung mit den Kollaborateuren, in den folgenden Monaten werden über 60 000 Gerichtsverfahren angestrengt. Insgesamt 30 Norweger werden zum Tode verurteilt, hunderte wandern für Jahre hinter Gitter, während andere, darunter auch der Literaturnobelpreisträger Knut Hamsun (s. S. 74f.), teilweise sehr hohe Geldstrafen zu entrichten haben.

Eine andere wichtige Aufgabe ist es nun, die durch den Krieg verheerten Städte aufzubauen, die Industrie wieder in Gang zu bringen und vor allem auch die Handelsflotte, Norwegens wichtigste Einnahmequelle, zu reorganisieren. Letzteres ist schon vier Jahre später erreicht, auch die Industrie nimmt bald einen bemerkenswerten Aufschwung

(s. S. 46ff.). Allmählich normalisiert sich das Leben wieder in Norwegen, das seit November 1945 Mitglied der UNO, seit April 1949 auch der Nato ist und zudem in zahlreiche internationale Organisationen eintritt, um den Unterdrückten der Welt beizustehen.

Nur die Beziehung zu den Deutschen will sich nicht so recht normalisieren, und auch heute noch, wo Jahr für Jahr hunderttausende friedfertige Deutsche ins Land reisen, um sich an den Naturschönheiten Norwegens zu erfreuen, sind die Greuel des Weltkrieges nicht vergessen. Ressentiments haben sich vereinzelt bis in die 1980er Jahre gehalten, und die Aversion gegen die ehemals so engen Freunde blieb auch in der norwegischen Volksabstimmung von 1972 nicht ohne Einfluß auf das Wahlergebnis: 53,5 % aller Norweger sprachen sich gegen den sogenannten »Ausverkauf von Norwegen« aus, also gegen einen Beitritt ihres Landes zur damaligen EWG.

In den frühen 1990er Jahren war die Annäherung an die Europäische Union erneut eines der wichtigsten Themen der Innen- und Außenpolitik, bis der von der Regierung unter Ministerpräsidentin Gro Harlem Brundtland angestrebte EU-Beitritt bei der Volksabstimmung am 27./28. November 1994 von 52,3 % der Bevölkerung wiederum abgelehnt wurde. Ob auch dieses Wahlergebnis noch Folge der belasteten Beziehung zwischen Norwegen und Deutschland ist (s. S. 43f.), sei dahingestellt.

Aus den Parlamentswahlen im Herbst 1997 ging die Arbeiterpartei als Siegerin hervor (35 %), überließ aber, da sie nicht mit über 50 % bestätigt worden war, die Regierungsgeschäfte einer Koalition aus drei kleineren liberal-christlichen Parteien, die zusammen nur 26,1 % der Stimmen erhalten hatten.

»Nein zur EU« stand im Vorfeld der Volksabstimmung vielerorts zu lesen

Norwegen heute – Wirtschaft und Wohlfahrt

In der ersten Hälfte des 19. Jahrhunderts, als Länder wie Deutschland, Frankreich und England längst in wirtschaftlichem Wandel begriffen waren, bestand in Norwegen noch eine weitgehend vorindustrielle Wirtschaftsstruktur, die ebenso primitiv wie kümmerlich war. Die Menschen lebten zu rund 90 % auf dem verkehrsgeographisch kaum erschlossenen Land als Fischer und Bauern meist von der Selbstversorgung, und die wenigen ›Industrie‹-Standorte – insbesondere in Ost-Norwegen sowie im Trøndelag – hatten schwer unter der langjährigen Krise zu leiden, die auf die Napoleonischen Kriege folgte. Schwieriger noch wurde die Lage des 1814 wiedergeborenen norwegischen Staates dadurch, daß der bis dahin offene dänische Markt nun durch hohe Zölle versperrt war und sich das Währungssystem in vollkommener Unordnung befand.

Erst gegen Mitte des 19. Jahrhunderts war die Depression überwunden und das Land schuldenfrei. Um Oslo und Bergen entstand eine Textilindustrie. Es folgten bald die Papier- und insbesondere Zellulose-Industrie sowie die Fischkonserven-Industrie, vor allem aber ist es das enorme Anwachsen der Handelsflotte, das diese Periode des Aufschwungs kennzeichnet. Auch die Verkehrsverbindungen im Inland entwickelten sich nun rasch, und das Ergebnis all dieser Veränderungen war, daß der Anteil der städtischen Bevölkerung enorm wuchs. Aber auch die Bevölkerungszahl selbst stieg nun sprunghaft an, und da die wirtschaftliche Expansion nicht mit der Bevölkerungszunahme Schritt halten konnte, lautete die Devise in Kreisen des in den Städten entstehenden ›Lumpenproletariats‹ bald:

»Auswandern oder sterben«. Schon 1825 hatte sich die erste Gruppe von Auswanderern, rund 50 Personen, von Stavanger aus gen Amerika eingeschifft, doch nun brach ein regelrechtes ›Amerikafieber‹ aus, und insgesamt verließen zwischen 1866 und 1915 – als das Land rund 2,4 Mio. Einwohner zählte – nahezu 750 000 Norweger ihre Heimat, weil diese, wie sie glaubten, keinerlei Zukunftsaussichten bot.

Sie irrten sich, denn lange sollte es nicht mehr dauern, bis Norwegen sein wirtschaftliches Hinterwäldlerdasein abschütteln und sich zu einem der reichsten Länder der Welt entwickeln konnte. Bedingung dafür war die ›Erfindung‹ der hydroelektrischen Energie, denn solange die industrielle Entwicklung im wesentlichen von der Leistung mit Kohle geheizter Dampfmaschinen abhängig war, mußte Norwegen – das keine ausreichende Kohlevorkommen besaß – zwangsläufig ein industrielles Schattendasein führen. Die Voraussetzungen zur Ausnutzung der »weißen Kohle«, wie diese Energie volkstümlich genannt wurde, waren ideal in Norwegen – dem Land mit dem größten Wasserkraftpotential Europas –, und so wurden zwischen 1896 und 1900 elf Wasserkraftwerke errichtet.

Damit war es zum ersten Mal gelungen, die bislang als äußerst hinderlich angesehenen naturräumlichen Gegebenheiten des Landes zu nutzen, und das große Problem bestand jetzt eigentlich nur noch darin, produktive Anwendungsbereiche für die überaus billige und massenweise zur Verfügung stehende Energie zu finden – industrielle Rohstoffe nämlich besaß Norwegen nur sehr wenige. 1903 war auch diese Hürde genommen, denn soeben hatten zwei Norweger – Professor Kristian Birkeland und Samuel Eyde – eine Methode entwickelt, dem Sauerstoff mittels elektrischer Energie Stickstoff zu entziehen und diesen zur künstlichen Gewinnung von Salpeter einzusetzen. Natürliche Salpeter-Vorkommen wurden seinerzeit nur in Chile abgebaut, und der Stoff – unentbehrlich zur Herstellung von Düngemitteln wie auch Schießpulver – war außerordentlich begehrt auf dem Weltmarkt. Zwei Jahre später führte die kommerzielle Nutzung dieses bahnbrechenden und eben auch äußerst energieintensiven Verfahrens zur Gründung der Norsk Hydro, die innerhalb weniger Jahre zum größten norwegischen Arbeitgeber avancierte. Noch heute ist es, mit rund 35 000 Beschäftigten, Norwegens größtes Unternehmen und in Sachen Kunstdüngerproduktion noch immer die Nummer eins in der Welt.

Industriell wichtige Metallegierungen – insbesondere Aluminium, Ferrolegierungen, Nickel-, Zink- und Magnesiumprodukte –, die allesamt ebenfalls extrem energieintensiv sind, wurden bald der zweite Eckpfeiler der norwegischen Wirtschaft, und obwohl die erforderlichen Rohstoffe importiert werden mußten (und müssen), war auch die elektrometallurgische Industrie Norwegens bald weltweit führend (was sie heute noch ist). Mit dem wachsenden Ex- und Importvolumen entwickelte sich die Handelsflotte des Landes bald zur drittgrößten der Welt und blieb es bis in die 70er Jahre unseres Jahrhunderts. Dann aber ließ ein erheblicher Rückgang der Öl- und Erztransporte das einstige Ausmaß des Geschäfts stark schrumpfen, doch nun erwiesen sich die ergiebigen Erdöl- und Erdgas-Funde in der Nordsee als goldener Rettungsanker für die Tankerkönige.

Die Holzindustrie ist nach wie vor ein wichtiger Wirtschaftsfaktor in Norwegen

Die Last mit den Nachbarn – Umweltschutz

Wie Norwegen schon in puncto Wohlstand und Wohlfahrt ziemlich einzigartig dasteht in Europa, so auch in Sachen Umweltschutz, denn hier, wo schon 1972 das erste Umweltministerium der Welt eingerichtet wurde, muß die Industrie einen Teil ihrer Bruttoinvestitionen für den Umweltschutz abzweigen und wird – ebenfalls einzigartig auf Erden – mit Hilfe von Radarsatelliten Jagd auf Umweltsünder gemacht (insbesondere auf Kapitäne, die unerlaubt Öl verklappen). Der Einsatz von Stickstoff-Dünger und Spritzmittel soll durch eine gezielte Preispolitik zugunsten des Bio-Anbaus stark reduziert werden (die Ironie daran ist freilich, daß Norwegen der größte Kunstdünger-Produzent der Welt ist), auch in der FCKW-Frage ging man radikale Schritte (Abbau der Produktion), doch all das wird, absolut betrachtet, nicht viel helfen, eben weil Norwegen, zusammen mit Schweden und Finnland, unfreiwilliges Mitglied im ›Bund der Umweltgeschädigten‹ ist. Dank der Luftmassen, die der Wind vom europäischen Kontinent, Großbritannien und von Rußland nach Norwegen herüberbläst, ›importiert‹ es beachtliche Mengen an Schwefel- und Stickstoffverbindungen. Die Folge ist, daß zahlreiche Seen und Wasserläufe von Versauerung und damit einhergehendem Fischsterben bedroht sind, und daß u. a. auch Milliardeninvestitionen

Freilich nicht nur für sie, sondern für das ganze Land, das dank der Ölproduktion, die im Jahre 1972 aufgenommen wurde, die durch den Erdölschock von 1973 ausgelöste Wirtschaftskrise der westlichen Industrienationen unbeschadet überstand. Norwegen schwamm damals gewissermaßen über Nacht im Reichtum. Neue Öl- und Gasfunde übertrafen bald die kühnsten Erwartungen, und heute ist Norwegen weltweit der zweitgrößte Ölproduzent und das einzige westliche Land, das mehr Öl exportiert, als es selbst verbraucht. Die Erdgas-Ressourcen gar sind die größten der Welt, und obendrein gilt Norwegen mit einem Pro-Kopf-Einkommen von ca. 60 000 DM bei 0,00 DM (!) Staatsschulden (BRD: über 2,2 Bio. DM) und einer Inflationsrate von nur etwa 2,3 % auch als eines der reichsten Länder der Welt. Damit dies auch in Zukunft so bleibt, werden die Ölgewinne konsequent gespart.

Die Fischerei hingegen, über Jahrhunderte hinweg Haupterwerbszweig des Landes und noch in den 1930er Jahren mit rund 15 % am Exportaufkommen beteiligt, macht heute zusammen mit der Fischzucht (Lachs) nur noch ca.

einer spätindustriellen Gesellschaft Gefahr laufen, von den Säuren zerstört zu werden (so u. a. Stahlkonstruktionen, Kabel, Leitungen, die ins Erdreich eingegraben oder ins Wasser versenkt wurden).

Wie es in Oslos Umweltbehörde heißt, ist Großbritannien – einer der europäischen Spitzenreiter in Sachen ›Schwefelexport‹ – Norwegens zweitgrößte Verschmutzungsquelle, während die nordrussische Industriestadt Nikel, direkt an der Grenze östlich von Kirkenes gelegen, die größte überhaupt ist. Über 270 000 t Schwefeldioxid werden dort jährlich in die Luft entlassen (das ist viermal mehr als in Norwegen insgesamt!), und obwohl Norwegen dank der vorherrschenden Winde nur rund 5 % der niedergehenden Schadstoffe abbekommt, werden im Grenzgebiet Schwefelkonzentrationen von bis zu 3000 Mikrogramm pro Quadratmeter gemessen (in Oslo sind es maximal 150). Von Norwegen und Finnland erstellte Pläne würden eine Reduzierung der Emissionen um 95 % ermöglichen, doch die Russen sind nicht interessiert,

so der Westen nicht mindestens 70 % der Umrüstkosten übernimmt... Da kann auch der von Norwegen, Schweden, Finnland und Rußland gegründete ›Barents-Rat‹ nicht helfen, der auch machtlos zusehen muß, daß in Murmansk über 20 Jahre alte Atomreaktoren am Netz sind, die von der Internationalen Atomenergiebehörde zu den zehn gefährlichsten der Welt gerechnet werden. Aber dies ist nur ein Teil der tatsächlich herrschenden Umweltbedrohung im hohen Norden, wo die Kara-See als Deponie für Atomreaktoren mißbraucht wurde, wo auf Kola über 3000 Atomsprengköpfe gelagert sind, über 100 atomreaktorgetriebene Schiffe und U-Boote vor sich hin gammeln und wo vor der norwegischen Bäreninsel (Bjørnøya) das Atom-U-Boot ›Komsomolets‹ seit 1989 in 1700 m Tiefe verrottet. – Es dort liegen zu lassen, beschwört nach Meinung des russischen Konstrukteurs eine Katastrophe von ungeahntem Ausmaß herauf, wie auch eine Bergung nach Dafürhalten norwegischer Spezialisten außerordentlich gefährlich ist.

0,7 % des Bruttosozialproduktes aus und beschäftigt 0,7 % der norwegischen Erwerbstätigen. Die Forstwirtschaft gar, früher ebenfalls eine Hauptstütze der Volkswirtschaft, ist gerade noch mit etwa 0,2 % am Bruttosozialprodukt beteiligt, und die Landwirtschaft, in der noch um 1870 rund 60 % aller Norweger ein Auskommen hatten (selbst 1960 waren es rund 20 %), beschäftigt heute um 2,3 % der Erwerbstätigen, wobei sie 1,1 % des Bruttosozialproduktes erwirtschaftet.

Daß Norwegen also ein Land der Fischer und Bauern sei, wie im Ausland

häufig angenommen wird, entbehrt jeglicher Grundlage, und daß es hier – wo die Durchschnittsgröße der landwirtschaftlichen Betriebe unter 10 ha liegt – heutzutage überhaupt noch Bauern gibt, ist im hohen regional- wie auch sozialpolitischen Bewußtsein der Gesellschaft begründet: Die gegenwärtigen Siedlungsstrukturen sollen erhalten bleiben, will sagen, ein weiteres Abwandern vom Land in die Städte, wo heute schon rund 71 % aller Norweger leben, soll verhindert werden, und andererseits ist es geradezu ein Imperativ des norwegischen Wohlfahrtsstaates, daß niemand benachteiligt werden darf. Entsprechend greift der Staat also einerseits über eine Reihe von Stützungsmaßnahmen in das Marktgeschehen ein und sorgt andererseits durch Zuschüsse dafür, daß das Jahreseinkommen keines Landwirtes unter dem Durchschnittseinkommen eines Industriearbeiters liegt.

Diese Anpassung ist hier sogar gesetzlich festgelegt, und das System funktioniert, hat nämlich dazu geführt, daß Norwegens Agrarwirtschaft den gesamten Bedarf des Landes an Molkerei- und Fleischprodukten sowie Kartoffeln decken kann. Freilich sind auch die Kosten entsprechend: Jahr für Jahr muß der Staat über 12 Mrd. NOK an Zuschüssen aufwenden, um seine Landwirtschaft am Leben zu erhalten. Dieser Betrag ist immerhin nur halb so hoch wie der, den beispielsweise der gesamte norwegische Verteidigungshaushalt schluckt, und addiert man alle staatlichen Finanzhilfen, so ergibt sich, daß Norwegen mit Subventionen von über 6 % der Wirtschaftsleistung weltweit an der Spitze steht.

Hohe Kosten verursachen zudem die Bemühungen, die Marginalräume des Landes bewohnt zu halten, insbesondere den hohen Norden, und wie es heißt, fällt jeder Bewohner der Finnmark beispielsweise dem Staat mit jährlich rund 500 000 NOK zur Last.

Auch in Sachen Sozialleistungen können es nur wenige Länder der Erde mit Norwegen aufnehmen, wie nachfolgende Beispiele verdeutlichen mögen: Bei Erreichen der gesetzlichen Altersgrenze oder bei Erwerbsunfähigkeit hat jeder Anspruch auf eine gut bemessene Mindestrente, die jährlich angepaßt wird; Mutterschaftsurlaub ($8^1/_2$ Monate) wird ebenso gewährt wie ein Mindesteinkommen für nicht berufstätige Alleinerziehende, das Kindergeld – nach der Kinderzahl gestaffelt – ist mit 881 NOK für ein, 1805 NOK für zwei Kinder nahezu fürstlich bemessen, wie auch die Höhe des Arbeitslosengeldes und die Zuschüsse für Familien und Einzelpersonen, die den Lebensunterhalt nicht selbst bestreiten können oder deren Einkommen unter einer bestimmten Grenze liegt, nichts zu wünschen übrig läßt; ansonsten trägt die gesetzliche Sozialversicherung auch alle Kosten für eventuelle Umschulungen, Fortbildungen etc., umfaßt zudem den öffentlichen Gesundheitsdienst, und alles in allem ermöglicht die Fülle gewährter Unterstützungen jedem im Land einen soliden Lebensstandard.

Diese Wohlfahrt, die allein schon rund 40 % des gesamten Staatsbudgets schluckt, hat natürlich ihren Preis, zumal die Erträge aus dem Öl- und Gasgeschäft ›eisern‹ gespart werden, u. a. für Investitionen. Entsprechend bilden direkte und indirekte Steuern und Abgaben den Großteil der staatlichen Einnahmen, wobei die Mehrwertsteuer in Höhe von 22 % die wichtigste ist. Zusätzlich gibt es eine Reihe von Sondersteuern (beispielsweise auf Wein und Spirituosen, Bier, Tabak, Kraftfahrzeuge, Benzin, Unterhaltungselektronik) und natürlich die Einkommenssteuer, die zwischen 28 und 41,7 % beträgt (je nach Höhe des Verdienstes). Hinzu kommen noch die Sozialabgaben (7,8–10,7 %, ebenfalls verdienstabhängig) sowie Steuern für Zinserträge und sonstige Einkommen (28 %), und eingedenk dieser immens hohen Abgaben blüht natürlich der Tauschhandel mit Dienstleistungen (»reparierst du mir mein Auto, flicke ich dir dein Dach«), in dem etwa jeder dritte Norweger tätig sein soll. Das weiß auch der Staat, das wird auch mehr oder weniger geduldet, wohingegen die Steuerhinterziehung durch falsches oder unvollständiges Ausfüllen der Steuererklärung als eines der schwersten Vergehen gegen *rettferd* (dem norwegischen Wort für Gleichheit und Gerechtigkeit), dem Grundgedanken des Wohlfahrts- und Sozialstaates, unnachgiebig bestraft wird. Beim Eintreiben von Steuer – die hier *skatt*, »Schatz« heißt – läßt der Staat nicht mit sich spaßen, und dann spielt auch die Privatsphäre des einzelnen nur noch eine unbedeutende Rolle. Schon gar das ›Bankgeheimnis‹, das man hier im eigentlichen Sinn des Wortes gar nicht kennt, wie ja auch ein Verdienst-, Vermögens- und Steuergeheimnis völlig unbekannt ist: Einmal im Jahr werden die entsprechenden Daten der einzelnen Kommunen in den jeweiligen Tageszeitungen publiziert. – Das soll der Ehrlichkeit auf die Sprünge helfen.

So hat das norwegische Modell auch seine Schattenseiten – zumindest für viele Nicht-Norweger –, und wenn es so etwas wie den vielzitierten ›gläsernen‹ Schweden gibt, dann zumindest auch einen ›ziemlich transparenten‹ Norweger, denn spätestens seit die elektroni-

Exponat aus dem Konservenmuseum in Stavanger

sche Datenverarbeitung existiert, hat sich das Königreich in mancher Hinsicht in Richtung auf einen Erfassungsstaat bewegt. Der Schlüssel hierzu ist die Personenkennziffer, die jedem Norweger bei der Geburt verpaßt wird, und unter der in der Folge neben den persönlichen Daten auch die familiären Verhältnisse, die Einkommens- und Vermögenssituation, eventuelle Straffälligkeiten – kurz all diejenigen Daten erfaßt werden, die für die Behörden von Bedeutung sein können. Ohne diese Kennziffer, die auch bei geringfügigen Verkehrsdelikten erfaßt wird, läuft nichts in Norwegen, kann man schon gar kein Giro- oder Sparkonto eröffnen, die Einrichtungen des Gesundheitswesens nutzen, Grundbesitz erwerben oder verkaufen.

Bei Arendal ▷
Blick auf die alte Hansestadt Bergen ▷▷

Routen
durch
Norwegen

Der Süden

Oslo – Die grünste Metropole des Kontinents

■ (S. 299ff.) Es war einmal – vor ungefähr 200 Jahren –, da zählte man in der
damals Christiania genannten Stadt
knapp 7500 Einwohner. Es war einmal –
vor 150 Jahren –, da wurde sie von rund
32 000 Menschen bevölkert. Doch im
20. Jahrhundert und nach 900 Jahren
Stadtgeschichte wurde die Talsenke am
Oslofjord zu klein, und es wuchsen Tra-
bantenstädte ins Land hinaus, um den
mittlerweile ca. 500 000 Einwohnern der
ab 1925 wieder Oslo geheißenen Metropole des Königreiches Wohnraum zu
verschaffen. Immer weiter, immer größer, immer mehr: Rechnet man die täglich aus den angrenzenden Ballungsräu-
men in die City strömenden Beschäftigten hinzu, so ergibt sich, daß in dieser
wichtigsten Industrie-, Handels- und Hafenstadt des Landes gut und gerne jeder
fünfte Norweger sein Auskommen findet.

Dies ist die eine Seite des um das Jahr
1050 von König Harald Hårdråde ge-
gründeten und 1299 zur Reichshaupt-
stadt erhobenen Oslo, das nach Norwegens Unterordnung unter die dänische
Krone (ab 1380) gänzlich an Bedeutung
verlor und erst ab 1814 wieder (als das
Land in Personalunion mit Schweden
vereint wurde) zum Kristallisationspunkt

Oslo

*1 Hauptbahnhof 2 Basarhalle 3 Dom-
kirche 4 Storting (Parlamentsgebäude)
5 Grand Hotel 6 Nationaltheater
7 Universität 8 Nationalgalerie
9 Historisches Museum 10 Schloß
11 Vigeland-Anlage 12 Rathaus
13 Aker Brygge 14 Akershus-Festung
mit Verteidigungs- und Widerstandsmuseum*

der Macht aufstieg. Die andere Seite von
»Uuschluu«, wie der Osloer sagt, ist die,
daß die Hauptstadt bei aller Prosperität
doch eine der kleinsten Europas ist, von

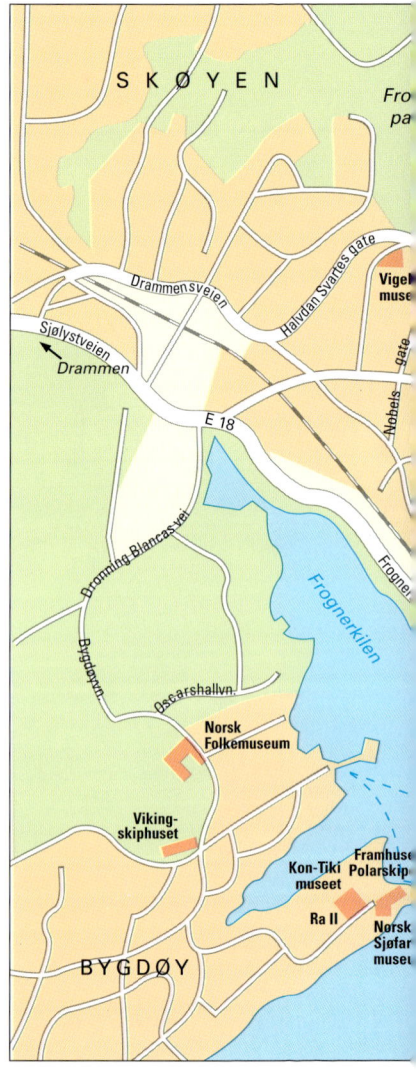

ihrer Ausdehnung aber die größte und – weil nur weniger als 20 % ihrer Gesamtfläche von 454 km² bebaut sind – auch gleichzeitig die grünste. Allein das Waldgebiet der in einen grünen Bogen mittelhoher Berge eingebetteten großen, kleinen Metropole ist über 240 km² groß und wird von 1200 km Wanderwegen nebst 2000 km Langlaufloipen erschlossen; an nicht weniger als 343 Seen kann man dem Großstadtleben entkommen, wie auch die Strände am und die 40 Inseln im Oslofjord wie geschaffen sind, sich vom – nach norwegischen Verhältnissen – hektischen Treiben im Zentrum zu erholen.

Während des Oslo Jazz-Festivals bevölkern Musiker die Straßen

Die herrliche Natur aber macht für die Bewohner Oslos nur einen Teil der Lebensqualität aus, denn vor allem anderen ist die »Grüne Hauptstadt«, die im Prospekt auch als die »Schönste Hauptstadt der Welt« gerühmt wird, zumindest in Sachen Quantität auch die Kulturhauptstadt des Landes. Sie beherbergt die größte Anzahl norwegischer Museen und Sehenswürdigkeiten, Theater, Konzertsäle etc. und bildet allsommerlich den Rahmen für rund 30 verschiedene Festivals, die dicht aufeinander folgen: das Kultur-, das Rock-, das Jazz- sowie das Kammermusik-Festival sind nur einige davon.

Im inneren Zirkel

Oslo hat viele Seiten, nicht zuletzt auch eine für (solvente) Nachtschwärmer, und warum die Norweger ihre verehrte Hauptstadt u. a. auch für die sauberste und ›aufgeräumteste‹ Europas halten, fällt schon am Platz vor dem **Hauptbahnhof** **1** auf, wo wir mit unserem Stadtrundgang beginnen wollen. An diesem zentralen und an allen Haupt-Durchgangsstraßen mit »Oslo S« oder

»Oslo Sentralstasjonen« ausgeschilderten Punkt – wo es nebst Touristeninformation, Geldwechsel und Post auch ein Parkhaus sowie einen großen, auch für Wohnmobile tauglichen Parkplatz gibt – geht es nicht ›mitteleuropäisch-schmuddelig‹, sondern vielmehr ›norwegisch-propper‹ zu. Alle Zweckbauten sind mit Glas und Kunst so ästhetisch aufgewertet, wie der Boden gefegt, und das ganze bauliche Arrangement rings umher, vom gestylten Konsumtempel Oslo City dominiert, wirkt doch sehr kalt und unbeseelt.

Auch auf der **Karl Johansgate**, die sich zwischen den Hauptbahnhof und dem Königlichen Schloß spannt, herrscht – im Vergleich mit anderen Metropolen – bei allem Treiben doch ein Mangel an Vitalität. Daran ändert auch nichts, daß auf dieser zwei Kilometer langen Schlagader der Stadt in hunderten Geschäften all das angeboten wird, was schön und gut und teuer ist. Lediglich im Halbrund der 1841 gemauerten **Basarhalle** **2**, in der viele ›Tante Emma-Läden‹ untergebracht sind und Pakistanis, Inder, Libanesen und Angehörige anderer Völker exotische Waren anbieten, herrscht reges Leben.

In der oberhalb angrenzenden **Domkirche** , gegen Ende des 17. Jahrhunderts im Barockstil fertiggestellt, beeindrucken vor allem ein 1500 m^2 großes Monumentalgemälde an der Decke sowie die barocke Kanzel und der barocke Altar, die um 1699 geschaffen wurden und als die ersten bekannten Arbeiten im Akanthusstil (s. S. 177) in Norwegen gelten. Ein Stückchen weiter, an jener Stelle, wo man in gerader Linie zum Königlichen Schloß hinüberblicken kann, liegt – ganz ohne Bannmeile – der wuchtige Backsteinbau des **Storting** (Parlament), dessen Fassade aber nicht mit

der des gegenüber aufragenden, stuckverbrämten **Grand Hotels** konkurrieren kann. Vorbei am **Eidsvoll-Park**, dessen Name an die verfassungsgebende Versammlung von 1814 in Eidsvoll (s. S. 171) erinnert, geht es weiter an der sich anschließenden Grünfläche **Studenterlunden** entlang, die auf den klassizistischen Bau des **Nationaltheaters** blickt. Die zwei ›Kulturheiligen‹ Norwegens – Henrik Ibsen und Bjørnstjerne Bjørnson – blicken von hohen Säulen in die Runde, wo fliegende Händler Kitsch und Kram aus aller Herren Länder zu verkaufen suchen.

*Auf der
Karl Johansgate:
Blick zum Schloß*

»Für Frieden und Brüderlichkeit der Völker« – Der Friedensnobelpreis

Jahr für Jahr am 10. Dezember ist es wieder so weit, daß derjenige, »der am meisten oder besten für die Verbrüderung der Völker gewirkt hat und für die Abschaffung oder Verminderung der stehenden Heere sowie für die Bildung und Beförderung von Friedenskongressen«, im Osloer Rathaus eine Goldmedaille mit der Aufschrift *Pro pace fraternitate gentium* (Für Frieden und Brüderlichkeit der Völker) sowie einen hohen Geldbetrag verliehen bekommt: Den Friedensnobelpreis, benannt nach seinem Stifter, dem Schweden Alfred Nobel, Erfinder des Dynamits, der 1895 in seinem Testament festlegte, daß fünf vom norwegischen Parlament zu wählende Personen in jedem Jahr darüber befinden sollen, wer den »Preis für die Verbreitung des Friedens« erhält.

Die Frage, warum er Norwegen auswählte, diesen Preis zu vergeben, während die übrigen Auszeichnungen (für Chemie, Physik, Medizin, Literatur) in seinem Heimatland Schweden (in Stockholm) verliehen werden, hat Alfred Nobel nicht beantwortet. Angeb-

lich hielt er seine Landsleute nicht für friedfertig genug, vielleicht liegt der Grund aber auch einfach darin, daß Norwegen und Schweden zur Zeit von Nobel (der 1897 verstarb) eine Union bildeten, und Nobel es für angemessen hielt, beide Staaten in die Preisverleihung einzubeziehen.

1901 nahm das Preisrichterkomitee (das alle sechs Jahre nach Parteiproporz vom Storting gewählt wird) in Oslo die Arbeit auf, und der erste, der für würdig erachtet wurde, den Friedenspreis zu erhalten, war Henri Dunant, Begründer des Roten Kreuzes. Gegenstimmen gab es keine, der Beifall der Weltöffentlichkeit war einhellig. Auch die Preisverleihung an den Norweger Fridtjof Nansen (1922), der nicht nur Entdecker, sondern, als Leiter zahlreicher Hilfsaktionen, wohl auch Norwegens bedeutendster Humanist war, führte zu keinerlei Kontroversen, wie auch viele andere Preisträger (u. a. Albert Schweitzer, 1952; Martin Luther King, 1964; Mutter Teresa, 1979) einhelligen Beifall erhielten. Andere Entscheidungen freilich waren stark umstritten.

Gegenüber, auf der anderen Seite der Karl Johansgate, erhebt sich der von Säulen getragene Monumentalbau der **Universität** 7, in deren mit Wandmalereien von Edvard Munch geschmückten Aula früher der Friedensnobelpreis verliehen wurde. Die seitlich abzweigende

Universitetsgata führt zur **Nationalgalerie** 8, die als größte und repräsentativste Kunstsammlung Norwegens gilt und Werke aller bedeutenden einheimischen Künstler der letzten 200 Jahre besitzt. Aber auch die Abteilung für internationale Kunst kann sich mit Werken u.

So insbesondere die für Le Duc Tho und Henry Kissinger (1973), die für Begin und Sadat (1978), nicht zu vergessen die für Rabin und Arafat im Jahre 1994, nach der es wochenlang Proteste hagelte und sich das Komitee den Vorwurf der Einmischung in die internationale Politk gefallen lassen mußte. Aber gegen solche Angriffe ist man in Oslo gefeit, wie man es auch gelassen hinnahm, als Hitler 1936 einen Tobsuchtsanfall bekam, als der (später im KZ verstorbene) Pazifist Carl von Ossietzky geehrt wurde, und wie die Chinesen beispielsweise mit stärkstem Boykott drohten, als 1989 das rechtmäßige Oberhaupt des von der Volkrepublik annektierten Tibet, der Dalai Lama, ausgezeichnet wurde.

»Manchmal können wir, die kleinen Länder, ein wenig verändern in dieser Welt«, sagte der Vorsitzende des Komitees 1987 in seiner Ansprache zur Ehrung von Costa Ricas Präsidenten Arias. Und nichts anderes ist Hauptziel der norwegischen Außenpolitik: einen größtmöglichen Beitrag zur demokratischen Entwicklung und zur Einhaltung der Menschenrechte auf diesem Planeten zu liefern.

Im Rathaus von Oslo wird alljährlich der Friedensnobelpreis verliehen (links: Jose Ramos-Horta, rechts: Bischof Carlos Belo, die Friedensnobelpreisträger des Jahres 1996)

a. von Picasso, Matisse, Monet, Degas, van Gogh, Gauguin, Rodin sehen lassen. Die Frederiksgate führt rechts zum **Historischen Museum** [9], einem der schönsten Jugendstilbauten der Stadt, in der drei Sammlungen zu betrachten sind: Die Altertumssammlung zeigt zahlreiche Funde aus der Wikingerzeit sowie Kunst des Mittelalters (u. a. Portale von Stabkirchen), die ethnographische Abteilung ist dem Leben fremder Völker (u. a. der Inuit) gewidmet, und das Münzkabinett besticht mit einer umfassenden Münz- und Medaillensammlung.

Treppe der Vigeland-Anlage Im Frognerpark

Folgen wir der Frederiksgate wieder südwärts, gelangen wir auf die Karl Johansgate, die nun in den großflächigen Park hineinführt, der das dreiflügelige, 1848 im klassizistischen Stil errichtete **Schloß** ⑩ umgibt. Es ist offizieller Wohnsitz des norwegischen Königs, daher nicht zu besichtigen, und wenn man von der täglich gegen 13.30 Uhr stattfindenden Wachablösung der Königlichen Garde absieht, gibt es eigentlich keinen zwingenden Grund, hierher zu kommen.

So kehren wir wieder zurück zur Kreuzung der Frederiksgate mit der Karl Johansgate und der schräg gegenüber gelegenen Bus- und Straßenbahnstation ›Nationaltheater‹, von wo aus es ein Leichtes ist, mit öffentlichen Verkehrsmitteln zum etwas außerhalb gelegenen Frognerpark zu gelangen. Aber nicht der Park ist Ziel dieses kleinen Abstechers, sondern vielmehr die in seiner Mitte gelegene **Vigeland-Anlage** ⑪, die als das Lebenswerk des Bildhauers Gustav Vi-

geland (1869–1943) gilt und ein ›Skulpturium‹ wahrhaft monumentaler Art ist. Rund 150 Skulpturen mit etwa 650 Figuren sind es, die sich – in Gruppen zusammengefaßt – auf einer 850 m langen Achse aneinanderreihen und vom über eine Treppe zu erreichenden 17 m hohen ›Monolithen‹ überragt werden, der allein schon aus 121 Figuren besteht und von 36 Figurengruppen aus Granit umgeben ist.

Wer weitere Werke des genialen Künstlers betrachten möchte, sollte das Vigeland-Museum am Südrand des Parks (Nobels gate 32) besuchen, bevor es mit Bus oder Straßenbahn wieder zur Station am Nationaltheater zurückgeht. Dort halten wir uns süd-, also meerwärts, queren die Stortingsgata und laufen nun entlang der Amundsensgate direkt auf das Reiterstandbild des Stadtgründers Harald Hårdråde zu, das auf einen unglaublich häßlichen bzw. – wie andere sagen – äußerst imposanten Backsteinkomplex blickt. An diesem

Rathaus-Bau **12**, der von zwei über 60 m hohen Türmen flankiert wird, scheiden sich die Geister, und nur die Innenausstattung, an der die bedeutendsten norwegischen Bildhauer, Maler und Textilkünstler der ersten Hälfte des 20. Jahrhunderts beteiligt waren, wird einhellig als ansprechend bezeichnet. Schräg gegenüber und an ihren postmodernen Glitzerfassaden unverkennbar, ragt die mit allem Brimborium im Stil der Londoner Docklands überreich ausgestattete **Aker Brygge 13** auf. Im Gegensatz zu ihrem englischen Gegenstück gilt aber dieses ehemalige Werftgelände mit seinen zahlreichen Straßen- bzw. Bryggencafés nicht nur der Yuppie-Avantgarde, sondern auch den ›ganz normalen‹ Städtern als Schmelztiegel der Freizeitlust. Wer hier allerdings wohnen, shoppen gehen oder sich in den Nachtclubs vergnügen möchte, muß schon über ein gut gefülltes Portemonnaie verfügen.

Auf der gegenüberliegenden Seite der Pipervika genannten Bucht erhebt sich das Schloß und die Festung **Akershus 14**, deren älteste Teile aus dem späten 13. Jahrhundert stammen, als Håkon V. Oslo zu seiner Residenz machte. Während der Regierungszeit Christians IV., der der Stadt im 17. Jahrhundert auch einen neuen, nämlich seinen Namen gab (Christiania), wurde die insgesamt neunmal angegriffene, doch nie eingenommene Anlage in ein Renaissanceschloß umgebaut. Im Arsenalgebäude auf dem Schloßhof ist das Norwegische **Verteidigungsmuseum** untergebracht (das die Geschichte der norwegischen Verteidigung von der Wikingerzeit bis heute dokumentiert), gegenüber befindet sich das norwegische **Widerstandsmuseum** (das dem Widerstand gegen die deutsche Besatzung während des Zweiten Weltkrieges gewidmet ist), und vom angrenzenden Festungswall aus genießt man eine beein-

Blick auf Akershus

druckende Aussicht auf große Teile von Oslo sowie den Oslofjord mit der Halbinsel Bygdøy.

Auf Bygdøy

Diese Halbinsel, die aus gegebenem Anlaß auch den Beinamen ›Museumsinsel‹ trägt, kann man auf dem Weg nach Drammen (Route 1, 2 und 3) ›mitnehmen‹ (an der E 18 ausgeschildert), aber auch im Rahmen einer Stadtbesichtigung von der **Rådhusbrygge** vor dem Rathaus per Fährschiff erreichen.

Im Sommer pendeln die Boote ständig hin und her, Endstation ist der nahe dem norwegischen **Volkskundemuseum** (Norsk Folkemuseum) gelegene Anleger. Dieses kulturhistorische Freilichtmuseum, das sich auf einer Fläche von über 14 ha erstreckt, besteht aus 153 Gebäuden aus allen Teilen Norwegens und ist damit die größte Sammlung des Landes. Im Rahmen eines Spaziergangs kann man hier eine kulturhistorische Reise durch 700 Jahre Geschichte antreten, dabei u. a. Volkstanz- und Volksmusik-Aufführungen sowie Demonstrationen zum traditionellen Handwerk beiwohnen, sich über samische Kultur, Spielzeug, Kirchenkunst und vieles mehr informieren, sich ein anschauliches Bild von den Lebensbedingungen aller Gesellschaftsschichten zwischen der Wikinger- und der Neuzeit verschaffen und sich natürlich auch am Anblick der Gol-Stabkirche erfreuen, die als das Kleinod der Sammlung gilt. Sie wurde um 1170 erbaut und 1881 auf Veranlassung von Oscar II. aus Gol im Hallingdal hierher überführt. – Um sich auch nur einen ungefähren Überblick über dieses, wie es heißt, besuchenswerteste Museum des Landes zu verschaffen, sollte man mindestens einen halben Tag Zeit mitbringen und möglichst auch den Museumsführer (auch auf deutsch erhältlich) erstehen, der alle Fragen erschöpfend beantworten kann.

Vier weitere Museen noch sind auf Bygdøy zu finden, und so man Präferenzen setzen muß oder will, sollte es das **Wikingerschiff-Museum** (Vikingskiphuset) sein, das meistbesuchte Museum des Landes, auf das die Wahl fällt. Die hier ausgestellten und zwischen 1876 und 1904 gemachten Grabfunde waren und sind noch immer wichtige Träger des Selbstverständnisses der Norweger, die sich, wie die Dänen und Schweden auch, als Nachfahren der Wikinger verstehen. Betritt man nun die 1926 fertiggestellte Halle, steht man sofort dem 1904 in der Nähe von Tønsberg gefundenen Oseberg-Schiff gegenüber. Es wurde um 800 erbaut, etwa 50 Jahre später dem Grab der Königin Åsa beigelegt und gilt – zusammen mit anderen Gaben, die man der Königin auf ihre Reise ins Reich der Toten mitgegeben hatte (u. a. ein mit Schnitzereien verzierter Wagen, drei Prachtschlitten) – als der reichste Grabfund aus der Wikingerzeit, der je in Norwegen gemacht wurde. In zwei 1932 angebauten Seitenflügeln sind das 1880 bei Sandefjord gefundene Gokstad-Schiff sowie das 1876 bei Fredrikstad ausgegrabene Tune-Schiff zu betrachten, und daß die Wikinger mit solchen Schiffen wirklich die Meere befuhren, wies der spätere Seefahrtdirektor Magnus Andersen überzeugend nach: 1893 fuhr er in einer exakten Kopie des Gokstad-Schiffes von Norwegen aus innerhalb von 28 Tagen über den Atlantik, um an der Weltausstellung in Chicago teilzunehmen.

Von diesen Zeugnissen der Wikingerzeit führt ein kurzer Weg zum ›Wikingerschiff‹ unserer Zeit, das im **Fram-Museum** ausgestellt ist. Mit der 35 m

Im Norsk Folkemuseum auf Bygdoy

langen und 1892 in Larvik erbauten ›Fram‹ segelte 1893 der berühmte Polarforscher und spätere Gesandte sowie Friedensnobelpreisträger Fridtjof Nansen aus dem Oslofjord und nahm Kurs auf Nord, in der Hoffnung, den Nordpol zu erreichen. Sein Plan war, sich von der Meeresströmung an den Pol treiben zu lassen, und er ließ die ›Fram‹ zu diesem Zweck vor der sibirischen Küste einfrieren. Doch die Drift mißlang, weshalb Nansen zusammen mit seinem Begleiter Hjalmar Johansen zu Fuß nach Norden marschierte, wo sie am 7. April 1885 bis an 86°14′ nördlicher Breite herankamen, dem nördlichsten bis dahin von einem Menschen erreichten Punkt. 1896 kehrte er mit der ›Fram‹ wieder nach Oslo zurück. Zwei Jahre später nutzte Otto Sverdrup das »stärkste Schiff seiner Zeit«, um die Region nordwestlich von Grönland zu entdecken und zu kartieren. Auch die Antarktis-Reise von Roald Amundsen, der am 14. 12. 1911

als erster Mensch den Südpol bezwang, wurde mit der ›Fram‹ bewältigt; all diese Reisen sind im Fram-Museum anschaulich dokumentiert.

Vor dem Gebäude ist die ›Gjøa‹ aufgebockt, mit der Amundsen in den Jahren 1903 bis 1906 als erster die Nordwestpassage bezwang. Gegenüber erhebt sich das **Kon-Tiki-Museum**, in dem das Balsa-Floßboot ›Kon-Tiki‹ zu betrachten ist, mit dem Thor Heyerdal 1947 in 101 Tagen von Peru nach Polynesien segelte. In der Nachbarhalle beeindruckt das Papyrosboot ›Ra II‹, mit der der Anthropologe 1970 den Atlantik überquerte. Aber nicht nur die Boote selbst sind ausgestellt, sondern auch zahlreiche Exponate von den verschiedenen Reisen.

Wiederum gegenüber dann ist das norwegische **Seefahrtsmuseum** zu finden, in dem die lange Geschichte der norwegischen Schiffahrt anschaulich dokumentiert wird.

Route 1: Sonnenland im Süden – Von Oslo nach Stavanger

Norwegens Klima ist wesentlich besser als sein Ruf, und am besten, also im Sommer am sonnigsten, ist es entlang der Skagerrak-Küste zwischen Oslo und Kristiansand, da diese Region vor den von Westen kommenden Regenwolken geschützt ist. Hier reihen sich traditionsreiche Küstenplätze aneinander, die von der frühen Wikingerzeit bis in das 20. Jahrhundert hinein Norwegens Tore zur Welt waren und sich heute als malerische Holzhausstädtchen größter Beliebtheit bei sonnenhungrigen Badegästen erfreuen. An den schärenreichen Küstenstreifen mit seinen schönen Stränden schließt sich eine Schneise fruchtbaren Bauernlandes an, dahinter erstreckt sich die an Wäldern, Seen und Flüssen so überreiche Landschaft der Telemark, die schließlich ins Hochfjell hinüberführt. Westlich von Kristiansand dann, wo sich das Skagerrak auf die Nordsee öffnet, wird das Klima rauher und mit ihm auch die Küste, die schon ein wenig ans Fjordland erinnert, als dessen Tor Stavanger gilt. Binnenwärts wird das schnell gebirgig werdende Land von tiefen Taltrögen durchschnitten, die schon seit alter Zeit Kulturinseln sind und bis heute viele Traditionen in ihrer ursprünglichen Form bewahrt haben.

Durch diese abwechslungsreiche Landschaft führt unsere insgesamt etwa 740 km lange Route, die in großen Abschnitten der E 18/E 39 folgt, aber immer wieder Abstecher beschreibt. Und gerade diese sind es, die den Reiz der Fernverbindung zwischen Oslo und Stavanger ausmachen, denn wer nur auf der teilweise stark frequentierten Europastraße bleibt, wird von der Strecke wenig mehr als Bilder vorbeifliegender Städte mit nach Hause nehmen.

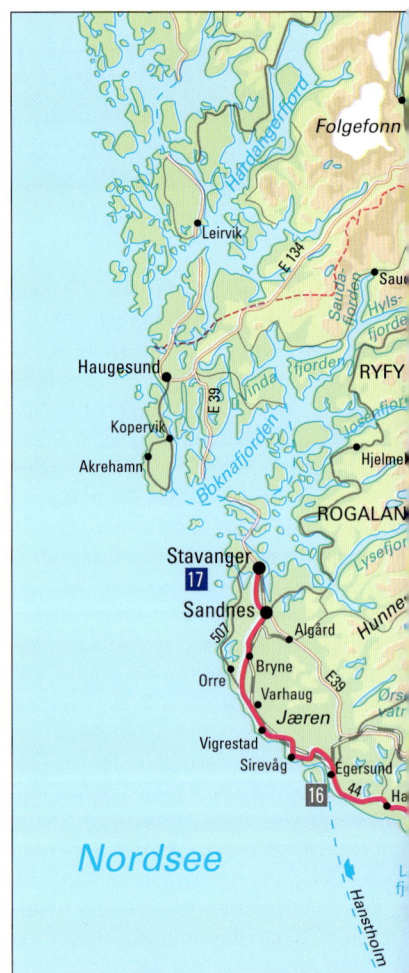

Route 1: Von Oslo nach Stavanger

Entlang dem Oslofjord

Das Gebiet um Oslo ist ein Ferien- und Ausflugsgebiet par excellence, und man kann sich schwer vorstellen, daß es eine Großstadt gibt, die bessere Möglichkeiten zum Baden, Fischen und Segeln bietet. Der Oslofjord liegt direkt vor der Haustür, aber um ihn intensiv und in all seiner Schönheit genießen zu können, müßte man, wie statistisch nahezu jeder zweite Norweger, ein eigenes Boot besitzen. Die ab Oslo-Zentrum deutlich ausgeschilderte E 18, die dem Westufer des Fjordes nach Süden folgt, bietet in diesem Abschnitt noch kaum Reize. Zügig geht es auf der Schnellstraße dahin, und nach knapp einer halben Stunde breitet sich **Drammen**, die mit rund 60 000 Einwohnern sechstgrößte Stadt des Landes, in einer Talmulde am gleichnamigen Fjord aus. Sie lebt vom

Die Königsgräber bei Borre

Fahrzeugimport und der Industrie, insbesondere der Holzwirtschaft, und nur, wer die ›Spirale‹ befahren möchte, eine schlangenförmig ins Innere eines Berges gesprengte Straße, die auf einen rund 200 m hohen Aussichtsberg führt (mit Panoramarestaurant, Wanderwegen und Freilichtmuseum), wird der Abfahrt Richtung Zentrum folgen wollen.

Auch Holmestrand, rund 30 km später erreicht, bietet nur wenige Reize, und erst **Horten** ■ (S. 281f.), die nächste und etwas abseits der E 18 gelegene Station, kann als ehemaliger Hauptstützpunkt der norwegischen Seestreitkräfte gefallen. Das Zentrum bietet alte Bausubstanz, das Marinemuseum ist in Besitz des ersten Torpedobootes der Welt (1872 erbaut) sowie der größten Schiffsmodellsammlung des Königreiches. Auch das für Norwegen einzigartige Preus Fotomuseum ist hier zu finden, zudem bietet ein Automuseum 48 Veteranen-Autos und 17 -Motorräder.

Weiter über die R 310 geht nun die Fahrt entlang dem Oslofjord nach **Borre** mit dem ausgeschilderten Borrehaug, dem eindrucksvollsten Gräberfeld Norwegens, das herrlich in einem lichten Wald uralter Baumriesen direkt an der Küste gelegen ist. In langer Reihe sind in den 27 großen Grabhügeln die Ahnen Harald Schönhaars beigesetzt, bei denen es sich um das Geschlecht der aus Schweden eingewanderten Ynglingar, die die erste norwegische Dynastie stellten, handeln soll. Ein kurzes Wegstück weiter passieren wir die über 1000 Jahre alte Steinkirche von Borre (mit einem prächtigen Barockaltar aus dem 17. Jahrhundert), und schon ist der beliebte Badeort **Åsgårdstrand** ■ (S. 268) erreicht, in dem Edvard Munch, wohl der bekannteste Maler des Nordens, mehrere Jahre seines Lebens verbrachte. Sein ›Glückshaus‹, das Lykkehuset, dient als Museum. Hier entstand auch das berühmte und heute von der Nationalgalerie in Oslo präsentierte Bild ›Pikene på broen‹ (›Mädchen auf der Brücke‹, 1899). Aber auch der nicht an Kunst interessierte Reisende kann sich in diesem ganz in Weiß gehaltenen Holzhausstädtchen wohlfühlen, in dem mehrere Straßencafés zum Verweilen und Wiesenufer zum Baden einladen.

Die nächste Station ist **Tønsberg** 3 (S. 309), Verwaltungszentrum des Bezirks Vestfold und älteste Stadt Norwegens. Bereits 872 wurde sie urkundlich erwähnt, im 12. Jahrhundert erhielt sie mit dem Castrum Tunsbergis eine der größten Festungsanlagen des Nordens und war während des gesamten Mittelalters die bedeutendste Handelsstadt des Landes. Die Pestzeit brachte den Niedergang, erst im 18. Jahrhundert kam Tønsberg durch Seefahrt und Walfang erneut zu wirtschaftlicher Blüte. Heute sind es insbesondere der Schiffsbau und die Offshore-Technik, dem die rund 32 000 Einwohner ihren relativen Reichtum verdanken: Herrschaftliche Bauten und übergroße Shoppingzentren lagern breit als stattliche Festungen des Wohlstands in der vom Schloßberg überragten Stadt. Auf dieser Festungshöhe, mit ›Slottsfjellet‹ ausgeschildert, findet sich neben den Ruinen des 1503 geschleiften Castrum Tunsbergis ein Aussichtsturm aus dem Jahre 1888, von dem aus man ein beeindruckendes Panorama über das Häusermeer auf den nahen Oslofjord genießen kann. Ihm zu Füßen lädt das Vestfold-Museum, dem auch eine große Freilichtabteilung angeschlossen ist, zum Besuch ein. Themen der Sammlungen sind Archäologie (auch ein Wikingerschiff aus dem 9. Jahrhundert ist ausgestellt), Stadtleben, Schifffahrt und insbesondere Walfang. In der Nähe (Storgate 17) liegen die Ruinen der größten Rundkirche Skandinaviens (im 12. Jahrhundert erbaut) sowie – mitten in der von klassizistischen Holzhäusern geprägten Altstadt – die neugotische Domkirche (1858), deren Einrichtung aus zwei Mittelalter-Kirchen stammt, die früher auf dem Areal des heutigen Marktplatzes standen.

Aber nicht nur Kulturhistorisches ist hier zu beschwören, sondern auch eine an Schären ungeheuer reiche Küstenlandschaft, die im Verlauf einer rund 4 Std. dauernden Tour mit dem 1908 in Dienst gestellten Veteranendampfschiff ›D/S Kysten I‹ in all ihrer Schönheit betrachtet werden kann. Landfest bietet sich eine Fahrt auf der R 308/R 309 an, die in Verdens ende, dem ›Ende der Welt‹, endet, wo der älteste Leuchtturm des Landes (1696 erbaut) aufragt.

Das benachbarte **Sandefjord** 4 (S. 305f.), bis 1968 Heimathafen der norwegischen Walfangflotte, steht ganz im Zeichen der früher so unerbittlich gejagten Meeresbewohner. Zahlreiche Stra-

Das Walfangmonument in Sandefjord

ßen, Lokale und Geschäfte tragen den Wal im Namen, und der ›guten alten Zeit‹ ist mit dem Walfangmonument im Park an der Uferpromenade ein zwar eindrucksvolles, aber von seiner Aussage her nicht stimmiges Denkmal gesetzt: Es vermittelt den Anschein, als hätten der Wal und seine Jäger die gleichen Chancen gehabt. Ein ähnliches Bild zeichnet das Walfangmuseum nach, in dessen naturhistorischer Abteilung man u. a. auch ausgestopfte Exemplare der Meeressäuger betrachten kann.

Riviera am Skagerrak

Die Küste zwischen Sandefjord und Larvik, wo sich der Oslofjord auf das Skagerrak öffnet, bietet mit Kjerringvik und Ula zwar beliebte Badeorte, aber diese halten keinem Vergleich mit den sich südlich anschließenden ›Weißen Orten‹ stand, die zu Recht als die schönsten Seebäder Norwegens gelten. Malerisch breiten sie sich hinter langgestreckten Stränden aus, liegen im Schutz ausgedehnter Schärengürtel oder schmiegen sich in Felsbuchten; mal präsentieren sie sich eng und verwinkelt mit Kopfsteinpflastergassen, dann wieder weit und großzügig, und mit ihren Promenaden und Parkanlagen, schmucken Holzhäusern und stolzen -villen berichten sie allesamt von dem Wohlstand, der hier während Norwegens großer Schifffahrtszeit, der Windjammer-Epoche, herrschte. Nahezu jeder Ort besaß damals eine eigene Handelsflotte sowie die Stadtrechte, und erst der Siegeszug der Dampfschiffe brachte den Niedergang, der vom Tourismus unserer Tage wieder beendet wurde.

Ein Besuch dieser Prospekt-Perlen am Skagerrak macht den ganz besonderen Reiz der anstehenden Route aus, die, wann immer möglich, nicht der binnenwärts verlaufenden Europastraße folgt, sondern den an der Küste entlangführenden Nebenwegen. So biegen wir in Sandefjord auf die E 18 ein, passieren die Städte Porsgrunn und Skien (wo der Telemark-Kanal beginnt; s. S. 77) und

In Kragerø

entscheiden uns kurz hinter Brevik zu einem Abstecher nach **Langesund** 5, dem ersten ›Weißen Ort‹ auf unserem Weg nach Kristiansand. Ruhig und beschaulich, aber auch ein wenig elitär geht es in diesem von schmucken Häusern geprägten Ort zu, wo stets ein paar Segelyachten vor Anker liegen. **Kragerø** 6 (S. 286), das nächste Ziel, entpuppt sich mit seiner über dem Meer gelegenen verwinkelten Altstadt als ein charmanter Urlaubsort mit nahezu südländischem Flair, während **Risør** 7, wohin die durch Wälder führende R 416 geleitet, mit einer schicken Uferpromenade besticht, hinter der sich stilvolle Patrizierhäuser aneinanderreihen. Der als ›Barockstadt‹ gepriesene Ort gilt als der malerischste des Südens und besitzt mit der Heilig-Geist-Kirche von 1647 die

Freiheit in der Verantwortung –
Das Jedermannsrecht

Das an keiner Stelle schriftlich fixierte Allemannsrett (Jedermannsrecht) regelt in Norwegen den Aufenthalt und die Fortbewegung in der Natur und wird insbesondere von ausländischen Besuchern, die es einfach nicht gewohnt sind, sich derart frei bewegen zu können, zunehmend interpretiert als ›das Recht von jedermann, in Norwegen tun und lassen zu können, was man gerade möchte‹. Entsprechend müssen immer wieder Bäume als Brennholz herhalten, landwirtschaftliche Kulturflächen als Picknickplätze, werden Einsaaten zertrampelt, Heuwiesen, ja sogar Volksparks und Gärten bezeltet, Privatwege befahren. Unter Wohnmobil-Touristen herrscht zudem die (strafbare!) Unsitte, Chemie-WCs in öffentliche Klos und Müllcontainer zu entleeren, so der stinkende Inhalt nicht gleich auf die Straße oder in einen See geschüttet bzw. irgendwo vergraben wird.

Angesichts dieser Fehlinterpretation des Jedermannsrecht – das streng genommen sowieso nur für nichtmotorisierte Reisende gilt! – ist es kaum verwunderlich, daß in Norwegen (wie auch in Schweden und Finnland) zunehmend Stimmen laut werden, die eine Einschränkung oder gar den Wegfall des Jedermannsrechts für ausländische Besucher fordern. Sollte es wirklich eines Tages dazu kommen, müssen einmal mehr die Verantwortungsbewußten unter den Verantwortungslosen

leiden. Was erlaubt, verboten ist, regeln die folgenden Bestimmungen:

Betreten und Befahren von fremdem Grund und Boden ist – auch wenn er umzäunt ist – zu Fuß, auf Skiern oder mit dem Fahrrad erlaubt, solange dabei kein Schaden entsteht. Zauntore und Gatter sind zu schließen bzw. offenzulassen – je nachdem, wie man sie vorgefunden hat; natürlich darf man Einzäunungen von Privatgrundstücken nicht übersteigen. Man darf sich nicht ohne Erlaubnis auf einem Hausgrundstück aufhalten oder es

durchqueren, wobei unter Hausgrundstück – das nicht eingezäunt sein muß – der engere Bereich um ein Wohnhaus zu verstehen ist: die sogenannte Hausfriedenszone. Das Fahren von Motorfahrzeugen im Gelände sowie auf Privatwegen oder auf Straßen, auf welchen allgemeines Fahrverbot herrscht, ist verboten.

Aufenthalt auf fremdem Grund und Boden ist nicht motorisierten Reisenden erlaubt, sofern sich der Standort nicht auf landwirtschaftlicher Nutzfläche oder in der Nähe eines Wohn-/Ferienhauses befindet. Dies gilt nicht für Gruppen. Sie müssen in jedem Fall die Erlaubnis des Eigentümers einholen, aber auch für Einzelzeltende gehört es sich, um Erlaubnis zu bitten – insbesondere dann, wenn man mehr als eine Nacht zu bleiben gedenkt. Für motorisierte Reisende hat das freie Übernachtungsrecht in der Natur ei-

gentlich keine Gültigkeit (eben weil sie mobil genug sind, z. B. einen Campingplatz anzufahren), und streng genommen ist es ihnen nicht erlaubt, nahe von Straßen zu zelten oder auf Rast- sowie Parkplätzen die Nacht im Wohnmobil bzw. Caravan zu verbringen. Daß dies – insbesondere im einsamen Nord-Norwegen – dennoch häufig geduldet wird, hängt schlicht vom guten Willen der Gastgeber ab.

Baden und Bootfahren ist auf allen Gewässern gestattet; ferner darf man einige Nächte anlegen und an Land gehen, sofern das Ufer nicht zu einem Hausgrundstück gehört oder behördliches Zutrittsverbot besteht.

Pflanzen in Wald und Fjell wie wildwachsende Beeren, Pilze und Kräuter sowie Trockenreisig und totes Holz dürfen gesammelt werden, ebenso dürfen Blumen, die nicht unter Naturschutz stehen, gepflückt werden. Das Mitnehmen von lebenden Bäumen und Sträuchern, Reisig, Zweigen und Ästen, Baumrinde, Laub, Eicheln oder Harz von lebenden Bäumen ist verboten, wie auch das Fällen lebender Bäume oder das Abbrechen von Zweigen unter Strafe steht.

Lagerfeuer sind zwischen dem 15. April und dem 15. September in ganz Norwegen offiziell verboten. Feuerstellen sind so anzulegen, daß hinterher keine Spuren davon zurückbleiben, was man z. B. durch das Ausstechen von Grassoden erreicht, die man später wieder einsetzt. Auf Felsplatten darf niemals Feuer entfacht werden, weil die Hitze den Stein platzen läßt. Jegliches Feuer ist sorgfältig zu löschen. Wenn sich ein Feuer ausbreitet, wird derjenige dafür haftbar gemacht, der es entzündet hat.

Jagen und Fischen: Das Recht zum Gemeingebrauch berechtigt nicht zur

Jagd und zum Angeln an Binnengewässern, wohl aber an den Meeresküsten. Das Plündern von Vogelnestern und das Mitnehmen von Vogeleiern ist ebenso verboten wie das Zerstören von Bauen, Nisthöhlen und Nestern.

Abfallbeseitigung: In Wald und Flur dürfen keinerlei Abfälle (auch keine Essensreste) zurückgelassen oder vergraben werden. Auch das Abstellen von Abfalltüten neben (vollen) Abfallbehältern ist verboten. Exkremente sind zu vergraben; Chemie-WCs dürfen nur in die dafür vorgesehenen Tanks entleert werden (zu finden auf den Campingplätzen sowie zahlreichen Entsorgungsstationen, die auf einer Übersichtskarte, zu beziehen über das Norwegische Fremdenverkehrsamt, s. S. 325, verzeichnet sind), keineswegs aber in öffentliche Toiletten. – Zuwiderhandlungen sind strafbar!

typischste Barock-Kirche des Königreiches. Die Strände auf den vorgelagerten Schären sind berühmt, auch den Bootssportmöglichkeiten sind keine Grenzen gesetzt, wie auch **Tvedestrand** 8, das über die R 411 schnell zu erreichen ist, als Urlaubsparadies gilt. Die Stadt am rund 10 km weit ins Land reichenden Oksenfjord blickt auf das, wie es heißt, schönste Schärengebiet des gesamten Südens, und vom eleganten Zentrum am Hafen aus, wo zahlreiche Straßencafés einladen, werden täglich mehrere Schären-Kreuzfahrten sowie Bootsausflüge auf die (autofreie) Insel Lyngør angeboten. Berühmt ist der Ort darüber hinaus für das Strykejernet, das ›Bügeleisen‹, das als Norwegens schmalstes Haus gilt und den Namen seiner Form verdankt.

Die vielen Kanäle und Brücken waren es, die dem nächsten Ziel, der Stadt **Arendal** 9, den Beinamen ›Venedig des Nordens‹ eintrugen. Im Prospekt schmückt sich das Verwaltungszentrum von Aust-Agder noch immer mit diesem Titel, aber die Wasserstraßen, die der Stadt einstmals ihren unvergleichlichen Zauber gaben, wurden nach verheerenden Bränden in den 60er Jahren des 19. Jahrhunderts allesamt zugeschüttet. Auch die prunkvollen Holzpaläste, von denen die Chronisten schwärmen, fielen seinerzeit in Schutt und Asche, jedoch das größte und schönste Holzhaus blieb verschont: Das vierstöckige Empire-Palais Kalleviggård, seit 1844 als Rathaus genutzt, ist das zweitgrößte Holzgebäude Norwegens und wird nur vom Stiftsgård in Trondheim übertroffen. Es ragt direkt am Hafen auf, in dem früher nicht selten hunderte Windjammer vor Anker lagen.

Vorbei an weiten Sandstränden führt die R 420 nach **Grimstad** 10 (S. 279), dem Ibsen und Hamsun für alle Zeit einen Platz in der Weltliteratur beschert haben. Im guten – denn Henrik Ibsen schrieb hier sein erstes Drama –, aber auch im bösen, denn hier war es, wo Knut Hamsun (s. S. 44), dem wohl berühmtesten norwegischen Dichter, nach dem zweiten Weltkrieg der Prozeß gemacht wurde. Die Anklage lautete auf Landesverrat, Kollaboration mit den Nazis, denn er, der nie vergessen hatte, daß sich sein Welterfolg auf Übersetzungen ins Deutsche gründete, hatte gleich nach der Besatzung seines Landes die norwegische Jugend aufgefordert, die Deutschen willkommen zu heißen und ihnen für die Güte zu danken, das Land unter ihren Schutz zu nehmen. War er denn Nazi? Diese Frage wurde nicht nur im Gerichtssaal, sondern auch später oft gestellt, und Thorkild Hansen, Verfasser des Buches ›Knut Hamsun, seine Zeit – sein Prozeß‹, verneint das entschieden und weist nach, daß sich Hamsun wie kaum ein anderer sonst für von den Nazis inhaftierte Landsleute eingesetzt hat. Verurteilt wurde er dennoch, und zwar zu einer Strafe in Höhe von 450 000 Kronen, und Marie Hamsun, seine Frau, wußte keinen anderen Weg, den Nobelpreisträger, der sich vor aller Welt verschloß, vor dem Verhungern zu bewahren, als sein 1918 erworbenes Gut Nørholmen Neugierigen gegen Eintrittsgeld zu zeigen. Es liegt 6 km südlich von Grimstad am Weg nach Lillesand, ist aber heute nicht mehr der Öffentlichkeit zugänglich.

Das 7 km weiter erreichte **Lillesand** **11** (S.289) gilt mit seinen zahlreichen alten Häusern aus dem 18. und 19. Jahrhundert als Norwegens Vorzeigeort in Sachen Holzarchitektur. In seiner Geschlossenheit wirkt es wie ein einziges großes Stadtbaumuseum aus einer Epoche, als Häuser, wie Knut Hamsun es einmal in seinem Werk ›Die Stadt Segelfoss‹ ausdrückte, noch nicht Feindschaft erzeugende Erfindungen von Menschen waren, sondern von jener Logik, die Gott geschaffen hat. Die schmalen gewundenen Gassen dieses rund 3000 Einwohner zählenden Städtchens entlangzuschlendern, ist somit eine unbedingte Empfehlung. Das andere Highlight dieses südlichsten der ›Weißen Orte‹ ist eine Bootsfahrt durch den Schärenkanal Blindleia, die in Kristiansand endet (Busanschluß zurück).

Daß zu der Geschichte aus Holz erbauter Städte auch verheerende Brände gehören, zeigt **Kristiansand** **12** (S. 286), die rund 68 000 Einwohner zählende Metropole des Sørland, die 1641 von Christian IV. gegründet wurde. Viele Male fraß sich das Feuermeer durch die Reihen der Holzhäuser des zentralen

In Arendal

Die Festung in Kristiansand

Stadtteils Kvadraturen; erhalten blieb – und ist einmalig in Norwegen – sein dem Ideal der Renaisscance verpflichteter quadratischer Grundriß mit rechtwinkligem Straßenraster. Auch der Dom ging mehrfach in Flammen auf (der jetzige wurde 1884 im neugotischen Stil errichtet), und entsprechend gering ist die Zahl wirklicher Highlights. Die größte Sehenswürdigkeit, das Vest-Agder Fylkemuseum, kann auch von der E 18 aus, an der es liegt, ›mitgenommen‹ werden. Unter den 29 historischen Gebäuden, die dieses Freilichtmuseum umfaßt, sind wohnliche Stadthäuser mit kompletter Einrichtung, Gehöfte aus dem Setesdal sowie Werkstätten und Kaufläden zu besichtigen. Der Sørlandspark, ein Tier- und Abenteuerpark der schönen Art, liegt ebenfalls nahe der Europastraße (11 km vor dem Stadtzentrum), und nur für die zahlreichen Bootsausflüge, die Kristiansand als Ausgangspunkt haben, muß man ins (deutlich ausgeschilderte) Zentrum hineinfahren. Angeboten werden u. a. Touren nach Lillesand (durch den Schärenkanal Blindleia), Grimstad, Arendal, Lyngør und Mandal, auch der Schären-Archipel Hellesund wird angefahren.

Entlang dem Nordsjøveien nach Stavanger

Auf der Fahrt an Kristiansand vorbei ›genießt‹ man einen Blick auf das Nickelwerk Falconbridge, eine der größten Industrieanlagen Norwegens. Weiter geht es durch eine nun zunehmend stärker reliefierte und waldreiche Landschaft via Søgne (schöne Fachwerkkirche aus dem Jahre 1604) nach **Mandal** 13, der südlichsten Stadt Norwegens. Enge, von blumengeschmückten weißen Holzhäusern gesäumte Kopfsteinpflasterstraßen machen die im 15. Jahrhundert gegründete und durch Holz-

Auf dem Telemark-Kanal vom Meer in die Bergwelt

Die schönste Art, das landschaftlich so außerordentlich vielgestaltige Hinterland der Telemark kennenzulernen, ist eine Fahrt auf dem 1892 vollendeten und ca. 105 km langen Telemark-Kanal, der von der Schärenküste bei Skien durch fruchtbares Ackerland, dichte Wälder und über liebliche Seen bis nach Dalen ins Herz der Bergwelt führt. Die Strecke besteht größtenteils aus natürlichen Wasserwegen, die durch zwei Kanäle miteinander verbunden sind. Acht Schleusen mit insgesamt 18 Kammern bewältigen einen Höhenunterschied von 72 m, und wurde diese Wasserstraße früher hauptsächlich zum Flößen von Baumstämmen verwendet, so steht sie heute ganz im Dienst des Tourismus.

Zwischen dem 9. Mai und dem 18. September fahren die Schiffe ›Victoria‹ (1882 erbaut) und ›Henrik Ibsen‹ in 11 Stunden nach Dalen. Wer knapp an Zeit ist, kann in Lunde, auf etwa halber Strecke, aus- und in den Bus einsteigen, der in den frühen Nachmittagsstunden wieder Skien erreicht. Bleibt man bis Dalen an Bord, wird man um eine Übernachtung nicht herumkommen. Herbergen gibt es genug, aber ›der‹ Tip in Dalen (S. 273) ist das Hotel Dalen, das 1894 im sogenannten Schweizerstil errichtet wurde und als einer der schönsten Profanbauten Norwegens gilt. Es verfügt über 24 Doppelzimmer mit jedem nur denkbaren Komfort, das Personal ist gekleidet wie in alten Zeiten.

Informationen über den Telemark-Kanal, Ticket-Reservierungen und Kanu-Ausleihe (der Telemark-Kanal ist neben dem Halden-Kanal, s. S. 156, ein Paradies für Kanuten) über: Telemarkreiser Skien, Postboks 2831, 3702 Skien, ☎ 35 53 90 00 30, Fax 35 90 00 21.

sowie Lachsexport zu frühem Reichtum gekommene Ortschaft heute zur ›Perle des Sørland‹. Seine außerordentlich große Beliebtheit bei (meist norwegischen) Urlaubern aber verdankt das Städtchen mit seinen rund 12 000 Einwohnern nicht der auf malerisch getrimmten Altstadt, sondern vielmehr dem fast 1 km langen Sjøsand, der im Ruf steht, einer der schönsten Sandstrände Norwegens zu sein. Einer der am stärksten frequentierten ist er sicherlich, wie es auch auf den im Sommer täglich via Kristiansand nach Lillesand verkehrenden Ausflugsbooten denkbar eng zugeht.

Wesentlich spektakulärer als ein Besuch der südlichsten Stadt des Landes ist die Fahrt zu Norwegens südlichstem Festlandspunkt, wohin die in Vigeland von der E 39 abzweigende R 460 führt. Rund 27 km mißt die Distanz zum **Kap Lindesnes** **14**, und diese Halbinsel, an deren äußerstem Zipfel sich ein Leuchtturm erhebt, hat ihre ganz besonderen Naturreize. Felsdurchsetzt und windzerzaust präsentiert sich hier die Landschaft, aber auch herrliche Sandbuchten tun sich auf, und vom Südkap aus, wohin ab Straßenende ein Fußweg führt, genießt man ein herrliches Panorama auf die zerrissene und nahezu vollkommen vegetationslose Felsküste, an der sich die mächtigen Dünungswellen der Nordsee brechen. Wir befinden uns hier auf 57°58′53″ nördlicher Breite, mithin auf der Höhe des nördlichsten Zipfels von Schottland und doch noch 2518 km vom Nordkap entfernt.

Nach Vigeland zurückgekehrt (dem Geburtsort des Bildhauers Gustav Vigeland; s. S. 62), folgt unser Weg wieder der Europastraße und führt jetzt durch eine abwechslungsreiche Mittelgebirgslandschaft via Lyndal und Kvinesdal nach Flekkefjord. Unterwegs laden zahlreiche Aussichtspunkte, kleine Seen und vereinzelte Fjordbuchten zum Verweilen ein, auch den Wandermöglichkeiten (insbesondere im nördlichen Lyng- und Kvinesdal) sind keine Grenzen gesetzt. Vor allem das nördlich von Flekkefjord beginnende **Sirdal** erfreut sich bei Outdoor-Urlaubern größter Beliebtheit. Es erstreckt sich bis zum Quellgebiet der Sira in den bis über 1000 m hohen Fjellzonen Vest-Agders, wo Findlinge das Landschaftsbild bestimmen und zwischen Frühjahr und Herbst rund 40 000 Schafe grasen. Ein eindrückliches Erlebnis ist der Abtrieb der Schafe Mitte September, der mehrere Tage dauern kann und den sich niemand entgehen lassen sollte, der gut (aber wirklich gut!) zu Fuß ist. Das Touristenbüro in Flekkefjord informiert über Orte und Termine. Wenn die blökenden Vierbeiner die tiefer gelegenen Herbstweiden erreichen, gibt es ein zünftiges Volksfest, bei dem auch allerlei Spezialitäten wie Sirdals-Schafkäse oder Pinnekjøtt (auf frisch geschnittenem Birkenreisig geschmorte Lammrippen) serviert werden.

Flekkefjord **15** (S. 276f.) lohnt wegen seiner alten Bausubstanz einen Besuch, denn die Stadt war im 19. Jahrundert wichtiger Holzexporteur in die Niederlande, woran Hollänberbyen, ›die Stadt der Holländer‹, mit schmalen Gassen, malerischen Bootsschuppen und eben auch im ›holländischen‹ Stil erbauten Holzhäusern erinnert. Sehr empfehlenswert sind ansonsten Ausflüge zu mehreren per Boot erreichbaren Badeplätzen sowie zur malerischen Schäreninsel Andabeløya, wohin sommers das Fährschiff ›Alf‹ verkehrt.

Verlassen wir nun Flekkefjord, haben wir die Qual der Wahl zwischen der R 44

Der Leuchtturm am Kap Lindesnes

und der E 39, die auf der Strecke nach Egersund (die E 39 verläuft nördlich) beide in etwa gleich lang sind, jedoch völlig unterschiedliche Landschaftstypen erschließen. Die E 39 führt durch eine schöne Mittelgebirgslandschaft, während die Reichsstraße 44, der eigentliche Nordsjøveien, eine Küstenlandschaft durchschneidet, wie man sie ähnlich wild im bisherigen Verlauf der Route noch nicht gesehen hat und auch später nicht mehr sehen wird. In ständigem Auf und Ab geht es ungeheuer kurvenreich und auf manchmal nur noch 3 m breiter Straße (daher nicht für große Wohnmobile und Caravan-Gespanne zu empfehlen!) durch eine von Schluchten, Klüften und Fjorden durchzogene und bis 400 m hoch aufragende, grau verwitterte Buckelberglandschaft hindurch, die größtenteils vollkommen unbewohnt und für atemberaubende Aussichten, aber auch für Wander- und Angelfreuden gut ist.

Dann wird **Egersund** 16 (S. 274) erreicht, eine Stadt mit 12 000 Einwohnern, die zwischen 1820 und 1830 durch den ertragreichen Heringsfang in der Nordsee zu Bedeutung kam und sich bis in unsere Tage hinein zu einem der größten Fischereihäfen Norwegens entwickeln konnte. Bunte Herings-, Makrelen- und Krabbenkutter liegen stets im Hafen, Frischfisch ist hier außerordentlich günstig, und seit die Stadt durch eine Autofähre mit dem dänischen Hanstholm verbunden ist (s. S. 315), wurde auch die touristische Infrastruktur verbessert. Sehenswert sind, außer dem Hafen, insbesondere die 1620 errichtete und im 18. Jahrhundert kreuzförmig ausgebaute Stadtkirche sowie die nahegelegene Strandgate, die wegen ihrer malerischen Holzhäuser im spätklassizistischen Stil einen Spaziergang lohnt. Interessant ist auch das in einer alten Fabrik untergebrachte Fayence-Museum nördlich des Zentrums sowie

Weiter Sandstrand bei Jæren

Über ›Norwegens unglaublichste Serpentinenstraße‹ ins ›Märchental des Südens‹

Alle Wege aus Stavanger hinaus sind dramatisch, aber keiner kann sich mit der Lysefjord-Straße messen, die in Lysebotn, an der inneren Fjordendung des majestätischen Lysefjords, beginnt. Dorthin führt ab Stavanger keine Straße, sondern eine Autofähre (Reservierung über den Ruteservice Rogaland, ☎ 51 56 71 71). Während der gesamten Passage genießt man Ausblicke, wie es sie dem Klischee nach eigentlich nur am Geiranger- und Sognefjord geben dürfte. Mit dem Auto geht es alsdann über sage und schreibe 27 Haarnadelkurven an einer nahezu senkrecht aufragenden Felswand bis in 800 m Höhe hinauf. Oben spannt sich eine transparente Leinwand aus Sommerblau in den Raum, auf der die Bergbuckel der Setesdalsheia in Schwarz, Braun, Grün, Violett und Schneeweiß gemalt sind. Hirtenlose Schafherden bimmeln vorüber, und nach insgesamt 26 km ist die R 45 erreicht. Rechts ab geht es retour nach Stavanger (rund 100 km), nach links ist das Setesdal ausgeschildert, und auch diese Strecke, rund 42 km lang, sucht in Sachen Panorama ihresgleichen im Süden. In weiten Schleifen zieht sich die Straße nun bis auf über 1050 m hinauf, um dann schließlich in faszinierender Talfahrt in den mit Seen gesprenkelten grünen Trog des Setesdal hinabzuführen, das wegen seiner Naturschönheiten, seiner zahlreichen Zeugen einer alten Bauernkultur und seiner lebendig gehaltenen Traditionen zu den besuchenswertesten Tallandschaften Südnorwegens zählt. Erschlossen wird es von der R 9, die zwischen Kristiansand (s. S. 75f.) im Süden und dem an der R 134 gelegenen Haukeligrend (s. S. 99) im Norden verläuft, von wo aus Anschluß mit der Route 2 besteht.

das Dalane Folkemuseum in Slettebø (3 km nördlich), das über Bauernkultur und Handwerkermilieu im 18. und 19. Jahrhundert informiert.

Und wieder muß man sich entscheiden, denn sowohl die (nördlich von Egersund verlaufende) E 39 als auch die R 44 haben Stavanger zum Ziel. Beide sind wieder in etwa gleich lang, erstere ist schneller, verliert aber im Vergleich erneut gegen die Reichsstraße, die nun bald, wer hätte je damit gerechnet, nach ›Ostfriesland‹ führt, woran die Landschaft **Jæren,** die sich von Egersund bis Stavanger hinzieht, rege erinnern kann. Jeder Quadratmeter Erde wird hier dank klimatischer Gunst und fruchtbarer Moränenböden genutzt, und so gilt dies platte Land am Südwestrand Norwegens als der am intensivsten kultivierte

Agrarraum des Königreiches. Zudem rühmt es sich, das (nach Østfold, s. S. 15) älteste Siedlungsgebiet des Landes zu sein, wovon mehr als 600 Grabhügel aus der Eisenzeit und über 400 Fundstätten aus der Zeit der Völkerwanderung Kunde geben. Entsprechende Hinweisschilder finden sich immer wieder an der Straße, die größtenteils direkt an der Küste verläuft, wo es – zumindest für Touristen – noch wesentlich Interessanteres zu entdecken gibt: herrliche Strände, dünengesäumt und weiß, die sich mal in kleinen Felsbuchten verstekken, mal aber auch kilometerlang dahinziehen. Insbesondere von der mit ›Orre‹ ausgeschilderten R 507 aus, die rund 40 km westlich von Egersund von der R 44 nach links abzweigt, lassen sich herrliche Traumstrände anfahren, die allerdings allesamt offen der Nordsee ausgesetzt sind und eine entsprechend hohe Brandung haben.

Stavanger – Öl-Metropole Europas

17 (S. 307f.) So wie sich die zum Bezirk Rogaland gehörende Landschaft Jæren rühmt, das älteste Siedlungsgebiet des Königreiches zu sein, hält sich der Stavanger für den ›ersten echten Norweger‹. Er stützt sich dabei auf die Seeschlacht im nahegelegenen Hafrsfjord im Jahre 872, als der Wikingerkönig Harald Schönhaar gegen mehrere Kleinfürsten gewann und sich damit den Weg zur Herrschaft über ganz Norwegen erkämpfte (s. S. 38). Wer nicht fiel oder sich unterwarf, der mußte außer Landes fliehen, wodurch die Besiedlung Islands (um 870) und Grönlands (980) ihren Anfang nahm und in der Folge auch die nordamerikanische Küste entdeckt wurde (um 1002).

Stavanger selbst, im 8. Jahrhundert erstmalig erwähnt, war seinerzeit nicht mehr als eine Ansammlung von Hütten am ›Fjord mit den steilen Bergen‹ (so der Ursprung des Stadtnamens) und spielte erst ab 1125 eine Rolle, als es durch den Bau der Domkirche Bischofssitz und ein

Zentrum geistlicher Macht wurde. Im Hochmittelalter wuchs Stavanger weiter, verlor aber im 17. Jahrhundert durch die Verlegung des Bischofssitzes nach Kristiansand an Bedeutung und zählte um 1800 nur noch knapp 2400 Einwohner. 1860 hingegen waren es schon nahezu 15 000, und dieser gewaltige Aufschwung ist dem Heringsfang zu verdanken, der von nun an im großen Stil durchgeführt wurde. Die Fischverarbeitung, besonders von *brisling* (Sprotte), wurde ein wichtiger Industriezweig, und gegen Ende des 19. Jahrhunderts war weit mehr als die Hälfte der seinerzeit rund 30 000 Einwohner in der Fischkonservenindustrie tätig. Der Rest fand im Schiffsbau ein Auskommen. Als beide Wirtschaftszweige zu stagnieren drohten, kam zu Weihnachten 1969 die Rettung durch Ölfunde. Das größte Abenteuer in der jüngeren Geschichte Norwegens begann, Stavanger wurde aufgrund seiner Nähe zu den Explorationsgebieten in der Nordsee zum Hauptquartier der internationalen und staatlichen Ölkonzerne. Mit dem Bau von Pipelines, Bohr-Plattformen und Spezialtankern brach eine neue Ära an. Stavanger wuchs schnell über seine Grenzen hinaus und ist heute mit rund 102 000 Einwohnern die viertgrößte Stadt des Landes. Auch die mit dem höchsten Ausländeranteil (fast 9 %) und höchsten Preisniveau sowie den meisten Neubauten.

Beim Rundgang durch die Metropole zeigt sich aber schnell, daß nicht alles Öl ist, was hier glänzt, denn von den hypermodernen Kaianlagen des neuen Hafenterminals aus (wo sich stets freie Parkplätze finden) sind es nur wenige Gehminuten bis zu Stavangers uraltem Mittelpunkt, der durch die **Domkirche** aus dem Jahre 1125 markiert wird. Ursprünglich errichtet im anglo-normannischen Stil, wurde die dreischiffige Basilika 1272 durch einen Brand zerstört und hochgotisch erneuert. Seit dieser Zeit steht sie nahezu unverändert da, weshalb sie heute von ihrer äußeren Gestalt her neben dem Nidarosdom zu Trondheim (s. S. 188) als Norwegens besterhaltener Kirchenbau des Mittelalters gilt. In der Zeit des Barock erhielt der Dom dann sein reiches Interieur, das durch eine spezielle Broschüre, die im Eingang ausliegt, ausführlich erklärt wird. Unmittelbar südlich des Domes erhebt sich der rechtwinkelige Bau des ehemaligen Bischofshofes, der nach der Reformation zum **Kongsgård** (Königshof) umgebaut wurde, aber lediglich von außen besichtigt werden kann.

Nur einige hundert Meter nordwestlich dieses Ensembles aus Domkirche, Kongsgård und dem von Parkanlagen umgebenen Stadtsee Breiavatnet erstreckt sich die Altstadt **Gamle Stavanger**, die mit ihren fast durchweg weiß gestrichenen Holzhäusern aus den vergangenen Jahrhunderten als eines der besterhaltenen Holzviertel Nordeuropas gilt. Mehr als 150 traditionelle Häuser sind im Bereich der Øvre und Nedre Strandgate für die Zukunft gesichert, und insbesondere auf einem abendlichen Spaziergang, wenn die Kopfsteinpflastergassen im Schummerlicht von Gaslaternen liegen, kann man sich in vergangene Zeiten versetzt fühlen.

Einen Steinwurf entfernt breitet sich das natürliche Hafenbecken des **Vågen** aus, rings herum laden der Fisch- und Gemüsemarkt sowie zahlreiche Restaurants, Cafés und Kneipen zum Besuch ein. Hier sowie im angrenzenden Einkaufsviertel gibt sich Stavanger ganz und gar kosmopolitisch, wohingegen die Bootstouren, die sommers täglich angeboten werden, in die ›urnorwegischen‹ Landschaften von Fjordland entführen, als dessen südliches Tor Stavanger gilt. Insbesondere die Fahrt in den von Bergen umrahmten Lysefjord (s. S. 81) mit der rund 600 m hoch aufragenden Felskanzel Preikestolen gilt als die große Attraktion, und wer den Blick nicht nur aus der Tiefe hinauf, sondern auch von der Höhe des Aussichtspunktes hinab genießen will, kann sonntags an einer kombinierten Boots-Wandertour teilnehmen.

Preikestolen

Route 2: Entlang der Hardangervidda ins Fjordland – Von Oslo nach Bergen

Auf dieser insgesamt ca. 670 km langen Route, die von der heutigen zur ehemaligen Hauptstadt führt, bekommt man all diejenigen Landschaftsformen auf engstem Raum zu sehen, die gemeinhin als typisch norwegisch gelten: die Pracht in Wiesen gebetteter Seen, sattgrüne Almen vor alpinen Bergen, die faszinierende Kältesteppe der Hardangervidda, schier bodenlose Schluchten, dunkle Wälder, Wasserfälle, schließlich tief eingeschnittene Fjorde, auf die weiße Gletscherhauben hinabblicken. Aber nicht nur die vielgestaltige Natur, sondern auch eine reiche Kulturgeschichte machen den besonderen Reiz dieser Route aus, die u. a. zu mehreren Stabkirchen sowie zur alten Silberstadt Kongsberg führt und auch Dalen tangiert: Hier beginnt der berühmte Telemark-Kanal, der aus dem Herz der Bergwelt bis an das Skagerrak führt und sowohl paddelnd als auch von Bord eines historischen Flußdampfers aus entdeckt werden kann.

Von Oslo nach Kongsberg

Über die Strecke von Oslo nach Drammen, die der E 18 folgt, ist unter Route 1 alles Wesentliche gesagt worden, und bis zum 24 km entfernten Hokksund verläuft die R 134 größtenteils parallel zum Drammenelv. Dieser Fluß, einst von der Holzwirtschaft stark verschmutzt, gilt heute wieder als einer der besten Lachs-

flüsse Süd-Norwegens, und Jahr für Jahr holen Sportfischer allein im Bereich des nahe **Hokksund** **1** (S. 281) gelegenen Hellefoss bis zu 10 Tonnen dieses Edelfischs aus dem Wasser.

Hinter Hokksund bietet es sich für Kultur- und Badehungrige an, einen kleinen Umweg zu machen, denn südlich von Vestfossen, über die R 35 in wenigen Minuten zu erreichen, liegt der prächtig im Rokokostil ausgestattete Herrenhof Fossesholm, in dem u. a. eine großartige Sammlung handgemalter Tapeten aus

Route 2: Von Oslo nach Bergen

dem 18. Jahrhundert zu betrachten ist. Rund 4 km weiter lädt an der nach Fiskum ausgeschilderten Nebenstraße ein herrlicher Badeplatz mit Sprungturm und Liegewiese am Eikeren-See zum Besuch ein, und via Fiskum (mit einer mittelalterlichen Steinkirche) ist es ab hier nur ein kurzes Wegstück zurück zur R 134, der wir nach links, Richtung Kongsberg, folgen.

Die Grubenstadt Kongsberg

2 (S. 284f.) **Kongsberg** (s. auch S. 105), ein Industriestandort mit ca. 21 000 Einwohnern, scheint auf den ersten Blick keines Besuches wert. Aber dieser Eindruck täuscht, denn die Stadt am Numedalslågen ist durch ihre Silbergruben und die 1686 gegründete Münze, in der noch heute das Hartgeld des Königreiches geprägt wird, weit bekannt. Gegründet wurde Kongsberg 1624, ein Jahr nach dem ersten Silberfund, auf Anordnung von König Christian IV., der sich von dem Unternehmen reichste Ausbeute versprach. Seine Rechnung ging auf, denn die Erzlagerstätten waren ergiebiger als erwartet und das Silber von einer Qualität, die fast einzigartig war. Bis zu mehrere hundert Kilo schwere, reine Silberklumpen wurden gefunden, und bald schon wurden mehr als 300 bis zu 1070 m tiefe Gruben ge-

Erlebnis Bergenbahn

Die Geschichte der Norwegischen Staatsbahn reicht bis in das Jahr 1854 zurück, als die Bahnstrecke Oslo – Eidsvoll eröffnet wurde. Heute erstreckt sich das Schienennetz über insgesamt 4027 km, und wer sie alle abfahren wollte, würde dabei nicht weniger als 775 Tunnel passieren und rund 3000 Brücken überqueren. Das sind imposante Zahlen, die überdeutlich machen, mit welch ungeheuren Schwierigkeiten Norwegens Ingenieure bei der Erschließung des Landes zu kämpfen hatten.

Die höchstgelegene norwegische, aber auch europäische Bahnstation heißt Finse. Sie liegt auf 1222 m Höhe und ist umgeben von einer arktischen Wüste, in der einst die Polarforscher Amundsen und Nansen ihre Ausrüstungen getestet haben. Bis zum Horizont dehnt sich die Landschaft aus Geröll

und Schotter, aus Eisseen und ewigem Schnee. Kein Baum, kein Haus, keine Straße. Finse ist eine Raumstation, verloren in den Weiten der Hardangervidda (s. S. 95f.), und es gibt nur eine Möglichkeit, sie motorisiert zu erreichen: mit der 1909 nach 14 Jahren Bauzeit eröffneten, 470 km langen Bergenbahn, die als eine der technisch kühnsten Strecken der Welt gilt. Ihre Eröffnung war ein Fest für die Nation, und ein Fest für die Sinne ist es, sich auf dieses etwa 6$\frac{1}{2}$ Stunden während ›Abenteuer auf festem Gleis‹ einzulassen, während dem nicht weniger als 200 Tunnel durchfahren und rund 300 Brücken gequert werden.

Alle Landschaftsformen Norwegens rauschen wie im Zeitraffer an den Panoramafenstern des supermodernen Expreßzuges vorüber: Zunächst geht es durch das an Wiesen, Feldern und Wäl-

zählt. Im 18. Jahrhundert war die freie Bergstadt nach Bergen sogar die zweitgrößte des Landes und zählte über 8000 Einwohner – darunter auch zahlreiche deutschstämmige Bergleute aus Sachsen und dem Harz. Viele Gruben hatten deutsche Namen, 1738 wurde hier nach sächsischem Vorbild die Bergwerksakademie gegründet, eine der ältesten technischen Lehranstalten der Welt.

1957 waren die Vorkommen erschöpft, und die Geschichte der Silbengruben (die insgesamt 1350 t an reinem Silber

hergaben) sowie der Silberverarbeitung dokumentiert das in der alten Schmelzhütte untergebrachte **Bergwerksmuseum,** in dem eine eigene Abteilung für die Königliche Münze eingerichtet und eine umfangreiche Münz- und Medaillensammlung zu betrachten ist. Im angeschlossenen **Skimuseum** wird die Geschichte des norwegischen Skisports anschaulich nachgezeichnet (Kongsbergs Skispringer galten einst als die besten der Welt). Oberhalb dieses Museumskomplexes, der am ausge-

dern überaus reiche Hallingdal, bald an Seen und Wasserfällen vorbei und hinter Geilo auf die scheinbar unendliche Kältesteppe der Hardangervidda hinauf. Der höchste Punkt (1301 m) wird bei Taugevatn erreicht, bald hat der Hardangerjøkul die Landschaft fest im Gletschergriff, bevor man bei Myrdal einen extremen Szenenwechsel genießen kann: Durch Lichtöffnungen in

einer Tunnelwand fällt der Blick fast 800 m tief ins Flåmdal hinunter, aus dem die Flåmbahn (s. S. 110), eine der steilsten Eisenbahnstrecken der Welt (55 % Steigung!), hinaufführt. Dann kommen wieder Wasserfälle und Berge ins Bild, und ab Voss etwa wird die Landschaft sanfter, zeigt das satte Grün und Blau des Fjordlandes, dessen Metropole Bergen nun bald erreicht ist.

schilderten Weg nach Notodden liegt, lädt die weithin sichtbare **Kirche,** einer der größten Barockbauten Norwegens, zum Besuch ein. Sie wurde nach Plänen des deutschstämmigen Oberberghauptmanns Joachim Andreas Stuckenbrock errichtet, und so schlicht sich der Backsteinbau von außen auch präsentiert, so aufwendig stellt sich sein ganz im Stil des Rokoko gestaltetes Inneres dar. Bis in die hohe Decke hinein, wo Norwegens schönste Kristallüster zu bewundern sind, zieht sich das Figurenwerk.

Von Kongsberg nach Sauland

Rund 7 km haben wir nun wieder auf der R 134 zurückgelegt, da macht der Wegweiser ›Kongens gruve‹ auf die eigentliche Haupt-Sehenswürdigkeit von Kongsberg aufmerksam: auf die rund 1 km entfernte **Sølvegruvene** (Silbermine), die einst im Besitz des Königshauses war und in die man per Grubenbahn innerhalb von 10 Minuten 2,3 km weit einfahren kann. Dort unten, in

342 m Tiefe, herrscht eine Temperatur von rund 7° C (warme Sachen nicht vergessen!). Im Rahmen einer Führung kann man sich ein anschauliches Bild von der Geschichte der Silberförderung verschaffen. Auch die historische hölzerne »Fahrkunst« (der erste Aufzug des Bergwerks) ist ausgestellt, ebenso Maschinen und Werkzeuge, und alles in allem ist die Tour den nicht geringen Eintrittspreis unbedingt wert. Wartezeiten kann man sich an einem rund 500 m entfernten Badesee (mit Rutschbahn, Liegewiese und Sandstrand) vertreiben.

Durch eine waldreiche Mittelgebirgslandschaft geht es weiter nach Notodden, einer wenig anziehenden Industriestadt am Heddalsvatn (auf dem fast immer riesige Holzflöße schwimmen). Von dort ist es nur noch ein kurzes Wegstück bis zur weltberühmten Stabkirche von **Heddal** 3 (S. 281). Sie wird als eine der bedeutendsten Sehenswürdigkeiten Norwegens gepriesen, ist zweifellos die größte Stabkirche (s. S. 108f.) des Landes und dank ihrer prägnanten Dachkonstruktion, Dachreiter und Türmchen unverkennbar. Sie wurde um das Jahr

Die Stabkirche von Heddal

1250 erbaut (der Chor stammt wahrscheinlich schon aus dem 12. Jahrhundert) und Mitte des 19. Jahrhunderts umfassend restauriert (wobei leider ein Großteil der ursprünglichen Innengestaltung verlorenging bzw. zerstört wurde). Am originellsten, so meinen die Fachleute, sind die überreichen Schnitzereien an den Portalen, die Masken und Tierköpfe, dämonische Fabelwesen, Schlangenleiber und vieles andere mehr zeigen. Im Innern ist es vor allem die Klarheit und Einheitlichkeit der architektonischen Konzeption, die Bewunderung verlangt. Besondere Beachtung verdient der Bischofsstuhl aus dem 12. Jahrhundert, in den die Geschichte von Sigurd und Gunnar eingeschnitzt ist, die ausziehen, um Brunhild den Nibelungenring zu bringen.

Nahebei lädt das Heddal Bygdetun mit 15 Gebäuden aus dem 19. Jahrhundert zum Besuch ein. Kleinod dieses Museumsdorfes ist die Rambergstugo, die mit Rosenornamenten (s. S. 119) auf das Herrlichste ausgemalt ist. 12 km westlich liegt das Fossenkro-Wirtshaus am Weg, was hier deshalb erwähnt wird, weil unterhalb die Stromschnellen des Åmnesfoss verlaufen, die eine natürliche Wasser-Rutschbahn bilden, wie es sie ähnlich ungefährlich nicht oft zu finden gibt.

Dann ist Sauland ausgeschildert, und es bedarf einer Entscheidung, ob man weiterhin der Reichsstraße 134 in Richtung Åmot folgen will (insgesamt rund 91 km) oder der atemberaubenden Tuddalsstraße nach Rjukan, von wo aus es dann per R 37 weiter nach Åmot geht. Der Weg über Rjukan ist knapp 30 km länger, aber auch unvergleichlich eindrucksvoller und zeitaufwendiger: Im Interesse des Reisegenusses sollte man mindestens einen Tag für die Schleife einplanen.

Über das Dach Norwegens

Die in Sauland nach Norden abzweigende Tuddalsstraße ist ein Fahrweg vierter, nämlich nicht klassifizierter Kategorie, aber dennoch gut ausgebaut und auch von Gespannen befahrbar. Sie führt an der Flanke des Tuddal hoch über der Talsohle gen Norden und erreicht nach rund 22 km den Einödort **Tuddal** 4, wo ein kleiner Campingplatz (schöne Seelage) auf Besucher wartet. 8 km weiter lädt das am Bjårvatn gegenüber von zwei weiteren Campingplätzen gelegene Tuddal Bygdetun mit mehreren alten Bauernhäusern zu einem Besuch ein, aber auch im Tal selbst finden sich zahlreiche historische Gebäude, deren ältestes (ein Speicherhaus) angeblich aus dem 14. Jahrhundert stammt.

Nun beginnt die eigentliche Gebirgsstrecke, und in weiten Serpentinen windet sich die 4–5 m breite Straße auf eine von kahlen Buckelbergen gesäumte Hochebene hinauf. Wenig später wird die Baumgrenze überschritten, und Schneefelder säumen die nur noch von Flechten und Moosen sowie Heidekrautgewächsen bestandene Felsweite der Hardangervidda (s. S. 95f.), an deren Südrand man sich hier befindet. 33 km hinter Sauland ist dann am Flintstjønnskaret der mit 1275 m höchste Punkt der Strecke erreicht, und so faszinierend das Panorama auch ist, es gibt noch eine Steigerung: nicht per Straße allerdings, sondern nur per Wanderweg, der 2 km weiter an jener Stelle beginnt, wo sich Rjukan mit großen Infotafeln vorstellt. Der Weg führt auf eine kahle und von einem Sendemast gekrönte Höhe, und rund 2 Std. muß man ansetzen, bis der 1883 m hohe Gaustatoppen erklommen ist. Von diesem Berg, dem

höchsten der Telemark, reicht der Blick ringsum ins Grenzenlose und soll, bei klarer Sicht, angeblich ein Sechstel von ganz Norwegen umfassen. Das ist ein wirklicher Höhepunkt jeder Reise, und insbesondere spät abends oder früh nachts, wenn man auf dem Gipfel selbst noch in der Sonne steht, während die wellenförmige Vidda in pastellene Schatten gehüllt ist, sind die Eindrücke unvergeßlich.

Aber auch die sich anschließende Fahrt hinab ins tief eingeschnittene und bedrückend enge Vestfjorddal, in dem Rjukan liegt, hat es in sich, und vorbei an der Abfahrt zum traumhaft gelegenen Gaustablikk-Hochgebirgshotel erreichen wir schließlich die auf nur noch 400 m Höhe gelegene Industriestadt **Rjukan** 5 (S. 303f.). Deren Geschichte begann 1907, als die Firma Norsk Hydro hier eine Kunstdüngerfabrik errichtete. Rechtzeitig mit Fertigstellung des energieintensiven Betriebs im Jahre 1911 konnte Vemork ans Netz gehen, das mit einer Leistung von 108 MW seinerzeit stärkste Wasserkraftwerk der Welt, das 33 Jahre später sozusagen Weltgeschichte machte: Außer Strom wurde hier nämlich auch schweres Wasser (Deuteriumoxid) hergestellt, ein für die Kernenergieforschung wichtiger Stoff, und als deutsche Forscher während des Krieges von hier Nachschub für ihr Entwicklungsprojekt Atombombe beziehen wollten, gelang norwegischen Widerstandskämpfern die Versenkung der Eisenbahnfähre ›Hydro‹, die mit über 100 000 Litern schweren Wassers auf dem Tinnsjø unterwegs war. ›Der Kampf um das schwere Wasser‹ ist entsprechend eines der Hauptthemen, das im rund 7 km westlich des Zentrums geleg-

enen Kraftwerk Vemork, heute ein Industriearbeitermuseum, behandelt wird. Im eigentlichen Ortskern lohnt das Rjukan og Tinn Museum, in dem anhand von 22 Gebäuden die Entwicklung der Bautechnik vom Mittelalter bis ins 19. Jahrhundert dokumentiert wird, einen Besuch.

Nicht entgehen lassen sollte man sich eine Fahrt mit der am westlichen Ortsrand gelegenen Krossobahn, die den Rjukanern schon 1928 von der Kraftwerksgesellschaft spendiert wurde, auf daß sie zwischen dem 1. 10. und 15. 3., wenn der Ort stets im Schatten liegt, dennoch ab und an die Sonne sehen können. Sie gilt als die erste in Skandinavien für den Personentransport errichtete Seilbahn und führt innerhalb von rund 5 Minuten zur 890 m hoch gelegenen Bergstation Gvepseborg, wo man eine weite Aussicht genießen und vor allem auch zu herrlichen Wanderungen über die Hardangervidda aufbrechen kann. Es gibt zahlreiche markierte Pfade, die ganze Vidda ist von einem dichten Netz an Wanderwegen durchzogen, und wer Europas größtes Hochplateau (s. S. 95f.) so entdecken möchte, sollte sich zuvor im Touristenbüro von Rjukan mit Informations- und Kartenmaterial eindecken.

Die in Richtung Åmot ausgeschilderte R 37 markiert unseren weiteren Weg ab Rjukan, und rund 3 km nach Passieren des Vemork-Parkplatzes, direkt vor der Einfahrt in einen Tunnel, steuern wir einen Parkplatz an, um zum wenige hundert Meter entfernten Aussichtspunkt Maristuvet oberhalb des heute gezähmten Rjukanfossen zu gehen, der hier einst 105 m im freien Fall herabdonnerte. Nach ein paar Fahrminuten geht es an die Ausläufer des rund 1,1 Mrd. m^3 Wasser fassenden Stausees Møsvatn heran, auf dem im Sommer Motorboote

◁ *Auf der Hardangervidda*

Der Hardangervidda Nationalpark

D ie mehr als 9000 km² Fläche umfassende Hardangervidda, die sich in einer durchschnittlichen Höhe von 1000–1200 m mit unzähligen kalt funkelnden Seen und mäandrierenden Wasserläufen in den Raum spannt und nur hier und da von flachen Bergrücken überragt wird, ist Europas größtes Hochfjellplateau. Vollkommen baumlos und menschenleer eröffnet sie unserer Vorstellung von Weite und Einsamkeit ganz neue Dimensionen, die sich insbesondere dem Wanderer mitteilen, der hier eine außerordentlich gute Infrastruktur vorfindet. Schon 1879 errichtete der DNT (s. S. 338) auf dieser Hochfläche die erste Wanderhütte, und

heute verbindet ein dichtes Netz von über 1200 km markierten Wanderwegen die mehr als drei Dutzend Wanderhütten miteinander.

Der größte Teil dieser *hytter,* von denen auch zahlreiche bewirtschaftet sind, werden innerhalb des 1981 eingerichteten Nationalparks Hardangervidda unterhalten, der eine Fläche von 3430 km² umfaßt und ringsum von weiteren Landschaftsschutzgebieten umgeben ist. Vor allem der Nordteil des Parks ist ausgezeichnet erschlossen, und so mancher Pfad folgt den Trift- und Handelswegen, die sich schon seit uralter Zeit über die Vidda ziehen und in den letzten Jahrhunderten noch teil-

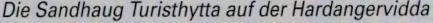

Die Sandhaug Turisthytta auf der Hardangervidda

weise eine Rolle für die Almwirtschaft spielten. Noch heute werden mehrere *seter* betrieben, und sommers grasen etwa 30 000 Schafe, 2000 Ziegen und 1000 Rinder neben den geschätzt etwa 12 000 Wildrenen, die ganzjährig auf dem Hochplateau leben. Aus vorhistorischen Epochen, während derer die Vidda wahrscheinlich sogar von Nadelwald bedeckt war (wie aus Baumstamm-Funden in den Hochmooren gefolgert wird), konnten bislang über 250 bis 7000 Jahre alte Wohnplätze gefunden werden.

Heute liegt das gesamte Areal weit oberhalb der Baumgrenze, präsentiert sich aber im Sommer, wenn die Fjellflora ›explodiert‹, ganz und gar nicht als die öde Felssteppe, die man in dieser Höhenlage vermuten könnte. Über 450 Pflanzenarten wurden registriert, darunter auch mehrere arktische Arten, die weiter südlich nicht mehr anzutreffen sind. Allein auf dem rund 20 km langen Abschnitt zwischen Litlos und Hadlaskar, der aus botanischer Sicht interessantesten Wanderstrecke (s. S. 100), kommen über 200 verschiedene Arten vor, während um die Dyranut-Hütte herum in einem rund 100 km² großen Areal 174 Blütenpflanzenarten, 15 Moosgattungen und Farne aus insgesamt 16 verschiedenen Arten gefunden wurden.

Viele der 114 registrierten Vogelarten, als deren seltenste die Schnee-Eule gilt, sind im Bereich des Langavassmyra südlich der Bjoreidalshytta zu finden, und nicht weniger als 10 Vogelarten (Gerfalke, Sumpfläufer, Odinshühnchen, Schnee-Eule, Ohrenlerche, Eisente, Spornammer, Temminck-Strandläufer, Falkenraubmöwe, Doppelschnepfe) haben mit der Vidda ihre südlichste Verbreitungsgrenze. Die Säugetiere sind in Anbetracht der extrem abiotischen Klimabedingungen im Winter eher spärlich vertreten, und nur 26 Arten konnten festgestellt werden. Das Wildren gehört dazu, der äußerst seltene Eisfuchs, Schneehase und Hermelin, Nerz und natürlich auch der Berglemming, der hier in manchen Jahren so zahlreich auftritt, daß die Vidda auch als ›Land der Lemminge‹ bekannt ist. Dieser 14–17 cm kleine, legendäre Nager vermehrt sich etwa alle vier Jahre ›explosionsartig‹, und mit zunehmender Populationsdichte und damit einhergehender Nahrungsknappheit sowie Streß wandern viele Tiere in großen Zügen ab, um sich neue Gebiete zu suchen. Den Strapazen dieser Wanderungen sind viele Lemminge nicht gewachsen, sie kommen um, und so ist es der Überlebenswille, nicht die ›Todessehnsucht‹, wie man früher glaubte, der diese Wühlmaus in die Ferne treibt.

zur Mogen Turisthytta (einem weiteren Ausgangspunkt für Wanderungen über die Hardangervidda) verkehren. Dann steigt die Straße an, und nach insgesamt 28 km ab Rjukan ist der mit 1004 m höchste Punkt dieser Strecke erreicht. Das Land ist karg und nur von Fjellbirken bestanden, und via Krossen (wo zahlreiche Kunsthandwerkstätten zum Kauf einladen und die naturschöne R 362 nach Edland an der R 11 abzweigt) geht es nach Åmot.

Abstecher nach Dalen

Åmot liegt an der R 134, der wir nach Westen folgen wollen. Nicht sofort allerdings, denn ein lohnender Umweg über Høydalsmo und Dalen bietet sich hier an: So folgen wir der R 134 nach links und sollten, so es die Zeit ermöglicht, dem nach 4 km am Straßenrand stehenden Wegweiser ›Liosvingen‹ nach rechts (Schotterstraße) bis zu dem ca. 7 km entfernten Schild Ravnejuvet nachfahren. Von dort sind es nur noch 200 m, bis man über einer gewaltigen Schlucht, eben der ›Rabenschlucht‹, zum Stehen kommt. 350 m tief fällt sie ab, und die Sage berichtet, daß sich hier in Vollmondnächten Hexen zum Flug treffen. Der Blick hinunter ist beeindruckend, und welchen Ursprung die Hexenmär hat, ist leicht herauszufinden, denn wirft man Gegenstände wie Papier in die Schlucht, so werden sie von aufsteigenden Luftströmen erfaßt und in die Höhe getragen.

Auf die R 134 zurückgekehrt, sind es noch 12 km bis Høydalsmo, wo die R 45, der wir nun folgen wollen, nach rechts abzweigt. Wild und urwüchsig präsentiert sich die waldreiche Landschaft, die eine prächtige Kulisse für die nach 13 km erreichte Stabkirche von **Eidsborg** 6 abgibt. Sie wurde um 1250 errichtet, wahrscheinlich auf einem ehemals heidnischen Opferplatz, und fügt sich, ganz mit Spanschindeln verkleidet, malerisch in die Natur ein. Auch wird sie, in Relation zu anderen Stabkirchen, nur von recht wenigen Touristen besucht, steht nicht auf der Liste der geführten Touren, so daß man hier allerbeste Gelegenheit hat, in Ruhe die Details zu betrachten (sehenswert sind insbesondere die verwitterten Tierfiguren an den Portalpfosten) und zu bestaunen, welche Fähigkeiten im Umgang mit Holz die hiesigen Altvorderen hatten.

Unterhalb lädt ein kleiner See mit Steg und Spielplatz auf ein Bad ein, und auf der 5 km langen Strecke bis nach Dalen zieht sich die Straße mit 12 % Gefälle in sieben Serpentinen in die Tiefe. Den schönsten Ausblick auf **Dalen** 7 (S. 273) mit dem Bandak-See genießt man von der obersten Kehre aus, und alles in allem präsentiert sich dieser Ort derart schön und lieblich in die so ungeheuer wald- und wasserreiche Landschaft eingebettet, daß wohl unweigerlich der Gedanke aufkommt, hier eine Zeitlang zu entspannen, Urlaub zu machen. Die Voraussetzungen sind gegeben, die Infrastruktur läßt keine Wünsche offen, und da hier auch der berühmte Telemark-Kanal (s. S. 77) endet, steht einer Schiffs- oder Kanufahrt von den Bergen bis ans Meer nichts entgegen.

21 km sind nun von Dalen aus über die R 38 noch bis Åmot zurückzulegen, dem Ausgangspunkt für die weitere Reise auf der R 134 gen Westen.

Die Stabkirche von Eidsborg

Von Åmot nach Røldal

Über die 40 km lange Strecke von Åmot nach Haukeligrend braucht man nicht viele Worte zu verlieren, denn in ständigem Auf und Ab geht es hier durch eine ausgesprochen malerische bis wildromantische Berg-, See- und Wald-Landschaft, die man in all ihrer Schönheit nur erleben, schwerlich aber beschreiben kann. Zahlreiche Campingplätze und Hütten- sowie Zimmervermietungen laden auf diesem Wegstück zum Verbleib ein, und es lohnt sich, ihren Verlokkungen zu erliegen, denn herrliche Ausflugs- und Wandermöglichkeiten tun sich hier auf. Zum einen ist die Hardangervidda nur einen Katzensprung entfernt, auch zu den dramatischen Landschaftserlebnissen des Ryfylkevegen (s. S. 101) ist es nur ein kurzes Stück, und nicht zuletzt ist es das Hochland der Setesdalsheia mit dem sich anschließenden Setesdal (s. S. 81), wohin sich ein Abstecher lohnt.

Ausgangspunkt dorthin ist **Haukeligrend** 8. Zwei Möglichkeiten gibt es, von diesem kleinen Ferienort aus die bis über 900 m hohe Heia zu erklimmen. Wer es sich leicht machen will, folgt der mit ›Evje‹ ausgeschilderten R 9, die in die Steilflanke des Grungedal gesprengt ist und teilweise Ausblicke wie aus dem Flugzeug bietet. Der andere Weg, der ›Gamlevei‹, der bis 1939 der einzig überhaupt vorhandene war, ist nicht befahr-, sondern nur begehbar und zieht sich als ein Stiegenweg von rund 4 km Länge in die Höhe. Von oben blickt man dann hinab in die tiefe Kluft des Grungedal, hinüber auf die Frolandsheia im Osten sowie hinauf auf die Hardangervidda im Norden und Westen.

Bei Haukeligrend

Auf dieses Hochplateau steigt ab Haukeligrend nun die R 134 an. Anfangs präsentiert sich die Landschaft (jedenfalls an schönen Sommertagen) noch lieblich, bald wird jedoch die Baumgrenze überschritten und schließlich bei Vågslid der Südrand der Vidda erreicht. Dieser 900 m hoch gelegene Ort ist ein beliebtes Wintersportzentrum, und wer hier Anfang Juni unterwegs ist, kann ein zweites Mal den Winter erleben: Die Seen liegen noch unter einer Eisdecke, die Berghänge sind weiß verschneit. Bei der Prestegård Turisthytta passiert man den ersten Tunnel auf dieser Strecke, die bald nach **Haukeliseter** 9 führt, einem beliebten Ausgangspunkt für Wanderungen Richtung Norden (über die Hardangervidda) und auch Süden (zur Ryfylke- und Setesdalsheia). Zahlreiche Beherbergungsbetriebe laden für die Nacht ein, klassischer Wanderertreff ist die bewirtschaftete Haukeliseter Fjellstove, wo man alle erforderlichen Informationen für kleine und große Touren bekommen kann. Die Südgrenze des Hardangervidda-Nationalparks ist nur ein kurzes Stück entfernt, und eine der schönsten Wanderungen, die man von hier aus (ab Anfang Juli) unternehmen kann, ist die nach Kinsarvik am Hardangerfjord, wohin auch unsere Route führt. Per Straße sind es nur rund 2 Std. (98 km) bis dorthin, für eine Wanderung (die auch die reichen Fjellflorabezirke Litlos und Hadlaskar tangiert; s. S. 96) sollte man rund sechs Tage einplanen.

Wenig später überqueren wir die Grenze zwischen dem zu Østland gehörenden Bezirk Telemark und dem westnorwegischen Hordaland und sehen bald voraus den Eingang zum ca. 5,7 km langen Haukelitunnel. Direkt vor seinem Portal besteht die Möglichkeit, auf die alte Haukelistraße einzubiegen, die zwischen 1869 und 1889 erbaut wurde, aber mit festem Belag versehen ist (dennoch nicht für Gespanne geeignet) und über den 1148 m hohen Dyrskar-Paß führt, bevor sie die R 134 direkt am Westportal des Tunnels auf 1058 m Höhe wieder erreicht. Diesen kleinen Umweg sollte man sich, zumindest bei gutem Wetter, nicht entgehen lassen: Das Panorama ist schlicht umwerfend, und so viele Stellen, wo man Ende Juli noch an geschlossenen Schneefeldern vorbeifährt, sind selbst in Norwegen nicht zu finden.

Es schließt sich bald der Svandalsflona-Tunnel an, jenseits dem der Abstieg nach Røldal beginnt. Aber die neue Strecke ist durch Tunnel entschärft und bietet deshalb keinen Nervenkitzel. Wer ihn sucht, mag auch hier der alten Trasse folgen, die 3,4 km lang ist, zwischen 3,5 und 5 m breit (nicht für Gespanne geeignet!) und sich in sieben extremen Spitzkehren in die Tiefe schraubt. Dann ist **Røldal** 10 (S. 304) erreicht, damit auch eine Sehenswürdigkeit, die – weil von außen völlig unscheinbar – von den meisten Touristen links liegen gelassen wird: die Stabkirche. Sie wurde Anfang des 13. Jahrhunderts errichtet, im 17. Jahrhundert auf der Grundlage der alten Dekorationen in den buntesten Farben neu ausgemalt und 1917 umfassend restauriert. Beachtenswert ist, neben den Malereien, insbesondere das Taufbecken aus Speckstein sowie das ebenfalls aus dem Mittelalter stammende Kruzifix (unter dem Chorbogen), dem wundersame Kräfte zugeschrieben wurden: Bis ins 19. Jahrhundert pilgerten Kranke und Gebrechliche zur Johannismesse hierher, um sich mit dem Heilung bringenden Schweiß Christi zu netzen, der sich prompt in dieser Nacht auf mirakulöse Weise auf dessen Stirn zu bilden pflegte. Das Licht der Wissenschaft erleuchtet das Rätsel, und wie man heute glaubt, handelte es sich bei

dem ›Schweiß‹ schlicht um Kondens-
wasser.

Rund 4 km nördlich von Røldal zweigt
bei Horda die dramatische Landschafts-
erlebnisse bietende R 13 von der R 134
ab. Sie hat das rund 250 km entfernte
Stavanger (s. S. 82ff.) zum Ziel und gehört als **Ryfylkevegen** zu den berühmtesten Touristenstraßen des Landes.
Wer sie befahren, aber dennoch weiter
nach Bergen will und auch die Landschaft entlang der hier anstehenden
Route nicht missen möchte, sollte einen
Rundweg fahren: Entlang der R 13 nach
Stavanger (250 km), von dort aus über
die E 39 nach Haugesund (70 km) und
sodann entlang der R 134 nach Jøsendal
(115 km), wo die Straße, rund 30 km
vom Ausgangspunkt Røldal entfernt,
wieder auf die hier beschriebene Route
mündet.

Der Weg lohnt sich, aber in Anbetracht der zahlreichen Natur- und sonsti-
gen Sehenswürdigkeiten sowie der insgesamt drei Fährstrecken muß man als
absolutes Minimum gut zwei Tage für
den Umweg einplanen, obwohl es auch
durchaus angemessen wäre, die Spanne
eines ganzen Urlaubs für diese Route
anzusetzen.

Von Røldal nach Bergen

Diejenigen, die auf den Schlenker verzichten, folgen der Hordalia-Bergstraße,
die durch den spiralförmig ansteigenden Røldaltunnel (rund 4,7 km) unter
dem Røldalsfjell hindurch- und auf 876
m Höhe hinaufführt. Die 200 m oberhalb
gelegene Hordabrekkene passiert die
alte Straße in insgesamt 16 Kehren und
mit bis über 10 %iger Steigung. Auch sie
kann man sommers benutzen (vor dem
Tunnel und kurz hinter Hordalia ausgeschildert). Nach rund 7 km mündet sie

wieder auf die R 134, und von ihrem
höchsten Punkt aus genießt man – wie
sollte es auch anders sein – einen monumentalen Ausblick, der laut Prospekt »zu
den schönsten Sehenswürdigkeiten von
West-Norwegen gehört«. Aber auch von
der R 134 aus tun sich grandiose Blicke
auf, und der vielleicht schönste öffnet
sich direkt jenseits eines zweiten Tunnels, wo linkerhand ein Parkplatz einlädt: Voraus blinken die Eismassen des
Folgefonn-Gletschers, an dem entlang
bald die Fahrt verlaufen wird.

Steil geht es von hier durch weitere
Tunnel hinab nach Seljestad und weiter
ins tief eingeschnittene Jøsendal hinunter, wo sich die Straße gabelt: Die R 134
wendet sich nach links, gen Haugesund,
die R 13, der wir von nun an folgen wollen, zweigt nach rechts ab und führt bald
vorbei am zweiarmigen **Låtefoss** 🔟,
der sich aus 165 m Höhe ins Tal ergießt
und der Straße einen ständigen ›Regen-
schauer‹ beschert. Drei weitere, aber
weniger spektakuläre Wasserfälle folgen, dann liegt der knapp 10 000 Einwohner große Industrieort **Odda** 🔟
(S. 298) vor uns. Anfang des 20. Jahrhunderts galt Odda als größtes Ferienzentrum West-Norwegens, doch dann
wurden, ab 1906, zahlreiche Industriebe-
triebe angesiedelt (u. a. Zinkhütten, Alu-
miniumwerke), und seitdem ist es, zumindest in touristischer Hinsicht, vorbei
mit Odda. Das stimmt aber nicht ganz,
denn wenigstens ein Highlight gibt es
hier, das zu besuchen man sich nicht
entgehen lassen sollte: den Buarbreen
(kurze Anfahrt, dann folgt ein ca. 2stün-
diger, teils beschwerlicher, aber höchst
eindrucksvoller Fußweg), einen Ausläufer des **Folgefonn-Gletschers** 🔟. Er ist
kurz nach Passieren des Ortsschildes
Odda mit ›Buer 6 km‹ nach links ausgeschildert. Der Fahrweg endet nach ca.
6 km bei dem Weiler Buar, das letzte

Stück an den blauweiß funkelnden Eis-
sturz heran muß man zu Fuß bewältigen
(den roten ›T‹-Markierungen folgen).

Wer noch nie in Norwegen war und
auf der anstehenden Route erste Lan-
deseindrücke sammelt, der hat nun seinen ersten norwegischen Gletscher
gesehen und wird sich bald an einer
weiteren Premiere erfreuen können: am
Anblick eines ›wirklichen‹, also tief in die
umgebende Bergwelt eingeschnittenen
Fjordes. Es ist nämlich der **Sørfjord,** an
dessen Südzipfel Odda liegt, und nicht
etwa, wie Debutanten meistens anneh-
men, ein schmaler See. Und an diesem
Meeresarm entlang (einer Verzweigung
des Hardangerfjordes) wird nun die
Fahrt für 41 km bis Kinsarvik verlaufen.
Zur linken Seite genießt man auf dieser
Strecke ein um das andere Mal herrliche
Ausblicke auf die Eishauben des Folgefonn, die einen bis über 1600 m hohen
Gebirgsstock bedecken; zur rechten
Seite steigt das Land steil zur Hardangervidda hin an, und entlang der Straße
sind es rund 300 000 Apfel- und Pflau-
men-, Birnen- und Kirschbäume auf saftiggrünen Wiesen, die das Bild bestimmen. Gegen Ende Mai/Anfang Juni,
wenn die Obstbäume in Blüte stehen
und alle Berghänge noch vom Schnee
weiß überpudert sind, ist der Anblick am
eindrucksvollsten, aber auch im Hochsommer wird man von den Kontrasten
begeistert sein.

Wer es noch extremer will und an
einem Wochenende unterwegs ist, der
sollte bei Tyssedal (6 km hinter Odda)
den nach rechts weisenden Schildern
zum 6 km entfernten Ringedalsvatn folgen, an dessen 32 m hoher Staumauer
die Talstation der Mågelitopp-Schienen-

bahn liegt. Sie ist in Besitz der Kraftwerksgesellschaft und fährt mit offenen
Wägelchen innerhalb einer viertel
Stunde auf die fast 1000 m hohe Abbruchkante der Hardangervidda, von wo
aus – natürlich – ein großartiges Panorama zu genießen ist. Auch zahlreiche
Wanderwege nehmen hier ihren Anfang
(Informationen im Touristenbüro von
Odda), und wer die letzte Bahn zu Tal
verpaßt, kann dem schier endlos langen
Holzstiegenweg hinab zum Ausgangspunkt folgen.

*Blick auf den Sørfjord
und die Industriestadt Odda*

Auch **Kinsarvik**  (S. 284), das rund 850 Einwohner zählende Zentrum der Ullensvang-Gemeinde, ist für zahlreiche Abstecher gut, und wer eine Zeitlang einfach Urlaub machen will, der sollte es hier tun, wo Schiffsrundfahrten auf dem Hardangerfjord, Flüge über die Hardangervidda und den Folgefonn-Gletscher sowie zahlreiche geführte Wanderungen und vieles andere mehr geboten werden. Die eigentliche Hauptattraktion von Kinsarvik sind nicht die Sehenswürdigkeiten des Ortes (z. B. die aus dem

12. Jahrhundert stammende Kirche, der Hardanger-Ferienpark), sondern das außerhalb gelegene ›Wasserfall-Quartett‹: 103 m tief stürzt der Tveitafoss in die Tiefe, der Nyastølsfoss mißt schon 218 m, es folgt der Nykkjesøyfoss sowie schließlich der Søtefoss mit 273 m (davon 176 m in senkrechtem Fall). Alle Fälle sind über eine Streckenwanderung auf markierten Pfaden innerhalb von ca. 2–3 Stunden zu erreichen (besser ist es, einen halben Tag einzuplanen), und wem das zu anstrengend ist, der kann von Kinsarvik

aus zum rund 40 km entfernten Vørings-foss aufbrechen (s. u.), der sich auch direkt vom Autofenster aus betrachten läßt.

Zwar kann man auch von Kinsarvik aus über den Fjord setzen, aber die Passage ist lang (rund 50 Min.) und entsprechend teuer, und es lohnt sich, der R 13 bis zum 19 km entfernten Brimnes zu folgen. Nur 10 Min. benötigt die Fähre von dort aus nach Bruravik auf der anderen Seite des Eidfjords (einem Nebenarm des Hardangerfjords). Doch wer nicht in Eile ist, sollte zuvor einen Abstecher zum **Vøringsfoss** 15 unternehmen und zu diesem Zweck über Brimnes hinaus noch 22 km weiterfahren. Die Straße führt zunächst nach Eidfjord und dann in eine tiefe Felskluft hinein zum Ort Sæbø (Rastplatz mit Informationspavillon), wo ein Wanderweg zum Fuß des Vøringsfoss abzweigt (1,5 Std. je Weg). Außerdem führt ein nur für Fußgänger und Radfahrer geöffneter Panoramaweg zur Abbruchkante der Hardangervidda, über die sich die gewaltigen Wassermassen von Norwegens fünfthöchstem und wohl am meisten bestaunten Fall in 182 m Tiefe stürzen. Bei Fossli, das man über die R 7 durch einen spiralförmig ansteigenden Tunnel erreicht, läßt sich das Schauspiel von zahlreichen Aussichtspunkten aus eingehend betrachten.

Wir wollen nun nach Brimnes zurückfahren, um die Fähre zu nehmen. Man könnte freilich auch der R 7 über die Hardangervidda hinweg zum 60 km entfernten Gebirgsort Geilo folgen (s. S. 107), von wo aus sich zahlreiche Weiterreise-Möglichkeiten in alle Richtungen anbieten. In Bruravik weisen die Hinweisschilder ›Bergen‹ den weiteren Weg, der sich bei Granvin (nach 8 km) gabelt: Wir wählen die R 7 (die R 13 führt nach Voss und weiter an den So-gnefjord heran; siehe Route 4) und fahren nun für rund 50 km am Nordufer des **Hardangerfjords** entlang. Immer wieder genießt man Ausblicke auf die jetzt eher sanft konturierte und mit Wiesen und Wäldern, Erdbeerfeldern und Obstbaumplantagen ganz und gar lieblich zu nennende Fjordlandschaft. Die Straße ist relativ breit, es geht zügig dahin, und nur bei Fyksesund (37 km ab Granvin), wo sich eine 344 m lange, einspurige Hängebrücke über einen engen Fjordarm spannt, kann es im Sommer immer wieder zu längeren Staus kommen.

Rund 2 km hinter Norheimsund herrscht plötzlich drangvolle Enge, weil anscheinend alle Urlauber, die hier unterwegs sind, einen Parkplatz suchen. Der Grund dafür ist der **Steinsdalsfoss** 16, dessen große Popularität ausnahmsweise mal nicht aus seiner Fallhöhe resultiert, sondern daraus, daß man unter seinem Wasserschwall hindurchgehen kann, ohne naß zu werden. Die Straße steigt nun an, führt nach 3,5 km in den Snauhaugen-Tunnel hinein, und wer Lust auf einen lohnenden Spaziergang (oder eine Radtour) hat, sollte den direkt links vor dem Tunnel liegenden Parkplatz anfahren. Hier beginnt die alte Trasse, die am Hang der tief eingeschnittenen Tokaschlucht verläuft, bevor sie nach rund 3 km wieder auf die neue Streckenführung stößt, die durch insgesamt vier Tunnel führt.

Oberhalb der Schlucht erstreckt sich das Gebirgsplateau von Kvamskogen, ein im Sommer wie auch im Winter überaus populäres Ausflugsziel der Bergenser. Dann geht es durch eine Schlucht wieder hinunter, an den Samnangerfjord heran und nun in ständigem Bergauf und Bergab bis nach Bergen (s. S. 125ff.), dem lohnenden Ziel dieser Route.

Route 3: Auf der ›Straße der Stabkirchen‹ – Von Oslo nach Lom

Die nachfolgende Route führt zu 18 Stabkirchen (s. S. 108f.), will aber nicht nur den kulturhistorisch interessierten Reisenden ansprechen, sondern ist für Urlauber jeder Couleur zugeschnitten, folgt sie doch den allemal besuchenswerten Talungen des Nume-, Halling-, Aur- und Lærdal sowie Valdres und reicht bis an den Sognefjord heran, bevor sie um Jotunheimen, das ›Reich der Riesen‹, herumführt. Von ihrem Endpunkt, dem Touristenzentrum Lom aus, ist es nur ein kurzes Stück bis zu den Eisfeldern des Jostedalsbreen (Route 4) sowie zu den berühmten Fjorden im Westen (Route 5), auch das Gudbrandsdal, Rondane und das Dovrefjell (Route 7) sind von dort aus schnell erreicht. Alles in allem ist die ca. 830 km lange Route, die auch die Hardangervidda streift und oft genug bis weit über 1000 m hoch in die Bergwelt führt, eine der abwechslungsreichsten Norwegens.

Durchs Numedal nach Geilo

Die Strecke von Oslo via Drammen bis einschließlich Kongsberg, die der E 18 und der R 134 folgt, ist bereits unter Route 1 und 2 ausführlich beschrieben worden. Wir verlassen **Kongsberg** **1** (S. 284f.) über die R 40 in Richtung Geilo und folgen schon kurz nach Passieren des Zentrums den Hinweisschildern ›Lågdalsmuseet‹, um uns in diesem außerordentlich empfehlenswerten Freilichtmuseum auf das Numedal einzustimmen, dem wir von Kongsberg aus folgen werden. Rund zwei Dutzend historische Gebäude aus dem 150 km langen Talzug sind hier zu besichtigen, originale Laden- und Werkstatteinrichtungen sowie Trachten sind ausgestellt, im Juli werden täglich alte Handwerkstechniken demonstriert.

Nun fahren wir ein ins hier noch weit ausladende Numedal (S. 297f.), das mit seinem mal breit und träge, mal seeartig verbreiterten, mal auch wild dahinschäumenden Numedalslågen (auch: Lågen), den bewaldeten, von Wiesen und Feldern besetzten Höhen und stillen Seitentälern eine Urlaubslandschaft wie aus dem Bilderbuch darstellt. Auch Kulturreisende kommen auf ihre Kosten, denn neben den ›echten‹ Stabkirchen, zu denen wir später gelangen, finden sich in diesem Tal auch zahlreiche Gotteshäuser, die auf Stabkirchen zurückgehen. Die Kirche von **Flesberg** **2** wurde im 12. Jahrhundert als Stabkirche errichtet, 1735 jedoch zur Kreuzkirche umgebaut (sehenswert ist insbesondere das alte Drachenportal an der Westseite). Einen Besuch wert ist ebenfalls die etwas außerhalb gelegene Kirche von Lyngdal (errichtet 1697), deren Inneres reich mit Rosenmalerei (s. S. 119) verziert ist. 5 km nördlich von Flesberg lädt das Dåsethof-Freilichtmuseum mit 14 historischen Gebäuden zum Besuch ein, doch die dichteste Sammlung alter Hofgebäude und Speicherhäuser bietet der bei Stærnes abbiegende **Rollagvegen**, der bei Veggli wieder auf die R 40 stößt. Auch die nur selten von Touristen besuchte Stabkirche von Rollag (erbaut im 13. Jahrhundert, 1697 umgebaut, 1932 restauriert; das Schiff ist original erhalten) sowie das Rollag-Freilichtmu-

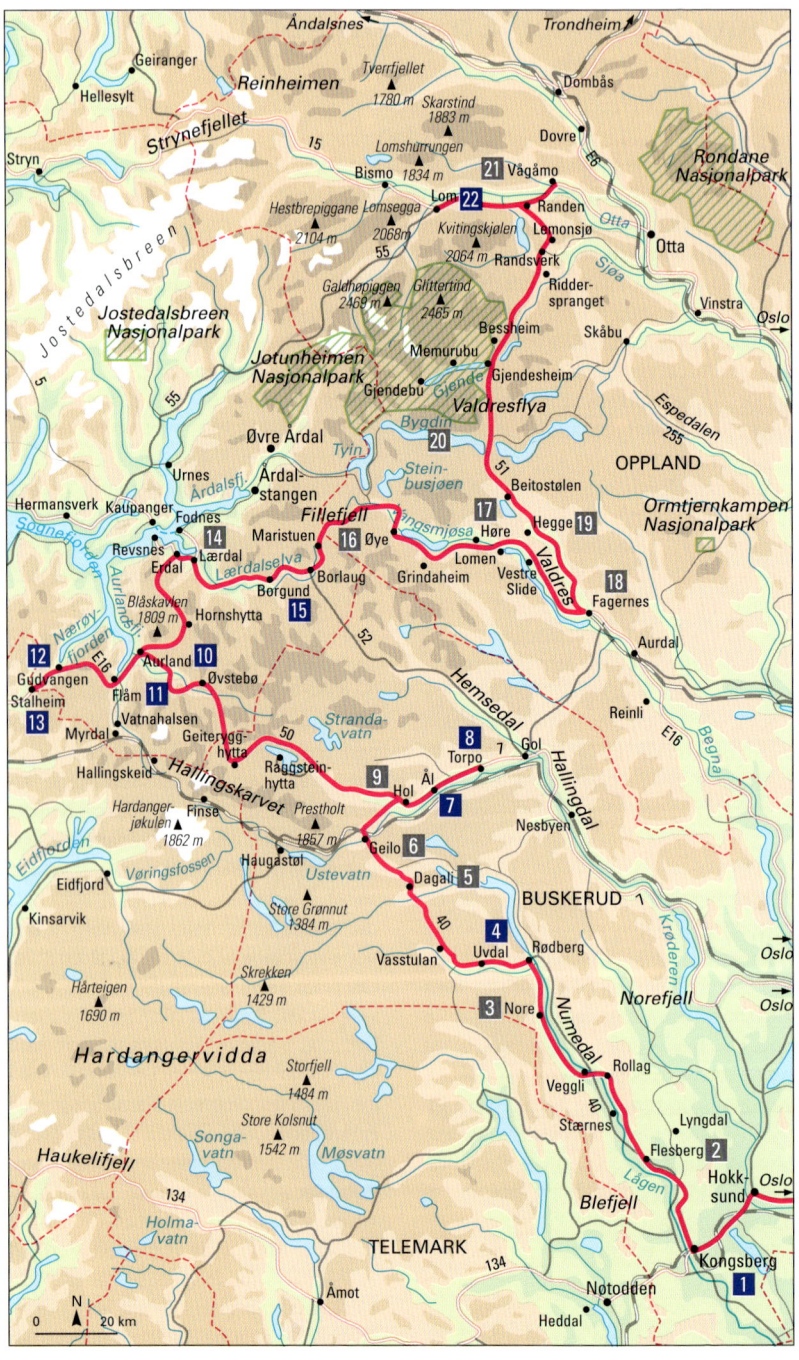

seum (neun Gehöfte) liegen an dieser Ostuferstraße.

9 km weiter, bei Åsly, bietet sich die Westuferstraße als Alternative zur R 40 an. Auch sie führt an mehreren jahrhundertealten Gehöften vorbei und zur Stabkirche von **Nore** **3** (S. 297), die im 13. Jahrhundert errichtet, im 17./18. Jahrhundert kreuzförmig umgebaut und 1992 komplett restauriert wurde. Die Zwischendecke wurde im 18. Jahrhundert eingezogen, und sie ist, wie das gesamte Innere, vollständig bemalt. 2 km weiter stoßen wir wieder auf die R 40, und vorbei am Wasserkraftwerk Nore I (eines der größten der Welt) und dem kleinen Ort Rødberg geht es weiter nach **Uvdal** **4** (S. 313), wo wir, direkt gegenüber der stabkirchenähnlich geschmückten Dorfkirche, nach links auf eine Nebenstraße einbiegen, um die 4 km entfernte Stabkirche zu besuchen. Sie ist dem Uvdal-Freilichtmuseum mit seinen bis 400 Jahre alten Gebäuden angeschlossen und beeindruckt vor allem mit ihrer herrlichen Panoramalage hoch über dem von bewaldeten Bergen umschlossenen Tal. Sie stammt aus dem 12. Jahrhundert, wurde wiederholt umgebaut und erweitert, schließlich im 18. Jahrhundert mit Rosenmalerei (s. S. 119) reich verziert.

Wenig später endet das Numedal. Die Straße führt jetzt steil auf die kahle Hochebene des Dagalifjells hinauf, auf der, in einzigartiger Panoramalage, mehrere Hochgebirgshotels um die Gunst von Sommer- und Wintergästen werben. Von Vasstullan aus, dem mit 1100 m höchsten Punkt der Strecke (Aussicht auf die Hardangervidda), geht es hinunter nach **Dagali** **5** (S. 273) ins wunderschöne Seterdal, das komplett zum Land-

schaftsschutzgebiet erklärt wurde. Der angenehme Urlaubsort (mit kleinem Freilichtmuseum) bietet sich als Ausgangspunkt für Wanderungen sowie MTB-Touren an und lockt obendrein mit überaus spannenden Riverrafting-Touren.

Eine weitere Paßhöhe von 1063 m führt aus dem Seterdal hinaus ins waldreiche Skurdal, und noch ein letzter Paß (1010 m) ist nun bis **Geilo** **6** (S. 277f.) zu queren, dem größten Fremdenverkehrszentrum sowie – nach Lillehammer – bekanntesten Wintersportort des Landes. Er erstreckt sich auf rund 800 m Höhe in einem weiten Wald- und Wiesental, die Hardangervidda liegt direkt vor der Haustür, und das Aktivitätsangebot läßt keinerlei Wünsche offen: Es reicht von Angeln über Reiten und Kanufahren bis zu Rafting, Wandern und Fahrradfahren, ja insbesondere Wanderer und Biker können sich in Geilo im Paradies wähnen. Zahlreiche markierte Wege nehmen hier ihren Ausgangspunkt, Wanderhütten gibt es in großer Zahl, und wer nicht gar so viel Zeit hat, sollte wenigstens mit dem Sessellift auf den 1100 m hohen Berg Geilohøgda hinauffahren, wo sich herrliche Ausblicke öffnen (und ein Weg zum 1933 m hohen Hallingskarvet seinen Anfang nimmt). Auch eine Fahrt hinaus auf die von der R 7 erschlossenen Hardangervidda ist unvergeßlich – warum nicht einmal bis zum Vøringsfoss (s. S. 104) und dem Hardangerfjord (s. S. 104) hinüberfahren oder eine Fahrt mit der berühmten Bergenbahn unternehmen (s. S. 88f.), die einen Besuch von Geilo zum Höhepunkt jeder Norwegen-Reise machen kann. Vor allem die Strecke bis Finse, dem höchstgelegenen Bahnhof Europas (1222 m), bietet sich an (zumal man sich den Rückweg gut erwandern kann), aber es ist auch problemlos innerhalb eines Tages möglich, mit der Bergenbahn von

Route 3: Von Oslo nach Lom

Holzbaukunst in höchster Vollendung – Die Stabkirchen

Wurde andernorts vorwiegend in Stein gebaut, so ist in Norwegen Holz das tragende Element der überlieferten Kultur. Schwerlich wird man eine Nation mit derart viel Wissen im Umgang mit diesem Werkstoff finden, und sowohl die Profan- als auch die Sakralbauten, insbesondere die Stabkirchen, ringen dem Betrachter höchste Bewunderung ab. Sie gehören ebenso zum Klischee Norwegens wie die Fjorde, doch während es Fjorde auch anderswo auf der Welt gibt, so Stabkirchen nur hier. Sie stellen Norwegens originären Beitrag zur Frühgotik in Europa dar und markieren in der Holzbaukunst die allerhöchste Entwicklungsstufe. Dies sowohl in Bezug auf ihre Konstruktion als auch auf die ästhetische Gestaltung ihrer Elemente. In herrlicher Klarheit und Harmonie geben sie von außen mit einem freien, fast fröhlich-asiatisch wirkenden Spiel der Formen ein Abbild der sie umgebenden Natur, während im stimmungsvollen Inneren, wo der Mensch im Geist der Epoche über alles Irdische hinausgehoben werden sollte, der Wohlklang strenger Architektur waltet.

Ihren Namen tragen diese Gotteshäuser, weil sie im Gegensatz zur Profanarchitektur, bei der man sich des *laftverk* (Blockbau mit horizontal geschichteten Stämmen) bediente, im *stavverk* (*stav* = Mast, Stab) errichtet wurden. Bei dieser Bauweise erheben sich, stark vereinfacht gesagt, vertikal aufgestellte Masten von mächtigen, auf Steinfundamenten ruhenden Bodenschwellen, umrahmen so den rechteckigen Kern der Kirche und tragen das obere Satteldach. Eine geniale Anordnung von Rahmenhölzern, Knaggen und Andreaskreuzen (nach dem Diagonalkreuz, an dem der Märtyrer Andreas gestorben sein soll) versteift das Gefüge und macht es sturmsicher, während teergetränkte und mit Holznägeln (aus Wacholder- und Birkenholz) auf den Sparren befestigte Schindeln aus (harzreichem) Lärchenholz dafür Sorge tragen, daß die kaskadenförmig übereinandergestaffelten Dächer kein Wasser durchlassen. Auch die Pagodenform der tief herabgezogenen Dächer selbst ist nicht Produkt des Zufalls oder eines bestimmten Schönheitsempfindens, sondern dient dem Schutz vor Regen und Schnee.

Die Drachenköpfe hingegen, die vielerorts die Firste zieren, sind Ausdruck eines trotz Christentums fortbestehenden Geisterglaubens und sollten, wie auch das überreiche Schnitzwerk an den Portalen, böse Geister abwehren. Die Motive sind aus der germanischen Mythologie entlehnt, so wie sie uns aus der isländischen Edda überliefert ist, und auch im spärlich erleuchteten Innenraum zeugen Odinsköpfe und verschlungene Ornamente mit der Midgård-Schlange, wie sehr in dieser frühen Epoche noch das Heiden- mit dem Christentum verzahnt war.

»Selten wohl hat die Baukunst in Holz über das Nothdürftige hinaus und zu höherer Schönheit und Zierde sich entwickelt, seltener noch haben aus uralter Zeit Denkmale dieser Art bis auf uns sich erhalten.« – So der norwegische Maler J. C. C. Dahl 1837 in seinem Werk ›Denkmale einer ausgebildeten Holzbaukunst aus den frühesten Jahrhunderten in den inneren Landschaften Norwegens‹, und in seinen weiteren Ausführungen weist er darauf hin, daß »der Geist der Aenderung und Neuerung auch diese Art von Denkmalen gegenwärtig mit nahem Untergang bedroht.« In der Tat gab es zur Zeit dieser Schrift, die das neue Interesse an den uralten Kulturdenkmäler weckte, landesweit nicht einmal mehr 100 Stabkirchen. Das ist eine geringe Zahl, wenn man bedenkt, daß sich um 1350 unter den 1200 bis 1500 Kirchen rund 800 bis 1000 Stabkirchen fanden, die alle innerhalb der relativ kurzen Zeitspanne ab Beginn der Christianisierung (11. Jahrhundert) errichtet worden waren. Um die Mitte des 14. Jahrhunderts setzte die Pest der Bautätigkeit ein Ende, und als rund 200 Jahre später wieder gebaut wurde, entstanden die neuen Kirchen in einem von der Reformation inspirierten Stil. Die alten Bauten verfielen, allein im 18. Jahrhundert wurden über 100 abgerissen, und im Verlauf des 19. Jahrhunderts fielen nahezu 70 weitere der Axt zum Opfer. Heute sind nur noch etwa 30 erhalten, die meisten wiederholt verändert und umgebaut, und lediglich rund zwei Dutzend befinden sich an ihrem angestammten Platz (die anderen sind versetzt worden). Diese zu besuchen kann jedem Norwegen-Reisenden, auch wenn er nicht vorrangig an Baukunst interessiert ist, nur wärmstens ans Herz gelegt werden.

Portal-Detail der Stabkirche von Heddal

Geilo bis hinunter nach Myrdal zu fahren, dort in die Flåmbahn (s. S. 112f.) nach Flåm am Aurlandsfjord umzusteigen, eine Fjordfahrt (s. S. 115) anzuschließen und dann wieder retour zu reisen.

Abstecher ins kulturreiche Hallingdal

In Geilo verlassen wir die R 40 und biegen nach rechts auf die R 7 in Richtung Ål ein. Nach rund 11 km wird Hagafoss

passiert und damit der Abzweig der R 50, auf der wir später, nach einem Abstecher von rund 50 km, weiterfahren werden. So folgen wir also der R 7 für 13 km zur Ortschaft **Ål** **7** (S. 266), die als kulturelles (und auch touristisches) Zentrum des oberen Hallingdal gilt und alljährlich im Juni Austragungsort der Norwegischen Volksmusikwoche ist. Die umgebende Bergwelt eignet sich ausgezeichnet für Wander- und Fahrradtouren, zahlreiche bewirtschaftete Almen können einem das Gefühl vermitteln, irgendwo in den Alpen unterwegs zu

In der Stabkirche von Torpo

sein, und im Städtchen selber lohnt das kulturhistorische Bygdemuseum einen Besuch. Es umfaßt u. a. eine eigene Abteilung für Rosenmalerei (s. S. 119). Auch im Ål-Kulturhaus ist Rosenmalerei zu betrachten (feste Ausstellung), aber die eigentliche Attraktion ist die hier untergebrachte Rolf Nesch-Galerie, in der 76 Werke des deutschen Graphikers ausgestellt sind, der 1933 aus Deutschland geflüchtet war und von 1946 bis zu seinem Tod im Jahre 1975 nahe Ål lebte und arbeitete.

Für zwölf weitere Kilometer sollte man nun noch auf der R 7 verbleiben, um die Stabkirche von **Torpo** 8 zu besuchen, von der nur noch der eigentliche Kern, das überhöhte Mittelschiff, erhalten ist (der Chor wurde im 19. Jahrhundert abgebrochen), weshalb der gesamte Bau (12. Jahrhundert) eher an einen Turm erinnert. Von einzigartiger Qualität sind die Drachenornamente am Süd- und am Westportal, im Innern beeindrucken insbesondere die Deckengemälde aus dem 13. Jahrhundert sowie die hohen Säulenmasten, die einem das Gefühl vermitteln können, in einem heidnischen Tempel zu weilen.

Atemberaubende Ausblicke – Über die Aurlandstraße zum Sognefjord

Nach diesem kurzen Abstecher kehren wir nach Hagafoss zurück, um nun auf die R 50 einzubiegen, die in Sachen Berg- wie auch Fjordpanorama als eine der beeindruckendsten Straßen des ganzen Landes gilt und uns vorbei am Hol Bygdemuseum nach **Hol** 9 (S. 281) führt. Die Gamle Kirke, eine Stabkirche aus dem 13. Jahrhundert, besteht aus Langhaus und Chorapsis (heute Sakri-

stei) und wurde im 16. Jahrhundert erweitert, später jedoch mehrmals modernisiert, so daß sie heute nur noch für den Kenner als Stabkirche erkenntlich ist. 8 km weiter passieren wir das traditionsreiche Håkonsæt Hotel, in dem in den 1930er Jahren die englische *upperclass* ihre Ferien zu verbringen pflegte; die Lage ist herrlich, die Atmosphäre gepflegt (aber nicht aufgesetzt), das Restaurant für seine gute Küche berühmt.

Dann wird das Sundnal gequert (bekannt für seine jahrhundertealten Gehöfte und Rosenmaler), jenseits steigt die Straße zum 950 m hoch gelegenen See Strandavatn an. Im Süden erhebt sich der Koloß des Hallingskarvet aus der Hardangervidda. Ausgangspunkt für Bergwanderungen ist die bewirtschaftete Raggsteindalen Turisthytta, die ab Einset (26 km ab Hagafoss) über eine 13 km lange Nebenstraße auch mit dem Auto zu erreichen ist. Auf der folgenden Fahrt entlang dem See genießt man Ausblicke auf den Hallingskarvet. Bei Geiteryggen, dem ›Ziegenrücken‹, geht es in den ersten einer ganzen Reihe von Tunneln hinein, die dafür sorgen, daß diese Hochgebirgsstrecke auch im Winter befahrbar bleibt. Am Ausgang des Tunnels erreicht die Straße ihren mit 1156 m höchsten Punkt, linkerhand zweigt eine (für Autos gesperrte) Nebenstraße zur 3 km entfernten Geiterygghytta ab, die ebenfalls bewirtschaftet und Ausgangspunkt zahlreicher markierter Wanderwege (u. a. nach Finse an der Bergenbahn, s. S. 88f.; ca. 6–7 Std.) ist.

Der Lachs- und Forellenfluß Aurdalselv ist von nun an ständiger Begleiter, und durch eine karge Hochfjellwelt zieht sich die immer wieder von Tunneln unterbrochene Straße an der Steinbergdalshytta (an der Wanderstrecke Finse – Aurland gelegen) vorbei nach **Øvstebø**

hinunter. Ab der Østerbøgårdene-Wanderhütte (817 m) kann man eine sechsstündige Wanderung in das Aurlandsdal (Endpunkt ist Vassbygda; s. u.) unternehmen: Diese mittelschwere Tour, die an steilen Abhängen und mehreren verlassenen Höfen vorbeiführt, ist fraglos eine der abwechslungsreichsten, die man in dieser Region unternehmen kann (Schwindelfreiheit erforderlich); zwischen dem Start- und Endpunkt verkehren Busse.

Auf der nun folgenden rund 20 km langen Strecke sind sage und schreibe 12 km Tunnel zu durchqueren. Der erste ist rund 2,5 km lang, und bevor der zweite beginnt, sollte man unbedingt anhalten, um die großartige Aussicht in das tief unten liegende Aurlandsdal, den ›Grand Canyon‹ Norwegens, zu genießen. Auch nach dem dritten Tunnel bietet sich ein Stopp an – der Ausblick umfaßt nun nicht nur das Tal, sondern auch den Aurlandsfjord –, und via Vassbygda geht es schließlich nach **Aurland** 10 (S. 268), dem am Aurlandsfjord (einem Nebenarm des Sognefjords) gelegenen Zentrum der Aurland-Gemeinde und Ausgangspunkt einer Vielzahl unvergeßlicher Abstecher.

Abstecher: Wo Norwegen am ›norwegischsten‹ ist

Auf der Südseite des wegen seiner sprichwörtlichen Schönheit weltberühmten Sognefjords bietet es sich an, der R 50 bis an ihr Ende in Gudvangen zu folgen. Schon 5 km hinter Aurland lädt das Otternes-Freilichtmuseum mit einem einzigartigen, nämlich 27 Gebäude umfassenden Gruppengehöft aus dem 16. Jahrhundert zu einem Besuch ein.

3 km weiter liegt **Flåm** 11 (S. 276), Endstation bzw. Ausgangspunkt der Flåmbahn (1922–1940 erbaut), die auf ihrer 20 km langen Strecke bis Myrdal in 865 m Höhe nicht weniger als 20 Tunnel passiert und während der gesamten, rund 45 Min. dauernden Fahrt Aussich-

ten (aufs Flåmsdal und den Fjord) bietet, die – laut Prospekt – zu den größten Sehenswürdigkeiten Norwegens zählen. Ob es so ist, sei dahingestellt, aber diese Bahnfahrt ist unbedingt zu empfehlen, zumal unterwegs angehalten wird, damit man kurz aussteigen kann, um den 225 m hohen Kjossfoss zu bewundern.

Direkt hinter Flåm öffnet sich der über 5 km lange Flengjatunnel, dahinter zweigt bald eine 6 km lange Nebenstraße nach rechts ab, die **Undredal** zum Ziel hat (Parkplätze nur am Ortseingang). Sehenswert in diesem kleinen Fjordort (der bis 1988 nur per Boot zu erreichen war) ist die Kirche, mit nur 40 Sitzplätzen die kleinste Norwegens und

Radwandern auf dem Rallarvegen

Rallarvegen ist der Name des alten Transportweges, der während des Baus der Bergenbahn (s. S. 88f.) über die Hardangervidda zu Beginn des 20. Jahrhunderts angelegt wurde. In den 70er Jahren wurde er zu einem Radwanderweg ausgebaut, und seit Mountain-Bikes in Mode sind, dürfte der Rallarvegen eine der beliebtesten und bekanntesten Bikestrecken in ganz Nordeuropa sein.

Der restaurierte, für den öffentlichen Verkehr gesperrte Weg verbindet die Stationen Haugastøl (23 km westlich von Geilo an der R 7; 990 m. ü. M.) und Finse (1220 m. ü. M.) sowie Hallingskeid (1110 m. ü. M.) mit Vatnahalsen (780 m. ü. M.) und kann durch die Strecke Myrdal–Flåm (Fahrweg; ebenfalls Schotterbelag) sowie natürlich Geilo–Haugastøl verlängert werden. Der gesamte Abschnitt zwischen Haugastøl und Flåm ist 91 km lang, und in Anbetracht des Höhenunterschiedes ist es ratsam, den Weg auch in diese Richtung zu befahren. Von Flåm aus kann man mit der Flåmbahn (s. S. 112f.) bis Myrdal zurückkreisen, zwischen Myrdal und Geilo bzw. Ål (s. S. 110) verkehrt Ende Juni bis Anfang September sogar ein spezieller Fahrradzug, so daß der Rücktransport bequem bewältigt werden kann.

Wenigstens zwei, drei Tage sind aber dennoch für die Tour Geilo–Flåm–Geilo anzusetzen: Der Weg ist geschottert, nicht asphaltiert, zudem muß man auf der Etappe Finse–Hallingskeid, wo es bis über 1300 m hinaufgeht, immer wieder absteigen und schieben, was weniger der Steigung (die ist problemlos), sondern den ganzjährig anzutreffenden Schneeverwehungen geschuldet ist. Feste Unterkünfte finden sich in Finse (Hotel und Wanderhütte) sowie Myrdal (Hochgebirgshotel) und natürlich Flåm (s. S. 112f.), am schönsten freilich ist es, ein Zelt mitzunehmen, denn herrliche Plätze für die Nacht bieten sich zu hunderten an. Infos über den Rallarvegen kann man in den Touristenbüros von Geilo (☎ 32 09 59 00) und Aurland (☎ 57 63 33 13) erhalten, wo auch Fahrräder vermietet werden.

angeblich ganz Skandinaviens. Der lediglich 3,5 m breite Bau geht auf eine Stabkirche aus dem Jahre 1147 zurück, die 1722 aber grundlegend umgebaut wurde, so daß ihr Ursprung heute nur noch im Inneren zu erkennen ist, wo u. a. alte Malereien sowie ein mit geschnitzten Rehköpfen verzierter Leuchter zu betrachten sind.

Zur R 50 zurückgekehrt, geht es nun anschließend durch den mit 11 426 m längsten Tunnel Norwegens (1991 eröffnet) zum am Ende des schmalen Nærøyfjords gelegenen Ort **Gudvangen** 12 (S. 279), Endpunkt sowohl der R 50 als auch der von Bergen kommenden E 16. Der zweite Abschnitt der (nach Oslo führenden) Europastraße beginnt 2 1/4 Fährstunden weiter östlich in Lærdal.

13 km von Gudvangen entfernt liegt **Stalheim** 13 (S. 307) , das als Motiv in nahezu jedem Bildband über Norwegen zu finden ist und dem J. C. C. Dahl in seinem Gemälde ›Ausblick von Stalheim‹ (1842; Nationalgalerie Oslo) ein beeindruckendes Denkmal gesetzt hat. Auch Kaiser Wilhelm II. weilte auf seinen Kreuzfahrten durchs Fjordland Jahr für Jahr an diesem beeindruckenden Ort, der heute freilich als fester Programmpunkt aller geführten Touren entsprechend überlaufen ist. Das Herkommen lohnt sich dennoch, denn der Blick aus dem allgemein zugänglichen Garten des Stalheim-Hotel in den 550 m tiefen Abgrund, auf den zuckerhutähnlichen Jordalsknut und nicht zuletzt ins enge Nærøydal ist schlicht umwerfend. Ebenso ist es die Fahrt von Gudvangen hierher über die alte Stalheimskleivi-Straße (größere Wohnmobile und Gespanne müssen die neue Straße nehmen), die sich über 2 km in 13 Kehren in die Höhe zieht, dabei bis 20 % Steigung überwindet und als ein bautechnisches Meisterwerk gilt (1849 nach siebenjähriger Ar-

beit fertiggestellt). Sie passiert den 126 m hohen Stalheimfoss (rechterhand) und führt schließlich von Stalheim aus weiter nach Vinje, wo sich weitere Abstecher anschließen lassen (s. S. 137).

Unbedingt sollte man in dieser Region eine Fahrt auf dem Aurlands- und dem Nærøyfjord unternehmen, die – wieder einmal sei der Superlativ bemüht – als eine der schönsten Fjordfahrten Norwegens gilt und während der Saison mehrmals täglich von Gudvangen sowie Flåm und Aurland aus durchgeführt wird. Zu empfehlen ist dabei, Aurland als Ausgangs- und Gudvangen als Endpunkt (Busverbindung retour) zu wählen, weil dann die extremste Passage, die Fahrt durch den nur 500 m breiten, aber von 1200 m hohen Bergen umschnürten Nærøyfjord gewissermaßen das krönende Finale bietet.

Durch das Lærdal ins Valdres

Nun wollen wir unsere Reise nach Norden auf dem Erdalsvegen fortsetzen, der in Aurland abzweigt und mit ›Lærdal‹ ausgeschildert ist. Auf rund 5 km windet sich die vorerst schmale, aber asphaltierte Straße über 12 Serpentinen in die Höhe und bietet dabei ein um das andere Mal faszinierende Ausblicke auf den Aurlandsfjord. Bald wird die Baumgrenze überschritten, voraus erstreckt sich ein wildes, einsames Hochgebirgsland, das sich oft selbst noch im Juli ganz und gar winterlich präsentiert. Vom höchsten Punkt der Straße aus (1306 m) kann man bei klarer Wetterlage bis zu den funkelnden Gletschermassen des Jostedalsbreen im Norden und zu den monumentalen Frost- und Reifriesen Jotunheimens im Nordosten blicken. Von dieser Landmarke aus geht es sanft in tiefere Lagen hinunter, der Winter weicht dem Frühling, und erste Sennhütten auf grünen Wiesen kommen nun ins Bild. Dann, nach einer abschließenden Gefällstrecke von rund 9 %, hat uns der Sommer wieder, und begleitet von einem schäumenden Sturzbach, verläuft die Fahrt durch das wildromantische Erdal an den malerischen Lærdalsfjord heran.

Wir biegen auf die E 16 nach rechts zum Fjordort **Lærdal** 14 (S. 287; auch: Lærdalsøyri) ein, der schon seit 1830 am Tourismus partizipiert. Damals fanden die ersten Urlauber den Weg hierher, und es waren allesamt britische Adelige, die vom Lærdalselv, dem ›König der norwegischen Lachsflüsse‹, angelockt wurden. Noch heute kann man hier trefflich nach Lachs angeln, vor allem sind es aber die herrliche Tallandschaft, seine kulturhistorischen Sehenswürdigkeiten sowie die Wandermöglichkeiten, die den Normaltouristen im Lærdal reizen. Da der Talzug vom Mittelalter bis zu Fertigstellung der Bergenbahn zu Beginn des 20. Jahrhunderts an der klassischen Reiseroute zwischen Oslo und Bergen lag, sind hier zahlreiche Pfade und Wege aus alter Zeit erhalten. Eine Broschüre des Touristenbüros listet sie alle auf, und während der nun folgenden Fahrt Richtung Fagernes kommen wir an mehreren Ausgangspunkten für solche Wanderungen vorbei.

Das zu Anfang noch ausladende Lærdal wird hier größtenteils landwirtschaftlich genutzt. Zahlreiche Bewässerungsanlagen geben Zeugnis, daß das Tal mit nur rund 410 mm Niederschlag pro Jahr zu den trockensten Regionen Norwegens gehört, und wer hier im Juli reist, darf sich auch über Temperaturen von bis zu 28 °C im Schatten nicht wundern. Hinter Bjørkum, nach rund 18 km, verengt sich das Tal zusehends und wird bald zur wildromantischen Schlucht, in der der Lærdalselv über den **Sjurhaugfoss** talwärts stürzt (an der Seite finden sich vier Lachsleitern). Hier ist ein Rastplatz eingerichtet, und wer, wie 1023 schon Olav der Heilige (s. S. 39), den insgesamt 5 km langen Galdane-Pfad begehen möchte, sollte parken und der Straße noch ein Stück zu Fuß bis zum Einstieg (bei den Überresten der alten Steinbrücke) folgen.

Gegenüber der Steinbrücke steigt der im Jahre 1843 angelegte Postweg in die Höhe, und rund 1,5 km weiter, bei **Husum**, beginnt der 2,3 km lange Sverrestig, der noch aus dem Mittelalter stammt und über Stock und Stein zur Stabkirche von Borgund führt. Parallel zu ihm verläuft der Vindhellaveg aus der Postkutschenzeit, er hat ebenfalls die Stabkirche von Borgund zum Ziel, so daß es sich anbietet, auf dem einen Pfad nach Borgund, auf dem anderen wieder zurück nach Husum zu laufen. In Husum selbst lohnt der verspielte Zuckerbäckerbau des 1826 im sogenannten Schweizer Stil errichteten Husum Hotel einen längeren Blick, wenn nicht eine Übernachtung. In diesem traditionsreichen Haus wohnten seinerzeit u. a. auch Edvard Grieg und Bjørnstjerne Bjørnson. Einige hundert Meter weiter erinnert ein Gedenkstein an den Holländer Beduin, dem im Sommer 1901 die Erstbefahrung der Strecke Oslo – Lærdal mit einem Automobil gelang.

Dann ist die um 1150 errichtete Stabkirche von **Borgund** 15 (S. 272) erreicht, die nicht nur als das besterhaltene Beispiel norwegischer Holzbaukunst gilt, sondern (mit der Stabkirche von Urnes, S. 142f.) auch als der älteste Holzbau Europas. Zudem steht sie im Ruf, die schönste Stabkirche des Lan-

Wasserfall im Lærdal

*Die Stabkirche
von Borgund*

des zu sein, und mit ihren sechsfach gestaffelten Schindeldächern, ihren mit Drachenköpfen versehenen Firstenden und der turmgezierten Spitze mutet sie wie das Abbild einer Pagode an. Das Portal ist mit magischen Schutzzeichen versehen, über eine ›Geisterschwelle‹ gelangt man ins Innere, und auch dort, wo geschnitzte Menschenköpfe und Fabelwesen eine geheimnisvoll grimmige Stimmung vermitteln, glaubt man sich kaum in einem christlichen Gotteshaus. Gerne möchte man hier die Atmosphäre und die Details in Ruhe genießen, aber während der Saison ist das schier unmöglich, denn nur in Massen findet man Einlaß, und auch dies oft erst nach einer halben Stunde Wartezeit.

Wir passieren **Borlaug**, wo die durchs wilde und an Wasserfällen ungeheuer reiche Hemsedal nach Gol im Hallingdal verlaufende R 52 abzweigt, und wenig später das Gebirgshotel Maristuen, dessen Hauptgebäude, einst Norwegens prächtigster Holzpalast, 1976 leider einem Brand zum Opfer fiel. Die Straße steigt aufs bis zu 1000 m hohe (und von zahlreichen Wanderwegen durchschnittene) Fillefjell hinauf, passiert mehrere Hochgebirgshotels, fällt dann wieder auf 450 m Höhe ab und führt an den langgestreckten Vangsmjøsa-See heran. Hier lohnt die kleine Stabkirche von **Øye** 16 einen Besuch, die 1125 erbaut, aber 1747 abgebrochen und durch eine Steinkirche ersetzt wurde. Bei Restaurierungsarbeiten an der neuen Kirche entdeckte man 1935 unter deren Fußboden Teile der Stabkirche, mit deren Hilfe man das alte Gotteshaus wieder aufbaute. 13 Jahre währte die Rekonstruktion, die 1965 abgeschlossen war.

Von ›Rosen‹ überwuchert –
Die Rosenmalerei

Nirgendwo kann man heute norwegische Volkskunst besser bewundern als in den unzähligen Bygdemuseen (Heimatmuseen), in denen dank unermüdlicher Privatinitiative einzigartige Sammlungen der Öffentlichkeit zugänglich gemacht werden. Ein Musterbeispiel für diese insbesondere im Süden des Landes so unerhört reichhaltige Museumslandschaft ist das Ål Bygdemuseum (s. S. 110) im oberen Hallingdal. Es umfaßt insgesamt 27, bis 300 Jahre alte Bauzeugnisse der traditionsreichen Hallingdaler Bauernkultur und außerdem eine eigene Abteilung für *Rosemaling*. Über Betten, Tische und Stühle, Wände, Täfelungen, Truhen und Musikinstrumente, sogar Küchenlöffel und Bierschalen, ja eigentlich über alles nur erdenkliche Holzwerk, breiten sich Blumen und Ranken in Gelb, Rot, Blau und Ocker aus; dazwischen entdeckt man biblische Motive – etwa eine Abendmahlsszene –, aber auch Figuren und exotische Fabeltiere. Wirkliche Rosen findet man eher selten,

denn mit dem Ausdruck *rose* war im ländlichen Dialekt ursprünglich jede Art von Blume gemeint, aber auch Ornament oder Muster schlechthin.

Es ist die Fülle des Barock, die in der typisch norwegischen Rosenmalerei zum Ausdruck kommt. Nach den Jahrhunderten der Armut im Mittelalter und in der Nachpestzeit erwarben die Bauern vor allem in der Telemark und im Hallingdal durch die zunehmende Holzbewirtschaftung einen gewissen Wohlstand und schufen so die Voraussetzung für das Entstehen einer reichen Volkskunst. Von hier breitete sich die Rosenmalerei etwa ab 1750 über große Teile Norwegens aus, und die Künstler in den einzelnen Regionen, Dörfern, ja noch auf den einzelnen Gehöften, entwickelten die Motive meist ganz ohne fachliche Ausbildung auf eine selbständige und originelle Art weiter.

Ungefähr ab 1850 wurden die Formen und Farben herbstlicher, dann kam die Holzvertäfelung in Mode, und mit dem Aufkommen des Jugendstils begann man auch hier, die Stubenwände weiß zu streichen, wobei so manche farbenfrohe Rosenmalerei schlicht überpinselt wurde. Ausgestorben ist die Kunst noch nicht, sie ist beliebtes Hobby vieler Norweger geblieben, doch fehlt ihr jetzt die Kraft und Originalität, was man auch den Dosen und Gefäßen der Andenkenindustrie ansieht, in der die ›Künstler‹ den alten Stil kommerziellen Gesichtspunkten geopfert haben.

In **Grindaheim** ist ein 2,5 m hoher Runenstein aus dem 12. Jahrhundert zu betrachten, doch wollte man die Stabkirche besichtigen, die hier bis Anfang des 19. Jahrhunderts stand, müßte man nach Brückenberg zur Schneekoppe ins polnische Riesengebirge reisen, wo sie der Preußen-König Friedrich Wilhelm IV. wieder aufbauen ließ, nachdem er sie in Norwegen für 94 Taler erworben hatte.

Die nächste Station ist Kvismo, wo eine ausgeschilderte Nebenstraße (2 km) zur Stabkirche von **Høre** 17 abzweigt. Sie stammt aus dem 12. Jahrhundert, ist aber äußerlich nicht mehr als solche zu erkennen, da sie im 19. Jahrhundert vollständig umgebaut wurde. Erhalten sind nur noch das Mittelschiff sowie zwei reich verzierte Portalsäulen. Auch die Stabkirche von **Lomen** ist nur in Teilen erhalten geblieben (Mittel- und Chorschiff). Sehenswerter scheint in **Slidre** die romanische Steinkirche aus dem 12. Jahrhundert, die wegen ihrer Größe und Schönheit auch ›Slidredom‹ genannt wird; beachtenswert sind insbesondere die Wandgemälde aus dem 13. und 15. Jahrhundert.

Nach rund 20 km entlang dem seeartig verbreiterten Begna-Fluß erreichen wir **Fagernes** 18 (S. 275), was soviel wie ›schöne Landzunge‹ bedeutet. Der Zentralort des Valdres-Tales entwickelte sich erst ab 1906 (nach dem Bau der nun stillgelegten Valdres-Bahn) und hat vor allem durch den Tourismus an Bedeutung gewonnen. Seine herausragendste Sehenswürdigkeit ist das Valdres Folkemuseum mit 75, teils bis zu 800 Jahre alten Gebäuden aus dem Valdres. In vielen sind alte Werkstätten eingerichtet, Handwerker demonstrieren die traditionellen Künste.

Die E 16 wendet sich hier nach Süden, und speziell an Stabkirchen interessierte Reisende sollten ihr für 28 km bis Bagn zur Stabkirche von **Reinli** folgen. Bemerkenswert ist an dem Gebäude aus dem 12. Jahrhundert, daß Schiff, Chor und Chorapsis gleich breit sind; der Altar wurde aus einem mittelalterlichen Marienaltar umgearbeitet, die Kanzel ist im Renaissancestil gehalten.

Durch das Kernland von Jotunheimen ins Ottadal

Größe und Majestät der norwegischen Landschaft erschließt sich dem Reisen-

Im Jotunheim-Nationalpark bei Juvashytta

den wohl nirgends eindrucksvoller als auf einer Fahrt entlang dem mächtigen Gebirgsstock von Jotunheimen (s. S. 122), wozu sich zwei Routen anbieten: vom Sognefjord über das Sognefjell (R 55; Route 4) und vom Valdres über die Valdresflya. Beide haben das nördlich angrenzende Ottadal zum Ziel, und beiden gelten als Norwegens eindrucksvollste Gebirgsstraßen. Als Entscheidungsgrundlage mag dienen, daß die R 55 zur Hauptreisezeit außerordentlich stark befahren ist, was man von der R 51, auf die wir uns nun begeben wollen, (noch) nicht behaupten kann.

Ausgangspunkt ist Fagernes. Auf den folgenden Kilometern werden zahlrei-che zu Ferien- und Hüttenzentren füh-rende Stichstraßen passiert, und nach insgesamt 22 km liegt die Stabkirche von **Hegge** 19 am Weg. Der achtsäulige Bau stammt aus dem 13. Jahrhundert, wurde aber im 19. Jahrhundert stark umgebaut, so daß von der ursprünglichen Architektur nur noch der Mittelbau erhalten ist. Beachtung verdienen das reich mit Schnitzwerk versehene Westportal sowie die mittelalterlichen Holzmasken am oberen Ende der Säulen (oberhalb der später eingebauten Zwischendecke zu entdecken).

Die Straße steigt nun konstant an und klettert via **Beitostølen** (S. 268f.; großes Sommer- wie Winter-Feriengebiet)

Der Jotunheimen-Nationalpark

Mit mehr als 60 Gletschern, rund 250 Gipfeln über 1900 m und 20, die die 2300 m-Marke überragen, ist der mächtige Gebirgsstock von Jotunheimen Nordeuropas höchstes Fjellgebiet. ›Heimat der Riesen‹ wird das Gebiet auch genannt, denn die Bezeichnung Jotunheimen, die der Dichter A. O. Vinje 1857 prägte, soll an die Frost- und Reifriesen der Edda erinnern. Insgesamt umfaßt die früher Jotunfjell geheißene Landschaft eine Fläche von etwa 3500 km². Begrenzt wird sie durch das Ottadal im Norden, das Sjøadal im Osten, den Bygdin- und Ty-in- See im Süden und den Ausläufern des Sognefjords im Westen.

Geologisch gesehen ist Jotunheimen eine Gebirgsformation des Präkambriums, die hauptsächlich aus Gabbro, einem überaus harten Tiefengestein besteht, das nur äußerst langsam von der Erosion abgetragen werden kann. Deshalb sind diese Gipfel auch die höchsten des nordeuropäischen Raumes. Dennoch haben natürlich auch die Eiszeiten ihre Spuren hinterlassen, die Form der Gipfel, die zahlreichen Kare und Moränen, mit Findlingen übersähte Fjellheiden und Moore sowie die fjordartig ausgeschürften und heute

oft von langgestreckten Seen ausgefüllten Taltröge verdeutlichen das. Diese Seen, allen voran Bygdin (s. S. 123) und Gjende (s. S. 123), sind von einer derartigen Schönheit, daß sie in einer Liste der UNESCO schon in den 60er Jahren zu den »most important lakes of the world« gerechnet wurden. Dennoch vergingen, wegen der geplanten Nutzung des enormen Wasserkraftpotentials, viele Jahre, bis 1980 wenigstens 1140 km² im zentralen Hochfjellbereich von Jotunheimen unter Naturschutz gestellt werden konnten.

Trotzdem droht diesem landschaftlichen Kleinod Gefahr, und dies ironischerweise gerade von seiten derjenigen, die an einem Erhalt der intakten Natur vorrangig interessiert sind: den Wanderern. Jotunheimen, das von einem dichten Netz gekennzeichneter Wege durchzogen wird, gilt mittlerweile als eines der am besten erschlossenen Wandergebiete Skandinaviens und wird Jahr für Jahr von mehreren 10 000 Wanderern bereist. Solche Zahlen kann kein Gebiet schadlos verkraften, und wenn die Touristen auch weiterhin in solchen Massen den Park besuchen, werden Restriktionen in Zukunft unvermeidlich sein.

zur 1166 m hohen Båtskar-Paßhöhe an, wo man ein erstes großartiges Panorama genießen kann: Im Südwesten erhebt sich das Slettefjell, im Norden ragt

die Valdresflya auf, dahinter dann das eigentliche Jotunheimen. Rund 100 m tiefer aber, und dorthin geht nun die Fahrt, breitet sich der von einer bis über

2300 m hohen Bergkette gesäumte **Bygdin-See** [20] aus. Der Anblick der blaugrün schimmernden Wasserfläche ist beeindruckend, aber doch bei weitem nicht vergleichbar mit den Ansichten, die man genießen kann, wenn man an einer Fahrt mit Nordeuropas höchstgelegener Schiffahrtslinie teilnimmt. Ausgangspunkt der empfehlenswerten Tour ist das Bygdin-Hochgebirgshotel, von wo aus die ›M/S Bitihorn‹ mehrmals täglich nach Eidsbugaren am rund 30 km entfernten Westende des Sees startet.

Knapp 1 km weiter zweigt rechts der gebührenpflichtige ›Jotunheimsvegen‹ nach Skåbu (an der R 255) ab, eine der schönsten Hochgebirgsstrecken Norwegens mit dramatischen Ausblicken auf Bergseen und die Berge Jotunheimens. Schöne Ansichten bietet auch die R 51, die auf den folgenden 7 km steil zur Valdresflya ansteigt, dem mit 1389 m höchsten und wohl auch panorama- und schneereichsten Punkt der Strecke.

Sanft geht es dann auf ›nur noch‹ rund 1000 m Höhe hinunter nach Maurvangen, wo eine Nebenstraße zur 2 km entfernten Gebirgsunterkunft Gjendesheim führt. Diesen Weg zu nehmen, ist eine Empfehlung, denn die Wanderhütte liegt am Ufer des zum Jotunheimen-Nationalpark gehörenden **Gjende-See**, der als Norwegens schönster Gebirgssee gilt. Auch er wird von einer Schiffslinie erschlossen, mehrmals täglich verkehren Motorboote über die von bis über 2300 m hohen Bergen sowie Gletschern gesäumte türkisfarbene Wasserfläche. Ausgangspunkt der 1,5 stündigen Fahrt ist die Gjendesheim-Wanderhütte, Endpunkt ist die am Westende des Sees gelegene Gjendebu-Wanderhütte, etwa auf halber Strecke wird an der Memurubu-Wanderhütte ein Stopp eingelegt. Unterwegs wird der Gjendegrat (auch: Bessegengrat, s. Abb.

S. 34) passiert, der rund 400 m senkrecht über dem See verläuft und durch Henrik Ibsens ›Peer Gynt‹ zu Weltruhm gekommen ist.

Auch erwandern läßt sich der Gjendegrat in ca. 6 Stunden: Von Gjendesheim führt der markierte Weg hinauf zum Gjendehalsen (1195 m), sodann durch die (für ihr Echo berühmte) Veltløyfjell-Schlucht und schließlich auf den 1740 m hohen Kamm des Veslefjells, wo der Abstieg zu einem rund 80 m breiten Grat beginnt, der zwischen dem Gjende-See und dem Bessvatn-See verläuft. Von hier geht es auf ein Plateau, sodann an den Bjørnebøl-See hinab und schließlich steil nach Memurubu hinunter. Von Memurubu aus kann man entweder das Boot zurück zum Ausgangspunkt nehmen oder aber – eine Empfehlung – am nächsten Tag nach Gjendebu wandern. Auf dieser 5–6 Stunden dauernden Wanderung wird der Gebirgskamm des Memurutunga gequert, und wie es heißt, gibt es nur wenige Stellen in Jotunheimen, von wo aus man eine ähnlich imposante Aussicht auf mehr als ein Dutzend Zweitausender genießt.

Die Route verläuft über die R 51 an Bessheim (Wanderhütte und Campingplatz) vorbei in das wilde Skodal hinein und erreicht sodann den Abzweig zur Felsklamm **Ridderspranget**, die vom tosenden Sjøa-Fluß durchströmt wird. Ihren Namen – ›Rittersprung‹ – verdankt sie dem Ritter Sigvat Kvie, der einst mit Ivar Gjæsling von Sandebu in Fehde lag. Eines Tages stahl er dem Ivar gar die Braut, flüchtete in wilder Hatz bis hierher, und als er hinter sich seine Verfolger gewahrte, nahm er sich ein Herz und das Mädchen auf den Arm und sprang über den Felsschlund hinüber.

Die nächste Station ist Randsverk, ein malerisches Dorf mit einer Vielzahl alter Gehöfte und heute Ausgangspunkt für

Raftingfahrten auf dem reißenden Sjøa-Fluß. Nun geht es eine Zeitlang am 843 m hoch gelegenen Lemonsjøen vorbei, und vom Hüttendorf Mustad aus kann man bei klarer Wetterlage bis zum Glittertind im Südwesten blicken, dem mit 2465 m zweithöchsten Berg Norwegens. – Das ist ein würdiges Finale unserer Fahrt auf der R 51, die bald darauf in Randen auf die R 15 mündet.

Dieser Straße folgen wir nach links, Richtung Lom. Zuvor allerdings bietet sich ein Abstecher zum 9 km entfernten **Vågåmo** 21 (S. 313; auch: Vågå) an, das – neben Lom – als kulturelles Zentrum Jotunheimens gilt und mit seinen zahlreichen unter Denkmalschutz stehenden Gehöften, etwa dem Museumsdorf Jutulheimen am westlichen Ortsrand, ein schönes Bild abgibt. Hauptanziehungspunkt des rund 1500 Einwohner großen Städtchens aber ist die Stabkirche von Vågå, die im 12. Jahrhundert errichtet und in nachreformatorischer Zeit kreuzförmig umgebaut wurde. Besonders sehenswert sind die plastischen Schnitzereien am Südportal, die Drachenmotive gelten gar als die ältesten erhaltenen. Auch das schönste Panorama weit und breit kann man von Vågå bzw. dem 12 km entfernten 1618 m hohen Blåhø-Berg aus genießen, auf den eine (abgabepflichtige) Privatstraße führt. Der Ausblick (von der bei Drachenfliegern beliebten Höhe) umfaßt große Teile des oberen Gudbrandsdals, reicht im Osten bis zu den 2000ern von Rondane, fällt im Norden auf das Dovrefjell und im Südwesten auf Jotunheimen.

33 km sind nun noch bis **Lom** 22 (S. 293), dem Endpunkt dieser Route, zurückzulegen (unterwegs wird Garmo, Geburtsort von Knut Hamsun, passiert). Hier endet auch die von Bergen über das Sognefjell führende Route 4 und beginnt die Route 5, aber bevor man sich

auf den einen oder den anderen Weg macht, sollte man schon einige Stunden investieren, um die Sehenswürdigkeiten dieses Ortes zu besuchen: Die Stabkirche, die in ihren Anfängen bis in das 12. Jahrhundert zurückreicht, gibt mit ihrem hohen spitzen Turm ein markantes Bild ab. Der Innenraum mit seinen 20 Masten ist außerordentlich gut erhalten; sehenswert ist auch der Renaissance-Altar von 1669 sowie die Barock-Kanzel von 1793. Das Lom-Freilichtmuseum beeindruckt mit rund zwei Dutzend alten Gebäuden, die teils original eingerichtet sind, teils Sammlungen zur norwegischen Volkskunst enthalten. Weitere historische Gebäude sind, wie auch das Fossheim-Steinzentrum mit einer außerordentlich umfangreichen Mineraliensammlung, auf dem Gelände des Fossheim Turisthotels zu finden. Neueste Attraktion vom Lom ist das Norsk Fjellmuseum, das vorbildlich über alle Aspekte der norwegischen Bergwelt informiert, auch über die Kulturgeschichte ihrer Bewohner berichtet und sich ansonsten als Informationszentrum für die norwegischen Nationalparks versteht.

Bergen – Die norwegische Kulturmetropole

■ (S. 269ff.) Es war die landeinwärts durch sieben Bergzüge und seewärts durch Inseln geschützte, strategisch günstige Lage nahe dem offenen Meer, die um das Jahr 1070 zur Gründung von Bergen führte. König Olav Kyrre verlieh dem vermutlich sehr viel älteren Handelsplatz Bjørgvin oder Bergvin Stadtrechte, und im Verlauf des nächsten Jahrhunderts wuchs der Ort zu Norwegens wichtigstem Umschlagplatz für Waren aus aller Herren Länder heran. Als König Håkon Håkonsson der Stadt 1217 noch die Residenzfunktion von Trondheim übertrug, wurde Bergen Kristallisationspunkt nicht nur wirtschaftlicher, sondern auch politischer Macht im Lande. Um 1230 vergab der auf eine Öffnung Norwegens bedachte Herrscher erste Handelsprivilegien an Lübecker Kaufleute und schuf so die Grundlage für die Niederlassung der Hanse rund 100 Jahre später. Wenn auch die Verlegung der königlichen Residenz von Bergen nach Oslo im 14. Jahrhundert einen erheblichen Machtverlust bedeutete und eine Umorientierung ankündigte, blieb die Handelsmetropole im Westen doch auch weiterhin die glanzvolle ›Hauptstadt des Nordens‹, wie sie schon seit dem 12. Jahrhundert genannt wurde. Sie war bedeutender noch als Kopenhagen, Stockholm oder Lund, denn obwohl das hanseatische Kontor vor allem anderen an der Mehrung des eigenen Reichtums interessiert war, diente es doch auch dem Wohlstand der Stadt. Erst im 16. Jahrhundert wurde die deutsche Vorherrschaft beendet, und den Handel, vor allem mit Fisch und Fischprodukten, kontrollierten von nun an die Bergenser Kaufleute. Erst im 19. Jahrhundert, als im Zuge der aufkommenden Industrialisierung Bergens Handelsmetropol gebrochen wurde, verlor die Stadt ihre Vormachtstellung als größte und reichste des Landes an Oslo.

Auch heute ist Bergen mit seinen rund 230 000 Einwohnern nur noch die Nummer zwei im Lande, allerdings die am schönsten gelegene und die Großstadt mit dem meisten Flair. Die kosmopolitische Atmosphäre ist einzigartig im Norden, und nicht zuletzt konnte die Stadt, die mit durchschnittlich fast 3000 mm Niederschlag pro Jahr auch als ›Hauptstadt des Regens‹ gilt, ihre Stellung als wichtigstes kulturelles Zentrum bewahren und wird ›Europäische Kulturstadt 2000‹. Bereits 1765 wurde hier das Philharmonische Orchester aus der Taufe gehoben, 1850 wurde in Bergen Norwegens erstes Theater gegründet, und die alljährlichen Internationalen Bergenser Festspiele mit Kammerkonzerten, Theater-, Tanz- und Ballettaufführungen, Folkloreveranstaltungen, Kunstausstellungen sowie den parallel dazu stattfindenden ›Nightjazz-Konzerten‹ sind in Norwegen unübertroffen.

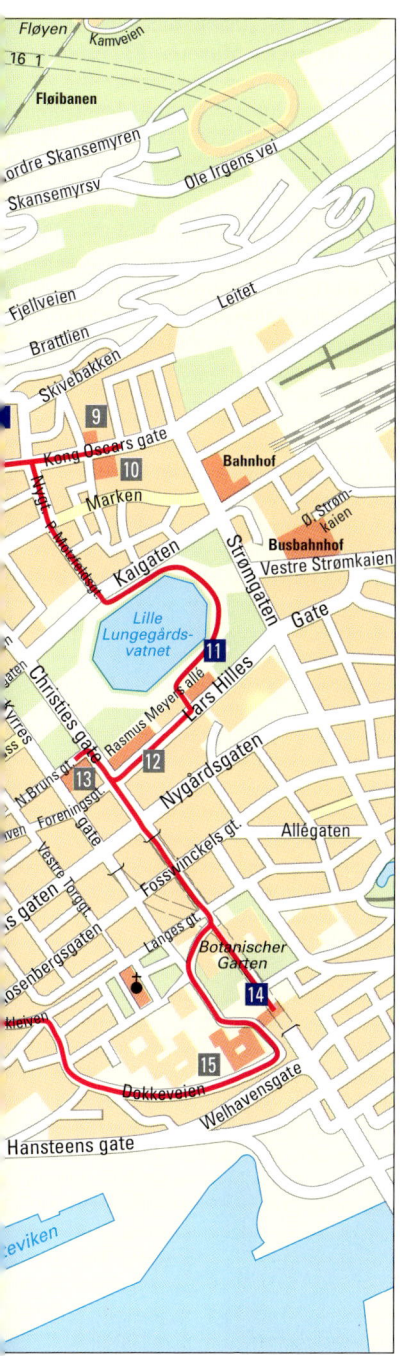

Stadtrundgang

Um die einzigartige Lage Bergens angemessen würdigen zu können, sollte man sich, so das Wetter mitspielt, aufmachen, die Stadt aus der Vogelperspektive zu betrachten. Die Kabelbahn zum Aussichtsberg **Fløyen** erreicht nach wenigen Minuten ihr Ziel, wo man vom 320 m hoch gelegenen Panoramarestaurant aus eine faszinierende Aussicht über die gesamte Stadt und die vorgelagerten Inseln bis zum offenen Meer genießen kann. Anschließend bietet sich eine herrliche Wanderung durch Wald und Villenviertel sowie durch die Gassen der Altstadt am Berghang an, die etwa eine Stunde Zeit in Anspruch nimmt und an der Talstation der Kabelbahn endet.

Wendet man sich dort nach rechts, folgt also der Øvregaten Richtung Meer, ist es nur ein kurzes Stück zu der im 12. Jahrhundert errichteten **Marienkirche** **1** (Mariakirken), die als das älteste Bauwerk der Stadt und eine der besterhaltenen romanischen Kirchen des Landes gilt. Von 1408 bis 1776 war das damals Tyskekirken, ›Kirche der Deutschen‹, genannte Gotteshaus im Besitz der Hanseaten, woran u. a. der Altarschrein erinnert, eine Lübecker Arbeit

Bergen
1 Marienkirche   2 Bryggens Museum
3 Tyske Brygge   4 Hanseatisches Museum   5 Rosenkrantztårn   6 Håkonshalle   7 Kreuzkirche   8 Domkirche
9 Dankert Krohns Stiftelse   10 Lepramuseum   11 Rasmus Meyers Samling
12 Kunstmuseum/Stenersen Samling
13 Permanenten (mit Fischerei- und Kunstgewerbemuseum)   14 Kulturhistorisches Museum   15 Seefahrtsmuseum
16 Den Nationale Scene   17 Aquarium
18 Gamle Bergen

aus dem späten 15. Jahrhundert. Auch die Barockkanzel, die 1676 von hanseatischen Kaufleuten gestiftet wurde und im Ruf steht, die schönste des Landes zu sein, ist wahrscheinlich deutschen Ursprungs, und bis ins 19. Jahrhundert hinein wurden in dieser Kirche die Gottesdienste nicht in norwegischer, sondern in deutscher Sprache abgehalten.

Wer sich über die Geschichte der Hanse in Norwegen informieren will, ebenso über Handel, Handwerk, Verkehr und sozioökonomische Aspekte der mittelalterlichen Stadtgeschichte, sollte das unterhalb der Marienkirche eingerichtete **Bryggens Museum** 2 besuchen, in dem außerdem noch die größte Runensammlung der Welt zu betrachten ist. Es liegt direkt am Ende des alten Hanseviertels **Tyske Brygge** 3 (»Deutsche Brücke«), das als die bedeutendste historische Sehenswürdigkeit der Stadt gilt und von der UNESCO in die Liste der erhaltenswürdigen Baudenkmäler aufgenommen wurde. Hier befanden sich einstmals die Wohnviertel der deutschen Kaufleute, hier herrschte hanseatisches, nicht norwegisches Recht,

Ein erhebendes Erlebnis: die Fahrt mit der Fløi-Bahn auf Bergens Hausberg Fløyen

und das verwirrende Labyrinth von Gäßchen, miteinander verschachtelten Kontoren, Stiegen und Galerien lädt zu einem Streifzug ins Mittelalter ein. Ebenfalls ganz im Zeichen der Hansezeit steht das **Hanseatische Museum** [4], das ein anschauliches Bild von den Lebensbedingungen der Hansekaufleute und ihrer Bediensteten nachzeichnet; es ist im alten Bryggen-Kontor Finnegården untergebracht, das ganz authentisch im Stil des 16. Jahrhunderts eingerichtet ist.

Folgen wir nun der direkt am Hafenbecken verlaufenden Straße seewärts, erreichen wir in wenigen Gehminuten den düsteren und an eine Zwingburg erinnernden **Rosenkrantztårn** [5]. Der wehrhafte Turm, dessen Räumlichkeiten besichtigt werden können, wurde um 1560 im Renaissancestil errichtet und nach dem mächtigen Lehnsherrn Erik Otteren Rosenkrantz benannt, der der Vorherrschaft der Hanse in Bergen ein Ende setzte, indem er sie norwegischer Gerichtsbarkeit unterstellte und ihre Macht erheblich einschränkte. Ein Stückchen weiter, an jener Stelle, wo in der Gründungszeit Bergens die ersten Gebäude entstanden, erhebt sich die alte Festung Bergenhus, die früher durch einen Sumpf von der eigentlichen Stadt getrennt war. Sie umschließt die 1247/48 errichtete und 1261 mit der Krönung und Hochzeit von Magnus Lagabøte eingeweihte **Håkonshalle** [6] und zeigt in ihrer Architektur viel Englisches. Insbesondere die breit geöffneten spitzbogigen Fenster der 36 m langen und 16 m breiten Halle, heute ein eindrucksvoller Konzertsaal, erinnern rege an britische Vorbilder.

Imposanter aber als der von einer weitläufigen Parkanlage umgebene Bau ist der Blick von hier auf die wie die Ränge eines Amphitheaters zu den Fjell-

Im alten Hanseviertel Bryggen

höhen ansteigende Stadt sowie das Hafenbecken Vågen, das von den hohen Kaihäusern der Brygge gesäumt wird und mit seinem Durcheinander von Ausflugsbooten, Segel- und Motoryachten, Schiffen und Kuttern ein buntes Bild abgibt. Zentrum des Treibens ist der direkt an die Stirnseite der Bucht grenzende **Torget** (Markt), früher wie heute Mittelpunkt der Stadt und Standort der überlebensgroßen, 3 m hohen Bronzestatue des Bergenser Dichters Ludvig Holberg, die 1884 enthüllt wurde. In unmittelbarer Nähe erinnert das Seemannsmonument mit Skulpturen und Reliefs an die Entdeckung Nordamerikas durch die Wikinger, die Reise nach Grönland sowie den Transport von Getreide und Öl. Hauptattraktion des charmanten und an Straßencafés überaus reichen Platzes aber ist der Fischmarkt, auf dem – zu allerdings stattlichen Preisen – all das wohlfeil ist, was das Meer

»Norwegen in einer Nußschale«

Dies ist nicht nur der Werbespruch der Telemark, des Trøndelag und vieler anderer norwegischer Landschaften, sondern auch, und darum geht es hier, das Motto eines vielerorts im Fjordland angebotenen Tagesausflugs. Auf dem Programm steht üblicherweise eine Bootsfahrt auf dem Sognefjord, die mit einer Reise mit der Flåm- und der Bergenbahn kombiniert ist. Bergen ist der reizvollste Ausgangspunkt einer solchen Tour, die (billiger) auch selbst organisiert werden kann, weshalb sie nachfolgend kurz skizziert werden soll.

Mit dem ersten im Liniendienst nach Flåm/Sognefjord verkehrenden Schnellboot (SFR; nur Personen und Fahrräder) geht es von **Bergen** (Strandkaiterminal) aus gegen 8 Uhr morgens durch den Schärengarten Fjordlands gen Norden. Nach rund 2 Std. gleitet der von 5700 Pferdestärken angetriebene, bis zu 68 km/h schnelle und überaus komfortabel eingerichtete Katamaran in den Sognefjord ein, und die nun folgende rund 3stündige Fahrt gehört sicher zu den beeindruckendsten Erlebnissen einer Norwegen-Reise.

Gegen 13.30 Uhr wird **Flåm** (s. S. 112) erreicht, Endstation des Schnellbootes

(das wieder nach Bergen zurückfährt) und Ausgangspunkt der Flåmbahn, die sich gegen 15 Uhr in Richtung des 20 km entfernten und 866 m höher gelegenen **Myrdal** in Bewegung setzt. Nach einer kurzen Verschnaufpause geht es weiter, diesmal mit der von Oslo kommenden Bergenbahn (s. S. 88f.), die nach rund eineinhalb, mit überaus spektakulären Erlebnissen angefüllten Stunden wieder in **Bergen** eintrifft. Wer sich in Flåm ein paar Stunden Zeit nehmen will, eventuell an einer Fjordtour nach **Gudvangen** (s. S. 115) teilnehmen möchte, kann auch gegen 18 Uhr in die Flåmbahn einsteigen, hat dann Anschluß ab Myrdal um 19 Uhr und erreicht Bergen gegen 21 Uhr.

Aktuelle Fahrpläne des Schnellbootes, von Flåm- und Bergenbahn erhält man im Touristenbüro von Bergen (s. S. 269), wo eine ganz ähnliche Tour auch organisiert angeboten wird. Hier gibt es auch Informationen über eine verkehrsgeschichtliche Rundreise (Fjorddampfer–Dampfzug–Bus) mit der Vossbahn (s. auch S. 328).

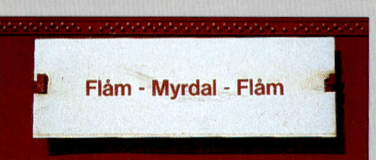

Flåm - Myrdal - Flåm

zu bieten hat; insbesondere an jenen Ständen, wo Schilder verkünden: »Wir sprechen deutsch«, sind die Preise vollkommen überzogen.

Östlich des Torget steht die aus dem 12. Jahrhundert stammende und später im Renaissancestil umgebaute **Kreuzkirche** 7 (Korskirken). Interessanter aber als dieses Gotteshaus scheint die nicht weit entfernte **Domkirche** 8 (Domkirken), deren ältester, romanischer Teil bereits im 12. Jahrhundert entstand. Der Chor dieses über 60 m langen und ursprünglich dem Heiligen Olav geweihten Sakralbaus folgt der Gotik, und als besonders beachtenswert gelten die an die Nordseite des Chors angebaute Kapelle aus dem 13. Jahrhundert sowie der prunkvolle Altar, der zwar erst gut 100 Jahre alt ist, aber die Form eines mittelalterlichen Reliquienschreines aufweist.

Die meisten Besucher Bergens lassen es mit diesem kleinen Rundgang (der etwa einen halben bis einen Tag Zeit in Anspruch nimmt) genug sein, doch bietet die Stadt noch wesentlich mehr an Sehenswürdigkeiten, von denen nachfolgend die wichtigsten kurz vorgestellt werden sollen. Auch sie lassen sich vom Zentrum aus problemlos zu Fuß erreichen.

So folgen wir an der Domkirche der Kong Oscarsgate stadtauswärts und erreichen nach etwa 200 m einen der schönsten Holzbauten, die das heutige Bergen zu bieten hat: Die dreiflügelige Anlage der **Dankert Krohns Stiftelse** 9 wurde im 18. Jahrhundert nach dem Vorbild eines dänischen Herrensitzes erbaut und in den 70er Jahren des 20. Jahrhunderts vollständig restauriert. Auf der anderen Straßenseite befindet sich die fast baugleiche Zander Kaaes Stiftelse von 1765, und nahebei kann man sich im **Lepramuseum** 10 einen Überblick über die norwegische Lepraforschung verschaffen (es war der Bergenser Arzt Armauer Hansen, der 1873 den Leprabazillus entdeckte). Besonders sehenswert ist die dem Spital angeschlossene mittelalterliche Holzkirche, die als ›norwegischstes‹ aller Bergenser Gotteshäuser gilt. Südwestlich erstreckt sich der kleine, von Grünanlagen umgebene See Lille Lungegårdsvatnet, an dessen Südufer (Rasmus Meyers Allé) einige sehenswerte Kunstsammlungen angesiedelt sind. Die **Rasmus Meyers Samling** 11, eine der größten Sammlungen norwegischer Kunst, zeigt u. a. Werke von J. C. C. Dahl und Edvard Munch; außerdem besitzt das Museum eine beachtliche Sammlung an Möbeln und Interieurs (u. a. ein Rokoko-Interieur von 1756). Ein Stück weiter befindet sich das städtische **Kunstmuseum** 12 (Bergens Billedgalleri), das einen repräsentativen Querschnitt der norwegischen Malerei des 18. und 19. Jahrhunderts zeigt. Angeschlossen ist die Stenersen Samling mit etwa 250 Werken moderner in- und ausländischer Künstler (darunter Edvard Munch, Pablo Picasso, Paul Klee).

Wenige Gehminuten südwestlich vom Lille Lungegårdsvatnet, an der Nordahl Brunsgate 9, erhebt sich das Ausstellungsgebäude **Permanenten** 13, in dem das Fischereimuseum (zahlreiche Schiffsmodelle, Fanggeräte, alles, was mit der Fischerei zu tun hat) sowie das Kunstgewerbemuseum untergebracht sind; letzteres zeigt einzigartige Sammlungen norwegischer, europäischer und chinesischer Kunst- und Kunstgewerbegegenstände.

Hinter dem Botanischen Garten mit naturkundlichen Museen liegt das **Kulturhistorische Museum** 14 mit reichen archäologischen, kunst- und kulturhistorischen sowie ethnographischen

Sammlungen zu West-Norwegen: Herausragende Exponate sind eine Madonna aus der Urnes-Stabkirche (s. S. 142f.) sowie eine ebenfalls aus dem 12. Jahrhundert stammende Kreuzigungsgruppe, das älteste norwegische Königsporträt (König Øystein) ebenso wie eine Sammlung von 19 Altarvorderseiten, Gemälden aus dem 13. Jahrhundert nebst einer Ausstellung zur Rosenmalerei (s. S. 119).

Das **Seefahrtsmuseum** 15 am Møhlenprisbakken 3 dokumentiert die Entwicklung der norwegischen Seefahrt von den Anfängen bis in unsere Tage.

Rund 1,5 km sind nun zu bewältigen, um die zwischen dem Puddefjord und der Vågenbucht gelegene Nordnes-Halbinsel zu erreichen. Der Weg wird aber kaum lang erscheinen, denn es geht vorbei an vielen kleinen, buntgestrichenen Holzhäusern sowie einigen Villen im Stil der Neurenaissance und schließlich auch an **Den Nationale Scene** 16 (Ole Bulls Plass), dem ältesten Theater Norwegens, das als eines der Hauptwerke des norwegischen Jugendstils gilt. Hier biegen wir Richtung Nordwesten auf die **Nordnes-Halbinsel** ein und finden in dem von steilen Gäßchen durchzogenen Viertel südlich der Klostergate eine pittoreske Sammlung alter Holzhäuser. Auch am Weg zur Nordspitze der Halbinsel, der via Klosteret und Strandgaten verläuft, nimmt der Charme von liebevoll gepflegten Häusern den Betrachter gefangen. Als Belohnung für die ›Strapazen‹ des Spaziergangs bieten sich ein Besuch des Nordnes-Seebades oder des **Aquariums** 17 an, das europaweit über die größte Sammlung von Salzwasserfischen verfügt.

Bleibt abschließend eigentlich nur noch das Freilichtmuseum **Gamle Bergen** 18 zu erwähnen, das aber nur deshalb an letzter Stelle vorgestellt wird, weil es außerhalb des Zentrums im nordwestlichen Stadtgebiet Sandviken/ Elsesro liegt, also nicht in den beschriebenen Rundgang integriert werden kann. Man erreicht es vom Aquarium aus am besten mit dem Stadtbus (am Torget umsteigen). Eine Besichtigung wird auch erklärte Museums-›Muffel‹ begeistern können, denn die 35 aus ganz Bergen hierher versetzten Häuser (aus dem 17.–19. Jahrhundert) bilden eine kleine Stadt am Meer und vermitteln eine Vorstellung davon, wie das alte Bergen einmal aussah. Nicht nur das Äußere der Häuser ist originalgetreu erhalten, sondern auch die Inneneinrichtungen sind authentisch, und neben Wohnungen sind hier u. a. ein Fotoatelier, ein Friseursalon, eine Zahnarztpraxis sowie eine Bäckerei rekonstruiert worden.

An der Hafenausfahrt

Route 4: Vom Sognefjord in die ›Heimat der Riesen‹ – Von Bergen nach Lom

Route 4

Nur mit einem Superlativ kann diese Route umschrieben werden, die zunächst von Norwegens ›heimlicher Hauptstadt‹ zu den grünen Ufern des Sognefjords führt, der – als längster, tiefster und vielleicht auch schönster Fjord des Landes – seinen Titel ›Fjord aller Fjorde‹ unbedingt verdient. Atemberaubende Natur sowie Zeugnisse einer jahrhundertealten Kultur geben dieser Urlaubslandschaft ihren ganz besonderen Reiz, und eine Fahrt auf der Sognefjell-Hochstraße, die von hier aus zwischen den Gipfeln von Jotunheimen zur rechten und den Gletschermassen des Jostedalsbreen zur linken verläuft, dabei den höchsten Paß Norwegens quert und schließlich wieder hineinführt in farbenfrohe Blumentäler, gilt vielen als das beeindruckendste Erlebnis im Norden. Inklusive der Abstecher stehen auf dieser Route über 500 km voller ständig wechselnder Eindrücke an, die aber nur ›verdauen‹ kann, wer mindestens drei bis vier Tage einplant.

Von Bergen an den Sognefjord

Zwar markiert die E 16 unsere Richtung, aber da diese Straße in ihrem ersten Abschnitt keinerlei Höhepunkte bietet, wollen wir von **Bergen** **1** (S. 125ff., 269ff.) aus zunächst der nach Süden verlaufenden E 39 bis Nestun folgen, denn an dieser Strecke liegen zwei Sehenswürdigkeiten, die unbedingt einen Besuch lohnen. Die Stabkirche von **Fantoft** ist schon kurz nach der Abfahrt von Bergen-Zentrum im Ortsteil Paradis ausge-

schildert. Vom 12. Jahrhundert bis 1884 stand sie in Forum (innerer Sognefjord). Ein reicher Bergenser kaufte sie auf und ließ sie auf seinem Privatgrundstück wieder aufbauen. Am 6. Juni 1992 brannte sie bis auf die Fundamente ab, wurde aber inzwischen wieder rekonstruiert.

Nicht weit davon entfernt liegt **Troldhaugen**, 22 Jahre lang das Zuhause des Komponisten Edvard Grieg und seiner Frau Nina. Zu weltweiter Berühmtheit gelangte die 1885 im viktorianischen Stil errichtete und von einem Park umgebene Villa durch Griegs Komposition ›Hochzeitstag auf Troldhaugen‹. Das landschaftlich sehr reizvoll am Nordås-See gelegene Haus, in dem zahlreiche Gegenstände an das Leben und die Arbeit des Musikers erinnern, ist heute Museum.

Weitere Sehenswürdigkeiten schließen sich südlich von Nestun an – u. a. die Villa des berühmten Geigers Ole Bull und die Überreste des Lyseklosters aus dem 12. Jahrhundert auf der Insel Lysøen, das Norwegische Arboretum mit mehr als 1000 Bäumen und Sträuchern (Milde) –, doch wollen wir uns jetzt auf den Weg nach Norden machen, biegen auf die R 580 ein und stoßen bald auf die E 16, der wir Richtung Voss folgen. Auf der Strecke genießt man immer wieder schöne Aussichten über den Sørfjord und auf Osterøya und gelangt schließlich nach Trengereid, wo die R 7 (Route 2) nach rechts abzweigt. Mit ihr auch der Schwerlastverkehr, denn die rund 64 km

Route 4: Von Bergen nach Lom

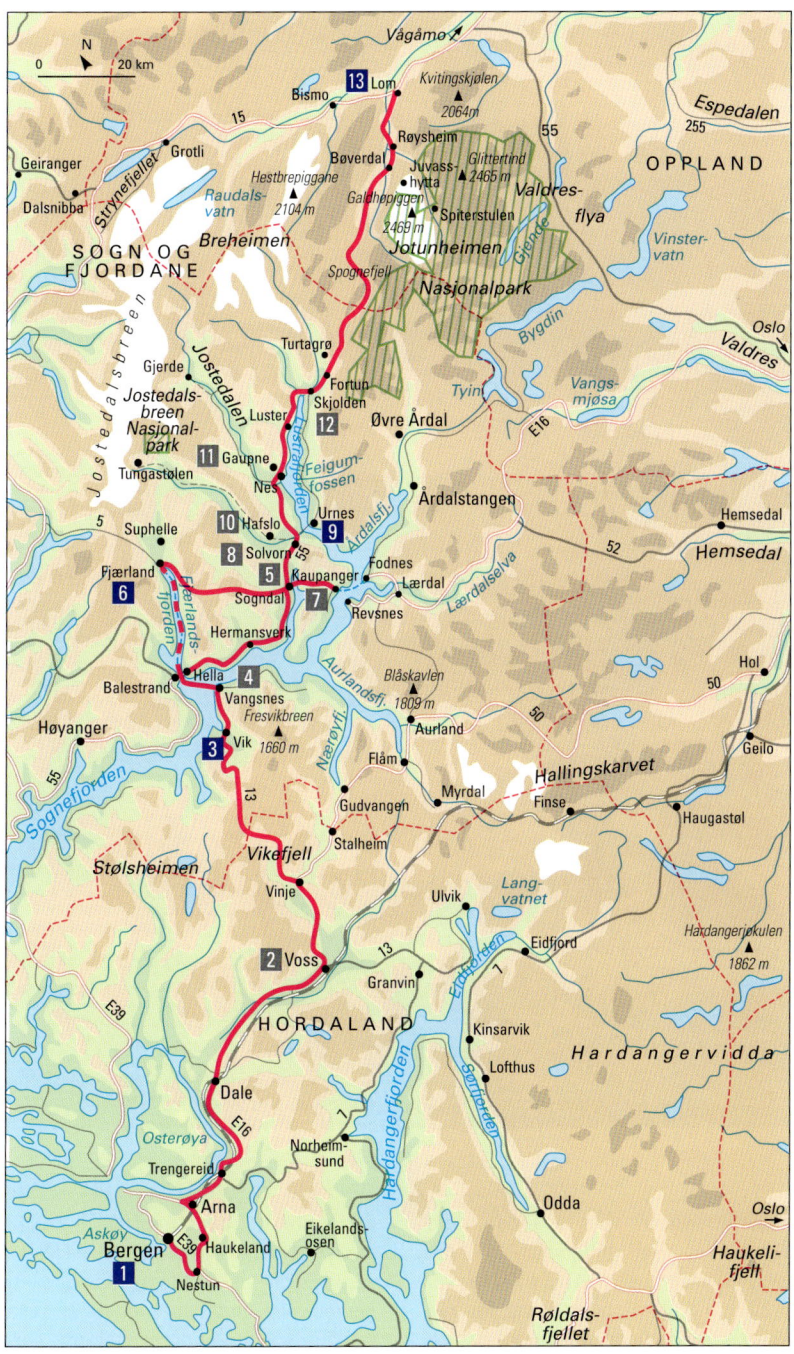

Der Tvinnefoss

lange Strecke bis Voss ist außerordentlich tunnel- und kurvenreich und teilweise sehr schmal, was auch Fahrer von größeren Wohnmobilen sowie Gespannen berücksichtigen sollten. Wer ungeübt ist, tut gut daran, auf die R 7/R 13 auszuweichen. Sonst ist über diese Etappe nicht viel zu sagen: Man genießt die teilweise und insbesondere ab Dale ›allgäuschöne‹ Landschaft, rauft sich wohl auch immer wieder mal die Haare wegen der extremen Streckenführung und wird – tunnelgestreßt – so manche Pause einlegen müssen.

Voss 2 (S. 314), West-Norwegens größter Wintersportort und ein bekanntes Ferienzentrum, ist idyllisch zwischen Bergen am Vangsvatnet gelegen. Doch der in alten Reisebeschreibungen wegen seiner Baulichkeiten vielgelobte Ort wurde von den Deutschen während des Zweiten Weltkrieges gründlich zerstört, später in Beton wieder aufgebaut, und auch dem letzten Überbleibsel aus der Pionierzeit des Tourismus – dem einst weltberühmten Fleischer's Hotel, ein Schmuckbau der Belle Epoque – hat man einen Betonwürfel angegossen. Attraktiver wird das Stadtbild, wenn man sich per Seilbahn auf den 660 m hohen Hausberg Hangur begibt. Haupt-Touristenmagnet von Voss ist heute das Voss-Folkemuseum, das u. a. die 16 Gebäude des 400 Jahre alten Gehöfts von Mølstertunet umfaßt. Eine weitere Attraktion ist die auch hier angebotene eintägige Tour ›Norway in a nutshell‹, an der man aber besser von Bergen aus teilnimmt (s. S. 130).

Vorbei am Wasserfall Tvinnefoss, der sich in eindrucksvollen Kaskaden über mehrere Stufen zu Tal ergießt, geht es nach **Vinje**, wo sich die Straße teilt: Die R 13, die bis zum Sognfjord unsere weitere Strecke markiert, zweigt nach links ab, die E 16 führt via Stalheim nach Gudvangen, wo sie am Fähranleger am Sognefjord endet. Auch diese Strecke bietet sich für die Weiterfahrt an, aber die Fährpassage ist lang und teuer. Dennoch sei allen Reisenden wärmstens ans Herz gelegt, der E 16 einmal bis Gudvangen zu folgen (möglichst auch bis nach Aurland weiterzufahren), denn auf einer Distanz von 38 km erschließt sie Landschaftsbilder, wie man sie ähnlich in Norwegen kein zweites Mal zu sehen bekommt. Unter Route 3 ist dieser Strecke ein eigenes Kapitel gewidmet (s. S. 112ff.).

Doch auch auf der R 13 wird es nun spektakulär, denn hinter Myrkdal (am See gibt es für Ornithologen ein außerordentlich interessantes Delta, in dem 76 verschiedene Vogelarten leben) klettert die Straße serpentinen- und panoramareich auf das Vikafjell hinauf und erreicht an der Bezirksgrenze zu Sogn og Fjordane ihren mit 986 m höchsten Punkt. Selbst Anfang Juli kann man hier noch durch den Schnee vom letzten Jahr stapfen. Bei Svingen genießt man eine eindrucksvolle Aussicht auf den Sognefjord, gegenüber setzt der Fostefonn-Gletscher Akzente in Eisweiß, und in der Tiefe sind die Häuser von **Vik** 3 zu erkennen, wo es eine der interessantesten Stabkirchen des Landes überhaupt zu besichtigen gilt.

In beherrschender Lage thront die um 1130 errichtete Stabkirche von **Hopperstad** (S. 281) auf einem Hügel, wo sie nahezu 700 Jahre lang unverändert stand, bis sie im 19. Jahrhundert nach dem Vorbild der Stabkirche von Borgund (s. S. 116f.) umfassend restauriert und in ihren heutigen Zustand versetzt wurde. Bemerkenswert sind die Dachreiter mit den Drachenköpfen und die reichen Schnitzereien am Westportal. Im Innern, das Einflüsse der Romantik zeigt, sind es vor allem die drei Altäre sowie der reich verzierte Holzbaldachin (über dem linken Altar), die, neben der kunstvollen Dachkonstruktion, die Blicke auf sich ziehen.

Nach 12 km erreichen wir den Fährort **Vangsnes** 4. Hier (über dem Anleger) reckt sich die nahezu 15 m hohe, in Bronze gegossene Statue des Sagahelden Fridtjof in den Himmel, die der Norwegen-begeisterte Kaiser Wilhelm II.

Der Jostedalsbreen-Nationalpark

Westlich von Jotunheimen und der am Rand des gleichnamigen Nationalparks (s. S. 122) verlaufenden R 55 erstreckt sich die Landschaft Breheimen, die im Süden vom Sogne- und im Norden vom Nordfjord begrenzt wird und neben dem Jostedalsbreen mehr als 30 weitere Gletscher umfaßt. Der rund 100 km lange Jostedalsbreen ist mit einer Ausdehnung von etwa 1000 km² und einer bis zu 500 m dicken Eisdecke nicht nur der größte Plateaugletscher Norwegens und Skandinaviens (nur der Vatnajökull auf Island übertrifft ihn), sondern der größte des europäischen Festlandes. Er präsentiert sich als ein gleißend weißes Meer aus ewigem Eis und Schnee, das mit insgesamt 24 Gletscherzungen von bis zu 2038 m Höhe tief in die angrenzenden Täler hineinreicht. Von diesen Zungen gilt der Tunsbergdalsbreen als

die längste, der Nigardsbreen (s. S. 140) als die schönste, der Austerdalsbreen (s. S. 144f.) als die am meisten zerklüftete, der Bøyabreen (s. S. 141) als die am leichtesten erreichbare. Entstanden ist der Gletscher ab etwa 500 v. Chr. im Zuge einer Klimaverschlechterung und nicht etwa während der letzten Eiszeit. Die Größe ist heute in etwa die gleiche wie um 1700. Danach allerdings dehnten sich die Eismassen gewaltig aus, um dann zwischen 1850 und 1880 ebenso schnell wieder zurückzuweichen. Dieser Vorgang hält noch heute an, und das wechselvolle Leben der Gletscherzungen zwischen Warm- und Kaltzeiten kann man nirgends so anschaulich verfolgen wie am Beispiel des Nigardsbreen, der ebenso wie der allergrößte Teil von ganz Breheimen zum Jostedalsbreen-Nationalpark (1230 km²) gehört.

Am Bøyabreen

Am Sognefjord

(der zwischen 1889 und 1914 nahezu jährlich in den Fjorden des Nordens kreuzte) für 3 Mio. Kronen aus seiner Privatschatulle vom Berliner Bildhauer Max Unger anfertigen ließ.

Über den Fjærlands-vegen nach Kaupanger

Rund 20mal täglich pendelt die Fähre zwischen Vangsnes und dem gegen-überliegenden Hella hin und her. Von hier aus kann man über die am Nordufer des Sognefjords verlaufende R 5 schnell ins 38 km entfernte **Sogndal** 5 (S. 306f.) gelangen. In dem an der Engstelle zwischen dem Sogne- und dem Barnes-fjord gelegenen Ort, der selbst keine be-sonderen Sehenswürdigkeiten bietet, beginnt der 1994 eingeweihte Fjær-landsvegen. Dieser erschließt eine der gletscherreichsten Landschaften Nor-wegens.

Rund 66 km (hin und zurück) beträgt der Abstecher auf dieser mautpflich-tigen Panorama-Traumstraße, die nach Fjærland führt, einem kleinen Ort am Nordzipfel des Fjærlandfjordes, wohin ab Hella (s. o.) auch eine Personenfähre verkehrt – allerdings nur im Sommer. Von Kaiser Wilhelm II. ist überliefert, daß er sich zu höchsten Lobpreisungen der norwegischen Fjordwelt hingerissen fühlte, als er einmal diesen schmalen, felsummauerten Wasserweg nutzte.

Fjærland 6 (S. 276) wurde erst 1986 an das norwegische Straßennetz ange-schlossen und damit jäh aus seinem Dornröschenschlaf aufgeweckt. Mehr als 50 000 Besucher jährlich wurden seitdem hier bislang gezählt, und dabei hat die Zukunft, eingeleitet durch die Er-öffnung des ganzjährig befahrbaren Fjærlandsvegen, für die gestern noch als Einöddorf vor sich hinschlum-mernde Siedlung gerade erst begon-nen. Ein wichtiger Schritt auf diesem

Zum Nigardsbreen

Rund 74 km (hin und zurück) beträgt der Abstecher an diesen Seitenarm des Jostedalsbreen, und schon die Fahrt durch das Jostedal mit dem reißenden Jostedalselv und zahlreichen Wasserfällen kann beeindrucken. Das letzte Wegstück ist gebührenpflichtig und führt durch ein 4 km langes Moränenfeld auf die Gletscherzunge zu. Herrliche Bilder auf den in eleganten Kurven zu Tal fließenden Eiskoloß tun sich hier auf. Das Moränenfeld gibt beredte Kunde davon, wie weit der Nigardsbreen zum Zeitpunkt seiner größten Ausdehnung um die Mitte des 18. Jahrhunderts reichte. Zahlreiche Hofstellen mußten damals wegen der ständig näherkommenden Eiswalze aufgegeben werden, die Siedlung Nigard, die dem Nigardsbreen seinen Namen gab, wurde 1743 ein Opfer des Gletschers. Seit 1750 etwa ist er wieder auf dem Rückzug, mehr als 5 km hat er seitdem verloren. Auch der 1,5 km lange Eisstausee unterhalb der Gletscherzunge begann sich erst in den 1930er Jahren zu bilden.

An seinem Südostrand endet die Straße. Hier lädt das Jostedalen-Gletscherzentrum zum Besuch ein (Mai und Sept. tgl. 10–17, Juni–Aug. tgl. 9–19 Uhr). Es informiert über den Jostedalsbreen und die ihn umgebende Natur, von hier aus werden auch Touren in allen Schwierigkeitsstufen auf den Gletscher organisiert (Buchung über ☏ 57 68 32 50). Ähnliche Touren bietet

zwischen dem 1. 6. und 10. 9. Jostedalen Breførerlag an (☏ 57 68 32 04). Vom Fuß der Gletscherzunge, wohin zwischen Anfang Juni und Ende August ständig Boote verkehren (zwischen 10 und 18 Uhr), werden während der Saison mehrmals täglich 1,5 Std. dauernde Spaziergänge auf den Gletscher geführt (Ausrüstung wird gestellt).

Weg war 1991 die Fertigstellung des in Europa einzigartigen Norsk Bremuseum (Gletschermuseum), das alle Fragen, die man in Bezug auf Eiszeiten und Gletscher nur haben kann, erschöpfend beantwortet. Seine Hauptattraktion ist ein phantastischer Film über die Gletscherwelt des Jostedalsbreen, des weiteren kann man durch einen künstlichen Miniatur-Gletscher hindurchspazieren und sich u. a. auf einem Monitor ansehen, was für Wanderungen in welchem Schwierigkeitsgrad von hier aus machbar sind.

Die andere Attraktion dieses Dorfes am Rande des ewigen Eises sind die Gletscherwanderungen, die von hier aus schon seit dem Jahre 1883 durchgeführt werden, als die ersten Touristen aus Großbritannien und Deutschland eintrafen. Die Länge der Touren variiert zwischen wenigen Stunden und mehreren Tagen, auch Gletscherkurse werden angeboten. Startpunkt ist jeweils die Flatbrehytta am Flatbreen, wohin eine einfache, rund dreistündige Wanderung führt. Ausgangspunkt ist Øygård, rund 7 km von Fjærland entfernt und auch mit dem Auto erreichbar (R 625 Richtung Suphelledal, dann ausgeschildert).

Wer nicht an solchen mehr oder weniger anstrengenden Touren teilnehmen will, sollte aber zumindest auf Gletscher-Sightseeing gehen, denn nirgendwo ist der Weg zum Jostedalsbreen (s. S. 138) kürzer als hier. Als spektakulärste Gletscherzunge gilt die des Bøyabreen (R 625 Richtung Skei, vor dem Tunnel ausgeschildert). Sie fließt außerordentlich fotogen einen steilen Berghang hinab, an dessen Fuß sich ein kleiner See erstreckt. Hier kann man bis dicht an das Eis heranwandern, wohingegen man sich beim Suphellebreen (rund 4 km auf der R 625,

dann am ausgeschilderten Abzweig nach rechts, noch ca. 6 km) mit dem Anblick der oben am Hang endenden Gletscherzunge begnügen muß.

Ist man nach Sogndal zurückgekehrt, lohnt sich die Weiterfahrt zum rund 11 km entfernten Ort **Kaupanger** 7 (S. 283). Auf halber Strecke dorthin liegt das im Jahre 1909 gegründete Sogn Folkemuseum, dessen 35 historische Gebäude, unter denen sich auch ein teilweise bewirtschafteter Großhof befindet, ein anschauliches Bild vom Leben der Menschen am Sognefjord ab dem 16. Jahrhundert vermitteln; auch Folkloreveranstaltungen stehen häufig auf dem Programm, und im Hauptgebäude ist eine kulturhistorische Sammlung zu betrachten (u. a. Trachten, Werkstätten, Möbel, Werkzeuge).

Als Hauptsehenswürdigkeit auf diesem Abstecher gilt die Stabkirche von Kaupanger, die um 1180 in Form einer Basilika erbaut wurde und mit 20 Masten die größte am Sognefjord ist. In nachreformatorischer Zeit wurde sie stark erweitert, im 19. Jahrhundert dann aber völlig verfremdet, so daß sie trotz umfassender Restauration (1965) heute von außen kaum noch an eine Stabkirche erinnert. Sehenswert ist der Innenraum, dessen Einrichtung teils noch aus dem Mittelalter, teils aus dem 17. Jahrhundert stammt.

Ein Stückchen weiter lohnt das Sognefjord-Bootsmuseum einen Besuch. Hier sind zahlreiche historische Boote ausgestellt, auch der Arbeitsplatz eines Bootsbauers ist rekonstruiert, und eine große Sammlung an Fotografien, Zeichnungen, Werkzeugen und Gerätschaften vervollständigt diese Ausstellung, die eine der größten ihrer Art in ganz Norwegen ist.

Von Kaupanger entlang dem Lustrafjord

In Sogndal markiert die mit ›Lom‹ ausgeschilderte R 55 den weiteren Weg, der am Arøyelv vorbei (einem der berühmtesten Lachsflüsse des Landes) zur 15 km entfernten Abzweigung nach **Solvorn** 8 (S. 307) führt. Hier sollte man einbiegen, denn zum einen liegt in dem kleinen Fjordort das berühmte Walaker Hotel, zum anderen starten von hier aus Bootstouren auf dem Lustrafjord, die u. a. zum Feigumfoss (293 m hoher Wasserfall, davon 200 m in freiem Fall) sowie

zur Stabkirche von **Urnes** 9 führen, die aber auch durch Fähren zu erreichen ist. So parken wir das Auto, queren den Lustrafjord und stehen nach 20 Min. vor dem wahrscheinlich bereits Mitte des 11. Jahrhunderts entstanden Sakralbau. Neben Borgund (s. S. 116f.) ist sie berühmteste Stabkirche des Landes und gilt wie diese auch als Norwegens älteste. Einen schöneren Standort für eine Stabkirche als diesen kann man sich kaum vorstellen: Auf einer hohen Landzunge im Saum von Wiesen und Birken gelegen, thront sie über dem spektakulären Lustrafjord. Ihre Schnitzereien,

Die Stabkirche von Urnes

Gipfeltour auf den Galdhøpiggen

Nur drei bis fünf Stunden – je nach gewähltem Weg – dauert der Aufstieg auf den mit 2469 m höchsten Gipfel Norwegens, dessen Besteigung nicht nur in geographischer Hinsicht einen Höhepunkt jeder Norwegen-Reise markiert. Er ist für jedermann problemlos machbar, nur ein gewisses Maß an Kondition ist neben Wanderschuhen (und gutem Wetter!) mitzubringen. Von der Höhe aus umfaßt der Blick ein Areal von über 35 000 km^2: Gipfel um Gipfel von Jotunheimen, Breheimen und auch Dovrefjell sind durch ein Fernrohr mühelos zu erkennen; eine Karte erleichtert die Orientierung. Nachdem man sich an diesem wahrhaft atemberaubenden Panorama sattgesehen hat, kann man sich in der ins Geröll geschmiegten Volehytta stärken, bevor es wieder an den zwei bis drei Stunden währenden Abstieg geht.

Zwei Ausgangspunkte bieten sich für den ›Gipfelsturm‹ an: die Juvasshytta (1840 m. ü. M.; 1. 4.–2. 10.; ☎ 61 21 15 50) und die Spiterstulenhytta (1100 m. ü. M.; 1. 2.–1. 11.; ☎ 61 21 14 80). Zu ersterer führt eine Straße ab Galdesand (15 km), die Straße nach Spiterstulen beginnt 4 km weiter nördlich in Røysheim (18 km); beide sind mautpflichtig und nicht für größere Gespanne sowie größere Wohnmobile zu empfehlen. Von der Juvasshytta aus (angenehme Wanderhütte; bewirtschaftet) werden mindestens zweimal täglich organisierte Wanderungen auf den Gipfel angeboten, ebenso auch von Spiterstulen (luxuriöses Gebirgshotel) aus. Von hier aus ist der Weg aber länger (4–5 Std.) und wesentlich anstrengender. Wir persönlich würden der Juvasshytta den Vorzug geben, zumal die Straßengebühr niedriger ist und man hier auch das Angebot des angeschlossenen Galdhøpiggen Sommerskicenter (☎ 61 21 21 42) nutzen kann (Loipen, Abfahrtsski; Saison von Juni bis November, Ausrüstung kann ausgeliehen werden).

insbesondere am Nordportal, gelten als einzigartig und führten zur Aufnahme der Stabkirche in die World Heritage List der UNESCO. Auch im Innern dominiert das Schnitzwerk, und besonders beachtenswert sind die Würfelkapitelle der Säulen, die mit phantastischen Motiven geschmückt sind.

Über die R 55 ist es nur ein kurzes Stück bis **Hafslo** ⑩ (S. 279), das in einer der malerischsten und ältesten Landwirtschaftsgegenden Norwegens am Hafslovatnet liegt. Selbst aus der Römerzeit sind Funde gemacht worden, natürlich auch aus der Wikingerzeit. Heute beginnt hier eine Stichstraße zur bewirtschafteten Wanderhütte Tungastølen (35 km, die letzten 6 km sind mautpflichtig), von wo eine leichte, ca. zweistündige Wanderung zum Austerdalsbreen führt. Laut Prospekt ist dort »Europas schönstes Eisschauspiel« zu betrachten; wie die drei Gletscherfälle Loke, Odin und Thor aufeinanderstoßen, ist in der Tat ein überwältigender Anblick. Von der Wanderhütte werden außerdem geführte Gletschertouren angeboten.

13 km nördlich von Hafslo wird **Gaupne** 11 (S. 277) erreicht, das Zentrum der Lustra-Gemeinde, deren Fläche zu sage und schreibe 89 % von Gebirge, Seen und vor allem Gletschern bedeckt ist. In den Straßen herrscht Gedränge, Touristen aus aller Herren Länder geben sich ein Stelldichein, denn der Ort zählt, weil von hier aus der Nigardsbreen (s. S. 140) leicht zu erreichen ist, in den Programmen der meisten Reiseveranstalter zum festen Bestandteil.

In Nes, rund 5 km außerhalb von Gaupne an der R 55, genießt man über den Fjord hinweg einen imposanten Ausblick auf den mehr als 200 m tief fallenden Feigumfoss. Dann liegt der Ort **Skjolden** 12 (S. 306) am Weg, wo der Lustrafjord, bereits rund 200 km von der Küste entfernt, endet. Hier zweigt eine Stichstraße zur Stabkirche von Urnes (s. S. 142f.) ab, hier nehmen auch empfehlenswerte Fjordtouren ihren Anfang.

Über die Sognefjell-straße nach Lom

Auf der Weiterfahrt von Skjolden kann man zur rechten Seite bald die ersten schneebedeckten Zweitausender von Jotunheimen (s. S. 122) ausmachen, und nach 30 km wird sich die Höhendifferenz zwischen uns und den Gipfeln um 1440 m reduziert haben. Ein Befahren dieser Strecke, die als schönste Paßstraße Norwegens gilt, ist ein Erlebnis ganz unvergleichlicher Art. Unten der

immer kleiner werdende Fjord, oben eine von Gletschern, Berggiganten und Seen geprägte Hochgebirgswelt, die oft noch bis in den Juli hinein im Kältegriff des Winters liegt und den Eindruck vermittelt, als sei man schon Tausende von Metern oberhalb des Meeresspiegels unterwegs. – Es gibt nichts Vergleichbares im Norden, das extremste Wegstück verläuft zwischen Fortun und Turtagrø, wo die Straße auf einer Distanz von 11 km fast 900 Höhenmeter bewältigt. Über zehn Kehren und mit bis zu 12 % Steigung geht es bergan und meist im Saum von meterhohen Schneewänden weiter zum 13 km entfernten höchsten Punkt der Straße unweit der **Sognefjell Turisthytta**. Das Panorama sprengt jeden Rahmen, auch der Andrang hier oben ist entsprechend, doch das nimmt man gerne in Kauf, zumal man ja dem Rummel innerhalb weniger Minuten entgleiten kann, wenn man sich in diesem Sommer-Wintersportzentrum Skier ausleiht. Wer immer schon mal mit freiem Oberkörper oder im Bikini auf die Loipe gehen wollte – hier ist es möglich.

Schon kündigt sich wieder der Abstieg an, und mit über 8 % Gefälle geht es hinab ins malerische Breiseterdal (in dem man spätestens wieder vom Frühling empfangen wird) und weiter in das weit ausladende Leirdal. In **Galdesand**, dem Zentrum des Bøverdal, zweigt eine Stichstraße zum rund 15 km entfernten Ausgangspunkt für die Besteigung des Galdhøpiggen (s. S. 143) ab.

Dann wird Røysheim passiert, dessen gleichnamiges Hotel eines der besten im Lande ist (s. S. 293, Lom), und vorbei am Abzweig zum Spiterstulen-Hochgebirgshotel, einem weiteren Ausgangspunkt zur Besteigung des Galdhøpiggen, ist es nur noch ein kurzes Stück bis **Lom** 13 (S. 124), dem Endpunkt dieser Route.

Route 5: Auf der ›Goldenen Route‹ –
Von Lom nach Åndalsnes und Dombås

West-Norwegen als Augenweide, das Fjordland der Farbprospekte – entlang dieser Strecke, die das Ottadal mit dem Romsdal verbindet und sich mit gleich mehreren hier vorgestellten Routen kombinieren läßt (Route 3, 4 und 7), kann man es in Vollkommenheit genießen. Norwegens kühnste Serpentinenstraße – der Trollstigen – liegt ebenso am Weg wie der berühmte Geirangerfjord, und von der ›Adlerstraße‹ und der ›Nibbestraße‹ aus – zwei weiteren populären Touristenattraktionen – kann man

die vielleicht schwindelerregendsten Ausblicke des Nordens genießen. Allerdings nicht vor Mitte Juni (wenn Teile der Strecken wegen Schnee und Eis noch gesperrt sind), nicht mit Wohnwagengespannen und bis Ende August auch ganz und gar nicht in Ruhe, denn neben der R 55 (der die Route 4 folgt) und der E 6 (Route 7) gibt es keine Straße im Königreich, die derart stark frequentiert wird wie die Reichsstraße 63, die das Kernstück der ›Goldenen Route‹ ausmacht.

Route 5: Von Lom nach Dombås

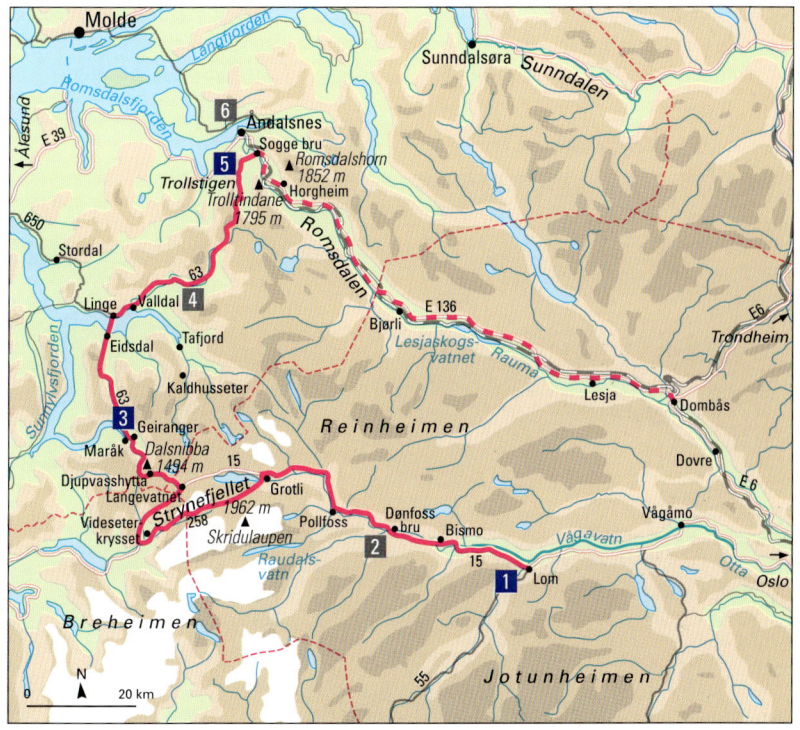

Durch das Ottadal

Von **Lom** 🔳 (S. 293) aus, Endpunkt von Route 3 sowie 4 und auch von Otta (Route 7) nur rund 60 km entfernt, folgen wir der R 15 gen Westen durch das Ottadal, das den klassischen Verbindungsweg vom Gudbrandsdal ins Fjordland markiert. Mit weniger als 400 mm Niederschlag pro Jahr ist es eine der trockensten Regionen des Landes, weshalb hier schon vor langer Zeit aufwendige Bewässerungsanlagen errichtet wurden. Grund für die Regenarmut des vom Otta-Fluß durchströmten Talzuges ist seine Lage im Schatten der umliegenden Gebirgsmassive, der es heute auch seinen touristischen Stellenwert verdankt: Zur Hochsaison fährt man meist im Konvoi dahin; angesichts des mitunter wirklich ungeheuren Verkehrsaufkommens insbesondere an Wohnmobilen und Caravangespannen nimmt es nicht wunder, daß das vielstrapazierte Jedermannsrecht, das noch aus alten, touristenfreien Tagen stammt, mittlerweile ins Gerede gekommen ist (s. S. 72ff.).

Vorbei an dem langgestreckten See Ottavatn und durch den Ort Bismo geht es nach **Dønfoss bru** 🔳, wo die Straße den Otta-Fluß an einem schäumenden Katarakt überspannt. Diese Stromschnellen (Dønfoss) sind zwar nach allem, was man bislang schon zu sehen bekommen hat, nicht ›so‹ spektakulär, aber ein Stopp sei dennoch empfohlen. Zum einen, weil auf dem angrenzenden Campingplatz ein wunderschön über dem Strom gelegenes Schwimmbad (dessen Wasser mit Sonnenenergie aufgeheizt wird) zum Bade einlädt, zum anderen, weil hier ein Aussichtsweg an dem Katarakt vorbei zu mehreren sogenannten ›Riesentöpfen‹ führt, die im Strudel entstehen, wenn das Wasser bei seinen kreisenden Bewegungen Steine schleifend am Flußgrund bewegt.

Die Stromschnellen bei Dønfoss bru

Auf dem folgenden Streckenabschnitt geht es konstant auf bis 870 m Höhe bergauf. Das Landschaftsbild wandelt sich grundlegend: Wurde es gerade noch von Wiesen, Feldern und Gehöften dominiert, so jetzt in ständigem Wechsel von Wald, Flüssen und Seen. Zahlreiche Rastplätze laden zum Genießen der gar nicht dramatischen und doch wunderschönen Bilder ein; bei Pollfoss, wo sich der Otta-Fluß über Katarakte ergießt, lohnt eine kurze Besichtigung des 59 m hohen Wasserfalls. Dann wird **Grotli** erreicht, herrliche Blicke auf bis zu 2000 m hohe Berge tun sich auf, im Süden setzt der Skridulaupbreen Akzente in Gletscherweiß.

Hier muß man sich entscheiden, ob man auch weiterhin der R 15 folgen will, die am im Juli oft noch zugefrorenen Breidalsvatnet vorbei zum Abzweig nach Geiranger führt, oder aber den Umweg über die nach links abzweigende R 258 nehmen möchte. Letzteres bietet sich an (aber nicht für Gespanne!), denn diese Strecke, die nach 12 km ihren mit 1139 m höchsten Punkt erreicht, später das Sommerskizentrum Stryn (Skischule und Verleih von Ausrüstung) passiert, bevor sie serpentinenreich ins Tal führt, ist von außergewöhnlicher Schönheit. Bei Videseterkrysset stößt sie wieder auf die R 15, über die (rechts ab) es noch 14 tunnelreiche Kilometer bis **Langevatnet** sind, wo die nach Geiranger führende R 63 abzweigt.

Auf dem Geirangervegen

Der 24 km lange Geirangervegen, im Jahre 1900 in Paris während der Weltausstellung als Meisterwerk der Straßenbaukunst preisgekrönt, führt schon nach rund 8 km auf den mit 1038 m höchsten Punkt der Strecke: die am Ostufer des (oft ganzjährig vereisten) Djupvatnet gelegene **Djupvasshytta**. Hier sieht man oft vor lauter Touristen die Landschaft nicht, insbesondere dann, wenn Kreuzfahrtschiffe im Geirangerfjord vor Anker liegen, da deren Passagiere mit Dutzenden von Reisebussen hierher und weiter hinauf zum 1494 m hohen Gipfel des **Dalsnibba** gefahren werden. Dorthin zweigt an der Djupvasshytta eine mautpflichtige Schotterstraße ab, die sich in zehn Serpentinen zum rund 5 km entfernten Aussichtspunkt hinaufzieht, an dem in aller Regel ein noch weitaus schlimmeres Gedränge als unten an der Hytta herrscht. Aber das nimmt man gerne in Kauf, zumindest bei klarer Wetterlage, denn die Aussicht hinunter auf den Geirangerfjord mit den stecknadelkopfgroßen Kreuzfahrtschiffen ist außerordentlich imponierend.

Dort hinunter verläuft nun die Fahrt, und während der 16 km langen Strecke ab der Djupvasshytta genießt man all die weltbekannten Bilder, die die Umschläge der Norwegenbücher zuhauf zieren. Doch sollte man vor lauter Landschaftsstaunen nicht die Konzentration am Lenkrad vernachlässigen, denn die äußerst gefällstarke und nur 3 bis 6 m breite Straße schlängelt sich über 20 Haarnadelkurven scharf am Abgrund vorbei. Verzweifeln Sie nicht, wenn man nicht überall, wo sich phantastische Ausblicke bieten, auch parken kann: Das berühmteste Motiv am Geirangerfjord, Flydalsjuvet, wird erst 4 km vor Geiranger passiert, und hier gibt es reichlich Parkplätze. Vielleicht liegt ja auch gerade eines der 120 Kreuzfahrtschiffe im Fjord, die jährlich gezählt werden.

Dann erreicht man **Geiranger** ▊3▊ (S. 278), einen Ort, der mit seinen 270 Einwohnern über 3000 Gästen Unterkunft bieten kann und ebenso wie die

Preise völlig überdimensioniert erscheint. Wer unter Platzangst leidet, kann hier während der Saison durchaus mal Probleme bekommen, denn es ist brechendvoll. Aber auch wenn man Schlange stehen muß, sollte man auf des Ortes größte Zugnummer, eine Fjordfahrt, nicht verzichten. Denn die rund 1,5 Stunden dauernde und bis zu sechsmal täglich durchgeführte Geirangerfjordtour ist, bei allem Rummel, ein unvergeßliches Erlebnis. Bis über 1000 m hohe Berge säumen den schmalen Meeresarm, als Höhepunkt der Tour gilt der Ausblick auf mehrere Wasserfälle (die gemäß ihren Formen Namen wie ›Brautschleier‹ oder ›Sieben Schwestern‹ tragen). Nach Passieren der Teufelsschlucht und mehreren hoch oben an den Felshängen klebenden Gehöften geht es nach Geiranger zurück.

Die berühmten zwei: Ørneveien und Trollstigen

Der überaus spektakuläre Weg aus dem Geirangerfjord hinaus folgt dem **Ørneveien** (Adlerstraße), der 1952 eröffnet wurde und mit seinen zahlreichen Kehren von 13 m Radius das Herz eines jeden passionierten Autofahrers höher schlagen läßt. Er führt bis auf 625 m hinauf, und den atemberaubendsten Ausblick genießt man fraglos bei Ørnesvingen, der 5 km nördlich von Geiranger gelegenen ›Adlerkurve‹, von wo aus sich der ganze Fjord sowie der Wasserfall ›Sieben Schwestern‹ aus der Vogelperspektive betrachten lassen. Es schließt sich die Fahrt über eine karge Hochebene an, und schon geht es wieder hin-

Der Trollstigen

unter zum 25 km von Geiranger entfernten Ort **Eidsdal**, wo die Straße am Ufer des Norddalsfjords endet. Mit der Autofähre erreicht man in 15 Minuten den gegenüberliegenden Ort **Linge**, der als der nördlichste des Landes gilt, in dem sich noch der Obstanbau lohnt; hier reifen sogar Pfirsiche und Aprikosen.

Zwei Wege führen von hier aus nach Åndalsnes: die R 650/R 9 und die R 63. Ersterer bietet sich dann an, wenn man einen Abstecher nach Ålesund, der vielgelobten, aber eher nur mäßig interessanten ›Stadt des Jugendstil‹ beschrei-

ben will. Sie folgt dem Norddalsfjord, bietet auch unterwegs kaum Höhepunkte, wohingegen die R 63 auf der 60 km langen Strecke bis Åndalsnes für zahlreiche Sensationen gut ist.

Valldal 4 (S. 313f.), das touristische Zentrum der Region, bietet zwar nichts Spektakuläres, lohnt aber dennoch einen Aufenthalt. Insbesondere Wanderer werden hier alles zum Besten finden, denn eine Broschüre des Touristenbüros listet nicht weniger als 25 mögliche Touren auf; auch organisierte Wanderungen (u. a. zu verlassenen Einöd-Berghöfen)

werden durchgeführt, man kann Kanus und Fahrräder ausleihen. In Valldal zweigt eine Straße nach Tafjord ab, das 1934 durch eine Naturkatastrophe völlig zerstört wurde. 7 Mio. Kubikmeter Gestein stürzten damals in den Fjord, und die Flutwelle, in der 41 Menschen umkamen, hatte selbst im inneren Fjord noch eine Höhe von über 15 m (an der Absturzstelle war sie mehr als 60 m hoch). Heute locken hier ein temperiertes Schwimmbad und die Weiterfahrt durch eine urwüchsige Felslandschaft nach Kaldhusseter hinauf ins Hochgebirge,

wo wiederum zahlreiche markierte Wanderwege ihren Anfang nehmen.

Die R 63 passiert bald die 5 m breite Klamm Gudbrandsjuvet, bevor sie in weiten Schleifen zum Rasthaus Trollstigheimen ansteigt, dem mit 850 m höchsten Punkt der Strecke. Die meisten Besucher, die aus Richtung Geiranger kommen, machen hier zumeist enttäuschte Gesichter, weil sich das erwartete Landschaftsdrama nicht einstellt. Sie verwechseln Trollstigheimen mit dem Aussichtspunkt **Trollstigen** 5 , der erst nach weiteren 3 km am Weg liegt. Verpassen kann man ihn nicht, unzählige geparkte Autos und Reisebusse markieren tagsüber die Stelle, an der sich – natürlich! – auch zahlreiche Souvenirbuden finden, in denen insbesondere Trollfiguren in allen nur denkbaren Größen und Formen reißenden Absatz finden. Das Trollstig-Wegmuseum dokumentiert mit vielen Fotografien und Ausstellungsstücken die Baugeschichte dieser spektakulären Straße, die ab 1925 errichtet wurde (zuvor verlief ein halsbrecherischer Saumpfad ins Isterdal hinunter). 11 Jahre später war es geschafft, eine der extremsten Gebirgsstraßen Europas konnte eröffnet werden, was kein Geringerer als König Håkon VII. am 31. 7. 1936 eigenhändig übernahm. Es dauerte nicht lange, bis der Trollstigen nach dem Zweiten Weltkrieg zur populärsten Touristenattraktion des Landes avancierte. Diesen Beliebtheitsgrad hat er noch heute inne, nicht zu Unrecht, wie jeder zugeben muß, der einmal auf der Aussichtsplattform hinter den Souvenirbuden gestanden hat: Der Blick hinunter ins 850 m tiefer gelegene Tal, hinüber auf die gezackten Bergketten des Trolltindan (1795 m), Bispen (1450 m), Kongen (1614 m) sowie Dronningen (1568 m) und vor allem anderen auf die direkt in die nahezu senkrecht abfallende Felswand gesprengte Straße mit ihren 11 Kehren ist schlicht überwältigend.

Auf der nun folgenden Gefällstrecke (bis 12 %) wird man wohl mehrmals ins Schwitzen kommen. Sei es wegen der schwindelerregenden Tiefe, sei es wegen der äußerst engen Kurven (nur 10 m Radius) oder der schmalen Fahrbahn, die oft genug keinen Gegenverkehr zuläßt, so daß man ein um das andere Mal auf die mit einem weißen ›M‹ (das für *møteplass*, Treffpunkt, steht) auf blauem Schild kenntlich gemachten Ausweichstellen zurückrangieren muß. Unterwegs wird ein Knie des rund 180 m hohen Wasserfalls Stigfoss gequert, dann ist die Talsohle des Isterdal erreicht, und nach insgesamt 18 km mündet die R 63 bei Sogge bru auf die E 136 ein.

Åndalsnes 6 (S. 266f.), die ›Alpenstadt‹ an der Mündung der Rauma in den Romsdalsfjord, ist nur noch 5 km entfernt. An dieser rund 3000 Einwohner zählenden Stadt, die im Zweiten Weltkrieg größtenteils zerstört wurde, ist nur die Lage schön. Herausragende Sehenswürdigkeiten gibt es keine, in den Straßen herrscht drangvolle Enge, und alles in allem besteht eigentlich kaum ein Grund, hier länger zu verweilen. Es sei denn, man möchte an einem der zahlreichen Ausflüge über den Fjord und in die Berge teilnehmen (Bus-, Boots- und Zugtouren) oder ist an Fjellsport interessiert.

Abstecher ins Romsdal

Von Åndalsnes aus, dem eigentlichen Ziel dieser Route, bietet sich ein Abstecher auf der E 136 Richtung Dombås an. Diese Straße einmal zu befahren, sei jedem Freund grandioser Landschaften dringend angeraten, denn das Romsdal ist eine stellenweise extrem schmale Schlucht, die vom Rauma-Fluß durchströmt wird und beidseits gesäumt ist von bis zu 1800 m hohen Bergen, an deren Steilflanken unzählige Wasserfälle hinabstürzen. Am spektakulärsten Streckenabschnitt zwischen Sogge bru und Bjørli gibt es so viel zu sehen, daß

man sich einen halben Tag Zeit nehmen sollte. Schon kurz hinter Sogge bru genießt man linkerhand eine großartige Aussicht auf das fast senkrecht aus dem Tal emporsteigende Romsdalshorn, bevor man bei Horgheim die höchste senkrecht aufsteigende bzw. überhängende Felswand Europas betrachten kann: die ›Trollwand‹, die sich für rund 1000 m am ca. 1800 m hohen Trolltind hinaufzieht. Es folgen Ausblicke auf weitere Wasserfälle, immer wieder fasziniert die wildromantische Tallandschaft, und erst ab Bjørli, von wo noch 54 km bis Dombås (s. S. 180) zurückzulegen sind, werden die Bilder sanfter.

Blick auf das Romsdalshorn

Ins ›Reich der Mitte‹

Route 6: Auf Grenzwegen – Von Halden nach Trondheim

Von allen Strecken, die in diesem Reisebuch näher beschrieben werden, ja vielleicht von allen nordwärts führenden Wegen im Land, wird die anstehende, ca. 750 km lange Route am schwächsten von ausländischen Reisenden frequentiert. Das hängt nicht etwa damit zusammen, daß es keine kulturhistorischen Sehenswürdigkeiten oder landschaftlichen Höhepunkte zu sehen gäbe – ganz im Gegenteil –, sondern vielmehr damit, daß die Landschaft nirgends ›Norwegen-Typisches‹ wie tiefe Fjorde und imposante Berge zeigt. Das Grenzgebiet zu Schweden, durch das die Route bis Røros verläuft, ist mit einem unermeßlichen Reichtum an Wasserstraßen, Seen, Flüssen, Wiesen und Feldern und vor allem auch Wäldern wie geschaffen zum Rad- und Kanufahren wie auch zum Baden. Historisch bedeutende Städte finden sich hier; zumal der Süden ist mit Runensteinen und Grabhügeln, Felszeichnungen und alten Festungsstädten reich gesegnet. Die Landschaft präsentiert sich sanft und nimmt erst ab Trysil, einem der beliebtesten Outdoor-Zentren des Landes, ein wildes Nordmark-Gepräge an. Im Bereich des Femund-Sees, einem der ganz großen Kanu-Eldorados Skandinaviens, beeindruckt eine nahezu lappländische Weite, und Røros, das als einziger Ort Skandinaviens auf der World Heritage List der UNESCO steht, gilt als eines der besuchenswertesten Reiseziele des Nordens. Von dort aus sind es nur noch 154 km bis Trondheim, der »heiligen Stadt der Mitte«.

◁ In den herbstlichen Finnskogene

Entlang dem Halden-Kanal

Man passiert ein Häuschen mit Aufschrift ›Toll‹ (Zoll), ein Schild, auf dem schlicht ›Norge‹ steht, und plötzlich ist der Mittelstreifen auf der Straße gelb und die Fahnen, die vor den Häusern wehen, tragen ein dunkelblaues, weißgesäumtes Kreuz auf rotem Grund. Kein Schlagbaum verzögert die Reise, es ist niemand da, der die Pässe sehen will. Solcherart können die ersten Eindrücke von Norwegen sein, nimmt man nicht die stark befahrene E 6 von Schweden nach Østfold hinein, sondern eine der Nebenstrecken.

Die Straße schlängelt sich über sanfte Hügel, man sieht einzelne Gehöfte, Wiesen und Felder und schließlich das langgestreckte Blau des Iddefjord, dem man seine Verbindung mit dem Meer kaum glauben kann: Er sieht aus wie ein waldgesäumter See. Auch die bald in Sicht kommende Festung, die trutzig über seinem Nordufer aufragt, paßt zu diesem Bild. Sie stammt aus dem 17. Jahrhundert und wurde von Fredrik III., König über Dänemark und Norwegen, als Bollwerk gegen die damals noch sehr streitsüchtigen Schweden errichtet. Die vom Empirestil geprägte, sternförmige Anlage mit Namen **Fredriksten** wurde denn auch insgesamt siebenmal von schwedischen Truppen angegriffen, aber nie eingenommen, und kein geringerer als der von Großmachtgedanken besessene Schwedenkönig Karl XII., Sieger von Narwa und Verlierer von Poltawa, fiel 1718 unter ihren meterdicken Mauern (innerhalb derer einst über 100 Ge-

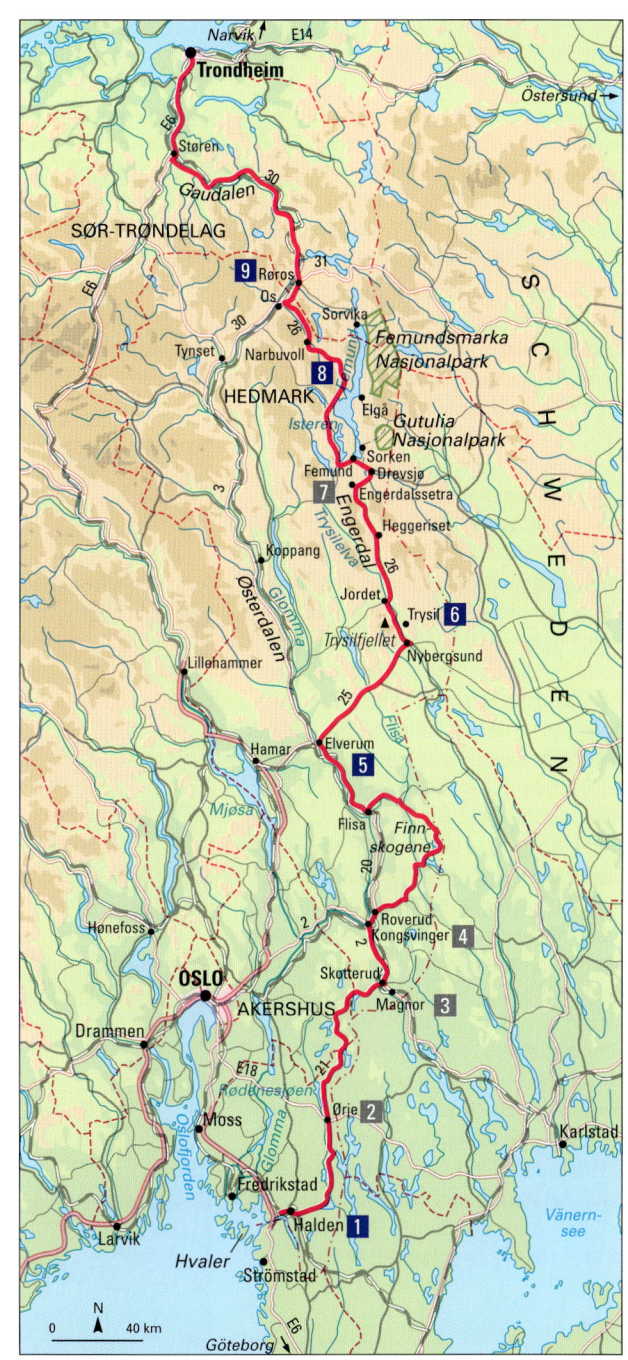

Route 6:
Von Halden
nach Trondheim

schütze und mehr als 1000 Verteidiger Platz fanden). Dort, wo er tödlich verwundet wurde, steht ein Gedenkstein, aber sehenswerter als dieser und sehenswerter auch als das im ehemaligen Festungsgefängnis untergebrachte Museum für kulturhistorische Sammlungen ist die Aussicht von der 128 m hoch auf einem Fels gelegenen Bastion, die heute einen Freizeitpark samt Restaurant und Campingplatz umfaßt und als das wichtigste militärgeschichtliche Denkmal Norwegens gilt.

Der Blick reicht bis weit nach Schweden hinüber und umfaßt den Iddefjord ebenso wie die zu Füßen des Burgberges gelegene Stadt **Halden** 1 (S. 279f.), die aber im Verlauf ihrer 300jährigen Geschichte insgesamt fünfmal abbrannte und – abgesehen von der Festung – keine herausragenden Sehenswürdigkeiten aufweist. Ihre Lage ist schön, und schön – nein: faszinierend auch sind die Bootstouren, die von hier aus unternommen werden können. Der kleine Hafen im Zentrum ist Ausgangspunkt für Fahrten in den Schärenarchipel von Hvaler (s. S. 170), nach Fredrikstad (s. S. 168f.), Strömstad (Schweden) sowie auf dem 1877 fertiggestellten Haldenvassdraget, dem **Halden-Kanal**, der hier seinen Anfang nimmt und sich über mehr als 70 km durch das nur schwach reliefierte Wald- und Wiesenland bis Ørje erstreckt. Die ›M/S Turisten‹ verkehrt täglich auf dieser naturschönen Wasserstraße (Tagesausflug), die sich freilich am eindrucksvollsten präsentiert, wenn man sie per Kanu (Verleihstationen in Halden und Ørje) entdeckt, was auch für Familien völlig problemlos ist.

Doch auch mit dem Auto kann man dem Flußlauf folgen und entlang der Reichsstraße 21, die ab jetzt den weiteren Routenverlauf markiert, an zahllosen Badeplätzen Rast machen. Bei Krusæter, 13 km hinter Halden, bewältigt die Brekke-Schleuse einen Höhenunterschied von 26,5 m. Das gilt als Rekord in Nordeuropa, und insbesondere wenn das Ausflugsboot die vier Schleusenkammern passiert, kann man hier so manches schöne Foto machen. Weitere Sehenswürdigkeiten im eigentlichen Sinn sucht man nun vergebens, und erst in **Ørje** 2 wird der kulturhistorisch interessierte

Blick auf Halden

Reisende wieder Halt machen, um die Aussicht vom 1905 errichteten Ørje-Fort zu genießen. Im örtlichen Kanalmuseum wird die Geschichte des Haldenvassdraget nachgezeichnet.

Wildmark-Wege nach Kongsvinger

Nördlich von Ørje breitet sich der langgestreckte Rødenes-See aus, 23 km weiter steigt die Straße sanft zum 290 m hohen Rødenesfjell an, das im Ruf steht, Østfolds bestes Preiselbeer-Gebiet zu sein. In ständigem Wechsel geht es nun hügelauf, hügelab an weiteren Seen vorbei und durch Wälder hindurch, die einen der größten Elchbestände des Nordens aufweisen sollen. Vorsichtiges Fahren, insbesondere in den Stunden der Dämmerung, ist also angeraten, denn Begegnungen mit dem bis zu 2,80 m langen und 2,20 m hohen Huftier sind in Skandinavien Unfallursache Nummer eins. 58 km hinter Ørje, nun schon im

Nationalparks in der Hedmark – Gutulia und Femundsmarka

Nur wenige Kilometer östlich von Femund liegt der 1968 eingerichtete und mit nur 19 km² Fläche recht kleine **Gutulia-Nationalpark,** der eines der letzten Urwald-Gebiete des Landes mit bis zu 500 Jahre alten Bäumen umfaßt. Er erstreckt sich zwischen dem Gutulissjøen und der schwedischen Grenze in einer Höhe von 615 bis 948 m, besitzt also teilweise durchaus Gebirgscharakter. Rings um den namengebenden See wachsen dichte Fichtenwälder, während überall sonst die Kiefer dominiert. Wie die Taiga generell sehr artenarm ist, so auch hier, wo insgesamt nur 230 Gefäßpflanzen vorkommen. Gebirgs- und Stelzvögel bilden den größten Teil des Vogelbestandes, auch Hühnerhabicht, Sperber und Merlin sowie – vereinzelt – Adler kommen vor. Insbesondere Dachse und Biber und natürlich auch Elche und Rentiere leben hier.

Am einfachsten erreicht man das Schutzgebiet über einen ausgeschilderten Waldweg, der von der Straße zwischen Femund und Røstvollen nahe dem Femund-Canoe-Camp abzweigt und bis an den Gutulis-See heranreicht. An seinem Ostufer führt ein schmaler Pfad bis zu einer Brücke über den Gutulis-Fluß (die Parkgrenze), aber ansonsten gibt es keinerlei markierte Wege und Infrastruktur.

Der 1971 eingerichtete **Femundsmarka-Nationalpark** umfaßt ein Gebiet von 386 km² plus 70 km² Landschaftsschutzgebiet. Die Landschaft kennt alle Vegetationszonen zwischen Taiga und Oreal (höchste Erhebung: 1415 m), besteht aber zum allergrößten Teil aus ebenem und nur leicht hügeligem Gelände sowie kahlen Hochebenen, die häufig mit Glazialschutt bedeckt sind. Der Boden ist durchweg sehr unfruchtbar, ein üppiges Pflanzenkleid trägt nur das Rødal, in dem sich ein idyllisches Seengebiet erstreckt. Insgesamt wurden bisher 302 Gefäßpflanzen registriert, an Tieren kommen ins-

Bezirk Akershus, passieren wir einen ausgeschilderten und sehr empfehlenswerten Badeplatz, 2 km weiter lohnt ›Goliat‹, mit 40 m Höhe wahrscheinlich Norwegens größte Tanne, einen erneuten Aufenthalt.

Schließlich wird der ganz im Süden der Provinz Hedmark gelegene Ort Skot-terud erreicht, wo die R 21 auf die von Karlstadt/Schweden kommende R 2 stößt, der wir nach links, Richtung Kongsvinger, folgen wollen. Zuvor allerdings sei die Empfehlung ausgesprochen, einen Abstecher nach rechts zum 5 km entfernten Städtchen **Magnor** 3 zu machen, dessen 1896 errichtete Glas-

besondere das Ren vor sowie – in den tieferen Lagen – Nerz, Marder und Biber. Die größten Vogelbestände sind im Rødal zu finden, in den nördlich angrenzenden Sümpfen sollen auch noch Kraniche heimisch sein, und in den kahlen Fjellzonen leben u. a. Schneeammer, Schneehuhn und Regenpfeifer.

Da der DNT (s. S. 338) zahlreiche markierte Wanderwege und mehrere Übernachtungshütten angelegt hat, zwischen denen die Abstände recht gering sind, eignet sich dieses Schutz-gebiet auch für Familien mit Kindern, zumal kaum größere Höhenunterschiede zu überwinden sind. Den einfachsten Zugang zum Park hat man von Elgå aus (Straße ab Femund, außerdem tägliche Schiffsverbindung mit der ›M/S Femund II‹), von wo eine Straße zur bewirtschafteten Svukuriset-Übernachtungshütte führt (wer wandert, muß ca. 2 Std. ab Elgå einplanen). Ab hier geht es nur noch per pedes weiter, z. B. zur 4 Std. entfernten Übernachtungshütte bei Sylen.

Im Femundsmarka-Nationalpark

hütte mit über 250 000 Besuchern jährlich zu den meistbesuchten Sehenswürdigkeiten Norwegens zählt und den 9. Platz auf der Touristenattraktions-Rangliste des Landes innehat.

Kongsvinger 4 (S. 285), an der 1862 eingeweihten Bahnlinie Oslo – Stockholm gelegen, erstreckt sich beiderseits der breit und träge dahinströmenden Glomma (auch Glåma), mit 617 km Norwegens längster Fluß, und wird, wie Halden auch, von einer mächtigen sternförmigen Festung überragt. Das aus dem 17. Jahrhundert stammende Bollwerk ist heute ein Nationalmonument und gewährt einen weiten Blick über das von

langgestreckten Höhenzügen geprägte Land. Neben einer Reihe gut erhaltener Gebäude (sehenswert sind insbesondere die Kommandantur und die Kaserne) lohnt das informative Verteidigungsmuseum, das über die Militärgeschichte dieser Region von der Wikingerzeit bis 1945 informiert, einen Besuch. Die Geschichte der Frau von der Urzeit bis heute ist Thema einer Abteilung im unterhalb des Burgberges gelegenen Kongsvinger-Museum, in dem u. a. auch eine Sammlung von Möbeln aus dem 18. Jahrhundert untergebracht ist.

Am großen Strom und durch die Wälder

In Kongsvinger verlassen wir die nach Oslo führende R 2 und biegen auf die Reichsstraße 20 ab, die in ihrem Verlauf bis Elverum dem weit ausladenden Muldental der Glomma (s. Abb.) folgt. Immer wieder finden sich entlang dieser Strecke gute Bademöglichkeiten im Fluß, aber sonst wird wenig Abwechslung geboten, und so sei die Empfehlung ausgesprochen, in Roverud, 10 km nördlich von Kongsvinger, auf den Finnskogvegen abzuzweigen, der im wesentlichen der R 205 und der R 202 folgt und eine Schleife durch die Waldgebiete des Finnskogen (s. Abb. S. 152/153) beschreibt, bevor er bei Flisa wieder auf die R 20 stößt. Der Umweg beträgt rund 40 km, fällt aber angesichts der Wildmark-Eindrücke, die man auf dieser überaus einsamen Wald- und Seenstrecke genießen kann, überhaupt nicht ins Gewicht. Die Silbe *finn* deutet übrigens an, woher die Gegend ihren

Namen hat, denn im 16. Jahrhundert siedelten sich hier zahlreiche Finnen an. Sie betrieben Brandrodungswirtschaft und säten Roggen in die Asche des verbrannten Waldes. Seit die Norweger hier Fuß faßten (18. Jh.), wurden die finnischen Siedler assimiliert, heute zeugen lediglich ein paar Ortsnamen von der untergegangenen Kultur.

43 km sind nun noch von Flisa bis **Elverum 5** (S. 274f.), der ›Hauptstadt der Wälder‹, zurückzulegen. In der Tat beginnt die Wildnis direkt vor der Haustür dieses 7500 Einwohner großen Städtchens, das sich landesweit einen guten Namen bei Jägern und Anglern gemacht hat. So kommt es auch nicht von ungefähr, daß hier 1954 das Norwegische Forstmuseum gegründet wurde. Es ist des Landes einziges Spezialmuseum für Forstwirtschaft, Jagd und Süß-

wasserfischerei, ist vorbildlich aufgebaut und besitzt außer dem einzigen Süßwasserfisch-Aquarium Norwegens ein eigenes Arboretum (80 Baumarten), ein Multimediazentrum (Diashow: ›Die norwegischen Nationalparks‹), eine große ornithologische Abteilung sowie – auf der Glomma-Insel Prestøya – eine 5 ha große Freiluftabteilung, die mehr als 30 Gebäude umfaßt.

89 Gebäude auf einer Fläche von 170 ha gar gilt es im benachbarten Glomsdalsmuseum zu besichtigen. Es ist das drittgrößte Freilichtmuseum Norwegens, seine historischen Bauwerke sind repräsentativ für das gesamte Glommadal, das nördlich von Elverum Østerdal genannt wird. Diese Bauerntalung, die von der Reichsstraße erschlossen wird, ist schon seit alter Zeit eine Siedlungs- und Kulturinsel in den fast

Der Winter hat einen neuen Namen

Die Olympischen Winterspiele in Lillehammer sind vorbei, geblieben sind die Erinnerungen an tiefverschneite Winterlandschaften unter blauem Himmel, an herrliche Pisten und Loipen ganz ohne jeden Rummel, nicht zuletzt auch an gemütliche Unterkünfte und herzliche Gastgeber. Das norwegische Wintermärchen, von Millionen Menschen auf dem Bildschirm verfolgt, hat einen ganzen Kontinent verzaubert, ja dem Winter als solchen einen neuen Namen gegeben: Norwegen!

Mehr als drei Dutzend Wintersportzentren von internationalem Zuschnitt werben hier, wo das Skifahren seine Heimat hat und der Winter lang ist, mit tausenden Loipenkilometern und ungezählten Abfahrtspisten in allen Schwierigkeitsgraden um die Gunst der Besucher. Rodeln und Schlittschuhlaufen kann man überall, fast überall auch werden Hundeschlittentouren angeboten; nachts bimmeln mit Fackeln geschmückte Pferdeschlitten durch die Wälder, und anstatt mit turbulentem Aprés-Ski (obwohl auch der zu haben ist) läßt man hier die Tage mit *gløgg*, dem hochprozentigen skandinavischen Glühwein, am offenen Kaminfeuer ausklingen. Auch Gebirgs- und Gletschertouren, Skispringen und Biathlon, Hanggliding und Heliski stehen vielerorts auf dem Programm. Hoch oben in Nordland, Troms sowie der Finnmark werden unter einem Himmel, über den die Nordlichter tanzen, Hundeschlitten-,

Rentier- sowie auch Schneescooter-Safaris mitsamt Übernachtungen in Samenkoten angeboten. Die berühmte Lofot-Fischerei (s. S. 236) ist zwischen Anfang Februar und Ende März eine weitere Attraktion für alle, die das ausgefallene Wintererlebnis suchen, und wer einmal unter der Mitternachtssonne im April auf Spitzbergen mit Skiern, Scooter oder Hundeschlitten zu den Eisbären unterwegs war, den wird die *terra polaris* wohl immer wieder anziehen.

menschenleeren Wald- und Fjellregionen Ost-Norwegens gewesen. Da sie sich aber bei weitem nicht so abwechslungsreich präsentiert wie die anderen großen Bauerntalungen des Ostens – etwa das Gudbrandsdal (s. S. 176ff.), das Hallingdal (s. S. 110f.) und das Numedal (s. S. 105ff.) –, soll hier ein anderer Weg eingeschlagen werden. Wer allerdings knapp an Zeit und vor allem nordwärts orientiert ist, fährt weiter über die R 3, die bei Ulsberg, rund 120 km südlich Trondheim, auf die E 6 trifft.

Wir verlassen nun das Tal der Glomma, biegen auf die R 25 ab und passieren wenig später den Starmoen-Freizeitpark, dem u. a. ein Segelflugzentrum angeschlossen ist. Wer das Østland aus der Vogelperspektive sehen möchte, der hat hier Gelegenheit, als ›Copilot‹ mitzufliegen. Auch Freunde ursprünglicher Natur kommen auf ihre Kosten, denn die gesamte Region östlich von Elverum ist äußerst dünn besiedeltes Wald- und Fjelland. Die Straße verläuft durch Kiefern-, Fichten- und Birkenwald, mal breiten sich Moore aus, mal kleine Sumpftümpel, mal wachsen graue Fjellrücken aus der Landschaft. Bei Gottenborg, wo der höchste Punkt dieser Etappe erreicht wird (590 m), genießt man ein beeindruckendes Panorama über die Taiga, aus der im Norden die schwarzbraunen Bergbuckel des 1139 m hohen Trysilfjells aufragen. Dorthin soll die Fahrt nun gehen, und wieder ist der Wald ständiger Begleiter bis bei Nybergsund der Trysilelv überquert wird und wir nach links auf die R 26 gen Trysil einbiegen.

Trysil – ›Hauptstadt der Wildnis‹

6 (S. 312f.) Trysil, der 2200 Einwohner große (auch Innbygda genannte) Hauptort der gleichnamigen Gemeinde, liegt zu Füßen des Trysil-Gebirges inmitten eines der größten Waldgebiete des Landes: im sogenannten Siebenmeilenwald. Dieser wiederum breitet sich in einer der am dünnsten besiedelten Regionen Norwegens aus, nur zwei Einwohner teilen sich hier statistisch einen Quadratkilometer. Elche dagegen gibt es in großer Zahl, Bären, Wölfe und Luchse noch vereinzelt, zudem leben hier mehr Biber, Forellen und Äschen als in anderen Regionen des Königreiches. – Den Titel ›Hauptstadt der Wildnis‹ trägt Trysil also zu Recht. Dank einer ausgezeichneten Infrastruktur gilt der Ort heute als bedeutendstes Outdoor-Zentrum in diesem Teil Skandinaviens: Auf dem Trysilelv und anderen Flüssen werden Wildwasser-Rubberboot-Fahrten, Floß- und Kanutouren unternommen, Kanukurse abgehalten sowie Angeltouren angeboten. Auch an organisierten Wald- und Fjellwanderungen sowie Elch-, Biber- und Wildnissafaris kann man teilnehmen, und es gibt praktisch jedes Transportmittel vom Pferd bis zum Flugdrachen zu leihen.

Obendrein besitzt Trysil ein kulturelles Angebot, das weit über die Gemeindegrenzen hinaus bekannt ist. Auf zahlreichen Veranstaltungen werden im Sommer alte Tänze aufgeführt – etwa der Bärentanz –, die alten Trachten getragen und die alten Weisen gespielt. Immer kann man sich mitten im Ort an den insgesamt 21 historischen Gebäuden des Trysil Bygdetun erfreuen, in denen Handwerker wie zu ›Opas Zeiten‹ arbeiten. Dieses Museumsdorf wurde bereits 1901 gegründet und ist damit Norwegens ältestes Freilichtmuseum überhaupt.

Gleich zwei Nationalparks (s. S. 158f.) liegen in der Nähe, Schweden ist nur ein paar Kilometer entfernt, auch die Hoch-

Wintersport in Trysil

fjellregionen und Bauerntalungen im Westen können schnell erreicht werden, und alles in allem bietet Trysil auch für die Dauer eines ganzen Urlaubs mehr als genug Abwechslung. Und dies rund ums Jahr, denn der Winter, der hier von November bis Mai währt, beschert der Region wahre Berge an Schnee und zieht Jahr für Jahr mehr Winter-Urlauber an. Über 500 km markierte Loipen, 14 Lifte, zahlreiche, teils beleuchtete Slalom- und Abfahrtspisten sowie Skischulen machen Trysil, Heimat des ältesten Skiclubs der Welt (gegründet 1861), neben allen anderen Superlativen auch zu einer der bestausgebauten Wintersportregionen des Nordens.

Zum Femund-See

Hinter der Ortsausfahrt wird die R 26 wieder vom großen Wald ›verschluckt‹, bis sie, bei Jordet, an den Trysilelv her-

anführt. Einige hundert Meter weiter zweigt links ein schmaler Mautweg zum Trysil-Knuts Fjellsenter ab, das sich bei Anglern (insbesondere auf Blaufelchen, Forelle und Äsche) und Wildmarkwanderern großer Beliebtheit erfreut. Es schließt sich eine Fahrt durch das 35 km lange **Engerdal** 7 (S. 275) an. Dieses Tal, das teils vom Engeren-See ausgefüllt wird, gehört zu den ganz wenigen Regionen Norwegens, in denen heute noch Almwirtschaft betrieben wird. Wer wissen will, wie eine norwegische Alm (*seter*) funktioniert, kann das Seter-Museum in Engerdalssetra (s. u.) besuchen und sich dort oder bereits in Trysil informieren, wann welche Alm ihren ›Tag der offenen Tür‹ hat (meist im Juli).

In **Heggeriset**, am Nordende des Engeren, kann man sich einweisen lassen in die hohe Kunst der Herstellung von Fliegen für das Angeln, denn für viele Haushalte ist hier das Binden der Köder eine lukrative Nebeneinnahme. 3 km nördlich des Ortes, in der Werkstatt von Erling Sands, sind gleich mehr als 20 000, zum Teil viele hundert Jahre alte Fliegenrezepte archiviert. Hier kann man die Fliegen auch käuflich erwerben und erschöpfend Auskunft über die besten Angelreviere der Region bekommen.

13 km weiter passieren wir **Engerdalssetra** mit dem Seter-Museum. In **Drevsjø** schließlich lädt das Blokkodden Wildmarkmuseum zum Besuch ein. Es vermittelt einen Eindruck vom Leben und Wirtschaften in der Wildnis zu früheren Zeiten und informiert auch über Rentierzucht und das Volk der Samen. Zwischen dem 17. und 19. Jahrhundert wanderten mehrere Samenfamilien von der Finnmark bis hierher, um neue Weideplätze zu finden, und heute noch leben ihre Nachfahren bei Elgå nördlich von Drevsjø von der Rentierzucht.

Elgå liegt am Ostufer des **Femund** 8 (S. 275), Norwegens drittgrößtem Binnensee, der sich 4 km hinter Drevsjø öffnet. Der Anblick der riesigen, in Wälder gebetteten und von bis über 1400 m hohen Bergen umgebenen Wasserfläche ist beeindruckend und läßt wohl automatisch den Wunsch auf eine Bootsfahrt aufkommen. Den kann man sich erfüllen, denn die ›M/S Femund II‹ verkehrt täglich im Liniendienst auf der Strecke Femund – Elgå – Jonasvollen – Femundshytta – Sørvika (Busanschluß nach Røros) und zurück, quert somit den See in seiner gesamten Länge und bietet sich auch für all diejenigen an, die den Femundsmarka-Nationalpark (s. S. 158f.) wandernd erkunden wollen.

Auch ›Selbstfahrer‹ kommen voll auf ihre Kosten, denn am Femund liegt eines der größten Kanu-Zentren Skandinaviens. Man kann Kurse absolvieren, freilich auch Kanus und alles, was dazugehört, ausleihen und an organisierten Touren teilnehmen.

Auf dem Rørosvegen

MItte des 18. Jahrhunderts begann die Ausbeutung der Wälder insbesondere entlang dem Westufer des Femundsees, da für die Kupferwerke in Røros (s. S. 166) Unmengen von Holzkohle benötigt wurden. So entstand der Rørosvegen, der heute größtenteils identisch ist mit der R 26, die den weiteren Verlauf unserer Route markiert. Ab Femund geht es nur noch ein kurzes Stück am Seeufer entlang, dann wendet sich die Straße landeinwärts und erreicht bald den Isterfossen, über den sich der Trysilelv ergießt. Der Wasserfall gilt als einer der besten Angelplätze weit und breit, aber auch der angrenzende Isteren-See ist für seinen Reichtum insbesondere an Hechten und Felchen bekannt. Ebenso fischreich (Äschen und Forellen) ist der Sømåa-Fluß bei Joten, einem ehemaligen Übernachtungsplatz der Holzkohlefahrer.

Ein Stück weiter nördlich genießt man noch einmal einen schönen Ausblick über den rechts sich erstreckenden Femund hinüber bis Elgå und den darüber aufragenden Store Svuku (1415 m), dann wendet sich die Straße endgültig vom See ab, steigt sacht zum höchsten Punkt der Strecke an, der bei Kvilangen (790 m) erreicht wird, und führt durch eine karge Mittelgebirgslandschaft weiter nach **Narbuvoll**. Der Ort liegt nahe der Grenze zu Sør-Trøndelag und zeigt mehrere Gehöfte im typischen Stil dieser Landschaft (langgestrecktes, mehrgeschossiges Haupthaus, das mehreren Generationen gleichzeitig als Wohnung diente). Bei **Os** mündet die Reichsstraße 26 auf die von Koppang im Østerdal kommende R 30, der wir nach rechts Richtung Røros folgen wollen.

Die Kupferstadt Røros

9 (S. 304f.) Røros, aus Holz gebaut und entsprechend altersspröde, ist eine Stadt in Dunkelbraun und Kupferrot, denn Kupferschlacke war es, die den Häusern im Laufe der Jahrhunderte ihre markante Farbe gab. Die Stadt, die als einziger Ort Skandinaviens auf der World Heritage List der UNESCO steht, verdankt ihre Existenz der Entdeckung von Kupfererz im Jahre 1644. Erst mit dem Konkurs der Røros-Kupfergesellschaft in 1977 ging die 333 Jahre währende Epoche zu Ende, die auch zahlrei-che deutsche Bergleute, insbesondere aus Sachsen, hierher lockte. Aber das Ende des Bergbaus bedeutete keinen unüberbrückbaren finanziellen Einbruch, waren doch im Verlauf des 20. Jahrhunderts andere Wirtschaftszweige (u. a. Holzverarbeitung) erschlossen worden. Seit den 80er Jahren wird ein Großteil der Einnahmen durch den Fremdenverkehr erzielt.

Sehenswürdigkeiten gibt es mehr als genug, denn der gesamte alte Ortskern der heute 3300 Einwohner zählenden Stadt präsentiert sich mit seiner geschlossenen altertümlichen Bebauung

In Røros

als ein wahres Kleinod und läßt Geschichte im Sinne des Wortes lebendig werden. Blockbauten mit Butzenscheiben und Graspolstern auf den Dächern reihen sich hier in engen Straßen und Gassen aneinander, und insbesondere die **Bergmannsgata** fasziniert mit einer dichten Sammlung alter Häuser. Die meisten stehen unter Denkmalschutz, sind aber dennoch bewohnt. Als das älteste Haus gilt hier der Rasmusgård (Hausnummer 9), erbaut wahrscheinlich um 1680. Das älteste Haus mit drei Geschossen ist der Bekholdtgård (Nr. 14), der Bergskrivergård (Nr. 15) wurde 1793 errichtet, doch allerälteste Bausubstanz bietet der etwas westlich vom Ortskern gelegene **Aasengård.** Er wurde zwischen 1620 und 1644 von jenem Hans Olsen Aasen errichtet, der auch die Erzvorkommen entdeckte, und befindet sich bereits seit elf Generationen in Familienbesitz.

Unterhalb der großen Schlackehalde, die der Stadt ein ganz eigenes Gepräge gibt, befindet sich am Malmplassen (Erzplatz), das **Røros-Museum,** das in der alten Schmelzhütte untergebracht ist. Hier sind die alten Gruben- und Verhüttungssysteme als Modell zu betrachten, es wird aber auch die Geschichte der Stadt nachgezeichnet und eine historische Sammlung der ehemaligen Kupfergrube aufbewahrt. Nur ein paar Meter entfernt und von Fotos und Gemälden bekannt, ragt die barocke **Røros Kirke** auf, die 1779–84 erbaut wurde und Bergmannsschlegel und -hammer als Signum erhielt. Im Volksmund trägt der Steinbau (der einzige der Altstadt) den Beinamen ›Bergstadens Ziir‹, er ist Wahrzeichen der Stadt sowie Nationalmonument des Reiches.

Hauptattraktion aber ist die **Olavsgrube,** als nationales Bergwerksmuseum 1979 eröffnet und 13 km nordöst-lich der Stadt an der R 31 Richtung Schweden gelegen. 1935 wurden hier die bis dahin reichsten Kupfervorkommen entdeckt, bis 1973 konnten mehr als eine Million Tonnen Erz abgebaut werden (was ca. 12 000 t reinem Kupfer entspricht). Im Rahmen von Führungen dürfen Besucher heute bis 500 m weit in die 50 m tiefe Grube einsteigen, deren Innentemperatur konstante 5 °C beträgt (warme Kleidung nicht vergessen!). Ausgeklügelte Licht- und Toneffekte vermitteln den Anschein, als wären die Abbauarbeiten unverändert in Gang, und da die Maschinen noch allesamt vorhanden sind, erfährt man hier einiges über die Abbaumethoden.

Nach Trondheim

154 km trennen Røros von Trondheim, der ›heiligen Stadt der Mitte‹. So biegen wir auf die mit ›Støren‹ ausgeschilderte R 30 ab, die uns, an mehreren alten Gruben vorbei, schnell über die Weite der Rørosvidda nach Harborg, zum mit 670 m höchsten Straßenpunkt der Etappe, führt. 4 km weiter passieren wir die Abzweigung nach **Ratvolden**, dem Haus des Schriftstellers Johan Falkberget (1879–1967), der in seiner großen Trilogie, die in der deutschen Übersetzung den Titel ›Im Zeichen des Hammers‹ trägt, eindrucksvoll und packend das Leben der Bergleute von Røros geschildert hat.

Sonst ist über die Strecke, die bald ins Gauldal führt, nicht viel zu berichten, denn der Talzug wird zum größten Teil landwirtschaftlich genutzt, ist auch relativ dicht besiedelt und bietet weder in landschaftlicher noch kultureller Hinsicht Großartiges. So erreichen wir Støren und damit die Europastraße 6, der wir nach rechts, gen Trondheim, folgen.

Route 7: Auf der ›Via Scandinavia‹ – Vom Svinesund nach Trondheim

Hier also geht es um die Standardroute des Tourismus in Norwegen, die in der Regel von all denen bevorzugt wird, die vorwiegend nordwärts orientiert sind. Daß die Europastraße 6, um deren südlichen Abschnitt es auf den nachfolgenden Seiten geht, während der Sommersaison stark, teils auch außerordentlich stark frequentiert wird, versteht sich fast von selbst. Immer wieder aber bieten sich auch herrliche Alternativstrecken an, und Verkehr hin, Verkehr her: Die E 6 quert einige der landschaftlich wie auch kulturhistorisch beeindruckendsten Regionen des Königreiches.

Es beginnt mit einer Fahrt durch Norwegens ›ältesten‹ Landesteil; sodann geht es an Oslo vorbei durch altes Bauernland an den größten See des Landes heran, an dem auch Lillehammer liegt und wo u. a. einzigartige Fahrten mit einem historischen Raddampfer locken. Lillehammer spricht für sich, und das sich nordwärts anschließende Gudbrandsal, ›Tal der Täler‹ im Bewußtsein der Norweger, bietet sowohl dem Natural- als auch dem Kulturfreund genug an Abwechslung für einen ganzen Urlaub. Vorbei am gewaltigen Rondane-Gebirge geht es sodann hinauf aufs Dovrefjell, die Heimat wilder Moschusochsen und Paradies für Wanderer, anschließend nach Trondheim.

Festungsstädte auf »klassischer« Erde

Die Standardroute nach Trondheim, ja durch Norwegen hindurch, folgt der Europastraße, die in ihrem Verlauf ab der südschwedischen Hafenstadt Trelleborg über Malmö, Helsingborg und Göteborg aber eher wenig landschaftliche Reize bietet. Das ändert sich erst direkt an der Grenze, wo sich eine 420 m lange und 60 m hohe Brücke über den **Svinesund** **1** spannt. Das Panorama auf die fels- und waldgesäumte Wasserstraße, die sich nach Westen zum Skagerrak öffnet, ist ein imposanter Auftakt unserer Reise. Bereits 3 km nach Passieren des Grenzübergangs (mit Informations-Kiosk sowie Wechselstube) hat man Gelegenheit, nach **Halden** (s. S. 156) abzubiegen, um das wichtigste militärgeschichtliche Denkmal Norwegens zu besuchen.

Wer nur an ›nördlichsten Einmaligkeiten‹ orientiert ist, verliert vor lauter Raserei schnell die Reiselust und wird sich das Land nicht erschließen können. Denn dann fährt man sicher vorbei an den Schildern ›Helleristninger‹, die auf Vor- sowie Frühgeschichtliches hinweisen, womit Østfold, der ›älteste‹ Landesteil, reich gesegnet ist. Bronzezeitliche Felszeichnungen, Grabhügel aus der Wikingerzeit und Runensteine finden sich hier in großer Anzahl, weshalb die bei Skjeberg von der E 6 abzweigende R 110 auch ›Sagazeit-Weg‹ oder ›Altertumsstraße‹ heißt.

Sie führt nach **Fredrikstad** **2** (S. 277) an der Mündung der Glomma, das 1567 von König Frederik II. als Festung gegründet wurde. Die Altstadt (Gamlebyen) gilt als bestbewahrte Festungsstadt Skandinaviens und bildet gleichzeitig den Rahmen für Norwegens zweitgrößte Parkanlage. Mehr als 5 km Fußwege führen durch verwinkelte Kopfsteinpflastergassen und entlang

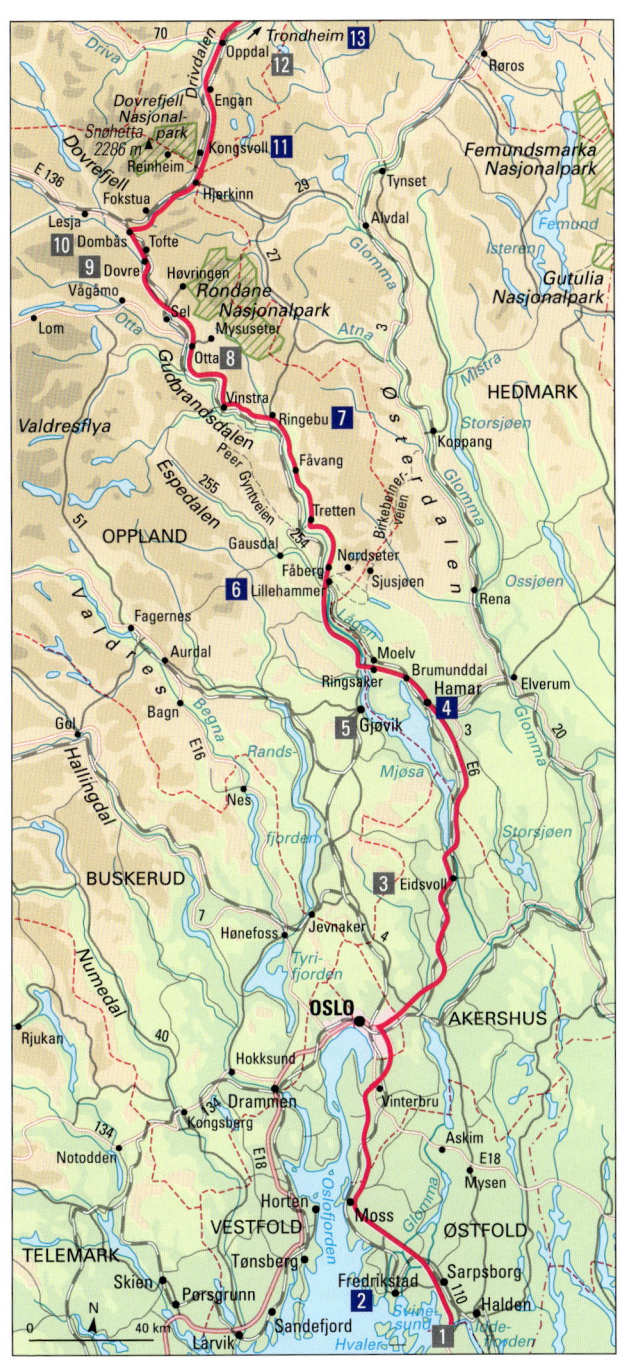

Route 7: Vom
Svinesund nach
Trondheim

breiter Wallgräben sowie über Zugbrükken zu Kanonen, Kasematten und jahrhundertealten Häusern, in denen zahlreiche Künstler und Kunsthandwerker ihre Werkstätten haben. Auch das Stadtmuseum, in dem das Militärische vorherrscht, ist hier zu finden. Von den hohen Wällen aus genießt man ein ums andere Mal eindrucksvolle Ausblicke über die breite Glomma hinweg zur Neustadt, die mit regelmäßig verkehrenden Booten zu erreichen ist. Dort ragt die Domkirche auf, die 1879 im neugoti-

schen Stil erbaut wurde und Norwegens größte mechanische Orgel mit insgesamt 4000 Pfeifen beherbergt.

Wer länger in Fredrikstadt verweilt, sollte unbedingt einen der angebotenen Bootsausflüge durch die Schären nach Strömstad/Schweden oder zur Inselgemeinde **Hvaler** buchen, die als eines der schönsten Gebiete der norwegischen Schärenküste gilt und – über die R 108 – auch landfest erreicht werden kann.

Die R 110 führt zur E 6 zurück, die hinter der Industriestadt Moss, von wo aus

Höfe auf, deren ochsenblutrote Fassaden auf Blumenwiesen von leuchtender Pracht blicken. Man sieht viel Grün, aber auch an blauer Farbe mangelt es nicht, denn allenthalben plätschern Flüsse und erstrecken sich Seen, unter anderem der mit 368 km² Fläche größte See Norwegens, der Mjøsa.

Am Mjøsa-See

Der Südzipfel des Mjøsa-Sees wird bei **Eidsvoll**  (S. 274) erreicht, 3 km abseits der E 6 an der R 181 gelegen und jedem Norweger ein Begriff. Hier nämlich wurde am 17. 5. 1814 die norwegische Verfassung beschlossen, der zu Ehren der 17. Mai norwegischer Nationalfeiertag ist. Das Gebäude, in dem die auf Montesquieus Gedanken beruhende Verfassung proklamiert wurde, ist in seinem Originalzustand erhalten und als historisches Museum der Öffentlichkeit zugänglich. Sehenswerter, zumindest für Nicht-Norweger, ist aber wohl das Eidsvoll-Bygdetun, ein 26 historische Gebäude umfassendes Freilichtmuseum. Haupt-Touristenmagnet dieser Region ist jedoch der Mjøsa-See, der als Familien-Urlaubsparadies gepriesen wird. Unzählige Bade- und Campingplätze, Ferienanlagen und Hotels liegen an den Ufern verstreut, und im Verlauf der folgenden 120 km bis nach Lillehammer wird die tiefblaue und in Wiesen, Felder und Wälder gebettete Wasserweite des Sees nahezu ständiger Begleiter sein.

Doch die Straße ist schnell, zu schnell vielleicht für das Genießen von See und Landschaft, und so bietet es sich an, in Eidsvoll das Fahrzeug zu wechseln,

Fähren über den Oslofjord nach Horten verkehren (Anschluß mit Route 1; s. S. 68), zur Autobahn ausgebaut ist. Bei Vinterbru kreuzt die E 18 unseren Weg, und wer Oslo (s. S. 56ff.) besuchen will, sollte ihr folgen, denn die E 6 führt um die Landeshauptstadt herum. So geht es durch die östlichen Vororte Oslos, die wie Peripherien anderer Städte wenig einladend sind. Doch bald öffnet sich das Land, auf dem vor allem Getreide angebaut wird. In großem Abstand tauchen hinter alten Bäumen stattliche

nämlich mitzufahren auf dem »weißen Schwan der Mjøsa«, wie der 1856 erbaute Raddampfer ›Skibladner‹ liebevoll genannt wird. Das Schiff, dessen Name der altnordischen Mythologie entlehnt wurde, gilt als älteste noch im Liniendienst stehende Binnenseefähre der Welt und verkehrt von Mitte Mai bis Mitte September mehrmals wöchentlich auf der Strecke nach Hamar (s. u.), von wo man noch am gleichen Tag per Bus oder Zug nach Eidsvoll zurückgelangen kann.

Auch in **Hamar** 4 (S. 280) kann man den Raddampfer besteigen und entweder nach Eidsvoll oder nach Lillehammer (s. u.) und weiter nach Gjøvik (s. u.) auf der anderen Seeseite fahren. Hamar, mit rund 25 000 Einwohnern übrigens die größte Stadt Norwegens, die nicht am Meer liegt, entstand schon im Mittelalter rund um das Bistum, das 1152 errichtet wurde. Nur die eindrucksvollen Domkirchen-Ruinen sind aus jenen Tagen erhalten, sie liegen heute neben den Überresten der alten Bischofsburg inmitten des Hedmark-Freilichtmuseums. Die Anlage umfaßt außerdem 40 weitere Gebäude (von denen das älteste aus der Zeit um 1600 stammt) sowie ein großes Freizeitgebiet mit Picknickplätzen und guten Bademöglichkeiten im See. Nahebei lädt das Eisenbahnmuseum zum Besuch ein, das 1896 gegründet wurde und das größte seiner Art in Skandinavien ist. Es besitzt ein rundes Dutzend Dampflokomotiven – die älteste wurde 1861 von Robert Stephenson gebaut – sowie eine 750 mm Schmalspurbahn, die zwischen dem Museum

Die Olympiahalle in Hamar

und dem 1,5 km entfernten Bahnhof Killingmo verkehrt. Sehenswert ist außerdem die einem Wikingerschiff nachempfundene Olympiahalle (neben Lillehammer waren Hamar und Gjøvik Austragungsort der Olympischen Winterspiele 1994) – größte Sporthalle der Welt und ein treffliches Beispiel moderner norwegischer Architektur –, die auf die gegenüber liegende Akersvika blickt. Dieses Naturschutzgebiet vor den Toren der Stadt umfaßt ein Sumpfgebiet mit reichem Pflanzenbestand und gilt bei Ornithologen als eines der interessantesten Vogelgebiete Ost-Norwegens.

Die E 6 verläuft weiter nach Brumunddal, und wer sich einen Gesamt-Überblick über den Mjøsa-See und das ihn umgebende Land verschaffen möchte, sollte östlich dieses Städtchens das Wintersportgebiet **Hosbjør** besuchen, von wo man aus 576 m Höhe ein phantastisches Panorama genießen kann. Im nahe Hamar gelegenen **Ringsaker** ist nicht die Landschaft zu bewundern, sondern – in der Ringsaker Kirke, einer dreischiffigen romanischen Basilika aus dem 12. Jahrhundert – einer der kunstvollsten Altäre des Nordens. Das Schnitzwerk mit seinen überreichen Flügelmalereien entstand um 1520 in Antwerpen und wurde schon in der 1654 herausgegebenen ›Norvegia illustrata‹ als Kunstwerk von einzigartiger Schönheit gepriesen.

Es geht weiter nach Moelv, wo die E 6 zum Westufer des Mjøsa hinüberwechselt. Die mautpflichtige Mjøsbrua wurde 1985 eröffnet, ist 1420 m lang und gilt als eine der eindrucksvollsten Brücken Norwegens. Gleich hinter der Brücke zweigt die R 4, die nach Oslo zurückführt, links ab, und wer die weltberühmte Olympiske Fjellhall der Olympischen Winterspiele von 1994 einmal in Natura sehen möchte, sollte dieser Straße bis **Gjøvik** 5 (S. 278) folgen. Das Gebäude gilt mit seinen 10 000 m² als größte, in den Fels gesprengte Sporthalle der Welt und bietet Sitzplätze für 5100 Zuschauer. Sternchenverdächtig ist hier auch das Bauernmuseum Eiktunet, das 41 historische Gebäude umfaßt, aber keinem Vergleich mit dem berühmten Freilichtmuseum von Lillehammer, unserem nächsten Ziel, standhalten kann.

Lillehammer, mehr als nur eine Olympiastadt

6 (S. 288f.) Lillehammer, am Nordende des Mjøsa-Sees aus dem Marktfleck Litli Hamar entstanden, erhielt erst 1827 Stadtrechte und zählte damals nur 50 Einwohner. Mittlerweile leben rund 15 000 Menschen im Stadtbezirk. Bereits 1894 haben die ersten Urlauber den Weg hierher gefunden und die ausgesprochen reizvolle Lage und Umgebung gelobt. Heutzutage sind es Hunderttausende, und dies nicht erst seit 1994, denn die verkehrsgünstig am Eingang zum Gudbrandsdal gelegene Stadt galt schon vor dem Erfolg der Olympischen Winterspiele als ›das‹ Touristenzentrum Norwegens.

Die größte Attraktion ist das **Maihaugen-Freilichtmuseum,** das als eines der schönsten Skandinaviens gerühmt wird und mit 150 alten Gebäuden auf einer Fläche von 40 ha gleichzeitig eines der größten des gesamten Subkontinentes ist. In seinem Aufbau präsentiert es sich als eine Miniaturausgabe des Gudbrandsdals (aus dem auch alle Gebäude sowie die meisten der rund 40 000 Ausstellungsstücke stammen). Begründet wurde diese einzigartige kulturhistorische Sammlung von dem Zahnarzt Anders Sandvig (1862–1950),

Gipfelfahrten im ›Reich des Peer Gynt‹

Für die Weiterfahrt von Lillehammer gen Norden bieten sich außer der E 6, die dem Gudbrandsdal folgt, zwei außerordentlich attraktive Alternativrouten an, die parallel zur Europastraße verlaufen und bei Vinstra wieder in sie einmünden. Die R 255 folgt dem wilden Gaus- und Espedal und führt vorbei an den größten Gletschermühlen Skandinaviens (bis zu 30 m Durchmesser und 50 m Tiefe). Entlang dem mautpflichtigen Peer Gyntveien (s. S. 303) hingegen eröffnen sich atemberaubende Panoramen, die vom wildromantischen Rondane-Gebirgszug (s. S. 178f.) im Norden zu den hochalpinen Frost- und Reifriesen Jotunheimens (s. S. 122) im Westen reichen. Seine Verlängerung hinter Vinstra, der Peer-Gynt-Seterweg (in Vinstra gen Osten ausgeschildert), führt durch typische Almlandschaften auf der Ostseite des Gudbrandsdals hinauf nach Rondablikk (Ausgangspunkt für einen Besuch des Rondane-Nationalparks; s. S. 179), bevor er wenige Kilometer nördlich von Vinstra wieder auf die Europastraße 6 einmündet.

Das Aktivitätsangebot im ›Reich des Peer Gynt‹ umfaßt Kanufahren, Paddeln, Elchsafaris, Gletscherwanderungen, Rafting, Reiten, Angeln, Radfahren und vieles mehr, zudem laden hier einige traditionsreiche und schöne Hochgebirgshotels ein. Nicht zu vergessen das Peer Gynt-Festival, das alljährlich in Vinstra veranstaltet wird und den Ort 10 Tage lang in eine einzige große Festspielbühne verwandelt.

Lillehammer: Im Freilichtmuseum Maihaugen

der von Lillehammer aus einen der größten zahnärztlichen Distrikte Norwegens betreute und eines Tages beschloß, den ›alten Plunder‹ seiner Patienten aufzukaufen, um ihn vor der Zerstörung zu retten. 1894 kehrte er gar mit einem ganzen zerlegten Haus zurück, fünf weitere kamen bald hinzu, und als sein Garten nicht mehr genügend Platz bot, wurden Sandvigs Sammlungen 1904 nach Maihaugen (Maihöhe) überführt, wo sie als Sinnbild lebendiger Traditionen noch heute zu bewundern sind. In einem Neubau sind zudem mehrere Dutzend historische Werkstätten aus ganz Norwegen zu betrachten, außerdem zahlreiche interessante Spezialsammlungen, und in der Geschichtsausstellung »Wie das Land unser wurde« kann der Besucher die Geschichte Norwegens von der Eiszeit bis heute zu Fuß durchwandern.

Den Anspruch, eine Kulturarena für das ganze Land zu sein, unterstreicht Lillehammer darüber hinaus mit seinem **Kunstmuseum,** das auch als ›Norwegens zweite Nationalgalerie‹ bezeichnet wird und insgesamt rund 500 Werke norwegischer Maler von J. C. C. Dahl über die Nationalromantiker und Edvard Munch bis zu den Kunstschaffenden unserer Tage besitzt.

Was Hamar für Eisenbahnfans, ist Lillehammer für Auto-Enthusiasten, denn hier befindet sich auch Norwegens einziges **Fahrzeugmuseum,** das die Entwicklung vom Schlitten über Kutschen bis hin zum Auto nachzeichnet. Auch äußerst ungewöhnliche Mobile sind hier zu betrachten, so ein Fahrzeug, in dem zwei Personen hintereinander Platz fanden und dessen Vorderräder im Winter durch Skier ersetzt werden konnten.

Ansonsten gehört auch in Lillehammer ein Ausflug mit dem Raddampfer ›Skibladner‹ (s. o.) zu den touristischen Höhepunkten. Seit 1994 gilt zudem der **Olympiapark** Lillehammer als Anziehungspunkt. Eine Fahrt mit dem Sessel-lift z. B. zur Lysgårdsbakkene-Skisprung-anlage ist unvergeßlich, vom Sprung-turm der höchsten Schanze aus genießt man Ausblicke wie aus dem Flugzeug.

14 km außerhalb von Lillehammer liegt auf einer Höhe von 800 m **Nordse-ter** (S. 297), das als »Dach der Olympia-stadt« bezeichnet wird. Die Straße zum gut ausgebauten Sommer- und Winter-Touristenzentrum bietet herrliche Aus-blicke, ebenso die dort beginnende ab-gabepflichtige Schotterstraße, die zum Sjusjøen führt (Norwegens größter Hüt-ten-›Stadt‹) und auf bis über 1000 m Höhe ansteigt. Von dort kann man noch weiter fahren, nämlich über den histori-schen Birkebeinerveien nordostwärts ins Østerdal. Vom höchsten Punkt der Straße aus umfaßt der Blick das ge-samte Bergland zwischen Jotunheimen im Westen und Rondane im Norden.

Durch das Gudbrands-dal, das ›Tal der Täler‹

Nördlich von Lillehammer öffnet sich das vom Lågen durchzogene und von 180 m (Lillehammer) bis 659 m Höhe (Dombås) ansteigende Gudbrandsdal, das – sieht man von den Wasserwegen entlang der Vestlandküste ab – den älte-sten Handels- und Verkehrsweg nach Norden markiert. Auch der ›Königsweg nach Trondheim‹ führte durch diesen rund 200 km langen Talzug, der im Aus-land vor allem durch die Nobelpreisträ-gerin Sigrid Undset bekannt wurde, die in ihrer Romantrilogie ›Kristin Lavrans-tochter‹ beschreibt, wie die Menschen hier im Mittelalter lebten. Henrik Ibsens ›Peer Gynt‹ und Edvard Griegs ›Peer Gynt Suite‹ verdankt das Tal seine Be-rühmtheit, und anläßlich der Winter-olympiade 1994 in Lillehammer gingen

Bilder und Filme vom Gudbrandsdal um die Welt. Entsprechend eng geht es zwi-schen Mitte Juni und Mitte August zu, die E 6 wird dann zum Nadelöhr, so daß es sich zu dieser Zeit empfiehlt, wann immer möglich, Nebenstrecken zu be-nutzen (s. S. 174).

Auf der E 6 gelangen wir von Lilleham-mer schnell nach Fåberg und dem nörd-lich gelegenen Hunderdamm (280 m lang, 16 m hoch), der den Lågen auf 7 km Länge staut. Am jenseitigen Ufer befindet sich das **Hunderfossen Leke-land,** eine Art norwegische Version von Disneyland, in dem all das geboten wird, was das Herz (nicht nur) des Kin-des erfreut. Hauptattraktion des Vergnü-gungsparks ist der »größte sitzende Troll der Welt«, in dessen Innerem sich eine Abenteuergrotte befindet. Norwe-gische Volksmärchen werden hier le-bendig, und während sich die Kleinen daran erfreuen, können die Großen einen Abstecher ins benachbarte Nor-wegische Straßenbaumuseum unter-nehmen, in dem anschaulich dargestellt wird, wie mühsam es in Norwegen war und ist, Verkehrswege anzulegen.

Bei Tretten zweigt die zum Peer Gynt-Weg (s. S. 174) führende R 254 ab, zwi-schen Fåvang und Ringebu lohnt ein 2 km weiter Abstecher zur Stabkirche von **Ringebu** [7] (S. 303). Um das Jahr 1200 entstanden, ist sie eine der ältesten Stabkirchen des Königreiches, auch wenn sie, aufgrund zahlreicher Umbau-ten, heute zumindest für den Laien kaum noch typische Stilelemente (s. S. 108f.) zeigt. Sehenswert ist sie dennoch, und insbesondere das Portal mit reicher Ranken- und Drachenornamentik sowie die Statue des St. Laurentius aus dem 12. Jahrhundert fordern Beachtung. Rin-gebu selbst ist Ausgangspunkt des Rondanevegen, der den Rondane-Natio-nalpark erschließt (s. S. 179).

Akanthusschnitzerei,
das schmückende Element

Bei soviel Fertigkeit in der Bearbeitung von Holz, wie sie die Norweger besitzen (s. S. 108f.), nimmt es nicht wunder, daß hier auch die Schnitzerei eine reiche Tradition hat. Wie der Osebergfund (s. S. 64) mit seiner kunstvoll verschlungenen Tierornamentik beweist, erreichte die Kunst der Holzschnitzerei im 9. Jahrhundert ihren ersten Höhepunkt. Die Wikinger hofften, damit böse Geister abwehren zu können. Auch in den folgenden drei Jahrhunderten kam diese Technik zur Anwendung, wofür der Portalschmuck an den Stabkirchen, insbesondere an der von Urnes (s. S. 142f.), der die nordische Holzreliefkunst in höchster Vollendung zeigt, als Beispiel stehen mag.

Das hochmittelalterliche Kunstschaffen war eher dürftig, im 15. und 16. Jahrhundert wurden Schnitzwerke aus Lübeck (etwa der Altarschrein in der Marienkirche von Bergen; s. S. 127f.) und Antwerpen importiert (u. a. der Flügelaltar der Kirche von Ringsaker; s. S. 173). Erst im 18. Jahrhundert erreichte die Holzschnitzerei in Norwegen eine neue Blüte, in der die alte Rankenfülle und Bewegtheit der Reliefs wieder auflebte. Doch deren Hauptmotive wurden nun nicht mehr der nordischen Mythologie entlehnt, statt dessen verwendete man das Akanthusblatt. Es wird seiner Form wegen auch Bärenklau genannt und war als Ornament besonders bei den Griechen ab Mitte des 5. vorchristlichen Jahrhunderts

beliebt. Der Akanthus taucht als Motiv in allen späteren Kunstepochen auf und gelangte, wahrscheinlich über Holland, nach Norwegen, wo er sich, insbesondere im Gudbrandsdal, das soeben durch den Verkauf der Krongüter an ihre Pächter zu Wohlstand gekommen war, schnell verbreitete.

Zuerst ging man daran, Kirchen im Akanthusstil zu dekorieren. Ein besonders gutes Beispiel findet sich in Lesja (an der R 9 16 km westlich von Dombås, s. S. 180). Kaum ein anderes Gotteshaus zeigt eine derartige Fülle alles überwuchernder Akanthusranken. Allmählich fand das neue Schmuckelement seinen Weg in die Bauernstuben, wo es Truhen, Schränke, Biergefäße und Butterfässer, ja das gesamte hölzerne Inventar schmückte, wovon man sich in den zahlreichen Freilichtmuseen des Gudbrandsdals überzeugen kann.

Im weiteren Verlauf der Strecke wird das Gudbrandsdal zusehends enger, Parkmöglichkeiten finden sich kaum noch, so daß man nur vom Autofenster aus vereinzelte Blicke auf die hoch oben an den steilen Talflanken klebenden Gehöfte werfen kann, die als Keimzellen der traditionsreichen Bauernkultur gelten und – so stolz und erhaben wie sie sich präsentieren – Ausdruck für die mit Norwegen assoziierte Kraft ländlicher Lebensformen sind. Die meisten stehen heute unter Denkmalschutz und sind zwischen 200 und 400 Jahre alt.

Wem bei **Otta** 8 (S. 303), Zentrum des nördlichen Gudbrandsdals und Kreuzpunkt der E 6 mit der R 15 (Route 5) der Blick aus der Taltiefe zur Bergeshöhe nicht mehr reicht, sollte hier einen kleinen Abstecher unternehmen. Die nach Mysuseter (8 km) und Raphamn ausgeschilderte Straße bietet während der Fahrt bis auf über 900 m Höhe manch schönen Blick. Beide Bergorte

sind heute ganz auf den Fremdenverkehr eingestellt, wer auf ›Schusters Rappen‹ die herbe Schönheit der Rondane-Gebirgswelt (s. S. 179) erleben will, findet hier ideale Ausgangspunkte. Für den Rückweg von der ehemaligen Alm Mysuseter bietet sich – aber nicht für Gespanne und größere Wohnmobile – die dort beginnende Privatstraße (abgabepflichtig) an, die bei Sel, 3 km nördlich von Otta, wieder auf die E 6 stößt und etwa auf halbem Weg die (von der Straße rund 10 Gehminuten entfernten) Kvitskriuprestene passiert: bis zu 6 m hohe Konglomeratsäulen, meist mit einem Steinhut obendrauf, die aus Moränenmaterial entstanden sind. Ihr norwegischer Name spielt auf Ähnlichkeiten mit weißgekleideten Priestern an, und nirgends sonst in Nordeuropa soll diese äußerst seltene glaziale Erosionsform in solcher Größe zu sehen sein.

Noch enger und unwegsamer wird nun das Tal und nimmt bei **Rosten**, wo

Im Rondane-Nationalpark: Rondvassbu

Der Rondane-Nationalpark

Zwischen den oberen Abschnitten des Gudbrands- und Atnadals sowie dem Dovrefjell erstreckt sich der Hochfjellbezirk Rondane, der von der E 6, R 27 und R 29 umrundet wird und mit seinen bis über 2000 m hohen Gipfeln, tiefen Schluchten und malerischen Tälern eine urwüchsige herbe Welt für sich bildet. Der Name leitet sich aus dem Altnorwegischen ab und bedeutet wahrscheinlich so viel wie Rand oder Streifen, was auf die spektakulären Grat- und Gipfelformen des zerklüfteten und vegetationsarmen Gebietes hinweist, dem die Eiszeiten ihren Prägestempel aufgedrückt haben.

Das Kernland dieses Gebirges, eine 560 km² große Hochgebirgsfläche, wurde bereits 1962 unter Naturschutz gestellt und 1970 zum ersten norwegischen Nationalpark erklärt. Zehn Gipfel mit Höhen über 2000 m befinden sich innerhalb der Grenzen dieses Schutzgebietes, das sich – von einem überaus dichten Netz an markierten Wanderwegen durchzogen – heute allergrößter Beliebtheit bei Wanderern erfreut, aber nur denjenigen zu empfehlen ist, die Gefallen an kargen, oft völlig nackten Felswelten finden. Bäume gibt es, von der Zwergbirke abgesehen, nahezu gar keine, es dominieren Flechten und Moose, und an Gefäßpflanzen fällt vielerorts nur der Gletscherhahnenfuß ins Auge, der hier bis in eine Höhe von fast 1800 m gedeiht. Auch die Tierwelt (u. a. gibt es hier Vielfraß, Rotfuchs, Hermelin, Wiesel, Nerz und Otter) bleibt dem Touristen meist verborgen, und nur Vögel kommen reichlich vor. Die Stelzvögel sind insbesondere mit Regenpfeifer und Goldralle vertreten, auch Turmfalken sind mitunter zu sehen, und im Hochgebirge kann man recht häufig Schneehuhn, Wiesenpieper und Schneeammer beobachten.

sich Wasserfälle von insgesamt 115 m Höhe in den Lågen ergießen, ein ausgesprochen wildes Gepräge an. Eine gen Osten abzweigende Stichstraße windet sich auf einer Distanz von nur 8 km auf eine Höhe von rund 1000 m hinauf zum Almgebiet von Høvringen, das sich mit einem runden Dutzend Herbergen und zahlreichen Ferienhütten innerhalb der letzten Jahre zu einem überaus beliebten Ferienort für Aktivurlauber gemausert hat.

Das nächste Etappenziel ist **Dovre** 9, ein 400 Einwohner großer Ort, der für uns nur insofern von Interesse ist, als hier eine Nebenstraße von der E 6 abzweigt, die hoch oben am Osthang des Talzuges entlang nach Dombås führt und eine aussichtsreiche Alternative zur Hauptstrecke darstellt. Sie folgt dem alten Kongeveien (Königsweg), auf dem die Pilger und Könige des Mittelalters über das Dovregebirge zum Nidarosdom wanderten, und führt auch am alten Kongsgård Tofte vorbei, in dem die Reisenden auf ihrem gefahrvollen Weg zu rasten pflegten. Wie es heißt, sollen hier alle norwegischen Könige von Harald Schönhaar bis hin zu Karl Johan zu Gast gewesen sein. Kurz hinter dem Königshof von Tofte zweigt der historische Königsweg von der Straße ab. Der gut markierte Pfad, der über den 1338 m hohen Hardbakken nach Fokstua an der E 6 führt, ist heute ein beliebter Wanderweg. Früher galt diese Strecke als eine der gefahrvollsten Etappen, und während die Herrscher des Mittelalters sie noch zu Pferd bewältigten, versuchte es König Fredrik IV. im Jahre 1704 erstmalig mit einem zweirädrigen Karren. Der Königsweg mußte verbreitert und geebnet werden, und 29 Jahre später mühte sich König Christian VI. mit einer schweren Karosse durch das Bergland. Diese Reise, von zahlreichen Chronisten in Wort und Bild festgehalten, war seiner-

Die Eingangstür zu Dovregubbens Hall

zeit ein Ereignis ohnegleichen, und ohne die begleitende Kompanie Soldaten, die mit Schaufeln, Spaten, Brecheisen und Seilen ausgerüstet war, wäre sie wohl zum Scheitern verurteilt gewesen.

Der motorisierte Reisende erreicht von Tofte aus innerhalb weniger Minuten **Dombås** 10 (S. 273) an der E 6, einen wichtigen Verkehrsknotenpunkt. Hier muß man sich entscheiden, ob man nach links, ins Romsdal, weiterreisen will (Route 5), um die Welt der Fjorde im Westen zu besuchen, oder ob man auch weiterhin der E 6 treu bleiben möchte, die ins Hochgebirge des Dovrefjell führt.

Über das Dovrefjell nach Trondheim

Unsere Route folgt der steil ansteigenden E 6, die auf den folgenden 11 km einen Höhenunterschied von mehr als 300 m bewältigt und ab Fokstua, wo der historische Königsweg einmündet, parallel zum westlich angrenzenden **Fokstumyra** verläuft. Dieses Hochmoor, das seit 1923 unter Naturschutz steht, wird trotz seiner geringen Größe (rund 8 km²) von einer außerordentlich vielfältigen Vogelwelt besiedelt und ist beliebtes Reiseziel für Ornithologen aus ganz Europa. Mehr als 70 brütende Arten sind registriert – darunter Kraniche, Moorfalken, Lappensperlinge und andere seltene Arten –, weshalb zwischen dem 25. April und 8. Juli hier nur speziell markierte Pfade benutzt werden dürfen, entlang derer die Vögel zu beobachten sind. Rund 2 Stunden muß man für den 6 km langen Rundweg inklusive Beobachtungspausen ansetzen, und wer die Wanderung unternehmen will, muß sich zuvor beim Vogelwart in der Fokstua (Herberge/Gaststätte) registrieren lassen.

Die E 6 steigt weiter an und passiert bald den mächtigen Holzbau **Dovregubbens hall** (Halle des Dovretrolls), der aus dem Jahre 1938 stammt und heute als Gebirgsgasthof dient. Einen Sitzplatz zu ergattern, kann im Sommer schwer fallen, denn dank dem Riesentroll, der auf dem Vorplatz aufgestellt ist, gilt das Gebäude als eines der meistbesuchten an dieser Etappe der Europastraße. Auch an der nahegelegenen Arnfinnsbru, einer zum Königsweg gehörende Steinbrücke aus dem Jahre 1825, herrscht reger Trubel, und so fahren wir weiter durch das von Mooren und kleinen Seen durchzogene und von kegelförmigen Erhebungen, Kämmen und Karen geprägte Hochfjell, das als Symbol für die Ewigkeit Norwegens gilt: »Einig und treu werden wir sein, bis das Dovregebirge einstürzt«, so gelobten es die Väter der norwegischen Verfassung 1814 in Eidsvoll.

Immer karger wird das Land, immer höher geht es hinauf, bis 1 km hinter Hjerkinn, einem Ausgangspunkt für einige markierte Wanderwege, der mit 1026 m höchste Punkt der E 6 erreicht wird. Die Aussicht über die baumlose Fjellweite des Dovre, aus der im Westen die beiden Zweitausender Snøhetta (2286 m) und Svanåtind (2215 m) herausragen, ist – so die Wettergötter gnädig sind – schlicht phantastisch.

Von dieser Höhe aus, die auch die Wasserscheide markiert, geht es abwärts. Bald wird die Grenze zu Sør-Trøndelag und zum Dovrefjell-Nationalpark (s. S. 182f.) überschritten, und nach insgesamt 12 km erreicht man mit **Kongsvoll** 🔟 (S. 285f.) einen Gebirgsgasthof mit jahrhundertealter Tradition. Der aus 29 Gebäuden bestehende Komplex ist heute mit seiner urig-rustikalen Gaststube und seinen behaglichen Fremdenzimmern ein beliebter Übernachtungs- und Ferienort, und auch wer in Eile ist, sollte hier einkehren. Am Bahnhofsgebäude lohnt der Fjellhagen (Fjellgarten) einen Besuch für botanisch interessierte Reisende, da er die Vielfalt der norwegischen Gebirgsflora dokumentiert und die einzelnen hier vorkommenden Arten beim Namen nennt (auch auf Deutsch). Ein Informationszentrum berichtet über Flora und Fauna des Dovrefjell-Nationalparks, eine kleine Ausstellung ist dem Vårstigen (s. u.) gewidmet. Hier erhält man auch den Schlüssel für die fünf Wanderstunden entfernte Reinheim-Turisthytta, Ausgangspunkt für die Besteigung des Snøhetta (3 Stunden Auf-, 2 Stunden Abstieg), wofür man weder eine besondere Ausrüstung noch spezielle Kenntnisse benötigt. Wer diesen Weg nimmt, wird unterwegs vielleicht einen der Moschusochsen (s. S. 183) sehen, die hier seit 1950 wieder leben. Wer dem Glück nicht traut, kann auch an geführten Safaris teilnehmen.

Eine zweistündige Wanderung führt auf den **Vårstigen,** dem einst am meisten gefürchteten Teil des alten Königsweges. Er wurde 1700 zur ›Fahrstraße‹ erklärt, war kaum breiter als 2 m und kannte Steigungen bis zu 40 %. Vorbei an Klüften, steilen Felswänden und zahlreichen Aussichtspunkten windet sich

Der Dovrefjell-Nationalpark

Der 265 km² große Dovrefjell-Nationalpark entstand im Jahre 1974 und besteht aus zwei westlich und östlich des Drivdals gelegenen Teilen, die wiederum durch Landschaftsschutzgebiete (135 km²) miteinander verbunden sind. Man will hier die überaus seltene Flora dieses Gebietes schützen, in dem nicht weniger als 350 Moos- und Flechtenarten sowie 439 höhere Pflanzen registriert werden konnten; darunter auch mehrere endemische Arten, also solche, die weltweit nur hier vorkommen. Diese Entdeckung warf die Frage nach dem Ursprung der Fjellpflanzen auf, denn bis dato hatte man angenommen, daß nach dem Abschmelzen des Inlandeises die Arten vom schon früher eisfrei gewordenen Mittel- nach Nordeuropa zurück gewandert waren. Datierungen ergaben schließlich, daß nicht alles Pflanzenleben durch die letzte große Eiszeit vernichtet worden war, sondern manche Arten ›überwintert‹ hatten. Wahrscheinlich auf der Nordre und Søndre

der markierte Spazierweg über dem Drivdal dahin.

Entlang der wild zu Tal schäumenden Driva geht es weiter zum Schieferbruch von Engan, kurz darauf zweigt ein ausgeschilderter Fahrweg nach Magalaupet ab: eine enge Schlucht, in die der tosende Fluß mehrere große Strudeltöpfe ausgewaschen hat. Nach weiteren 10 km liegt der in touristischer Hinsicht hochkarätige Ort **Oppdal** 12 (S. 298f.) vor uns, der als eines der größten Winter-Skigebiete des Nordens hohe Übernachtungszahlen verzeichnet, aber auch ein beachtenswertes Sommerprogramm für aktive Reisende bietet. Das Freilichtmuseum des ca. 4000 Einwohner großen Ortes kann mit seinen 25, teilweise jahrhundertealten Gebäuden auch kulturhistorisch interessierte Besucher begeistern; ebenso die Holzkirche aus dem 17. Jahrhundert (3 km außer-

Knutshøy, zwei Bergen von rund 1700 m Höhe, die sich östlich von Kongsvoll (s. S. 185f.) erheben.

Diese Erkenntnis war von so herausragender Bedeutung, daß das Dovrefjell auch als »Wiege der norwegischen Pflanzengeographie« bezeichnet wird. Aber auch in Sachen Fauna bietet der Nationalpark Besonderes, nämlich Großwild, das eigentlich nach der Eiszeit in ganz Europa ausgestorben war: den Moschusochsen. Die ersten Berichte über diese urtümliche Tierart, die bis zu 2,50 m lang und 400 kg schwer werden kann, drangen Mitte des 18. Jahrhunderts aus Nord-Kanada nach Europa, und auch in Grönland fand man Spuren dieses Ziegenverwandten. Einmal entdeckt, waren die ohnehin nicht großen Bestände bald vom Aussterben bedroht. So stellte

man die Moschusochsen im Jahre 1917 unter Schutz und versuchte – sogar mit Erfolg –, sie in anderen Gebieten anzusiedeln. Im Dovrefjell wurden die ersten Tiere in den 30er Jahren eingeführt, vermehrten sich auch, wurden aber allesamt Opfer des Zweiten Weltkrieges. Zwischen 1947 und 1953 startete der zweite Versuch mit 16 aus Grönland importierten Exemplaren, die den Grundstock der heutigen, etwa 40 Tiere umfassenden Herde bildete.

Umfassende Informationen über Tier- und Pflanzenwelt sowie die vielfältigen Wandermöglichkeiten im Nationalpark kann man im vorbildlich ausgestatteten Informationszentrum von Kongsvoll an der E 6 bekommen, von wo aus dreimal wöchentlich Moschusochsen-Safaris angeboten werden.

halb an der R 70) sowie das unterhalb des Gotteshauses gelegene Gräberfeld von Vang (fast 1000 Grabhügel aus der Wikingerzeit). Wer eher an Panoramen interessiert ist, sollte sich eine Fahrt mit der Kabinenbahn (»Gondolbane«) auf den 1150 m hohen Skjærshovden (mit Aussichts-Restaurant) nicht entgehen lassen. Wem der Blick allein nicht genügend Euphorie vermittelt, der kann, anstatt die Bahn zurück zu nehmen, auch einen Flugdrachen besteigen (was freilich die Reisekasse strapaziert).

Trondheim 13 (S. 311f.) ist noch 119 km entfernt, aber nach den landschaftlichen und kulturhistorischen Superlativen können auf dieser Strecke, die überwiegend durch fruchtbares Agrarland verläuft, keine Höhepunkte mehr erwartet werden.

In Kongsvoll

Trondheim –
Norwegens historische Hauptstadt

■ (S. 311f.) So wie Oslo die reale und Bergen die ›heimliche‹ Hauptstadt Norwegens ist, so ist Trondheim die historische Kapitale des Landes. Gegründet wurde sie um 997 von König Olav Tryggvason (Olav I.) auf der am Trondheimsfjord gelegenen Halbinsel Øra (eine alte Tingstätte der Wikinger). Der zum Christentum übergetretene König ließ von hier aus die Christianisierung weiter Landesteile durchführen. Sein Nachfolger Olav Haraldsson (Olav II.), der das Reich wieder vereinigt und die Christianisierung vollendet hatte, förderte die Entwicklung der nun Nidaros (Mündung des Nid-Flusses) genannten Siedlung in besonderem Maße. Doch letztlich führte erst sein Tod im Jahre 1030 dazu, daß

Trondheim: *1 Jernbanestasjon (Bahnhof) 2 Seefahrtsmuseum 3 Olavshalle 4 Bryggene (Speicherhäuser) 5 Festung Kristiansten 6 Nidarosdom 7 Erzbischöfliches Palais 8 Kunstgalerie 9 Kunstindustriemuseum 10 Stiftsgården 11 Ravnkloa Fiskhall (Fischmarkt)*

Speicherhäuser von Bryggene ▷

die Königsresidenz zum berühmtesten Wallfahrtsort des gesamten Nordens und bald auch zur größten und reichsten Stadt des Landes wurde. Olav II. war bei Stiklestad (s. S. 192) auf ein Heer aufständischer Bauern gestoßen; es kam zur Schlacht, der König fiel und wurde dort begraben. Doch bald schon, so berichtet die Sage, ging im Volk die Kunde von Mirakeln um, die im Umfeld des Grabes zu beobachten waren. So grub man die Leiche im Jahr darauf wieder aus, fand sie unversehrt vor und nahm dies als Beweis von Olavs Heiligkeit. Er wurde als Märtyrer heilig gesprochen, später zur großen Identifikationsfigur des Landes, und Nidaros, wo man die sterblichen Überreste nun auf dem Hochaltar der St. Clemens-Kirche beisetzte, zu einem der größten europäischen Wallfahrtsorte. Überall im Abendland breitete sich jetzt der Olavskult aus, sogar in Rom entstanden Kirchen mit

seinem Namen. In Nidaros, das bereits 1152 zum Sitz des norwegischen Erzbischofs erhoben worden war, gingen bald berühmte Baumeister aus ganz Europa daran, einen Dom zu errichten, der 1320 fertiggestellt wurde.

Durch Pest, Stadtbrände, die Erstarkung der hanseatischen Kaufleute in Bergen sowie die Union mit Dänemark (ab 1380) geriet Nidaros dann in eine Randlage, doch der eigentliche Niedergang wurde erst durch die Reformation (1536) besiegelt. Der katholische Erzbischof floh außer Landes, der Schrein des Hl. Olav wurde nach Dänemark entführt. Daß die Stadt, die jetzt den dänischen Namen Tronthjem bekam, nicht in völlige Bedeutungslosigkeit versank, verdankt sie ihrer strategisch günstigen Lage am Fjord nahe der Grenze zu Schweden sowie dem lukrativen Handel mit Holz aus den reichen Wäldern des Hinterlandes. Selbst zu Anfang des 19.

Die Brücke über den Nidelv

Jahrhunderts lebten hier nahezu 10 000 Einwohner – weit mehr als im damaligen Christiania (Oslo) –, und mit Beginn der Industrialisierung begann eine neue Wachstumsphase. Große Hafenanlagen entstanden, Eisenbahnlinien nach Oslo, Bodø sowie Schweden wurden fertiggestellt und Dampfschiffahrtslinien zwischen Trondheim und Oslo sowie Hammerfest eröffnet.

Von ihrer verkehrsgünstigen Lage profitiert die 1929 wieder in Nidaros umgetaufte, jedoch auf Wunsch der Bürger bereits ab 1930 in Trondheim rückbenannte Stadt noch immer. Sie steht heute im Dreigestirn der Großen mit rund 150 000 Einwohnern zwar an letzter Stelle, gilt aber nach Oslo als die am schnellsten expandierende. Das kann man sehen: Einförmige Neubaugebiete, Vororte und Industrieanlagen überziehen das gesamte Umland, was der Stadt einen wenig schönen Rahmen gibt. Lediglich in ihrem historischen Kern, auf der durch die Schlinge des Nidelv gebildeten Halbinsel Øra, kann das heutige Trondheim gefallen. Hier finden sich auch nahezu alle Sehenswürdigkeiten, die recht nah beieinanderliegen und möglichst zu Fuß besichtigt werden sollten. Einen freien Parkplatz zu ergattern, ist in aller Regel kein Problem, für große Wohnmobile bietet sich das Bobilcamp am deutlich ausgeschilderten Hafen an. Der Bahnhof ist nur ein kurzes Stück entfernt, und dort wollen wir auch unseren kleinen Stadtrundgang beginnen.

Direkt gegenüber der **Jernbanestasjon** **1** (Bahnhof) breitet sich der langgestreckte Vestre Kanalhavn aus, der heute als Marina dient und von zahlreichen alten Speicherhäusern gesäumt wird. Der Anblick der bunten Boote vor der Kulisse der vielfarbig gestrichenen Holzbauten ist denkbar malerisch, aber durchaus noch nicht der Höhepunkt des Spaziergangs. Wir folgen der vor dem Bahnhof verlaufenden Straße bis zum Ufer des Nidelv, biegen hier rechts auf die Havnegate ein und passieren eine weitere Marina. Das linkerhand gelegene ehemalige Zuchthaus beherbergt heute das **Seefahrtsmuseum** **2** und zeigt über 200 Schiffsmodelle sowie eine große Sammlung historischer Seekarten.

Weiter geht es entlang der Kjøpmannsgate, und nach Passieren der **Olavshalle** **3** – ein hier deplaziert wirkendes Gebäude aus Glas und Beton – biegen wir auf die Bakke bru ein, die den Nidelv überspannt. Vom gegenüberliegenden Ufer eröffnet sich dann ein wunderbarer Ausblick auf die auf Pfählen im Wasser stehenden hölzernen Speicherhäuser von **Bryggene** **4**, die – neben dem Nidarosdom – wohl die beliebtesten Fotomotive der Stadt sind. Frisch renoviert und prächtig bunt gestrichen, bieten sie zwar einen herrlichen Anblick, wirken aber nicht mehr echt mit all den Edel-Restaurants, Pubs, Atelierwohnungen und Architekturbüros, die sie heute beherbergen.

Wir biegen nun nach rechts in die Nedre Bakklandet ein und genießen auch auf dem folgenden Wegabschnitt, der parallel zum Nidelv verläuft, immer wieder schöne Aussichten auf Bryggene. Aber auch das Stadtviertel Møllenberg, durch das sich die mit Kopfstein gepflasterte Straße windet, bietet Sehenswertes, nämlich eine Sammlung alter, teils altersschiefer Holz-Wohnhäuser; dort ein kleiner Tante-Emma-Laden, da eine Eckkneipe, ein mit Plunder vollgestopftes ›Antiquitätengeschäft‹. Hier ist noch ganz nach dem Maß des Menschen gebaut, man fühlt sich wohl und wird vielleicht auch Lust verspüren, sich von oben einen Überblick über das Gassen- und Stiegengewirr dieses Viertels zu verschaffen. Zu diesem Zweck biegt man am Ende der Nedre Bakklandet in die mit ›Kristiansten Festning‹ ausgeschilderte Straße Brubakken ein. Sie führt zur 72 m hoch aufragenden und rund 300 Jahre alten Festung **Kristiansten** 5. Die Aussicht von dort aus über die Stadt ist ungeheuer beeindruckend und ganz bestimmt den (hin und zurück) etwa 1 km langen Umweg wert.

Über die hölzerne Gamle Bybrua wird nun der Nidelv erneut gequert, die im Jahr 1861 im neugotischen Stil errichtete Brücke war früher der einzige Zugang zur inneren Stadt. Von ihrer Mitte aus genießt man ein letztes und vielleicht schönstes Panorama auf Bryggene, während man gen Süden über die malerischen Schilf- und Wiesenufer des Flusses hinweg auf die Universität im Stadtteil Gløshaugen blickt, in der nicht weniger als rund 20 000 Studenten eingeschrieben sind.

Wir halten uns links, biegen in die Bispegate ein und gehen nun direkt auf den **Nidarosdom** 6 zu, der mit seinem hohen Vierungsturm absolut unverkennbar ist und das repräsentativste skandinavische Architekturdenkmal der Gotik darstellt. Ein Park umrahmt das mit 102 m Länge und 50 m Breite größte Sakralbauwerk des Königreiches; um sich einen Überblick zu verschaffen, sollte man in die Grünanlage einbiegen und dem Weg entlang der südlichen Längsseite folgen. Er führt zum ungeheuer reich skulptierten Hauptportal, das, wie der Dom als Ganzes, noch vor nur 100 Jahren in einem vollkommen desolaten Zustand war. Mehrere Brände im 14., 15., 16. und 18. Jahrhundert hatten das einst so stolze Gebäude weitgehend zerstört, ein Sturm im Jahre 1689 den einst 110 m hohen Turm gekappt, vom Hauptschiff standen nur noch die Außenwände, von den ehemals 28 Altären waren nur noch zwei vorhanden. – Das ehedem so bedeutende Wallfahrtsziel war in den rund 300 Jahren seit Einführung der Reformation zu einer Ruine verfallen, und erst dem erstarkten Nationalbewußtsein ist es zu verdanken, daß der Dom, heute Nationalmonument des Königreiches, umfassend restauriert werden konnte. 1869 wurden die Arbeiten aufgenommen – neben anderen Berühmtheiten war hier auch Gustav Vigeland (s. S. 62) jahrelang engagiert –, und erst 1930 konnte das Gotteshaus wieder eingeweiht werden. Im Inneren liegen zehn Könige und die meisten Erzbischöfe des Landes begraben, wahrscheinlich auch die Gebeine des Heiligen Olav, aber der 20 m hohe Raum, so prachtvoll er heute auch erstrahlt, wirkt kalt und künstlich, irgendwie unbeseelt. Einen Blick hinein wird man dennoch werfen wollen, und sei es auch nur, weil man die 172 Stufen erklimmen möchte, die zum Turm hinauf führen, von dessen Höhe aus man eine weitere ganz und gar faszinierende Aussicht über die Stadt genießen kann.

In unmittelbarer Nachbarschaft der Domkirche steht das **Erzbischöfliche Palais** 7, das teilweise noch aus den Jahren 1160–70 stammt und der älteste aus Stein errichtete Profanbau Norwegens ist. Die beiden Gebäude im gotischen Stil beherbergen heute zwei Museen, nämlich eine Waffen- sowie Fahnen-Ausstellung und andererseits eine Dokumentation des norwegischen Widerstandes gegen die deutschen Besatzungstruppen während des Zweiten Weltkrieges.

Ebenfalls ganz in der Nähe des Domes, an der Bispegate 7b, befindet sich die **Kunstgalerie** 8, die hauptsächlich der norwegischen Bildkunst des 19. und 20. Jahrhunderts gewidmet ist. Das nur wenige Gehminuten entfernte **Kunstindustriemuseum** 9 zeigt Kunsthandwerk aus mehreren Jahrhunderten, darunter Arbeiten aus Glas, Keramik, Porzellan und Silber nebst Bildteppichen, Textilien und Möbeln. Es liegt an der gegenüber dem Dom abzweigenden und von mehreren schönen Holzhäusern sowie zahlreichen Geschäften bestandenen Munkegate, der unsere Besichtigungsroute nun zum Torget folgt. Dieser zentrale Marktplatz, wo auch das Touristenbüro zu finden ist, markiert den Mittelpunkt der Altstadt und wird von einer hohen Granitsäule dominiert, die den Stadtgründer Olav Tryggvason darstellt.

Nördlich angrenzend, an der Munkegate 23, lohnt ein Blick auf den **Stiftsgården** 10, ein im 18. Jahrhundert im Rokokostil errichtetes Gebäude, das mit seinen 70 Zimmern als das größte Holzbauwerk Nordeuropas gilt und Norwegens Königsfamilie bei Besuchen als Residenz dient (daher nicht von innen besichtigt werden kann). Zwei Blöcke weiter stehen wir wieder am Ufer des Vestre Kanalhavn, von wo aus die Fjord- und Søndregate zum Bahnhof zurückführen. Zuvor aber sollte man nicht versäumen, der **Ravnkloa Fiskhall** 11 einen Besuch abzustatten: Das Angebot an Fisch und Meeresfrüchten ist absolut überwältigend, eine ähnlich große Auswahl gibt es in ganz Skandinavien wohl nur noch in Bergen. Bleibt abschließend zu erwähnen, daß man von hier aus im Sommer mit einem der regelmäßig verkehrenden Boote innerhalb weniger Minuten zur im Trondheimsfjord gelegenen Insel **Munkholmen** gelangen kann, wo einst das Nidarholm-Kloster stand, das nach einem Brand (1531) zur Festung umgebaut wurde. Heute ist Munkholmen ein beliebtes Ausflugsziel der Städter, und nebst Café und vielbesuchtem Badeplatz ist es insbesondere die Aussicht auf die Stadt und den Fjord, die den Abstecher lohnt.

Blick auf das Portal des Doms

**Nach
Norden zu**

Route 8: An die Spitze Europas – Von Trondheim zum Nordkap

Die Skandinavier benutzen zur Angabe von Entfernungen auch die skandinavische Meile, die 10 km entspricht, was angesichts der riesigen Distanzen nicht ungewöhnlich erscheinen mag. Wer über Trondheim hinausfährt, gelangt bald in die Weite und Einsamkeit des hohen Nordens, von der man in der dichtbesiedelten Mitte Europas kaum eine Vorstellung hat. Um vom Svinesund nach Trondheim zu gelangen, muß man auf der Europastraße 6 rund 600 km zurücklegen, während die Distanz Trondheim – Nordkap, die zahlreichen Abstecher nicht mitgerechnet, allein schon über 1600 km oder eben 160 Meilen beträgt. Angesichts solcher Entfernungen haftet der Reise etwas vom Abenteuer einer Expedition an, und der Entdeckergeist der Touristen bekundet sich nicht nur in Steinschlaggittern vor den Scheinwerfern, Reservekanistern und Ersatzstoßdämpfern auf den Dächern mancher Autos – alles Dinge, auf die man verzichten kann –, sondern man trifft auch immer wieder auf Fahrzeuge, die mit Aufschriften wie »Nordkap-Expedition« versehen sind oder als Trophäe Rentiergeweihe auf der Stoßstange tragen.

Insbesondere auf der E 6 wird Sommer für Sommer eine ›Nordkap-Ralley‹ gefahren, weshalb die Touristen, die sie benutzen, von manchen verlacht werden. Wer die E 6 nimmt, heißt es, fährt an Norwegen vorbei, viele überflüssige Kilometer lang. Viel fahren muß man – zweifellos –, aber auch das kann ja

◁ *Blick auf Hamnøy/Lofoten*

Freude bereiten, und außerdem führt die E 6 durch Landschaften, wie man sie ähnlich abwechslungsreich nur selten erleben kann.

Von Trondheim an den ›limes norrlandicus‹

Wir beginnen unsere Fahrt in **Trondheim** **1** (S. 184ff.), folgen den Richtungsschildern ›Narvik‹ und gelangen so automatisch auf die nach Norden führende mautpflichtige E 6, die entlang dem Südufer des Trondheimsfjords, vorbei am Flughafen und später durch die flache und überaus fruchtbare Agrarlandschaft des Trøndelag verläuft. Bei Verdalsøra wollen wir die schnelle und viel befahrene Europastraße kurz verlassen, um auf die R 757 zum 4 km entfernten **Stiklestad** **2** einzubiegen.

Dieser Ort, wo am 29. Juli 1030 König Olav Haraldsson, der spätere Nationalheilige König Olav, seinen letzten Kampf ausfocht und fiel (s. S. 39, 184ff.), gilt als Geburtsstätte der norwegischen Einheit sowie des christlichen Glaubens in Norwegen und ist als solcher eine der historisch bedeutsamsten Stätten des Landes. Dem Gefallenen zu Ehren, der später in ganz Europa angebetet und sogar in Konstantinopel und Rom als Heiliger verehrt wurde, hat man hier etwa 100 Jahre nach der Schlacht eine Kirche errichtet. Der wuchtige Steinbau zeigt romanischen Stil, besitzt sehenswerte Fresken aus dem Mittelalter sowie ein Taufbecken aus der Gründungszeit und ist jedes Jahr am 29. Juli Ziel von Pilgerfahrten. Dann wird hier eine Messe gelesen und im benachbarten Freilufttheater (das größte Skandinaviens) findet ein von über 300 Akteuren aufgeführtes Mysterienspiel über das Leben des Heiligen statt. Auf dem Gelände liegt ein Freilichtmuseum, in den liebevoll restaurierten Gebäuden führen Handwerker bisweilen alte Arbeitsweisen vor.

Hinter **Steinkjer**, dem 26 000 Einwohner großen und im Zweiten Weltkrieg nahezu völlig zerstörten Verwaltungszentrum von Nord-Trøndelag, verlassen wir die Ufer des Trondheimsfjords, damit auch die dicht besiedelte Zone und stoßen bald nach dem Abzweig der R 17 (Route 9) auf den langgestreckten und waldverbrämten Snåsavatnet, den sechstgrößten See des Landes. Von seinem Nordrand aus ist es nur noch ein kurzes Stück bis zum Formofoss, wo der Fluß Sandøla einen über 30 m hohen Wasserfall bildet. Hier zweigt auch die R 74 Richtung Gäddede (Schweden) ab, über die man innerhalb einer halben Stunde Sibirien erreicht. Straßenarbeiter haben einst diesen Ortsnamen geprägt, und ganz unpassend erscheint er nicht, wenn man die

Am Snåsavatnet

Landschaft an der Grenze zu Schweden betrachtet. Sie wird geprägt von tiefen Wäldern mit windzerzausten Bäumen, wildromantischen Schluchten und schroffen Hochfjellzonen. Die Fischbestände in den mehr als 2000 Seen sind so groß, daß die Reichsstraße in der Tourismuswerbung den Beinamen Fiskevegen (Fischstraße) trägt. Auch der Reichtum an Lachsen in den Flüssen ist sprichwörtlich. Da das gesamte Grenzgebiet durch zahlreiche Nebenstraßen erschlossen wird, ist es problemlos möglich, mehr oder weniger weite Schleifen nach Osten zu beschreiben und später wieder auf die E 6 zu stoßen, der wir weiterhin folgen wollen. Sie verläuft jetzt im erst noch tief in die Berge eingefressenen Namsdal, durch das sich der ungemein lachsreiche Namsen seinen Weg bahnt. Mehrere imposante Wasserfälle liegen am Weg, der eindrucksvollste ist sicher der Fiskumfoss, 12 km nördlich von Grong. Die steilen Talflanken treten bald zurück, tiefe Wälder, in der Ferne von hohen Bergen gerahmt, bestimmen nun die Landschaft, mit deren Tierwelt man sich im **Namsskogan-Familienpark** 3 (S. 295) vertraut machen kann, den wir ein paar Kilometer südlich von Namsskogan passieren.

Wenig später wird in 290 m Höhe die Grenze zum Bezirk Nordland gequert, was durch einen monumentalen Holzbogen, der die Straße überspannt, deutlich angezeigt ist. Hier, wo auch in etwa der *limes norrlandicus* verläuft (s. S. 32) nimmt Nord-Norge also seinen Anfang, auch wenn die wichtigste Touristenmarke auf dem Weg zum Kap – der Polarkreis – noch rund 280 km auf sich warten läßt.

Zum Polarkreis

Auf der weiteren Fahrt gen Norden weht Hochgebirgsluft durch das Namsdal. Mächtig wölben sich baumlose Berge zu beiden Seiten der Straße, die immer wieder auch durch ausgedehnte Wälder führt und unzählige Seen passiert, von denen der schönste vielleicht der Store Majavatn ist, der beim gleichnamigen Ort erreicht wird. **Majavatn** 4 ist ein uralter Versammlungsplatz der Bergsamen (s. S. 255) mit einem erhaltenen

Route 8: Von Trondheim zum Nordkap

Lebensmittelspeicher, mehreren Torfhütten (Koten) sowie einer Samenkirche aus dem Jahre 1915. Viele Namen von Bergen und Seen, insbesondere im Bereich des östlich angrenzenden Børgefjell, verdeutlichen die enge Beziehung der Samen zu dieser Region, und auch heute betreiben im Umland noch mehrere Samenfamilien die Rentierzucht.

Die E 6 steigt nun konstant zum Kappfjell an, dem mit 375 m höchsten Punkt der bisherigen Strecke. Nördlich dieser Landsmarke wird der Vefsna-Fluß zum ständigen Begleiter. Bei Sefrivatn ergießt er sich schäumend durch das Styggdal, das von der E 6 aus aber nicht einsehbar ist (100 m nördlich des Bahnhofs beginnt linkerhand ein zur Schlucht führender Pfad). Der Anblick ist imposant, aber in seiner ganzen verschwenderischen Fülle zeigt sich die geballte Wasserkraft am 54 km nördlich gelegenen **Laksfossen** 5, wo der Fluß in einer Wolke von Wasserstaub und Gischt in die Tiefe hinabstürzt. Das Lärmen kann man schon an der E 6 vernehmen, aber es ist gering gegen das ohrenbetäubende Donnern und Rauschen, das einen direkt über dem Wasserfall

empfängt, wo man im Laksfors House, das früher einmal englischen Sportfischern gehörte, einkehren kann.

Wir folgen dem Vefsna-Fluß stromabwärts zur Industriestadt **Mosjøen** 6, deren Aluminiumhütte, Sägemühle und Textilfabrik rund 10 000 Einwohnern ein Auskommen sichert. Ein kurzer Aufenthalt sei empfohlen, denn die Holzgebäude im Bereich der Sjøgata – Wohn- und Speicherhäuser aus dem 19. Jahrhundert – bilden die größte zusammenhängende Holzhauszeile Nord-Norwegens. Die am Vefsnfjord gelegene Stadt ist über die R 78 mit der R 17 (Route 9) verbunden, und wer sich zur Abwechslung mal nach einer sanften, abschnittsweise sogar lieblichen Küstenlandschaft sehnt, sollte hier einbiegen.

Aber auch entlang der E 6 gibt es Abwechslung genug, denn auf halber Strecke nach Mo i Rana muß sich die Europastraße in kühnen Schlingen und Kehren aus der Enge des Tales zum 550 m hohen **Korgfjell** hinaufwinden. Von der trefflicherweise Utsikt (Aussicht) genannten Höhe aus (mit Restaurant und Hochfjellhotel) umfaßt der Blick ringsum alpine Welten: Im Osten

Gressåmoen-Nationalpark

Hauptziel der Errichtung dieses 180 km² großen Nationalparks östlich von Grong im Grenzgebiet zu Schweden war der Schutz der unberührten Fichtentaiga sowie der subalpinen Birkenwaldregion in dieser Zone, die durch zwei Gebirgszüge mit bis zu 1000 m hohen Gipfeln gegliedert wird. Auch ausgedehnte Sümpfe und Moore sowie ungemein fischreiche Seen und Flüsse sind ein bedeutender Bestandteil der Landschaft, in der wegen ihres ausgesprochen nährstoffarmen Bodens höhere Pflanzen allerdings sehr selten sind. Nur rund 200 Arten konnten bisher registriert werden, auch die Tierwelt ist nicht gerade üppig. Lediglich Nerze kommen in größerer Zahl vor, auch Rotfüchse und Edelmarder sowie Elche (um 1900 galt dieses Gebiet als bestes Elchrevier Europas). An Vogelarten sind insbesondere Stelzvögel zu nennen, auch Adler und Turmfalken haben hier ihre Jagdgebiete. Im Park gibt es weder markierte Wanderwege noch Übernachtungshütten. Informationen und Schlafplätze erhält man auf dem Gressåmoenhof (der dem Park seinen Namen gab). Er ist auch ein idealer Ausgangspunkt für einen Parkbesuch und über die via Luradal verlaufende Forststraße von Snåsa aus (am Nordende des Snåsavatnet an der R 763 gelegen) zu erreichen.

das bis über 1900 m hohe Okstindan-Gebirge, das sich mit beschneiten Pyramiden und Kegelstümpfen in den Himmel reckt, im Norden spannt sich eine transparente Leinwand aus Sommerblau, auf die die Zacken und Zinnen des Saltfjells mit Schwarz, Violett und Gletscherweiß gemalt sind. Dort hinten, zwischen den bis über 1600 m hohen Bergen, verläuft der Polarkreis, den zu erreichen wir uns nun aufmachen. Doch was so nah erscheint, ist noch rund 130 km entfernt, und erst einmal muß man wieder bis auf Meeresniveau nach **Mo i Rana** 7 hinabfahren. Der Kontrast zwischen den einsamen Fjellregionen und dieser vom Erzabbau geprägten Stadt könnte größer nicht sein: Mo i Rana, des Landes größte Stahlküche, steht ganz im Zeichen der Eisenindustrie.

Wir fahren ins Dunderlandsdal ein, das sich zum Saltfjell hin öffnet. Es bildet in seinem Verlauf mal weit ausladende Tröge, mal enge Schluchten, und oft genug muß sich der vom Polarkreis herabströmende Rana-Fluß regelrecht hindurchzwängen. Dann bleibt auch der Europastraße nur wenig Platz, die Unfallgefahr ist hier sehr hoch, und nur im Vorbeifahren kann man kurze Blicke auf die steilen Felsflanken werfen. So geht es nach Røssvoll/Skonseng. Am hier links ausgeschilderten Abzweig zum **Svartisen** 8 (S. 308; etwa 24 km entfernt) sollte niemand vorbeifahren, der sich schon einmal gewünscht hat, die Welt so zu erleben, wie sie in ihrer Glazialzeit ausgesehen hat. Der mit rund 370 km² Fläche zweitgrößte Gletscher Skandinaviens windet sich als über 100 m dickes blaukristallenes Eisband talwärts, bricht über Steilkanten ab und leckt schließlich am milchig grünblauen Svartisvatnet. Vom Ende der Stichstraße verkehrt ein Boot bis nahe an das Eisfeld (die Abfahrzeiten sind schon an der Kreuzung in Skonseng angeschrieben), den letzten Abschnitt jedoch muß man wandernd bewältigen. Der Gletscherbesuch wird ungefähr einen halben Tag in Anspruch nehmen, da sich in diesem Gebiet auch mehr als 200 Höhlen befinden, kann man aber auch einen ganzen Tag einplanen. Die **Sætergrotte** ist eine der größten des Nordens, die **Grønligrotte** die einzige beleuchtete und meistbesuchte des Landes. Auch über die Öffnungszeiten dieser Highlights sowie über Führungstermine informieren Schilder an der E 6, auf der wir nun

dem noch 69 km entfernten Polarkreis entgegenfahren.

Die E 6 führt aus dem grünen Tal heraus in die baumlose, felsige Öde des Saltfjells, die unserer Vorstellung von Weite und Einsamkeit neue Dimensionen eröffnet. Polare Dimensionen – so darf man mit Fug und Recht behaupten, denn inmitten dieser Urwelt aus Tundrasteppen, plattgehobelten Bergrücken und Wasserläufen, die silbrig-blitzende Schleifen ins Gelände zeichnen, trennt eine unsichtbare Linie die gemäßigte Zone von der polaren und, in touristischer Hinsicht, die ›echten Nordlandfahrer‹ von den ›Normalurlaubern‹ … – **Polarkreis** 9 wird diese magische Schwelle genannt, die – um genau zu sein – bei 66° 33′ 51″ nördlicher Breite verläuft und der an der E 6 ein im Dienste der Vermarktung stehendes Denkmal gesetzt wurde: das Polarzirkelzentrum. Schon der Eintritt ist gebührenpflichtig, auch das Polarzirkelzertifikat,

Der Svartisen-Gletscher

Nationalparks in Nordland – Børgefjell und Saltfjell-Svartisen

Mit rund 1100 km² Fläche ist der **Børgefjell- Nationalpark** (s. Abb.), der sich beidseits der Grenze zwischen den Distrikten Nord-Trøndelag und Nordland erstreckt, einer der größten des Landes. Gegliedert wird das 1970 eingerichtete Schutzgebiet von bis über 1700 m hohen Bergzügen, zwischen die sich ausgedehnte Hochebenen spannen. Die Gipfel haben alpinen Charakter, sind oft von Karen vollkommen ›angefressen‹, und die Schneelasten, die sie tragen, speisen zahlreiche, zumeist sehr reißende Flüsse, die immer wieder auch Seen bilden und sich teils tief in den Boden eingegraben haben, so daß auch gewaltige Schluchten und Wasserfälle zu den landschaftlichen Höhepunkten zu zählen sind. Da auf dieser Breite die Nadelwaldgrenze schon bei ca. 600 m Höhe liegt, erinnert die Natur hier eher an einen Steingarten, in dem die kriechende Fjellflora nur wenige farbige Akzente setzt. Dieser sehr artenreichen Flora verdankt das Gebiet neben der vielfältigen Vogelwelt seinen heutigen Schutzstatus. Im Bereich der größeren Flüsse wimmelt es von Stelz- und Entenvögeln, auch das Odinshühnchen kommt hier vor, während Bussard, See- und sogar Steinadler nebst mehreren Falkenarten die Raubvögel vertreten. An Säugetieren sind insbesondere Elch, Ren und Rotfuchs zu nennen, auch der Vielfraß ist hier heimisch, sogar Bergfüchse kommen noch vereinzelt vor,

wohingegen sich die einst zahlreich vertretenen Wölfe, Luchse und Bären heute sehr rar machen.

Wanderhütten gibt es keine in diesem urwüchsigen Gebiet, auch markierte Wanderwege sucht man vergebens, doch sind über besonders reißende Flüsse Brücken gespannt. Straßen, die bis an den Parkrand reichen, gibt es auch keine. Wanderer beginnen ihre Touren üblicherweise in Majavatn (an der E 6), in Kroken (an der R 804, die von der R 73 in Hattfjelldal

abzweigt) sowie am Namvassgårdan (zu erreichen ab Røyrvik an der R 773), von wo aus man sich mit einem Boot über den Store Namsvatnet zur Parkgrenze bringen lassen kann. Dort und im Touristenbüro von Namsskogan erhält man auch Informationen über den Park.

Der **Saltfjell-Svartisen-Nationalpark** (S. 308), der erst Anfang der 1990er Jahre eingerichtet wurde, ist mit einer Fläche von über 2100 km^2 der zweitgrößte Norwegens und umfaßt im großen und ganzen das gesamte Bergland zwischen Mo i Rana im Süden und Fauske im Norden. Im Osten reicht er bis an Schweden heran, im Westen bildet das Meer seine Grenze, und unter Schutz gestellt wurde dieses Gebiet hauptsächlich, weil es ein typisches Beispiel der unberührten Nordland-Landschaft mit ihrer charakteristischen

Flora und Fauna darstellt. Gewaltige ›Urstromtäler‹ umfaßt es ebenso wie unzählige Schluchten, Höhlen, Wasserfälle; von ausgedehnten Hochplateaus aus blickt man hinunter in waldreiche Taltröge und hinauf auf die blendendweiße Eishaube des Svartisen-Gletschers (s. S. 196f.), der sich im Westen bis direkt ans Meer heran erstreckt. Zwischen Taiga und Oreal sind hier alle pflanzengeographischen Regionen vertreten, und die überaus reiche Tierwelt ist ein Spiegelbild dieser Vielfalt.

Auch die touristische Infrastruktur kann man nur mit einem Superlativ beschreiben, denn von allen nord-norwegischen Parks ist dieser am besten erschlossen. Hunderte Kilometer markierter Wanderwege in allen Schwierigkeitsgraden führen durch die spektakuläre Landschaft, auch Übernachtungshütten finden sich in großer Zahl.

Das Polarzirkelzentrum am Polarkreis

das man hier erwerben kann; der Kaffee ist überteuert, doch die der Landschaft verpflichtete Architektur des Gebäudes, das einer Samenkote nachempfunden ist, kann unbedingt gefallen. Nahebei stehen die Polarkreissäule sowie ein Gedenkstein zu Ehren der jugoslawischen Kriegsgefangenen, die auf dem Saltfjell zwischen 1942 und 1945 unter der Fron der Deuschen ihr Leben ließen. Solche Mahnmale wird man auf dem Weg nach Norden noch oft passieren, denn nicht nur die das Fjell querende Nordlandbahn, sondern auch große Teile der heutigen Europastraße wurden seinerzeit mit dem Blut tausender Kriegsgefangener erbaut.

Nach Narvik

Der über unzählige Felsterrassen talwärts stürzende Lønselv ist unser Begleiter auf dem steilen Weg vom 707 m hohen Saltfjell hinab ins fast auf Meeresniveau gelegene Saltdal. Wo es sich öffnet, zweigt rechterhand die R 77 nach Arjeplog in Schweden ab. Auch sie ist eine Traumstraße, und zumindest für 10 km, bis zum Junkerdal Turistsenter (mit herrlichem Campingplatz und Hüttenvermietung) nämlich, sollte man ihr einmal folgen. Der 1561 m hohe Solvågtind, der mit seiner Monolithform ins

Auge fällt, lohnt den Abstecher in das ungemein liebliche **Junkerdal.** Es ist ein Hort höchst seltener Pflanzen (weshalb es u. a. als Nationalpark-Kandidat ausgewählt wurde und bis zum Jahr 2008 wahrscheinlich als Schutzgebiet ausgewiesen sein wird) sowie Ausgangspunkt zahlloser Wanderungen ins glazial geformte Umland.

Im **Saltdal** 10 (S. 305) sollte man am Saltdal Turistsenter anhalten, denn es ist Ausgangspunkt für eine kleine Wanderung in die vom alten Postweg durchzogene Junkerdalsura, eine 20–50 m breite und dabei bis 800 m tiefe Klamm, die wie geschaffen wäre für einen Trollfilm. Das Saltdal selbst hat andere Reize, nämlich tiefe Wälder und weite Wiesen mit alten Gehöften, wovon man entlang der 1994 fertiggestellten neuen Trasse der E 6 allerdings nicht gar so viel zu sehen bekommt. Dafür entschädigen zahlreiche großzügig angelegte Rastplätze und hinter dem Abzweig nach Rognan herrliche Ausblicke auf die Wasserweite des felsumschnürten Saltfjords. Hoch über ihm verläuft die Straße, ein Panorama ist reicher noch als das andere, aber über all der Schönheit weiterer Ausblicke lastet die Tatsache, daß auch dieser Streckenabschnitt von den Kriegsgefangenen der Deutschen erbaut wurde. ›Blutstraße‹ ist sein Name!

So kommen wir nach **Fauske,** dem steril wirkenden Verwaltungszentrum der Region. Man fährt hindurch und folgt entweder der R 80 nach Bodø (Endpunkt der Route 9 und Startpunkt der Route 10, s. S. 230) oder weiterhin der E 6. Steilstes Bergland, von den titanischen Kräften des Eises zu einem bizarren ›Skulpturium‹ verformt, ist von nun an auf unserer Reise bis Narvik stets präsent. Als eine einzige Festung voller mythischer Gestalten, so präsentiert sich uns dieser 244 km lange Strecken-abschnitt entlang der ›Wespentaille‹ Norwegens, und wer hier je bei grauem Zwielicht unterwegs war – womöglich im Spätherbst oder gar im Winter –, der weiß, warum die Nordländer diesen Teil der E6, der dutzende Tunnel kennt, auch scherzhaft als die ›längste Geisterbahn der Welt‹ bezeichnen.

Die extremste, auch tunnel- und aus-sichtsreichste Etappe ist die bis Kråkmo, ihr Bau hat Milliarden von Kronen ver-schlungen, weshalb hier ein Wegegeld erhoben wird. 26 km hinter Fauske zweigt bei Tengselbro eine zum **Ra-go-Nationalpark 11** ausgeschilderte Straße ab, die nach 6 km in Lakshola endet. Von dort führt ein gut markierter Wanderweg zur 7 km entfernten Stor-skogvasshytta mitten im 171 km² gro-ßen Schutzgebiet. Diese Übernach-tungshütte steht allen Wanderern offen, am nahegelegenen See liegen zwei Ru-derboote bereit. Von hier aus erreicht man nach weiteren 8 km eine andere kleine Übernachtungshütte (Ragohytta). Diese Tour bietet einen faszinierenden Querschnitt durch die unberührte Nord-land-Landschaft, die zu erhalten das Schutzgebiet 1971 ausgewiesen wurde: Wasserfälle, Schluchten und Klammen, Seensysteme, Wildflüsse und Kiefern-Urwälder, aber auch monumentale Kar-linge sowie Gletscher prägen diese Re-gion, die im Osten an die großen schwe-dischen Nationalparks Stora Sjöfallet, Sarek und Padjelanta grenzt und auch eine reiche Tierwelt aufweist: Elche und Rentiere, aber auch Vielfraße und Luchse kommen vor, und selbst Bären und Wölfe sollen schon gesichtet wor-den sein.

Kråkmo, rund 65 km von Tengselbru entfernt, ist kaum mehr als der Einöd-hof, in dem einst Knut Hamsun litera-risch tätig war. Der Berg über dem Ort aber, der 924 m hohe Kråkmotind, erin-nert an einen biblischen Riesen und war

Der Kråkmotind

den Samen einst ein wichtiger Opferplatz. Auch Felszeichnungen *(helleristninger)* finden sich an vielen Stellen,
und die beim 16 km entfernten Ort Tøm-
merneset sollen gar zwischen 4000 und
8000 Jahre (je nach Schätzung) alt sein.

An Fjorden und Seen entlang, teils
mit herrlichen Camping- und Badeplätzen, erreichen wir schließlich den
Ulsvågskaret. Von der 210 m hohen
Landmarke aus reicht der Fernblick
über den Vestfjord hinweg auf die Zak-
ken und Zinnen der Lofoten (Route 10)
und Vesterålen, wohin man ab **Ulsvåg**
am Fuße des Passes abbiegen kann
(R 81 bis Skutvik, ab dort Fähre nach
Svolvær/Lofoten: drei- bis viermal tgl., 2
Std.). Auch auf der folgenden Strecke
setzt die sogenannte Lofotenwand sa-
genhafte Akzente, und während der
Fährfahrt über den Tysfjord von Bognes
nach Skarberget kann man das Panorama noch einmal in aller Ruhe genießen. 2 km weiter hat die E 6 bereits wieder 255 Höhenmeter bewältigt. Vom
Skjellesvikskaret aus fällt der Blick auf
eine ganz und gar von glazialen Ero-
sionsformen geprägte Bergwelt. Fels-
skulpturen mit Türmen, Spitzen und
Buckeln, Tropfen und Stümpfen bestimmen das Bild, das im Nordwesten vom
Eidetind (846 m), im Osten vom Kugl-
hornet (979 m) und im Süden vom markanten Stortind (783 m) umrahmt wird.
Durch solch bizarre Landschaft hindurch
verläuft nun die Straße via Efjord und
Ballangen nach Narvik.

Narvik

🗓 (S. 295f.) Zentrum Narviks, durch das
die Europastraße verläuft, ist der Marktplatz, von dem aus alle Sehenswürdigkeiten dieser rund 19 000 Einwohner
zählenden Stadt schnell erreichbar sind.

Rechterhand befindet sich das vom
Roten Kreuz eingerichtete und an die
Geschehnisse des Zweiten Weltkrieges
gemahnende **Kriegsgedenkmuseum**.
Es blickt auf einen Brunnen, über dem
sich die Skulptur einer Frau mit einem
Kind auf der Schulter erhebt.

Auffallender als dieses Freiheitsmo-
nument ist der gegenüber aufragende
Wegweiser, an dem 23 Schilder verkünden, wie weit es beispielsweise von
hier bis Oslo (1453 km), Trondheim
(908 km), Wien (3129 km), zum Nordpol
(2420 km) und zum Nordkap (739 km)
ist. Von hier aus erblickt man auch jene
Baulichkeiten, die die Stadt zu Norwegens zweitgrößtem Umschlaghafen
machten: die wahrhaft gigantischen
Erzverladeanlagen, die sich kilometerlang an der Hafenbucht hinziehen und
weltweit die größten und modernsten
ihrer Art sind. Schiffe bis zu 350 000 BRT
können hier festmachen; das System
der Förderbänder bringt es auf eine Ver-
ladekapazität von bis zu 11 000 t stündlich bzw. 15 Mio. t jährlich. Mehr als
3800 Züge bringen Jahr für Jahr das ei-
senerzhaltige Gestein vom schwedischen Kiruna hierher, und dieser Erzbahn verdankt die Stadt auch ihre Entstehung, denn vor 1883, als mit dem
Bau der Bahnlinie begonnen wurde, gab
es an Stelle der heutigen Ortschaft nur
wenige Bauernhöfe, von denen einer
Narvik hieß.

Da der Stadt als Erzlieferant für
Deutschland im Zweiten Weltkrieg eine
Schlüsselstellung zukam, wurde sie
1940 schwer umkämpft. Als die Deutschen am 9. Juni desselben Jahres endgültig einmarschierten, war sie fast dem
Erdboden gleichgemacht. Das ist auch
der Grund, warum das Stadtbild, nur
Modernes zeigt.

Beeindruckend ist lediglich Narviks
Lage am bergummauerten Ofotfjord.

Vom 650 m hohen **Fagernesfjell** aus, wohin eine Seilbahn führt (ausgeschildert ›Fjellheisen‹), ist sie in ihrer ganzen Pracht zu genießen. Auf markierten Wanderwegen kann man von dieser Höhe (Restaurant) aus noch andere Ziele erreichen (z. B. den 1254 m hohen Fagernestoppen), doch die eindrucksvollste Wanderung beginnt nicht hier, sondern in Katterat nahe der Grenze zu Schweden. Dorthin gelangt man am einfachsten mit dem ›Rallarrosen‹, dem auf der Strecke nach Kiruna verkehrenden Lokalzug, und ist schon diese Bahnfahrt ein schwindelregendes Aussichts-Erlebnis ohnegleichen, so erst recht der Abstieg auf ›Schusters Rappen‹ nach Narvik zurück.

Von Narvik nach Tromsø

Eher etwas für ›Wasserratten‹ ist eine Kreuzfahrt mit einem authentischen Nordland-Boot auf dem Gratangenfjord, die während der Saison in **Gratangen** 13 von der Gratangen Båtsamling (49 km ab Narvik) aus täglich angeboten wird. Das Küstenmuseum umfaßt eine Sammlung von nicht weniger als 60 tra-

Der Wegweiser in Narvik

Nationalparks in Troms –
Øvre Dividal und Ånderdal

Das 743 km² große Schutzgebiet des **Øvre Dividal-National-parks** besteht im wesentlichen aus Hochebenen, die sich bis zum Horizont erstrecken und von bis zu 1700 m hohen Buckelbergen und Karlingen überragt werden. Sie sind durchzogen von tiefen Schluchten, die sich ein um das andere Mal in breite Taltröge öffnen, in denen sich wahre Urwälder aus teils jahrhundertealten Kiefern erstrecken. Als Norwegens ›wildeste Wildnis‹ gilt dieser Park, der an Schweden grenzt. Luchs, Vielfraß, Elch und Auerhahn sind hier noch zu Hause, auch die Vogelwelt ist reich vertreten, aber der Besucher wird nicht nur mit Landschaft, Flora und Fauna konfrontiert werden, sondern auch mit den Samen, die die Weidegründe der Dividal-Hochebenen schon seit alters nutzen, und deren Rechte durch die Einrichtung des Parks nicht beeinträchtigt wurden.

Øvre Dividal – das ist das ›Gelobte Land‹ für den Wandertouristen, denn der durch das Schutzgebiet führende ›Grenzpfad von Troms‹ ist gut markiert, teils sogar regelrecht ausgebaut und wurde so angelegt, daß er auch von relativ unerfahrenen Wanderern mit einem Minimum an Ausrüstung begangen werden kann; in bequemen Abständen sind zudem Übernachtungshütten eingerichtet. Informationen erhält man in Tromsø und bei der Touristeninformation in Setermoen.

Rund 50 km westlich von Andselv (an der E 6 nördlich von Elverum) und von

Im Øvre Dividal-Nationalpark

dort über die R 86 erreichbar (außerdem mit der Fähre von Andenes/Andøya, s. S. 247), erstreckt sich Senja, die mit 1500 km² Fläche zweitgrößte Insel des Königreiches. Ihre West- und Nordseite, wo Berge fast 1000 m senkrecht aus dem Meer steigen, umfaßt Landschaften von außerordentlich wildem Gepräge, während im Südosten, wo 1970 mit dem **Ånderdal-Nationalpark** ein 53 km² großes Gebiet unter Schutz gestellt wurde, tiefe Waldschluchten mit kahlen Hochfjellzonen kontrastieren.

Als wildester Teil gilt die Trollschlucht, die vom Ånderelv durchflossen wird. Hier stehen knorrige Kiefern, deren Alter zum Teil auf mehr als 500 Jahre geschätzt wird. Die Talflanken überzieht ein Birken-Urwald, am Ost- und Westende des Åndervatnet formen riesige Findlinge eine eigenartige ›pleistozäne‹ Landschaft. Markierte Wanderwege gibt es keine, aber am Südufer des Åndervatnet wurde eine Torfgamme errichtet, die stets geöffnet ist und allen Wanderern zur Verfügung steht.

ditionellen Booten, darunter auch einen Zehnruderer aus dem Jahre 1840, und informiert außerdem umfassend über die 3000jährige Geschichte der Fischerei in Nord-Norwegen. Der Weg folgt dem Nordufer des Ofotfjords, passiert unterwegs die Abzweigung nach Kiruna/ Schweden (E 10) und steigt ab Bjerkvik, wo die E 10 in Richtung Vesterålen und Lofoten abbiegt (Route 10), steil bis auf 330 m an. Von der Höhe aus, die auch gleichzeitig die Grenze zwischen Nordland und Troms markiert, genießt man rückblickend ein weites Panorama über den Ofotfjord hinweg auf Narvik und die hinter der Stadt aufragenden, teils vergletscherten Berge. Vorbei an der Gratangen-Turiststasjon (Cafeteria, Camping, Ferienhütten, Touristeninformation) steigt der Weg wiederum und bis zum unwirtlichen Bykkemyra-Paß auf 428 m Höhe an.

Jenseits dieser Landmarke öffnet sich das waldgesäumte Bardudal, dessen Zentrum der 3000 Einwohner große Ort **Setermoen** 14 (S. 306; auch: Bardu) bildet. Er ist einer der wichtigsten militärischen Standorte in Nord-Norwegen, und angesichts des Stadtbildes kommt man kaum umhin, die ›gute alte Zeit‹ zu preisen, über die im Freilichtmuseum Bardu Bygdetun anschaulich informiert wird.

Je weiter man dem Tal nach Norden folgt, desto schöner wird es und desto dramatischer auch präsentieren sich die flankierenden Berge, von denen der 1490 m hohe Istindan der mächtigste ist. Er trägt eine Gletscherkrone, und den schönsten Ausblick auf das blauweiß schimmernde Eisfeld genießt man vom **Målselvfoss** aus, zu dem ab Elverum die R 87 führt. 3 km sind es von der E 6 bis zu dieser gewaltigen Stromschnelle, die rund 600 m lang ist und sich über Dutzende Katarakte ergießt. Ein Panoramapfad führt nahe an die tosenden Wasser heran, auch Europas längste Lachsleiter ist hier zu betrachten (500 m), wie der Fluß selbst – wieder einmal – als eines der besten Lachsgewässer unseres Kontinents gepriesen wird.

Die R 87 führt in ihrem weiteren Verlauf am Øvre Dividal-Nationalpark (S. 204f.) vorbei und bietet sich als Alternative zur E 6 an, in die sie nach 78 km hinter Nordkjosbotn wieder einmündet. Große Wälder erstrecken sich beidseits dieser Route, und nur wer Tromsø besuchen will, sollte der nun relativ stark befahrenen Europastraße den Vorzug geben. Sie bringt uns von Elverum schnell nach Nordkjosbotn, von wo aus es, über die hier abzweigende E 8, die größtenteils dem Balsfjord folgt, noch 73 km bis Tromsø sind.

Tromsø – ›Pforte zum Eismeer‹

15 (S. 309f.) Von allen Titeln, mit denen sich Tromsø in der Tourismuswerbung schmückt – etwa ›Paris des Nordens‹ –, ist ›Pforte zum Eismeer‹ noch am treffendsten, denn ihre nördliche Lage hat diese schon um das Jahr 1250 von König Håkon Håkonsson als Kirchspiel gegründete Stadt ab 1820 zum Ausgangspunkt zahlreicher Expeditionen ins Eismeer werden lassen. Fridtjof Nansen startete von hier zu seiner berühmten Eisdrift mit der ›Fram‹, Roald Amundsen besuchte die Stadt mit der ›Gjøa‹ und der ›Maud‹, und es ist nicht übertrieben zu sagen, daß Tromsø, das erst 1794 die Stadtrechte verliehen bekam, den zahlreichen Forschungsreisen ins Eismeer seine wichtigsten Wachstumsimpulse verdankt. Später dann gewannen Fischexport und Schiff-

fahrt immer mehr an Bedeutung, und heute ist die mit rund 50 000 Einwohnern größte Stadt nördlich von Trondheim mit ihren Handels- und Dienstleistungsbetrieben sowie der nördlichsten Universität der Welt das bedeutendste Wachstumszentrum Nord-Skandinaviens.

Vor dem Hintergrund der Stadthistorie ist auch der Name der **Eismeer-Kathedrale** zu verstehen, die in ihrer äußeren Form an die mächtigen Trokkenfisch-Gestelle erinnert, denen man an den Küsten des Nordmeeres überall begegnet. Aber auch Polarnacht, Mitternachtssonne und Nordlicht soll der futuristisch wirkende Bau symbolisieren, der innen allerdings nicht hält, was er von außen verspricht. Nur das 140 m² große Glasmosaik, das das 23 m hohe Dreieck der Ostgabel mit dem Motiv von Christi Wiederkunft ausfüllt, ist wirklich originell zu nennen und auch das größte seiner Art in Europa. Das offiziell schlicht Tromsdalen-Kirche geheißene Gotteshaus wurde 1965 geweiht und befindet sich am Festlands-Brückenkopf der 1036 m langen und 38 m hohen Tromsøbrua, die auf mehreren Dutzend Säulenpaaren im Tromsøsund steht.

Diese Wasserstraße gilt als die verkehrsreichste des Nordens, und ist der Blick von der Bogenbrücke in die Tiefe schon beeindruckend, so erst recht das Panorama, das man vom 420 m hohen **Storsteinen** aus genießt, dem Hausberg Tromsøs, auf den man mit der Fjellheisen-Seilbahn (vor der Eismeer-Kathedrale ausgeschildert) innerhalb weniger Minuten gelangt. Die Aussicht auf die Kathedrale, den Sund, die Brücke und über die gesamte Insel Tromsøya ist von faszinierender Schönheit.

Auch ein Spaziergang durch die Stadt ist durchaus reizvoll, denn Tromsø wurde vom Zerstörungswahn der Deut-

Die Eismeerkathedrale

schen im Zweiten Weltkrieg verschont und besitzt deshalb noch eine beachtliche Anzahl alter Holzhäuser. Das unterscheidet Tromsø von allen anderen Städten des hohen Nordens, und auch die dichte Sammlung gemütlicher Cafés, Kneipen, Bistros und Restaurants im Zentrum findet nördlich von Trondheim kein Gegenstück. Selbst morgens um vier ist hier immer noch was los, und zumindest den skandinavischen Besuchern gilt das Tromsøer Nightlife als Hauptattraktion der Stadt. Gäste aus mitteleuropäischen Landen freilich sind zumeist in Eile und verbringen hier gemäß der Statistik nur wenige Stunden mit Sightseeing.

Spitzenreiter in der Beliebtheitsskala ist das 4 km außerhalb vom Stadtkern gelegene und überall deutlich ausgeschilderte **Tromsø-Museum,** das als das bedeutendste des ganzen Nordens gilt. Die natur- und kulturgeschichtliche Entwicklung dieses Landesteiles sind Schwerpunkte der insgesamt zehn Abteilungen umfassenden Ausstellung,

der auch ein Aquarium und eine Freilichtabteilung angeschlossen sind. Das
ebenfalls außerhalb des Zentrums be-
findliche **Nordlichtplanetarium** ist
eines der modernsten der Welt. Es lädt
zu nicht alltäglichen Reisen ein, und je
nach Uhrzeit stehen mal die Weite der
Galaxis, mal der geheimnisvolle Mee-
resgrund, die Erdmitte mit ihren unge-
heueren Temperaturen oder eben auch
der Zauber des Nordlichts sowie die arktische Winterwelt auf dem Programm.

Im Zentrum gibt das **Polarmuseum**
Aufschluß über die zahlreichen Expeditionen, die von hier ab 1820 ihren Ausgang nahmen; es ist insbesondere den
Fahrten von Nansen und Amundsen ge-

widmet. Die 1861 erbaute neugotische
Domkirche beeindruckt vor allem mit
ihrer Größe (750 Sitzplätze), und wer
schöne alte Holzhäuser sehen möchte,
findet sie insbesondere in der Sjø-, Skip-
per- und Strandgata. All diese Straßen
zweigen von der Storgata ab, der Shop-
ping-Meile Tromsøs, an der (Hausnummer 4) auch die Probierhalle der nördlichsten Brauerei der Welt auf einen Besuch einlädt.

Von Tromsø nach Alta

Über die E 6 ist es nur ein kurzes Stück
bis an den Südarm des Lyngenfjords, an

dem entlang nun für über 100 km die Fahrt verläuft. Das sind über 100 km ›Alpenpanorama‹, denn jenseits der langgestreckten Wasserstraße bildet die teilweise vergletscherte Kette der zerklüfteten Lyngen-Alpen (s. Abb.) die großartige Kulisse. Bis über 1800 m hoch und oft nahezu senkrecht aus dem Meer ragend sind hier die Berge, die Bilder von einer solch ursprünglichen Schönheit bieten, daß alle Superlative nicht ausreichen. Staunend fährt man dahin, sollte aber bei der Zeitplanung bedenken, daß nachts, wenn der Himmel orangefarben strahlt, während die Berge eine Komposition aus Rot und violetten Schatten bilden, die Eindrücke

noch viel unvergleichlicher sind. Großzügig angelegte Rastplätze finden sich an dieser Strecke in großer Zahl, und auch an Campingplätzen sowie Hüttenvermietungen herrscht kein Mangel.

Insbesondere in **Skibotn,** wo die E 8 zum 50 km entfernten, von Kilpisjärvi aus erreichbaren Dreiländereck (Norwegen, Schweden und Finnland) abzweigt, ist alles nach dem Maß des Touristen. Auch Olderdalen und Djupvik bieten eine gute Infrastruktur. **Kåfjordbotn** 16 (S. 282) lohnt darüber hinaus wegen des Holmenes-Seesamen-Freilichtmuseums einen Aufenthalt. In diesem ehemaligen Seesamen-Dorf wird noch *grene*, eine alte Webtechnik gepflegt. Unklar ist, von

wem die Ureinwohner des Nordens sie erlernt haben, denn die ältesten Spuren dieses Kunsthandwerks sind über 6000 Jahre alt und wurden in Klein-Asien gefunden.

Bei Rotsund verlassen wir den Lyngenfjord, um zum Reisafjord zu wechseln, und kommen bald zum 1000 Einwohner zählenden Städtchen **Storslett** 17, in dem sowohl Finnisch und Samisch als auch Norwegisch gesprochen wird. Neben dem Fischfang und der Landwirtschaft spielt hier der Fremdenverkehr eine große Rolle. Es werden Bootsausflüge zu den Lyngen-Alpen angeboten; Langbootfahrten auf dem Reisaelv, der hier ins Meer mündet, stehen auf dem Programm, und wer einen guten halben Tag an Zeit erübrigen kann, der sollte daran teilnehmen, denn der **Reisadal-Nationalpark** 18, durch den die Tour verläuft, umfaßt eines der eindrucksvollsten Wildnisgebiete des Nordens sowie – mit dem 269 m hohen Mollisfossen – auch den zweithöchsten naturbelassenen Wasserfall des Landes. Tiefe Schluchten, steil aufragende Berge, Wildwasser sowie eine überreiche Flora und Fauna sind weitere Höhepunkte dieses 1986 eingerichteten, 803 km^2 großen Schutzgebietes, das über die in Nordreisa abzweigende R 86 auch mit dem Auto zu erreichen ist.

32 km weiter wird mit dem **Kvænangsfjell** der höchste Punkt der Strecke erreicht, und von dieser 402 m hohen Landmarke aus (mit Fjellhotel und Restaurant) fällt der Blick aufs Nordmeer und auf die gleißende Gletscherhaube des 1166 m hohen Øksfjordjøkel im Nordosten. Dieses Panorama gilt – wieder einmal – als unübertroffen, auf alle Fälle aber wird es ähnlich dramatisch auf der Fahrt nach Alta nicht wiederkehren. Noch 143 km sind es bis dorthin, und so schön die der Nord-

meerküste folgenden Strecke auch ist: wirkliche Höhepunkte bietet sie dem nunmehr schon arg verwöhnten Reisenden nicht mehr. Erst beim Aussichtspunkt Toften öffnet sich der weite Altafjord in seiner ganzen Pracht, und angesichts dieser plötzlich wieder ungeheuer lieblichen Landschaft versteht man, wieso sich das noch 48 km entfernte **Alta** 19 (S. 267f.) gerne als ›Finnmarks Italia‹ vorstellt.

Ein anderer Beiname der Stadt lautet ›Wiege der Menschheit‹ (s. S. 35f.), und auch der hat durchaus seine Berechtigung. Kurz vor Alta liegt an der E 6 das Felsbilderfeld von Hjemmeluft, das ca. 3000 Figuren (überwiegend Tiermotive) im Alter von 3000 bis 6200 Jahre umfaßt und damit das größte seiner Art in ganz Nord-Europa ist. Seit 1985 steht es auf der World Heritage List der UNESCO. Ein 5 km langer Pfad führt vorbei an den meisten dieser Felszeichnungen, deren Symbolik von sachkundigen Führern entschlüsselt wird. In direkter Nachbarschaft findet sich das Alta-Museum, das 1993 den Europa-Preis als bestes Museum des Jahres gewann und ganz und gar der Kulturgeschichte der Finnmark gewidmet ist. Ihr Beginn wird auf ca. 9000 v. Chr. datiert, und wie die Wissenschaftler heute glauben, bestand die sogenannte Komsa-Kultur über einen Zeitraum von etwa 6000 Jahren, wobei heute noch gänzlich ungeklärt ist, wie das Komsa-Volk überhaupt existieren konnte, war doch ganz Nord-Norwegen seinerzeit angeblich von einem kilometerdicken Eispanzer bedeckt.

Alta selbst, ein aus mehreren Dörfern zusammengesetzter Ort ohne eigentliches Zentrum, ist ein idealer Ausgangspunkt für Fahrten und Wanderungen über die Tundrasteppe der Finnmarksvidda, die sich östlich der Stadt erstreckt (Route 11). Eine Bootsfahrt in den Alta-Canyon, dem mit 15 km Länge und 500 m Tiefe größten Canyon Nord-Europas, sollte man sich nicht entgehen lassen; eine Wanderung an die Abbruchkante der monumentalen Schlucht ist ebenfalls ein unvergeßliches Erlebnis. Fischsafaris aufs Nordmeer sind von hier aus möglich, Lachsangler können u. a. am Altaelv ihr Traumrevier finden, und alles in allem bietet sich der 9000 Einwohner zählende Ort, der zudem über eine ausgezeichnete touristische Infrastruktur verfügt, auch für längere Aufenthalte durchaus an.

›Nördlichste Einmaligkeiten‹ – Hammerfest und das Nordkap

Alta ist auch das ›Tor zum Nordkap‹, und nur noch 217 km sind von hier bis zum nördlichsten per Straße erreichbaren Punkt der Welt zurückzulegen. Eingedenk dieses berühmten Zieles und der geringen Bevölkerungsdichte in der Finnmark nimmt es nicht Wunder, daß die E 6 im Sommer nahezu ausschließlich von Touristen befahren wird. Lange Wohnmobil-Konvois bestimmen zu dieser Zeit das Bild der Straße, die schon längst zur erschütterungsfreien Rollbahn ausgebaut ist. Wir reihen uns ein, umrunden den Altafjord und steigen

steil hinauf aufs Hochplateau der Finnmarksvidda, womit nun endgültig jene Landschaften zurückbleiben, die man mit ein bißchen guten Willen noch als lieblich bezeichnen kann. Schnurgerade führt die Straße in den Horizont, und die Zelte von ›Postkarten-Samen‹, die aus dem Nomadentum der Vergangenheit eine inszenierte Schau veranstalten, sind die einzigen Zeugen menschlichen Lebens in diesem leeren Tundraland von nahezu sibirischer Weite. Nach insgesamt 32 km wird Sennaland, der höchste Streckenpunkt, erreicht, und aus 385 m Höhe geht es bald entlang dem zunehmend reißender werdenden Reppafjordelv zu Tal, wo der vollkommen vom Tourismus geprägte Ort **Skaidi** liegt.

Hier gilt es sich zu entscheiden, ob auch **Hammerfest** 20 (S. 280f.), die nördlichste Stadt der Welt, besucht werden soll. Wir biegen ein auf die R 94 und haben 58 km später die am Rand der unbewohnten Welt im Schutz einer Bucht gelegene Ortschaft erreicht. Zur Stadt erhoben wurde sie 1789, damals wie heute lebt sie vom Fisch. Findus – mit eigener Trawlerflotte und Filetierfabrik – ist Arbeitgeber für rund 1000 Beschäf-

›Eisbären‹ in Hammerfest

Kunst am Nordkap

tigte, und das Gewirr der bunten Schiffe und Boote im Hafen ist eigentlich die Haupt-Sehenswürdigkeit der rund 9000 Einwohner zählenden Stadt, die trotz ihres Alters ein modernes Kleid trägt. Geschuldet ist dieser Mangel an alter Bausubstanz wieder einmal den Deutschen, denn mit sprichwörtlicher Gründlichkeit hat die Wehrmacht vor ihrem Rückzug im Jahre 1944 die Stadt in Schutt und Asche gelegt. Das Prinzip hieß ›Verbrannte Erde‹, und nur die Grabkapelle entging der Feuersbrunst. Sie steht noch heute, nahebei auch beginnt der Hammerfest-Panoramaweg, der am 86 m hohen Aussichtspunkt Salen vorbei alle anderen Sehenswürdigkeiten der Stadt erschließt. So die mit einem großen Mosaik geschmückte St.-Michaels-Kirche (Zentrum der nördlichsten katholischen Gemeinde der Welt), die an die Eismeer-Kathedrale von Tromsø erinnernde Hammerfest-Kirche mit großer Glasmalerei, den

Hafen sowie auch den angrenzenden Eisbärenclub, in dem man eine kuriose Sammlung arktischer Exponate betrachten kann (darunter auch das Fell des bisher größten erlegten Eisbären von 2,98 m Länge).

Von Hammerfest aus kann man zwischen Anfang Juni und Ende August auch täglich ein Schnellboot zur Nordkap-Insel besteigen, wohin wir uns nun ebenfalls, aber per Straße, aufmachen wollen. So geht es nach Skaidi zurück und weiter nach **Olderfjord** an den Felsgestaden des Porsangerfjords. An diesem Fjord entlang, an dessen Mündung ins Nordmeer auch die Nordkap-Insel Magerøya liegt, geht nun die Fahrt, und wer hier, so nahe dem Weltende, eine dramatische Kulisse erwartet hat, sieht sich bitter enttäuscht: Nackt und baumlos präsentiert sich die arktische Öde, und nur im Herbst, wenn sich die Tundraflora rot einfärbt, haftet der Strecke etwas Phantastisches an. Dann auch hat man den Tunnel nach **Honningsvåg** 21 (S. 281), der 1999 dem Verkehr übergeben wurde, fast für sich allein und kann auch von der ›mageren Insel‹ (Magerøya), auf der nun noch 34 km zurückzulegen sind, Bilder von atemberaubender Farbenpracht mit nach Hause nehmen. Im Winter, der hier erst im Mai endet, genießen die wenigen Touristen eine abenteuerliche Schneescooterfahrt zum Straßenende, wohin man sommers freilich in einer Schlange zuckeln muß.

Doch nun ist das **Nordkap** 22 endlich erreicht (S. 296ff.): Wir befinden uns auf einer weiten, meist windumtosten Fläche und spähen von der 307 m senkrecht ins Meer fallenden Klippe auf 71° 10′ 21″ nördlicher Breite Richtung Nordpol. Seevögel schweben am Modell der aufgestellten Weltkugel vorüber, in der Tiefe donnert die Brandung, doch sonst sucht man hier vergebens nach irgendwelchen Wundern. – Es sei denn, man rechnet die Nordkap-Halle hinzu, die im Jahre 1988 fertiggestellt wurde. Über und unter der Erde findet man hier wohltuende Wärme nebst Andenkenbuden und Restaurants, auch ein Postamt ist vorhanden, des weiteren ein Kino mit 225°-Leinwand, von wo aus ein mit Schaukästen (Nordkap-Historie) versehener Tunnel in die sogenannte Königliche Halle führt, vor deren 80 m² großem Panoramafenster man sich niederlassen und bei Champagner, Kaviar und dezenter Musik das Nordkap-›Abenteuer‹ genießen kann.

Blick auf die Nordkap-Insel, die auch ihre idyllischen Seiten hat

Route 9: Traumstraße ins Land der Mitternachtssonne – Von Trondheim nach Bodø

Ein Blick auf die Karte zeigt, daß die Provinz Nordland, durch die die anstehende Route hauptsächlich führt, nur durch zwei Straßenverbindungen erschlossen wird: durch die größtenteils im Binnenland verlaufende Europastraße 6 (Route 8) und durch die entlang der ›Außenkante‹ nach Norden führende Reichsstraße 17, die auch den Namen Kystriksveien trägt.

Die Route beginnt in Steinkjer, 120 km nördlich von Trondheim, und zieht sich bis zum rund 700 km entfernten Bodø hinauf entlang der ›Wespentaille‹ Norwegens. Die Strecke ist – im Vergleich zur E 6 – relativ schwach frequentiert, führt durch ein landschaftlich außerordentlich reizvolles und abwechslungsreiches Gebiet und bietet sich deshalb als lohnende Alternative zur E 6 an. Voraussetzung ist allerdings, daß man wenigstens vier, fünf Tage Zeit mitbringt, denn nicht weniger als sechs Fähren müssen genommen werden. Die Straße ist zudem sehr reich an Kurven und eben auch, selbst für norwegische Verhältnisse, einzigartigen Landschaftserlebnissen, von denen der Svartisen-Gletscher und der Saltstraum nur die berühmtesten sind.

Von Trondheim nach Brønnøysund

Die Strecke von Trondheim nach **Steinkjer,** die der E 6 folgt, ist unter Route 8 vorgestellt worden. Bis zum

Route 9: Von Trondheim nach Bodø

75 km entfernten Namsos bietet die gut ausgebaute R 17 Bilder von bewaldeten Höhenzügen, Wiesen und Feldern sowie den für Nord-Trøndelag so typischen großräumigen Bauernhäusern, in denen nicht selten mehrere Generationen unter einem Dach leben.

Namsos 1 (S. 295), im 19. Jahrhundert als Holzumschlagplatz gegründet, lebt noch heute vor allem von der Forstwirtschaft, wovon ein riesiges Sägewerk Kunde gibt. Moderne Bauten prägen dieses etwa 20 000 Einwohner zählende Industriestädtchen am Namsfjord, das im Zweiten Weltkrieg durch deutsche Bombardements dem Erdboden völlig gleich gemacht wurde. Das Stadtbild vermittelt es nicht, doch es gibt triftige Gründe, die für einen kurzen Aufenthalt sprechen. Da ist zum einen ›Oasen‹, die weltweit größte Schwimmhalle, die je in einen Berg hineingesprengt wurde (mit Sauna, Solarium, Wellenbad, Riesenrutsche und einer Wassertemperatur von 28 °C). Empfehlenswert sind auch die Boots- und Angeltouren, die an der Ha-

fenmole im Zentrum angeboten werden, doch Haupt-Touristenmagnet ist das Namsdalsmuseum mit 7000 Exponaten und 17 historischen Gebäuden (bis zu 300 Jahre alt) sowie einem vollständig intakten *fembøring* (zwölfruderiges Nordlandboot), das eines von weltweit fünf erhaltenen Booten seiner Art ist.

Für die Weiterfahrt nach Norden bieten sich ab Namsos zwei Strecken an: Entweder man folgt der nun letztmalig durchs (wald- und seenreiche) Binnenland verlaufenden R 17 oder aber – und so wollen wir es nachfolgend tun – einem System von Nebenstraßen, die das zerklüftete Küstenland erschließen und nach 121 km wieder in die R 17 einmünden. Die R 769, die am Kreisverkehr in Namsos-Zentrum Richtung Rørvik ausgeschildert ist, entpuppt sich schon wenige Kilometer westlich von Namsos als Traumstrecke, die an Buchten und Sunden, Fjorden, Mooren und Seen vorbei über zahlreiche Brücken hinweg nach **Lund** führt, wo sie vor dem Fähranleger (sechs- bis achtmal täglich, 20 Min.) endet. Auf der anderen Seite des Foldfjords liegt der Ort **Hofles**. Weiter geht es über eine Schotterstraße zu einer Kreuzung, wo wir nach rechts auf

Fembøring, ein tradionelles Nordlandboot

die R 770 einbiegen. In **Kolvereid** wechseln wir auf die R 771, für rund 50 km geht es nun über schmalen Fjordarmen entlang. Immer wieder bieten sich herrlich gelegene Rastplätze an. Schließlich kommt der markante Gipfel des 1036 m hohen Heilhornet ins Bild, an dessen Fuß die jetzt in die R 802 übergegangene Straße die Grenze von Nord-Trøndelag nach Nordland überquert und wieder in die R 17 einmündet.

Folgt man der Reichsstraße nach rechts, erreicht man bald den schön gelegenen Svaberget-Campingplatz (mit Hüttenvermietung) am Simlestraum, durch den der Sørfjord bei Ebbe und

Steinerne Zeugen eines Giganten-Dramas

Es waren einmal zwei Könige, der auf den Lofoten herrschende Vågakallen und der bei Fauske residierende Sulitjelma. Der eine hatte einen ungestümen Sohn mit Namen Hestmann (Pferdemann) und der andere sieben wilde Töchter, die eines Tages zum Baden an die Küste reisten. Dort trafen sie das Mädchen Lekamøya, in das der Hestmann schon seit langem verliebt war. Als er sie baden sah, geriet sein Blut in Wallung, und er beschloß, sie zu rauben. In voller Rüstung stürmte er um Mitternacht auf seinem Roß über den Vestfjord hinweg. Als die Mädchen ihn sahen, flüchteten sie gen Süden zur Insel Alsten, wo sich die sieben Prinzessinnen erschöpft niederwarfen. Lekamøya aber flüchtete weiter ins Reich des Königs von Sømna, der die Hetzjagd beobachtete und mit ansehen mußte, daß der Hestmann, von seiner Geliebten verschmäht, einen Pfeil auf seinen Bogen legte, um sie niederzustrecken. Dies zu vereiteln, warf er seinen Hut dazwischen, und so geschah es, daß der Pfeil den Hut durchbohrte, der bei Torgar genau in dem Moment niederfiel, als die Sonne aufging, die alles zu Stein erstarren ließ.

Der Hut ragt seit jener Zeit als Torghattan aus dem Meer, Lekamøya wurde zur südlich gelegenen Insel Leka, der Hestmann zur Insel Hestmona (s. S. 225). Die ›Sieben Schwestern‹ bilden einen siebengipfeligen Gebirgsstock bei Sandnessjøen (s. S. 221f.). Aus den beiden Königen wurde der 942 m hohe Vågakallen (der höchste Berg von Austvågøy/Lofoten, s. S. 245ff.) und der östlich von Fauske das Gebirgsland beherrschende Suliskongen (1913 m).

Blick auf den Torghattan

Flut sein Wasser austauscht. Dieser ›Mahlstrom‹ erfreut sich bei Anglern großer Beliebtheit, während sich der Heilhornet, auf dessen Spitze gut markierte Pfade führen, für Wanderer anbietet. Über beide Aktivitäten kann man sich auf dem Campingplatz informieren, auch im Heilhornet Turisthotel bekommt man Auskunft. Diese Anlage liegt rund 500 m von der Kreuzung entfernt an der nach links verlaufenden R 17, die bald an den malerischen Lysfjord heranführt. Hier sollte man vielleicht die Nacht verbringen, denn der ›Lichtfjord‹ trägt nicht ohne Grund seinen Namen: Ab 23 Uhr etwa lassen sich mittsommers von der Küstenstraße aus faszinierende ›Lichtspiele‹ erleben – zumindest, wenn das Wetter mitspielt.

Wenig später erreichen wir **Holm,** und während der 20minütigen Fährfahrt (15 Abfahrten täglich) nach **Vennesund** genießt man eine herrliche Aussicht auf den Lysfjord, den Heilhornet und die vorausliegende Halbinsel Sømna, die wir in ihrer gesamten Länge queren werden. Unmittelbar neben dem Anleger in Vennesund liegt ein ansprechender Campingplatz, hinter dem Wiesenareal sprudelt die ›Olavsquelle‹, die an den Heiligen Olav (s. S. 39) erinnert, der hier einmal Halt machte. Der Sage nach soll sie niemals versiegen und ihr Wasser eine heilbringende Wirkung haben. Auch Angeltouren mit Berufsfischern sind von diesem abgeschiedenen Küstendorf aus möglich. Ein 8 km langer Wanderweg – ›Rund um Kvaløya‹ – erschließt das einsame Land, das auf dem weiteren Weg nach Norden zusehends stärker kultiviert ist.

Über Vik, Zentrum eines der agrarwirtschaftlich ertragreichsten Gebiete Nord-Norwegens, geht es nach Berg, von wo aus man bei klarer Sicht den linkerhand hinter dem Torgfjord aufragenden Torghattan erkennen kann. Den Namen verdankt er seiner Hutform (*hatten* = Hut), doch berühmt ist er wegen des gewaltigen Lochs, das mitten durch den 260 m hohen Berg geht (aber von hier aus noch nicht sichtbar ist). Zu diesem Loch werden wir später hinaufsteigen, doch bis dahin ist noch ein 40 km langes Wegstück zurückzulegen. Auf halber Strecke etwa liegt das rund 4500 Einwohner große Fischerei- und Dienstleistungszentrum **Brønnøysund** 2 (S. 272), das auch von den Schiffen der Hurtigrute (s. S. 258ff.) angelaufen wird. Das *sydgående* (nach Süden fahrende) Schiff fährt täglich gegen 16.45 Uhr in den durch einen schmalen Sund gebildeten Hafen ein, und wer dann in der Stadt weilt, sollte es sich nicht nehmen lassen, auf die 550 m lange Bogenbrücke zu gehen, die sich südlich vom Stadtzentrum über die Meerenge wölbt und am deutlich ausgeschilderten Weg zum Torghattan liegt. Kurz vor der Auffahrt zur Brücke kann man parken, von oben genießt man eine phantastische Aussicht auf die Stadt, den Torghattan sowie zur gegebenen Zeit eben auch auf den Küstendampfer, der den schmalen Brønnøysund nahezu völlig ausfüllt und gegen 17.05 Uhr unter der Brücke hindurchfährt.

Dieses Motiv ist auf unzähligen Postkarten ebenso wiederzufinden wie der **Torghattan** 3, an dessen Fuß wir nun heranfahren. Am Parkplatz unterhalb des Berges ist eine große Infotafel aufgestellt, die verschiedene Wanderwege verzeichnet. U. a. kann man auf markierten Pfaden einmal um den Berg herumlaufen (Dauer ca. 2 Std., unterwegs finden sich schöne Sandstrände) oder innerhalb einer halben Stunde zum Loch emporsteigen, das einen Durchmesser von rund 25 m und eine Länge bzw. Tiefe von 169 m hat. Der Weg ist einfach, das Ziel beeindruckend, und man kann leicht verstehen, warum der Torghattan und sein Loch von Sagen und Legenden umwoben sind (s. S. 218), obwohl der moderne Mensch den Schöpfungsvorgang viel nüchterner sieht: Die norwegische Landmasse wurde vom Glazialpanzer der letzten Eiszeit tief in den Erdmantel gedrückt, und zwar so tief, daß sich das heute auf 112 m Höhe gelegene Loch auf Meeresniveau befand. Steter Tropfen höhlt den Stein, und in diesem Fall höhlte die Meeresbrandung den Fels aus.

Von Brønnøysund nach Sandnessjøen

Nur 11 km trennen Brønnøysund, das sich kartographisch korrekt als *kystbyen midt i Norge* (Küstenstadt in der Mitte Norwegens) bezeichnet, von **Horn** und damit von der nächsten Fährstrecke (12 Abfahrten täglich, ca. 15 Min.), die nach **Anndalsvågen** führt. Für 17 km geht es nun durch eine einsame und spröde Landschaft entlang dem Vevelstadsund zum Fähranleger von **Forvik.** Das Schiff nach Tjøtta hinüber legt hier jeweils 30

Minuten nach Ankunft der Fähre in Anndalsvågen ab, und während der 60minütigen Passage genießt man – natürlich – wieder einmal herrliche Ausblicke auf die an Schären und Inseln so ungeheuer reiche Küstenlandschaft Nord-Norwegens. Im Osten öffnet sich der Vistenfjord (nach Messungen der sauberste Fjord Norwegens), im Süden erhebt sich die schon seit der frühen Steinzeit bewohnte Insel Hamnøya, weit draußen im Meer liegt die aus über 6000 Inseln bestehende Vega-Gemeinde (wo man Reste einer rund 10 000 Jahre alten

Besiedlung gefunden hat), und voraus ragt die unübersehbare Landmarke der ›Sieben Schwestern‹ (s. S. 218) mit ihren sieben Gipfeln rund 1000 m hoch aus dem Atlantik.

An diesem Bergzug entlang wird später die Fahrt verlaufen, doch erst einmal gelangen wir nach **Tjøtta** 4 (S. 309), wo sich nicht weniger als 90 Grabhügel, 12 Hausfundamente und vier Bautasteine (Gedenksteine) aus der Wikingerzeit finden. Auch Nord-Norwegens größtes Gehöft, das schon mindestens seit dem 9. Jahrhundert bestehende Gut Tjøtta, liegt hier. Nahebei erstreckt sich links der Straße ein Soldatenfriedhof, auf dem 7551 russische Soldaten begraben sind, die in deutscher Kriegsgefangenschaft umkamen. Angeschlossen ist das sogenannte Rigelfeld mit 1011 Gräbern von Norwegern, Tschechen und Polen, Russen sowie Deutschen, die 1944 umkamen, als das deutsche Gefangenenschiff ›Rigel‹ von Flugzeugen der Alliierten versenkt wurde.

Durch eine wunderschöne Wald-und-Wiesen-Moor-und-Strand-Landschaft, die äußerst reich an Elchen ist, geht es weiter zum rund 16 km von Tjøtta entfernten **Alstahaug** 5 (S. 267), wo ab 1689 der Geistliche Peter Dass (1647–1707) lebte, der hier eines der ersten Werke der norwegischen Literatur schuf: das Epos ›Nordlands Trompet‹. Ihm zum Gedenken wurde im Pfarrhaus (ältester Teil aus dem frühen 18. Jahrhundert) das Peter-Dass-Museum eingerichtet. Die nebenan gelegene Kirche ist – um 1200 im romanischen Stil erbaut – eine der ältesten des gesamten Nordens.

Auf der Strecke bis Sandnessjøen fährt man an der Bergkette der ›Sieben

Blick auf Brønnøysund

›Hochhäuser‹ im Atlantik

In Norwegen, dessen gesamte Küstenlinie mit rund 57 000 km länger als der Äquator ist, stehen Land und See in ständigem Kontakt und Wechselspiel, und die Fauna der insgesamt über 150 000 Inseln und Eilande, die dem Festland vorgelagert sind, besteht fast ausschließlich aus Vögeln. Wissenschaftler und Hobby-Ornithologen finden hier also ein denkbar reiches Betätigungsfeld, und ein Besuch auf einem der 22 großen Vogelfelsen des Landes (die mit Ausnahme von Runde und Veststeinen allesamt in Nord-Norwegen liegen) gehört ganz bestimmt und nicht nur für erklärte Seevogel-Freunde zu den spektakulärsten Erlebnissen einer Norwegen-Reise.

Der Anblick der meist mehrere hundert Meter hoch senkrecht aus dem Meer aufragenden Felsen, auf deren

Papageitaucher

Absätzen und Simsen nicht selten Zigtausende, ja sogar Hunderttausende von Seevögeln brüten, ist ebenso wie das Gewirr der rauhen und quarrenden Vogelstimmen schier überwältigend. Man wird begeistert sein, auch wenn Schwestern‹ entlang, deren höchster Gipfel sich 1072 m hoch erhebt und wie alle anderen von Wanderern mit durchschnittlicher Kondition problemlos bestiegen werden kann. Markierte Pfade führen von ›Schwester‹ zu ›Schwester‹, alle zwei Jahre wird hier ein Gebirgslauf abgehalten, der über alle Gipfel führt. Der Rekord steht momentan übrigens bei 3 Stunden und 54 Minuten… Idealer Ausgangspunkt für die sehr empfehlenswerte Bergtour ist der direkt vor dem Stokka-Flughafen (12 km vor Sandnessjøen) nach links ausgeschilderte Natur-Campingplatz, wo auch Hütten und Zimmer sowie Ruderboote vermietet werden und man Informationen über den Wanderweg bekommen kann.

Sandnessjøen 6 (S. 306), eine etwa 8000 Einwohner zählende Ansammlung von Industrieanlagen, Wohnblocks und Fertighäusern, ist einen Stopp wert: Denn die sommers vom Touristenbüro organisierten Schnellbootfahrten zu den weit draußen im Nordmeer gelegenen Inseln Lovund und Træna (s. S. 226) gehören mit zum Schönsten, was eine Nordland-Reise zu bieten hat.

die Meeresverschmutzung vor allem durch Öl längst ihren Tribut gefordert hat. Aber der ist vergleichsweise gering gegen die Auswirkung der Überfischung von Nordmeer und Bartenssee. Seit den 1960er Jahren wurden Hering und Kapelan (ein kleiner Lachsfisch) permanent in zu großen Mengen gefangen, weshalb heute großer Futtermangel auf dem Vogelberg herrscht. In der Folge hat allein von 1979 bis heute der Bestand an Papageitauchern auf Røst (s. S. 289ff., Lofoten), einer der größten Seevogelkolonien der Welt, um mehr als 60 % abgenommen. Die Gesamt-Population der Trottellummen gar ist seit den 60er Jahren in ganz Norwegen um mehr als 90 % zurückgegangen. Außerdem sterben jährlich Zehntausende von Vögeln in den für sie unsichtbaren Fischernetzen. Auch Eierdiebe – die, wie die Polizeistatistik ausweist, aus meist deutschen Landen kommen – fügen den Kolonien größte Schäden zu, und es vergeht kein Jahr, in dem nicht hunderte Eier, meist von Seeadlern, aus den Nestern verschwinden, weil in Mitteleuropa Höchstpreise dafür bezahlt werden.

Schaut man sich einen Vogelfelsen aus der Nähe an, fällt sofort sein stockwerkartiger Aufbau ins Auge: Bereits wenige Meter über dem Meeresspiegel finden sich die Nester der Dreizehenmöwen, deren Fundamente aus Erde und Schlamm und deren Polsterungen aus Gras, Tang oder Moos bestehen. Ein Stückchen weiter oben brüten die Baßtölpel, die mit mehr als 3 kg Gewicht die größten Seevögel der Nordhalbkugel sind, aber – da ihre Bestände dramatisch geschrumpft sind – nur noch insgesamt drei norwegische Vogelfelsen besiedeln. Im nächsthöheren ›Stockwerk‹ nisten die schwarz gefiederten Trottellummen und Tordalke sowie die Dickschnabellummen, und ganz oben, wo der Boden weicher wird, liegen die Bruthöhlen der Papageitaucher, die mit ihren rot gebänderten Schnäbeln, roten Augenringen und roten Füßen überaus lustig und eben wie Papageien aussehen. Abseits vom eigentlichen Vogelberg, auf hoch gelegenen Partien der Steilhänge, brüten die Eissturmvögel. Auch die gewaltigen Seeadler errichten ihre Horste stets nur an den unzugänglichsten Stellen.

Doch auch auf dem ›Festland‹ ist bald ein Höhepunkt erreicht, nämlich die 1991 fertiggestellte, 1073 m lange und 45 m hohe (mautpflichtige) Helgelandsbru, die als Meisterwerk der Ingenieurskunst gilt bzw. – wie manche meinen – als einzigartiges Beispiel für den Größenwahn des norwegischen Straßenbauamtes: Mehr als 300 Mio. Kronen und über 30 000 m^3 Beton hat das hängende Monstrum verschlungen, das nur zu dem einen Zweck geschaffen wurde, die Fahrzeit auf der R 17 um ein paar Minuten zu verkürzen.

Von Sandnessjøen nach Bodø

Die folgende Strecke bis **Levang** steht ganz im Zeichen der Landwirtschaft, und während der sich anschließenden 30minütigen Fährfahrt (15mal täglich) ist wieder einmal eine grandiose Aussicht zu beschwören. Der nach Mo i Rana (s. S. 196) führende Ranafjord wird hier gequert, dunkel bewaldete Inseln kommen ins Bild, das schließlich von **Nesna** 9 (S. 296) ausgefüllt wird. Der

Ort entpuppt sich als hübsche Kleinstadt mit vielen farbenfroh getünchten Holzhäusern sowie einem empfehlenswerten Campingplatz (mit Hüttenvermietung und einem Touristenbüro) und blickt direkt auf die Inseln Hugla, Tomma sowie Handnessøya. Jedes Eiland (alle mit Fähren von Nesna aus zu erreichen) hat seinen ganz besonderen Reiz, insbesondere Tomma sollte kein Wanderfreund auslassen: Vom fast 1000 m hohen Tomskjevelen aus kann man bei schönem Wetter nicht nur nach Lovund und Træna hinüberblicken, sondern sogar die fast 200 km entfernte Lofotenkette aus dem Meer steigen sehen und eben auch um die Sommersonnwende den Glutball der Mitternachtssonne.

Die R 17 macht nun konstant Steigung, beschreibt schließlich ein paar Serpentinen und führt dann hinauf auf den beim Sjonfjell erreichten höchsten Punkt der Straße, von dem aus der Blick 365 m tief in den Sjonafjord fällt. Am gegenüberliegenden Ufer sehen wir Spielzeugautos dahinkriechen, wo wir später selbst entlangfahren werden. Diese Strecke markiert einen weiteren Höhepunkt, denn nach der eben durchquerten Fjellweite kurvt man bald darauf durch wildromantische Waldschluchten, fährt ein in lange Tunnelröhren, findet sich in Wiesen und Feldern wieder, um schon wenig später an vollkommen kahlen Bergflanken entlang auf den nächsten Tunnel zuzusteuern. Die Eindrücke wechseln ständig, und schließlich, nach 70 km ab Nesna, zweigt ein Weg nach links zum Fähranleger **Stokkvågen** ab: Wer die insulare Traumwelt von Lovund und Træna (s. S. 226) kennenlernen möchte, hat hier letztmalig Gelegenheit, das Boot zu besteigen.

Einige hundert Meter weiter erheben sich auf einem Felsen hoch über dem Fjord die Überreste des Grønsvika kystfort (Küstenfestung Grønsvika), einer wehrhaften Festungsanlage aus dem Zweiten Weltkrieg. Informationstafeln und Schaubilder geben einen Einblick in dieses Kapitel der Geschichte. Von hier bis zum nächsten Fähranleger (Kilboghamn) erstreckt sich die Lurøy-Gemeinde, zu der auch die Insel Lovund gehört und die mit Landschaften von außerordentlich wildem, teils sogar alpinem Gepräge überrascht. Die Berge, an denen vorbei nun die Fahrt verläuft, heißen entsprechend auch Lurøy Alperna, und wer es einrichten kann, dem sei empfohlen, sich für die rund 25 km lange Strecke bis Kilboghamn einen ganzen Tag Zeit zu lassen und auch die

Nacht hier zu verbringen, wenn die Mitternachtssonne im Norden den Himmel ausleuchtet, doch die Fjorde im Schatten läßt und das offene Nordmeer auf das seltsamste illuminiert. Die Berge, allesamt bizarr geformt, glühen dann förmlich auf, und das Schönste des Schönen ist zweifellos, wenn die Nachtsonne den ›Hestmann‹ (s. S. 218) in einen flammenden Reiter verwandelt.

Herrliche Rastplätze finden sich gleich mehrere an dieser Strecke, und den – von der Straße aus – eindrucksvollsten Aussichtspunkt auf die im Westen vor der Fjordmündung aufragende Insel Hestmona (erkennbar am ›Sporn‹ hoch oben auf dem langgestreckten Inselgipfel) genießt man nördlich der unübersehbaren Omega Navigasjonstasjon, deren 3600 m langer Antennendraht

den Aldersund zwischen dem Liatind (926 m) und dem Albertind (775 m) überspannt. Eine in norwegisch und englisch verfaßte Infotafel gibt Auskunft über Europas längste gespannte Antenne, die zur Positionsbestimmung von Flugzeugen und Schiffen benutzt wird und zu einem System von insgesamt acht Transmitterstationen gehört, die in Norwegen, Liberia, Hawai, Nord-Dakota, La Reunion, Argentinien, Australien und Japan errichtet wurden.

Ein paar Kilometer weiter ist **Kilboghamn** 10 erreicht, und wer die letzte Fähre verpaßt, findet an der vor dem Anleger nach links führenden Straße einen empfehlenswerten Campingplatz (mit Hüttenvermietung) am Fjord. Die Fähren verkehren neunmal täglich und brauchen rund 60 Minuten nach Jektvik

Lovund und Træna – Traumwelten am Polarkreis

Wer hätte nicht schon einmal geträumt, allein auf einer kleinen Insel zu weilen, sich im Ruderboot der Unendlichkeit des Meeres zu stellen, Seeadler zu beobachten und hinaufzusteigen auf steile Höhen, um das Mitternachtslicht zu genießen? Auf den beiden Archipelen Lovund 7 (S. 294) und Træna 8 (S. 309), bestehend aus weit über tausend Holmen, Schären und bis über 600 m hohen Inseln, von denen nicht einmal eine Handvoll bewohnt sind, kann man sich diese Träume und noch viele andere mehr erfüllen. Dort draußen, zwischen 30 und 60 km vom Festland entfernt, kann man Wanderer und Fischer sein, ›Entdecker‹ von Steinzeithöhlen, Beobachter von Vögeln und unberührten Landschaften und kann sich eine unvergeßliche Weile lang auch den Gedanken hingeben, wie es wäre, nicht dorthin zurückzukehren, woher man gekommen ist. Und dies, ohne auf die von dort gewohnten Annehmlichkeiten wie Hotelzimmer, gemütliches Häuschen, Restaurant und Lebensmittelladen sowie verläßliche Verbindungen zur Außenwelt verzichten zu müssen. Zumindest einen Abstecher (von aber mindestens zwei, drei Tagen; sonst lohnt es sich nicht), wenn schon nicht einen ganzen Urlaub auf diesen knapp unter dem Polarkreis gelegenen Inselgruppen sollte man sich einmal gönnen.

(und nicht mehr nach Vågaholmen, wie noch auf älteren Karten verzeichnet ist), bei starkem Verkehrsaufkommen pendelt außerdem eine Zusatzfähre hin und her. Und dann nichts wie hoch aufs Panoramadeck, denn diese Passage, während derer auch der **Polarkreis** gequert wird (am Festland durch das Modell einer Weltkugel markiert), ist vielleicht die schönste im gesamten Verlauf der R 17. Ungeheuer wild und vollkommen unberührt präsentieren sich hier die weitgehend vegetationslosen Küstenlinien, und nur ganz vereinzelt kann man mit einem Fernglas an den Öffnungen der Fjorde, in deren Hintergrund sich schwarzgraue Gebirge auftürmen, einen Einödhof ausmachen.

Dann liegt **Jektvik** voraus (Campingplatz und Lebensmittelgeschäft), und auf außerordentlich gut ausgebauter Straße geht es an der kahlen Granitflanke des monumentalen Blokktind in die Höhe und sodann in einen Tunnel hinein, der sich nach mehreren Kilometern in ein urwelthaftes Kesseltal öffnet. Auch die weitere Fahrt um dieses Tal herum ist ein Genußstück, und genau an der herrlichsten Panoramastelle hat man einen Rastplatz eingerichtet, der vorbildlich ausgestattet ist und sich mit seinen grasgedeckten Aussichtspavillons auch für einen langen Stopp anbietet.

Bis **Ågskaret** 11 ist es jetzt nur noch ein kurzes Stück (unterwegs liegt ein kleiner Waldsee mit Badestrand links am Weg), und wieder, doch nun zum letzten Mal auf unserem Weg nach Bodø, muß eine Fähre genommen werden (rund 20mal täglich). Nur rund 10 Minuten dauert es, den Holandsfjord nach **Forøy** zu queren, und auf der rechten Seite, doch noch nicht einsehbar, fließt das gewaltige Eisfeld des **Svartisen-Gletschers** 12 (S. 308f.) von den nahezu 1600 m hohen Bergen hinunter ans Meer. Rund 9 km weiter, beim Rastplatz Brasetvik, ist es dann soweit: Die blauschimmernde Eiswalze des Engabreen (Nebenarm des Svartisen) bietet sich in ihrer ganzen Pracht den Blicken dar. Drohend und majestätisch hängt sie wie ein Denkmal der Glazialzeit über dem grünblau schimmernden Enga-

breenvatnet. Das ist ein treffliches Motiv, aber der Fotograf wird, wenn er mit der ›Isprins‹ oder der ›Engenbreen‹ zum Eisfeld übersetzt und an die Gletscherzunge herangeht oder gar an einer organisierten Gletscherwanderung teilnimmt, noch viel dramatischere Einstellungen finden. Die beiden Schiffchen fahren zur gegenüberliegenden Fjordseite hinüber, von wo aus man zu Fuß oder per Bus zum rund 1,5 km entfernten Svartisen-Turistsenter gelangt. Hier lädt eine Diashow zum Besuch ein, man kann Kanus mieten, Gletscherwanderungen und Gletscherkurse buchen, aber da das Zentrum täglich von tausenden Touristen besucht wird, fühlt man sich gelegentlich wie in Disneyland und nimmt vielleicht nur mit dem Gletscherblick vorlieb.

Der Weg führt nun weiter am Holandsfjord entlang, bevor er in den 7600 m langen Glomfjordtunnel führt

Blick auf den Svartisen-Gletscher

(der unter einem Seitenarm des Svartisen-Gletschers verläuft), an den sich der 1,9 km lange Fykantunnel anschließt. Diese beiden Tunnel übrigens sind für Fahrradfahrer gesperrt, und wer radelnd nach Ørnes, dem nächsten Etappenziel, gelangen will, muß kurz hinter der Forøy-Fährstation nach links auf die mit ›Vassdalsvik‹ ausgeschilderte Nebenstraße abbiegen (ab Vassdalsvik bestehen sechsmal täglich Fährverbindungen via der Insel Meløy nach Ørnes hinüber).

Via Glomfjord geht es nach **Ørnes** ⓭ (S. 298). Dieser 1500 Einwohner große Küstenort, der auch von den Schiffen der Hurtigrute angefahren wird, ist Ausgangspunkt mehrerer Bootstouren, die vom Touristenbüro organisiert werden: Eine Fotosafari zur Insel Støtt steht ebenso auf dem Programm wie eine Angel- und Badetour zur weit draußen gelegenen Insel Bolga, auch große Küsten-Bootsfahrten werden angeboten. Wer sich einmal wie Robinson fühlen möchte, kann hier für relativ wenig Geld unbewohnte Schären mit einem Häuschen darauf und einem Boot am Ufer mieten.

Aber auch das Festland hat seine Reize. Geht es erst noch am Ufer des Ørnesfjords dahin (rückblickend letzte Aussicht auf den Svartisen-Gletscher), so überblickt man bald schon die nahezu liebliche Feld- und Wiesenlandschaft bei **Reipå,** wo ein schneeweißer und sanft ins Meer übergehender Strand zum Baden einlädt. **Grensen** ist ein bei Einheimischen wie auch Touristen gleichermaßen beliebter Mitternachtssonnen-Beobachtungspunkt (mit einem Denkmal für das im Zweiten Weltkrieg hier untergegangene U-Boot ›Uredd‹). Die gesamte weitere Strecke

bis zum Storvikskaret-Paß präsentiert sich als einzige Augenweide aus steilen Bergen, sattgrünen Wiesen und weißen Sandstränden vor dem türkisfarbenen Meer. Hier einfach so hindurchzufahren, wäre eine Schande, zumal in **Mevik** ein direkt am Meer gelegener Campingplatz (mit Hüttenvermietung) zu finden ist und sich nördlich daran ein über mehrere Fahrwege (Vorsicht: Sand!) zugänglicher kilometerlanger Strandabschnitt erstreckt. Wo er im Norden endet, türmen sich Dünen auf, hinter denen sich

Blick auf den Saltstraum

das Dörfchen **Storvik** versteckt. Von hier aus steigt die Straße in Serpentinen zum 188 m hohen Storviksaret an, von wo aus man einen herrlichen Blick zurück genießen kann. – Noch, muß man leider sagen, denn dem Paß zu Füßen fräsen sich riesige Profilmaschinen in den Berg, um einen Tunnel hindurch zu bohren.

Auch auf der anderen Seite geht es steil und aussichtsreich bergab, aber zu fotografieren ist hier teilweise verboten, da sich auf halbem Weg ins Tal eine im Dienst der Nato stehende Antenne zwischen den Høgnakken (1045 m) und den Høgstjern (819 m) spannt. Rund 12 km weiter zweigt die R 838 nach links gen Inndyr ab. Nahe diesem Fischereizentrum liegt die Kirche von Gildeskål am Fjord, die 1130 im romanischen Stil errichtet wurde und heute ebenso unter Denkmalschutz steht wie das 1750 erbaute Pfarrhaus. Gleich drei Tunnel in Folge führen vom Sør- zum Holmsundfjord hinüber, und auch der folgende Abschnitt bis Kjøpstad bietet reiche Aus-

sicht auf die kahlen Berge im Osten, den schmalen Sund und die gegenüber aufragende Insel Sandhornøya. Hinter Kjøpstad schließt sich eine Steigungsstrecke an, mehrere Bergseen werden passiert, und wo es auf Meeresniveau hinabgeht, streckt sich die 600 m lange Kjellingstraum-Brücke über den gleichnamigen Gezeitenstrom. Hier läßt es sich trefflich und vor allem auch in Ruhe angeln und rasten.

Der 31 km nördlich gelegene **Saltstraum** 14, angepriesen als ›stärkster Mahlstrom der Welt‹, präsentiert sich dagegen als eine Art Vergnügungspark mit Restaurants (überteuert), Campingplätzen (überfüllt), Hotel und vor allem Souvenirbuden an beiden Köpfen der 770 m langen Brücke, die sich in 41 m Höhe über den Gezeitenstrom zieht. Sicher: Die Aussicht auf die waldreichen Ufer des Skjerstadfjords, auf die hohen Berge dahinter und vor allem auf die zum Gezeitenwechsel tosenden Wassermassen in der Tiefe ist beeindruckend. – Aber man hat auf dem bislang schon zurückgelegten Weg sicherlich viele Male ebenso schöne Motive gesehen, ohne daß ein solches Brimborium der Vermarktung gestört hätte. Auch unten, am

Ufer des Straum (über die Brücke, links auf den Parkplatz, dann dem Pfad folgen), kann einem schnell die Freude vergehen, denn anscheinend muß jeder, der eine Angel besitzt, sie einmal hier ausgeworfen haben. Auf dem Strom demonstrieren mehrere Touristenkutter immer wieder aufs Neue, daß gegen die viermal täglich mit bis zu 20 Knoten Geschwindigkeit durch die Enge gepreßten Wassermassen (rund 400 Mio. m^3) kein Motor ankommt ...

13 km weiter mündet die R 17 bei Løding in die von Fauske an der E 6 (s. S. 200) kommende und nach Bodø führende R 80 ein. 19 km sind noch bis **Bodø** 15 zurückzulegen, aber lohnen tut sich diese Fahrt nur für den, der von der rund 35 000 Einwohner großen Hauptstadt Nordlands auf die Inselgruppe der Lofoten übersetzen will (Route 10). Die Stadt als solche ist eher enttäuschend, denn die »vielgestaltige und charmante« Prospektmetropole entpuppt sich als rasterförmig angelegtes Verwaltungszentrum aus Stein und Beton, über dem oft Nato-Bomber einen imaginären feindlichen Angriff abzuwehren versuchen (Bodø ist Sitz des Militäroberkommandos für Nord-Norwegen).

Drachenflieger bei Bodø

Route 10: ›Inseln der Götter‹ – Die Lofoten

›Inseln der Götter‹, ›Alpenkulisse, die aus Wogen steigt‹, ›Trauminseln über dem Polarkreis‹ – diese noch lange nicht vollständige Namenskollektion für die rund 1200 km² große Inselgruppe der Lofoten, die sich etwa 100 bis 250 km nördlich des Polarkreises über zwei Breitengrade erstreckt, kann schon verwirren. Geschuldet ist sie der Natur, die hier in ihren spektakulärsten Erscheinungsformen auftritt. Dinge, die anderswo gewöhnlich wirken, sind ins scheinbar Verrückte übersteigert, die Landschaft wird zur surrealistischen Phantasie und ist derart eindrucksvoll, daß im Vergleich viele andere Gebiete des hohen Nordens nahezu langweilig und fade wirken. So geht es auf dieser Route, die der Europastraße 10 von Süden nach Norden folgt, in allererster Linie um elementare Naturerlebnisse. Aber auch das Kulturelle kommt nicht zu kurz, nehmen doch die Inseln, die mit zu den am längsten bewohnten Regionen des Nordens zählen, auch in dieser Hinsicht eine Sonderstellung ein.

Auf Moskenesøy

Rund 4,5 Std. dauert die Fahrt von Bodø über den Vestfjord nach **Moskenes,** und so spektakulär die Landschafts-Eindrücke insbesondere in der zweiten Hälfte der Passage auch sind: Die Ankunft ist ein wenig enttäuschend, denn statt des »urigen Fischermilieus« der Prospekte gewahrt man moderne Kaianlagen vor schmucklosen Fertighäusern. Auch die hochgelobte Sehenswürdigkeit des Ortes, eine gezimmerte Kreuzkirche von 1865, macht nicht viel her.

Gryllefjord

Nordkap

0   N   20 km

Andenes

Sjovegan

85

84

Vesterålen

Andøya

E6

848

Vågs-fjorden

825

Bjerkvik

Kiruna

Risøyhamn

Harstad

Kilbotn

Borkenes

829

E10

Narvik

82

Myre

Hinnøya

Bogen

E10

E6

821

Frøskeland

Sortland

Sigerfjord

Evenes

Ofotfjorden

819

Langøya

820

850

822

Lødingen

837

Kaljord

Tysfjorden

Eids-fjorden

Stokmarknes

Ulvsvåg

827

Europäisches

Hadseløya

Kongselv

Melbu

81

Nordmeer

Hadselfjorden

Digermulen

15

Fiskebøl

Årstein

Skutvik

Store Molla

Austvågøya

Svolvær

Lille Molla

14

NORWEGEN

Gimsøya

Kabelvåg

13

Eggum

E10

Borge

11

Henningsvær

835

E6

Liland

Vestågøya

12

Unstad

10

Utakleiv

9

Stamsund

Haukland

Leknes

Flakstadøya

Nappstraumen

6

Ramberg

Hakstad

7

Sørfjorden

5

Fredvang

Nusfjord

8

81

Sund

4

Moskenesøya

Hamnøy

3

2

Reine

Moskenes

1   Å

Sørvågen

834

80

Skjerdalsfjorden

Moskenestraumen

80

812

E6

Bodø

813

Trondheim

Værøy

Røsthavet

81

17

Røst

Vedøya

838

Trondheim

Blick auf Moskenes

So brechen wir auf und biegen auf die oberhalb des Hafens verlaufende E 10 ein, der wir nach links folgen wollen. Außerordentlich schmal und kurvenreich ist die Straße, zudem so stark befahren, daß es schier unmöglich ist, die Fahrt zu genießen, die oberhalb des Meeres an der Flanke steiler Berge verläuft. Kommt der Verkehr dann schließlich gar ins Stocken, ist **Å 1** (S. 289ff., wie alle folgenden Orte unter dem Stichwort ›Lofoten‹) erreicht, das Dorf am Südende des ›Lofot-Highways‹, in dem es im Sommer ein wenig wie in Rothenburg ob der Tauber zugeht. Touristen aus aller Herren Länder werden hier in Gruppen durchgeführt, das Parkplatzproblem ist schreiend, und erst, wenn man oberhalb des Campingplatzes eine kleine Anhöhe erklommen hat, kann sich der erwartete Genuß einstellen. Im Rücken türmt sich

Route 10: Die Lofoten

die Lofoten-Wand, voraus erstreckt sich der Vestfjord bis zum fernen Festland, im Süden ragen die Felstürme von Værøy (s. S. 240f.) und Røst in den Himmel, und unten liegt das Dorf mit seinen bunten Holzhäusern auf abgerundeten Klippen. Der Blick umfaßt den Hafen, die Filetierfabrik, unzählige *hjelter* (zeltförmige Stangengerüste, an denen im Februar/März die Dorsche zum Trocknen aufgehängt werden) sowie – und nahezu jedes rot gestrichene Haus betreffend – das Norwegische Fischereisiedlungs-Museum, das 23 Gebäude aus dem 19. Jahrhundert umfaßt. Der über tausendjährigen Geschichte des Stockfisches als Handelsware ist das neue Stockfischmuseum gewidmet, aber interessanter als ein Besuch dieser außerordentlich stark frequentierten Ausstellungen scheinen die zahlreichen Bootstouren, die von hier aus täglich durchgeführt werden und u. a. den südlich verlaufenden Moskenestraum, den

Eine unendlich lange Geschichte

Tagelang haben wir uns dem Archipel genähert, vor zwei Stunden erst rollten wir in Bodø an Bord der Lofot-Fähre, und nun endlich steigt sie aus dem Meer, die tausendfach beschriebene Lofoten-Wand, die wie ein gigantisches Bollwerk aus uralten Zeiten den Horizont verdeckt. In der Tat gehört sie zu den ›Erstgeborenen‹ auf diesem Planeten und ist fast so alt wie die Erde selbst, die vor ca. 4,5 Mrd. Jahren entstanden sein soll. Als der flüssige Glutball abkühlte, bildete sich über dem noch glühendheißen Mantel eine Kruste, aus der im Archaikum (vor ca. 3,5 Mrd. Jahren) die ersten Berge emporstiegen. Die Ur-Lofoten waren geboren, und noch fast 3 Mrd. Jahre sollten bis zur Genese des ›Mutterlandes‹ Norwegen vergehen. In dieser unvorstellbaren Zeitspanne sanken die Lofoten mehrfach ins Erdinnere zurück, wurden dort, in 25–35 km Tiefe, gefaltet und zusammengestaucht, schließlich wieder emporgestoßen, bis sie, vor ca. 1 Mrd. Jahren, erneut gehoben wurden. 600 Mio. Jahre später faltete sich das Kaledonische Gebirge auf (s. S. 22), und im Quartär erfolgten die Angriffe der Eiszeit (s. S. 22ff.), der die Inselgruppe weitgehend ihre heutige Topographie verdankt.

Doch was sich gerade noch als monumentale Mauer aus der See erhob, löst sich jetzt von Minute zu Minute auf zu einer bizarren Kette von schartigen Gipfeln, Bastionen und Zinnen. Jeder Berg, so will es scheinen, ist perfekte Metapher für eine Sage, und man versteht, warum die Wikinger, die hier im 9. Jahrhundert einen Stützpunkt errichteten, dem Archipel mit feinem Sprachgefühl den Beinamen ›Insel der Götter‹ gegeben haben. Die ersten aber waren sie nicht im Inselreich, denn schon aus der älteren Steinzeit (vor ca. 7000 Jahren) konnten hier Spuren menschlicher Existenz gefunden werden. Bereits im dritten Jahrtausend vor unserer Zeitrechnung wurden Ackerbau und Viehzucht betrieben, während der Eisenzeit bildeten sich Häuptlingssitze, und im 9. Jahrhundert wurde vermutlich Vågan, die erste Stadt nördlich des Polarkreises, gegründet. Im 12. Jahrhundert bekam sie eine Kirche, und spätestens seit dieser Zeit, so berichten die Sagas, fuhren von hier große Schiffskonvois bis hinunter nach Bergen, um Stockfisch (an der Luft getrockneter Dorsch) gegen andere Waren zu tauschen.

›Archipel des Kabeljau‹ ist die Inselgruppe bis heute geblieben, auch wenn der Vestfjord, der sich wie ein Keil zwischen Lofoten und Festland schiebt und einst als größtes ›Fisch-Kindbett‹ der Welt galt, heute nicht einmal mehr 10 % jener Dorschmengen hergibt, die etwa noch 1951 gefangen wurden. Seit 1978 ging es konstant bergab mit der Lofot-Fischerei, und der ganze Archipel, nun seines wirtschaftlichen Rückgrates beraubt, schien dem Untergang durch Entvölkerung geweiht. Doch konnte damals niemand ahnen, daß einmal der Tag kommen würde, an dem die Einbu-

ßen durch Einkünfte aus dem Tourismus mehr als wettgemacht werden
würden.

Heute stehen die Lofoten als ›Trauminseln über dem Polarkreis‹ wieder
glanzvoll da und rühmen sich, zusammen mit dem Nordkap, dem Hardan-
ger- und dem Geirangerfjord ganz oben
auf der Beliebtheitsskala aller Reiseziele
im Königreich zu stehen. Das schafft
gewaltige Veränderungen. Schon sind
alle Inseln untereinander mittels Brük-
ken und Tunnel verbunden, wurde die
Hauptverkehrsverbindung, noch vor

wenigen Jahren eine wüste Piste, zur
Europastraße erklärt, werden Tiefseehä-
fen für Kreuzfahrtschiffe gegraben, Hüttenanlagen errichtet, wird an einer Fest-
landsverbindung gearbeitet und geht
schließlich schon die bange Frage um,
ob diese Entwicklung eigentlich
gewünscht ist. Der Tourismus hat be-
denkliche Ausmaße angenommen, und
wer den Archipel noch von früher
kennt, wird heute enttäuscht sein, fährt
er doch im Wohnmobil-Konvoi dahin
und findet alte ›Geheimtips‹ längst in
aller Munde.

*Sie trugen früher
zum Wohlstand der
Inselbewohner bei:
die Lofot-Fischer*

Blick auf Reine

stärksten ›Mahlstrom‹ der Welt, zum Ziel haben.

Eine vergleichbar ›boomende‹ Entwicklung wie Å erlebt auch das nördlich gelegene **Reine** 2 (S. 289ff.), das heute das Verwaltungszentrum der Moskenes-Gemeinde ist und einst von einem norwegischen Wochenblatt zum ›schönsten Ort Norwegens‹ gekürt wurde. Zusammen mit dem benachbarten **Hamnøy** 3 (S. 289ff.), wo in einem alten Speicher das einzige Puppenmuseum Norwegens untergebracht ist, breitet es sich an der Mündung des weit verzweigten Kirkefjords in den Vestfjord auf mehreren, durch Brücken mit dem ›Festland‹ verbundenen Schären aus und besteht aus roten, ockerfarbenen, weißen und blauen Holzhäusern, die sich an jedes freie Stückchen Stein klammern und oft genug bis zu den ›Knien‹ im Wasser stehen, auf dem hunderte bunte Fischerboote schaukeln. Stundenlang möchte man in diesem Bilderbuchort verweilen, in dessen Rücken sich über grünspanfarbenen Fjorden die eigenartigsten Landschaftsgebilde erheben. Hier ist man versucht, die Natur als Gestalt zu begreifen, und – Besucherscharen hin oder her – es ist einfach herrlich, Tourist in Reine zu sein. Auch wegen der teils noch torfgedeckten *rorbuer* (s. S. 243); wegen der zahlreichen Wandermöglichkeiten, der faszinierenden Bootsausflüge in den Kirkefjord und nicht zuletzt wegen der Gammelbua am Hafenbecken, vielleicht eine der gemütlichsten Kneipen nördlich des Polarkreises.

Auf Flakstadøy

Von Hamnøy bis zum Kåkersund, der die Insel Moskenesøy von Flakstadøy trennt, verläuft die in den Fels gesprengte Straße direkt am Vestfjord entlang. Über die trennende Meerenge spannt sich eine 300 m lange Hängebrücke; direkt hinter der schmalen Konstruktion zweigt rechts eine Straße ab, die rund 2 km weiter in **Sund** 4 (S. 289ff.) vor dem Schmiedemuseum von Hans Gjertsen endet, der 1995 sein 30jähriges Berufsjubiläum feierte.

Während der folgenden 3 km entlang dem Kåkersund genießt man ein um das andere Mal herrliche Bilder auf wild skulptierte ›Mondberge‹, die die Bucht von **Fredvang** 5 (S. 289ff.) säumen. Dieser winzige Ort, über zwei Bogenbrücken von der E 10 aus zu erreichen, blickt über weite Sandstrände auf das offene Nordmeer hinaus und ist in klaren Sommernächten beliebtes Ziel von Sonnenanbetern. Der Ozean leuchtet dann in einem kräftigen Orange, die Berge bilden eine Symphonie von Ocker, Rot und Violett, und den schönsten Platz, diese Lightshow zu genießen, findet man im Bereich des Campingplatzes, der sich auf einer großen Wiese direkt hinter dem Meer und einem langen Sandstrand erstreckt. Auch Boote kann man dort ausleihen, und bei wirklich nur ruhiger See (!) sollte man es sich nicht nehmen lassen, einmal um das linker-

hand aufragende Kap herum zur Außenseite der Lofoten zu tuckern, wo sich monströse Trogtäler zwischen schwarzen Felsmonolithen erstrecken. Den Wandermöglichkeiten sind hier keine Grenzen gesetzt (Informationen auf dem Campingplatz), und alles in allem bietet sich Fredvang für Liebhaber großartiger Natur wie kaum ein anderer Ort auf den Lofoten als Urlaubsdomizil an.

Auch im gegenüberliegenden **Ramberg** 6 (S. 289ff.) an der E 10 lädt ein schneeweißer Feinsandstrand mit Campingplatz und Hüttenvermietung (sowie einem sehr empfehlenswerten Panoramarestaurant) zum Verweilen ein. Von diesem administrativen Zentrum der winzigen Flakstad-Gemeinde aus ist es nur ein kurzer Weg bis **Flakstad** 7. Der frühere Hauptort der Insel wird vollkommen vom feuerroten Kreuzbau der im Jahre 1783 gezimmerten Kirche dominiert, die 1938 restauriert wurde und als besonderen Schatz Altartafel und Kanzel aus dem 18. Jahrhundert beherbergt. Die Berge treten hier weit zurück, vor der ausgedehnten Wiesenebene, über die der Ort verstreut liegt, erstreckt sich ein kilometerlanges und bis zu mehreren hundert Metern breites Sandband im Saum von Felsen und Dünenkliffs, und direkt angrenzend lädt ein Parkplatz (mit Wasserfall) ein, dem ein kleiner Informationskiosk angeschlossen ist.

Auf dem folgenden Wegabschnitt um den verführerisch grün leuchtenden Flakstadpollen herum passieren wir weitere Sandbuchten und schließlich auch den Abzweig zum 6 km entfernten **Nusfjord** 8 (S. 289ff.). Schon die Fahrt dorthin, entlang einer 900 m lotrecht aufsteigenden Felswand, ist ein Erlebnis, wie auch der Ort selber, der sich an die Ufer eines engen Fjordes schmiegt, nur mit dem Superlativ hinreichend beschrieben werden kann. 1975, im Euro-

Über den Moskenestraum nach Værøy

Hoch schlagen die Wellen der Erregung, als wir zusammen mit ein paar Dutzend anderen Touristen in Å an Bord der ›M/S Gullving‹ gehen. Jeder hier hat schon einmal vom berühmt-berüchtigten Moskenestraum gehört, und niemand möchte das »Gefühl des Grauens und der Bewunderung« verpassen, das sich einstellen muß, wenn das Schiff 10 km weiter südlich, wo das Land endet, in die Fänge des Strudels geraten wird. Auge in Auge mit der Gefahr, so stellt man sich das vor, und entsprechend bleibt jeder an Deck, als die paar hundert Pferdestärken der beiden Diesel das Schnellboot auf über 20 Knoten beschleunigen. Å und die Berge rauschen vorüber, und knapp 15 Minuten später

nähern wir uns der Stelle, wo das Land im Meer versinkt. 50 Augenpaare spähen angstvoll, die Kameras und Fotoapparate sind gezückt. Aber nichts! Keine mörderischen Trichter, nur spiegelglatte, gleißende See. Natürlich: Man hätte es sich denken können, daß der Fahrplan auf die Gezeiten abgestimmt ist.

Die Zeit vergeht wie im Flug, schon haben wir Mosken passiert, eine mitten aus dem Moskenestraum aufragende, fast 400 m hohe Felsinsel. Voraus erhebt sich – braun und hoch – das Ziel, Værøy (S. 289ff.), im Süden tauchen die hutähnlichen Berggipfel von Røst aus dem Meer. Die ›M/S Gullving‹ beschreibt einen Bogen und fährt in die geschützte Hafenbucht von Værøy hinein, wo wir umsteigen in ein zuvor tele-

päischen Natur- und Denkmalschutzjahr, wurde er zusammen mit Røros und dem alten Stavanger als norwegisches Pilotprojekt ausgewählt und obendrein auf die World Heritage List der UNESCO gesetzt. Nahezu alle Häuser des Dorfes stammen aus dem 19. Jahrhundert, als »Carl Johan, von Gottes Gnaden König von Schweden und Norwegen, der Goten und Wenden«, einem Herrn Dahl das Eigentum an Nusfjord überschrieb. Hans Grøn Dahl konnte zwar nicht schreiben, aber rechnen, und er legte den Grundstein für einen Handelsplatz,

der über vier Generationen hinweg eines der größten Kaufmannsdörfer (nessekongevær) auf den Lofoten war. Hier gab es schon damals eine Post nebst Café, Bäckerei, Krämerladen und Gefängnis, bald auch ein Telegrafenamt, schließlich eine Dampfschiffahrtsgesellschaft sowie – man staune – ab 1907 ein eigenes Kraftwerk. Von alldem gibt es heute gar nichts mehr, und auch daran ist der Niedergang der Lofoten-Fischerei Schuld, denn kamen noch Anfang des 20. Jahrhunderts über 2000 Fischer allein nach Nusfjord, sind es ja heute ins-

fonisch geordertes Boot, um eine der größten Seevogel-Kolonien Norwegens (s. S. 222f.) kennenzulernen.

Konnten wir während der Schnellbootfahrt schon Hunderte von Papageitauchern beobachten, so geht ihre Zahl während der folgenden Stunden in die Tausende. Insbesondere im Bereich der Mostadheia – dem Vogelberg am Südwestzipfel der Insel – ist das ganze Meer mit den drollig ausschauenden Alkvögeln förmlich gespickt. Seltsam berührt es, daß die ›Clowns der See‹ noch vor wenigen Jahren in beachtlicher Anzahl gefangen und verspeist wurden. Anfang Juni begann die Saison, in der die Männer mit V-förmigen Netzen an langen Stöcken sowie mit Schlingen auf die Jagd nach Papageitauchern gingen.

Mostad, der heute verlassene Ort am Fuße des Vogelberges, war das Zentrum der Vogelfänger. Sie gingen mit einem Hund auf die Jagd, dem Mostadoder auch Lundehund, den die Natur eigens zum Zweck des Papageitaucher-Fangs konstruiert zu haben scheint. Darwin hätte seine helle Freude an dieser kynologischen Rarität gehabt, auch wenn der Hund das Gewand eines ganz normalen Straßenköters trägt: Die Evolution stattete ihn nämlich mit einer zusätzlichen Zehe aus, die sicheren Halt beim Klettern gewährt, und gab ihm Ohren, die er beim Kriechen einfach einklappen kann, denn kriechend holte er die Vögel aus ihren oft meterlangen Nisttunneln. Und weil dabei normale Schultergelenke hinderlich wären, ist das seinige so gebaut, daß er die Vorderbeine waagerecht vom Körper abspreizen kann. Doch damit nicht genug: Der Lundehund kommt weltweit nur auf Værøy vor. Die Wissenschaftler glauben, daß es sich bei ihm um einen Urhund handelt, um ein lebendig gebliebenes Stück frühester Entwicklungsgeschichte, das sich über die letzte Eiszeit hinweg gerettet hat. Heute ist der Papageitaucher gesetzlich geschützt, und die Einwohner von Værøy können inzwischen auch problemlos auf das Verzehren der Vögel verzichten. Früher aber waren sie notwendige Fleischlieferanten, ihre Federn wurden als Bettfüllungen verwendet und gegen Salz, Zucker, Mehl, Tabak und Branntwein eingetauscht.

gesamt nur noch knapp 2000 im Archipel. So blieben auch die roten Rorbu-Hütten leer, die zum Ort gehören wie die Berge zum Inselreich. Heute strömen die Touristen in ›Massen‹ herbei, um Quartier zu nehmen im Dorf, das eigentlich ein einziges großes Museum ist.

Über die E 10 sind es nur wenige Kilometer bis Vareid, wo sich ein kurzer Abstecher nach **Vikten** anbietet. Über den am Nordmeer gelegenen Ort braucht man nicht viele Worte zu verlieren, aber direkt an der Ortseinfahrt liegt linkerhand die einzige Glasbläserei (Glashytta; s. S. 292) nördlich des Polarkreises. Das Gebäude präsentiert sich als ein architektonischer Traum aus Glas, Massivholz und Steinen, im Innern gibt es außer der Werkstatt des Meisters eine Glas- und Keramikausstellung zu besichtigen. Allerdings: So ansprechend und ausgefallen die zum Verkauf stehenden Objekte und Gebrauchsgegenstände sind, so teuer sind sie auch. Nur im angeschlossenen Café sind die Preise normal, aber daß man Eintritt bezahlen muß, um hineinzukommen, kann man als dreist empfinden.

Auf Vestvågøy

Die nächste Siedlung ist **Napp,** von wo aus der mautpflichtige Nappstraumtunnel unter dem Meer nach Vestvågøy hinüberführt. Diese rund 421 km² große Insel nimmt in vielerlei Hinsicht eine Sonderstellung ein, denn während alle anderen Teile des Archipels eigentlich nur aus der Lofoten-Wand und einem schmalen Uferstreifen ringsherum bestehen, besticht Vestvågøy mit weiten Landschaften, in denen Kühe und Bauernhöfe das Bild bestimmen, denn die Insel wird vorwiegend landwirtschaftlich genutzt. Reizvoll ist hier der Kontrast zwischen den nahezu lieblichen Wiesenebenen im Zentrum der Insel und den sie umgebenden, bis über 900 m hohen Berggiganten. Schon in der Eisenzeit war diese Insel, wie zahlreiche Funde belegen, dicht besiedelt. Man nimmt an, daß hier im Mittelalter bereits ebenso viele Menschen lebten wie gegen Ende des 19. Jahrhunderts. Heute sind es gut 10 000, die meisten wohnen im Großraum **Leknes,** dem Verwaltungszentrum von Vestvågøy. Vorbei an dieser weitläufigen und steril wirkenden Stadt geht nun die Fahrt. An einem Kreisverkehr muß man sich entscheiden, ob man an der Vestfjord-Küste entlang fahren möchte (R 815) oder weiterhin der E 10 folgen will. Beide Straßen treffen an der Nahtstelle zur Nachbarinsel Gimsøy wieder zusammen, beide bieten viele Reize, aber am abwechslungsreichsten präsentiert sich die Landschaft im Bereich der Europastraße, die durch das ›Herz‹ der Insel verläuft und für zahlreiche Abstecher gut ist.

Die erste Möglichkeit, einen Umweg zu beschreiben, bietet sich schon bald hinter Leknes, wo ein Schild auf ›Haukland/Utakleiv‹ hinweist. Wir folgen ihm, biegen nach links ab und werden rund 11 km später, nach Passieren zahlreicher Fjordarme und Seen, mit dem Anblick des fast 2 km langen, bis zu 300 m breiten und durch eine Klippe zweigeteilten Halbmondstrandes von **Haukland** 9 konfrontiert. Landeinwärts geht die blendend weiße Fläche ins satte Grün eines weit ausladenden Wiesentroges über, Richtung Nordmeer öffnet sich ein Fjord, der von 500 m hohen, grün bemoosten Steilwänden flankiert wird. Von Norden her kommt das gewaltige Massiv des 965 m hohen Himmeltind ins Bild, ein herrlich gelegener Rastplatz (mit Kiosk, Toilette und Trinkwasser) findet sich ebenfalls, doch Wildcampen ist verboten, und bis ins Jahr 2001 stören hier die Abraumhalden eines gegenüber durch den Berg gefrästen Tunnels, der, rund 1 km lang, ins Einöd-Dorf **Utakleiv** führt, wo die Straße endet. Auch hier erstrecken sich Strände, eine Wanderung führt über den alten Karrenweg, der sich am Talende eine Anhöhe hinaufzieht, nach Haukland zurück (rund 1 Std.).

Im Norden schließt sich die tief ins Land hineinreichende Bucht von **Unstad** 10 an, aber um dorthin zu gelangen, muß man erst auf die E 10 zurück und ihr für weitere 7 km folgen, bis der Ort nach links ausgeschildert ist. Durch einen Tunnel geht es an den felsverbrämten Steinsfjord heran, dann steigt die Straße steil empor zu einer 160 m hohen Paßhöhe, die auf das Wiesen-Trogtal von Unstad blickt, das sich keilförmig aufs Meer öffnet und dort von einem langen Sandband begrenzt wird (bald wird ein Tunnel in das Tal führen). Im Wiesengrund finden sich einige pastellfarbener Bauernhäuser sowie ein kleiner Campingplatz. Folgt man der Straße durchs Dorf hindurch nach rechts, endet sie bald vor einem Gatter, hinter dem ein markierter Wanderweg

Rorbuferie –
Ferien in einer Wohnstätte für Ruderer

Einer der ersten Chronistenberichte von den Lofoten vermeldet, daß König Øystein im Jahre 1120 beim heutigen Kabelvåg Rorbu-Hütten errichten ließ. Diese Wohnstätten *(bu)* für Ruderer *(ror)* waren winterfest und beheizbar und sollten den von weither gekommenen Fischern als Quartier dienen. Heute, wo ihre Zahl extrem gesunken ist, sind die Rorbu-Hütten in erster Linie bei Touristen beliebte Übernachtungsmöglichkeiten im Inselbereich.

Rot gestrichen sind sie fast alle, grundsätzlich auch aus Holz erstellt, aber längst müssen sie nicht mehr auf Pfählen im Meer stehen, wie es noch vor wenigen Jahren Usus war. Damals roch es überall nach Meeresgetier, im (einzigen) Wohnraum lagen die Nylonleinen für den Dorschfang und Fischergerätschaften herum. Man schlief in einer mit einem Vorhang abgeteilten Ecke, die Toilette war ein Plumpsklo, fließendes Wasser gab es nicht.

Solche Hütten findet man nur noch selten, denn Touristen haben andere Vorstellungen von ihrem Urlaubsdomizil: Es darf nicht riechen, muß sauber, gemütlich und aufgeräumt sein und sollte mit WC, Dusche und Küche ausgestattet sein. Das sind mittlerweile die meisten Rorbuer, viele können zudem in bezug auf Größe, Komfort und Preis mit Ferienhäusern konkurrieren. Insbesondere die Sjøhus (Seehäuser) genügen oftmals höchsten Ansprüchen.

Da Rorbu-Urlaub sich allergrößter Beliebtheit bei in- und ausländischen Touristen erfreut, kann die Nachfrage in der Saison größer sein als das Angebot. Rechtzeitiges Reservieren ist ebenso angebracht wie das ›Feilschen‹ um den Preis in der Nebensaison, wenn Rabatte bis zu 50 % möglich sind.

Rorbuer in Nusfjord

beginnt. Er führt in rund 9 km (insgesamt rund 2,5 Std.) entlang der Küste nach **Eggum,** das per Straße mit der Europastraße 10 verbunden ist und sich sommers allergrößter Beliebtheit bei Mitternachtssonnen-Anbetern erfreut.

Wir fahren von Unstad zurück auf die Europastraße und folgen ihr nach links gen **Borge** 11 (S. 289ff.), dessen im Jahr 1987 erbaute Kirche, der modernste Sakralbau des Archipels, weithin sichtbar ist. Das Gelände unterhalb der Kirche ist heute eines der bedeutendsten Wikingermuseen von ganz Skandinavien. Hier haben Wissenschaftler aus Tromsø das mit 83 m Länge größte je gefundene Langhaus aus der Wikingerzeit (um 1000 n. Chr.) ausgegraben und originalgetreu nachgebaut. Noch eine andere Rarität ist hier zu bestaunen, nämlich die 23,6 m lange ›Lofotr‹, die in jahrelanger Kleinarbeit von einer Handvoll Enthusiasten nach alten Vorlagen gezimmert wurde, nahebei am Wasser liegt (wohin eine Kutsche fährt) und heute auch für Fjordfahrten eingesetzt wird.

Bald geht es an der Abzweigung nach Eggum (s. o.) vorbei, dann erklimmt die Straße eine Anhöhe, von der aus man rückblickend ein herrliches Panorama über die fruchtbare Talsenke von Vestvågøy genießt. Jenseits dieser Landmarke erstreckt sich der von ausgedehnten Moorflächen und tief ins Land greifenden Meeresarmen geprägte Nordteil der Insel, durch den hindurch man (an einem kleinen Campingplatz vorbei) bald zum schmalen **Sundklakkstraum** gelangt. Hier mündet die von Leknes kommende und über Stamsund entlang der Vestfjord-Küste führende R 815 in die E 10, die nun über eine Bogenbrücke zur Nachbarinsel Gimsøy verläuft.

Am Hafen von Henningsvær

Auf Austvågøy

Direkt nach Querung der Brücke zweigt eine Schotterstraße nach links ab. Sie beschreibt einen rund 30 km langen Umweg rings um die 46 km² große Insel **Gimsøy** (die aus einem Felsenkranz, einem weithin sichtbaren Tafelberg sowie weiten Moorflächen besteht und von einladenden Sandstränden gesäumt wird), bevor sie an der Gimsøystraumenbrua wieder auf die Hauptroute stößt. Die 840 m lange Brücke spannt sich über den **Gimsøystraum** nach Austvågøy, der nördlichsten Insel des Archipels, und bei guter Sicht lohnt es sich, vom jenseitigen Brückenkopf aus (wo sich ein großer Rastplatz mit Infotafeln findet) zum 50 m hohen Scheitel der Konstruktion zurückzulaufen, um das Panorama aufs Nordmeer (mit den Vesterålen im Hintergrund) zur einen sowie auf den Vestfjord zur anderen Seite zu genießen. An ihm entlang geht nun die Fahrt. Nach Passieren mehrerer kleiner Ortschaften und des wunderschön vor einem Schärengarten gelegenen Lyngvær-Campingplatzes blickt man von der E 10 aus auf den schneeweißen Sandstrand von **Rørvik** (beliebter Badestrand; Toiletten vorhanden), hinter dem die R 816 nach rechts abzweigt.

Diesen Abstecher, der das 8 km entfernte **Henningsvær** 12 (S. 289ff.) zum Ziel hat, darf man auf keinen Fall missen! Zum einen wegen der Fahrt über die größtenteils in den Fels gesprengte Straße, zum anderen wegen des Ortes, der sich über mehrere Inseln und Schären erstreckt. Zwischen Januar und März, der Zeit des Lofoten-Fischfangs, liegen hier hunderte Trawler vor Anker, aber auch im Sommer ist das von Landungsbrücken und Bohlenstegen, Holzspeichern und -häusern eng umschlossene Rechteck des natürlichen Hafenbeckens ein faszinierendes Bild, in dem stets ein paar Fischkutter für bunte Farbtupfer sorgen. Bis Ende Juni hängt auch stets ein gewisser Geruch in der Luft, der in Schwaden von den Stangenwäldern der unzähligen *hjelter* (Stockfischgerüste) herüberweht, die jeden freien

Quadratmeter in Henningsvær bedecken. Paarweise am Schwanz zusammengebunden, baumeln die vom Seewind zu knöchernen Mumien getrockneten Dorschleiber an ihren ›Galgen‹. Die Köpfe hängen separat, denn während die Leiber in Südeuropa (wo sie als Fastenspeise beliebt sind) ihre Märkte haben, sind die Köpfe meist für Schwarzafrika bestimmt, besonders für Nigeria. Anders die Dorschzungen: Die werden direkt nach dem Fang herausgetrennt und nach Paris geflogen, wo sich die Feinschmecker darum reißen.

Heute freilich lebt der Ort mehr vom Tourismus denn vom Fischexport, und die Stadtväter opfern leider mehr und mehr authentisches Milieu, um weitere Fremde herzulocken. Zahlreiche Häuser und Trockenfischgestelle mußten einem riesigen Parkplatz weichen, viele der alten Speicherhäuser wurden zu Herbergen umfunktioniert, schon fünf (urgemütliche) Hafencafés und Restaurants laden nebst einer Galerie und diversen Ton-Bild-Shows zum Verweilen ein, und

Deep-Sea-Rafting-Tours – Schlauchbootfahrten – sind neben organisierten Kai-Tänzen der Renner jeder Saison.

Durch den Rørvik-Tunnel (oberhalb verläuft die alte Paßstraße: aussichtsreicher Wanderweg) gelangen wir nach **Kabelvåg** 13 (S. 289ff.), einst Hauptstadt der Inselgruppe und hervorgegangen aus Vågan (s. S. 236), der ältesten Stadt Nord-Norwegens. An der Stelle, wo sich nach archäologischer Erkenntnis dieser historische Ort befunden hat, lädt heute das (an der E 10 ausgeschilderte) Lofot-Museum zum Besuch ein. In mehreren Gebäuden werden Unterkünfte, Boote und Geräte der Lofot-Fischer des 19. Jahrhunderts gezeigt; eine Abteilung ist den Wikingern gewidmet. Im Haupthaus dokumentiert eine Ausstellung das Leben der *værkonger* (Fischgrund-Könige): 1816 erhielten sie das Monopol für den Handel mit Frischfisch (auch die Fischer durften ihren Fang nur an sie verkaufen). Bis 1857, als der Fischhandel wieder freigegeben wurde, waren sie deshalb die unumschränkten Herrscher des Archipels.

Nebenan lädt eine Kunstgalerie zum Besuch ein, ein paar Meter weiter lockt Nyvågar, eine der komfortabelsten Rorbu-Anlage der Lofoten, mit ausgezeichnetem Restaurant und Café (auch Bierausschank), vor dem man auch draußen, über dem Meer sitzen kann; das angeschlossene Aktivitäts-Zentrum vermietet u. a. Kanus und führt auch Schlauchboot-Safaris auf dem Vestfjord durch. Angrenzend erstreckt sich das ringsum verglaste Lofot-Aquarium, dessen teils offene Becken insbesondere die Kinder erfreuen, die hier von keinem gestrengen Wächter zurückgepfiffen werden, wenn sie mal ins Wasser greifen. Natürlich gibt es auch richtige Aquarien, die die hauptsächlich im Vestfjord vorkommenden Fischarten be-

Walsafari auf den Vesterålen

Von Fiskebøl aus, der ›Pforte zu den Vesterålen‹ (Fähren verbinden den Ort mit Melbu; ca. 20 Min.), kann man sich aufmachen, auch diesen Archipel (S. 314) zu erkunden, der mit einer Fläche von rund 2400 km^2 fast doppelt so groß ist wie die Inselgruppe der Lofoten. Obwohl Vesterålen und Lofoten von ihrer Genese her eng miteinander verwandt sind, präsentiert sich die Landschaft doch hier so ganz anders. Die Berge sind eher weich konturiert, das Land ist teilweise sehr stark kultiviert. Die Vesterålen sind ein stilles Ferienland mit ausgezeichneten Wandermöglichkeiten, zahlreichen phantastischen Sandstränden und schönen Campingplätzen. Zudem gibt es reizvolle Attraktionen, von denen die Walsafari die berühmteste ist. Andenes, ganz im Norden der Insel Andøya gelegen, ist Ausgangspunkt für dieses interessante und europaweit nur hier gebotene Spektakel. Zwischen dem 1. Juni und 15. September können seefeste Urlauber auf einem ehemaligen Walfangtrawler zu den bis 60 t schweren und 16 m langen Pottwalen hinausfahren, die alljährlich zur Nahrungssuche vor Andøya auftauchen. Die Walsafari ist ein Gemeinschaftsprojekt des Fremdenverkehrsamtes mit dem W.W.F., erfahrene Meeresbiologen sind an Bord, und die Chancen, auf der rund 6stündigen Tour einen der gigantischen Meeressäuger zu sehen, werden mit rund 90 % angegeben. In Andenes befinden sich außerdem ein Wal- und ein Polarmuseum.

Allgemeine Informationen zu den Vesterålen über: Vesterålen Reiselivslag, Postboks 243, 8401 Sortland, ☎ 76 12 15 55. Über die Walsafari informiert Andøykontoret, Postboks 58, 8480 Andenes, ☎ 76 11 56 00, Fax 76 11 56 10.

Die Kirche von Kabelvåg

herbergen. Ergänzt wird das Angebot durch eine naturgeschichtliche Ausstellung sowie zwei Multimedia-Shows (Themen: Lofot-Fischerei und Jahreszeiten auf den Lofoten), und die neuste Attraktion ist eine Art U-Boot, das zur Saison mehrmals täglich zu Unterwasser-Entdeckungstouren startet.

Das Zentrum von Kabelvåg wird noch von einer riesigen Parkfläche beherrscht, die nun im Zuge einer ›Innenstadtsanierung‹ Stück für Stück abgebaut wird, auf daß das Meer den einstigen Marktplatz wieder wie in alten Tagen umspült. Von dieser Maßnahme verspricht man sich eine steigende Besucherzahl, auch die Kabelvåg-Woche, die alljährlich um Mittsommer stattfindet, soll Touristen anlocken. Eigentliche Sehenswürdigkeiten finden sich hier allerdings nicht, nur ein Besuch der Prestenbrygga, ein auf Stelzen im Meer stehendes und außerordentlich gemüt-

lich eingerichtetes Café/Restaurant, kann hier empfohlen werden.

Wieder auf die E 10 zurückgekehrt, sind es nur wenige hundert Meter bis zur unübersehbaren Vågankirche, die 1898 fertiggestellt wurde und wegen ihrer Größe (mit 1200 Sitzplätzen ist sie die größte Holzkirche Nord-Norwegens) auch Lofot-Kathedrale genannt wird. Rechts daneben, über dem Meer, kann man auf dem Felsen Oskar-Skaret die ausgemeißelten und vergoldeten Namenszüge aller norwegischen Könige seit 1873 bewundern.

5 km weiter breitet sich die heutige Inselmetropole **Svolvær** 14 (S. 289ff.; ca. 4000 Einwohner) auf dem ›Festland‹ und mehreren vorgelagerten Schären aus. Sie besteht aus modernen Zweckbauten, ist somit kaum als schön zu bezeichnen, es sei denn, sie wird von der Höhe eines Berges aus betrachtet. Der am leichtesten erreichbare Gipfel erhebt sich oberhalb der großen Esso-Tankstelle vor der eigentlichen Ortseinfahrt. Man biegt hier links ein, fährt an der Tankstelle vorbei und passiert nach rund 100 m einen links den Hang hinaufführenden, von einer Schranke versperrten Fahrweg. Er führt zu einer Funkmast-gekrönten Höhe (ca. 30 Gehminuten), von der aus man einen imponierenden Ausblick auf die ›amphibische‹ Stadt und auf die sie umgebende Bergwelt genießt. Noch höher kann man hinauf, nämlich auf den Gipfel des angrenzenden Tafelberges, aber dafür muß man hin und zurück gut 2 Std. einplanen.

3 Std. (hin und zurück) währt eine Bootsfahrt in den **Trollfjord** 15 , der wegen seiner Schönheit mittlerweile fast ebenso berühmt ist wie der Geirangerfjord und sich von der schmalen Wasserstraße des Raftsund aus öffnet, durch den auch die Schiffe der Hurtigrute fahren. Auch fliegend kann man diese

Landschafts-Sensation erreichen, und zwar mit Wasserflugzeugen, die im alten Hafen in Svolvær-Zentrum starten und freilich auch für andere Rundflüge gut sind. Im neuen Hafen direkt an der E 10 befindet sich der Anleger für die (im Sommer etwa alle 2 Std. verkehrenden) Fähren nach Skutvik auf der Insel Hamarøy, von wo aus eine durchgehende Straßenverbindung mit der E6 bei Ulvsvåg (s. S. 202) besteht. Die Passage dauert 2 Std., und einen schöneren Weg, um die Lofoten wieder zu verlassen, gibt es nicht. Zwar bekommt man dann die letzten 33 km auf dem in Fiskebøl endenden ›Lofoten-Highway‹ nicht

zu Gesicht, aber diese Strecke, die insbesondere mit einzigartigen Ausblicken auf die wild skulptierte ›Lofoten-Wand‹ beeindruckt, kann man auch auf einem Abstecher von Svolvær aus erkunden.

Wer freilich über die sich nördlich an die Lofoten anschließenden **Vesterålen** (s. S. 247) weiterfahren möchte, muß in Fiskebøl die Fähre nach Melbu nehmen. Von dort aus sind es noch rund 212 km bis Bjerkvik an der E 6 nördlich von Narvik.

Die Einfahrt in den Raftsund

Route 11: Quer durch Samiid Ædnam – Die Finnmark

Diese ca. 500 km lange Route, die in ihrem ersten Abschnitt haarscharf am Nordkap und an Hammerfest vorbeiführt und problemlos Richtung Osten erweitert werden kann, führt vom klimatisch und landschaftlich verwöhnten Alta an den Porsangerfjord heran, bevor sie durch eine schier unendlich scheinende Taiga- und Tundraweite nach Karasjok, der inoffiziellen Hauptstadt des Samenlandes, führt, die für Kulturinteressierte und Aktivurlauber gleichermaßen interessant ist. Weiter geht es durch die Kältesteppe der Finnmarksvidda nach Kautokeino, dem in vielerlei Hinsicht bestechenden Zentrum der Bergsamen, bevor es durch Felswüsten, beeindruckende Schluchten und dicht vorbei am größten und spektakulärsten Canyon Nord-Europas wieder ans Nordmeer zurückgeht, das bei Alta erreicht wird.

Von Alta nach Lakselv

Über die ersten 110 km dieser in **Alta** 1 (S. 267f.) beginnenden Strecke wurde bereits an anderer Stelle das Wesentliche gesagt (Route 8, S. 212 f.), und kaum hat man **Olderfjord** und die hier gen Nordkap abzweigende E 69 passiert, herrscht plötzlich gähnende Leere auf der Europastraße 6, denn die meisten Reisenden, die bis in diese hohen Breiten vordringen, haben sich die ›nördlichsten Einmaligkeiten‹ zum Ziel gesetzt und kehren nach einem Besuch von Hammerfest und dem Kap mehr oder weniger zufrieden nach Hause zurück. Sich noch weiter von zu Hause zu entfer-

nen, dazu reicht die Spanne der Urlaubszeit zumeist nicht aus. Um so schöner für uns, denn es sind zweierlei Dinge, im Wohnmobil-Konvoi durch eine Wildnis zu fahren oder nur ab und zu einmal ein anderes Fahrzeug zu sichten, sich zuzuwinken und wieder einzutauchen in die Einsamkeit.

Doch Autofahren verhält sich zur Natur wie die Technik zum Mythos, weshalb man sich, so immer die Zeit ausreicht, wandernd durch die Landschaft bewegen sollte. Möglichkeiten gibt es viele in dieser menschenleeren Region, und eine erste bietet **Trollheimsund,** wohin in Kolvikvatn, 33 km hinter Olderfjord, eine 5 km lange Nebenstraße abzweigt. Der Name Trollheimsund kommt nicht von ungefähr, denn hier erhebt sich über dem Ufer des Porsangerfjords eine Gruppe von sieben Steinsäulen, die aus der Ferne betrachtet genauso aussehen, wie man sich im allgemeinen wohl Trolle vorstellt.

Im wenig später erreichten **Stabbursnes** 2 (S. 307) lädt ein Natur- und Kultur-Informationszentrum (Naturhus og Museum) zu einem Besuch ein (Führungen auch in Deutsch). Es stellt u. a. mit Dia-Shows die Finnmark vor, bietet mehrere Natur-Lehrpfade sowie einen Spielplatz für Kinder und geführte Wanderungen in den südwestlich angrenzenden **Stabbursdalen-Nationalpark**. Dieses 96 km^2 große Schutzgebiet wurde 1970 ausgewiesen, da sich im Stabbursdal, knapp oberhalb des 70. Breitengrades, der nördlichste Kiefern-Urwald der Welt mit bis zu 500 Jahre alten Bäumen erstreckt. Das namengebende Tal macht den größten Teil des

Parks aus und zieht sich direkt von der E 6 nach Westen, wo es erst einen Trog, später eine tief eingeschnittene Schlucht bildet, die nach und nach auf die Hochebene der Finnmarksvidda ansteigt. Der Stabburselv, der das urwüchsige Tal durchfließt, präsentiert sich auf seinem Weg zum Porsangerfjord mal als Durcheinander von mit flachen Inseln durchsetzten Wasserläufen, mal als schäumender Wildfluß; und insbesondere dort, wo er mäandriert, sind die Ufer mit verschiedenen Weidenarten bestanden. An Gefäßpflanzen kommen rund 250 verschiedene Arten vor, und reicher als die Flora, die auf dem harten Sandsteinboden des Schutzgebietes schlecht gedeihen kann, ist die Fauna, insbeson-

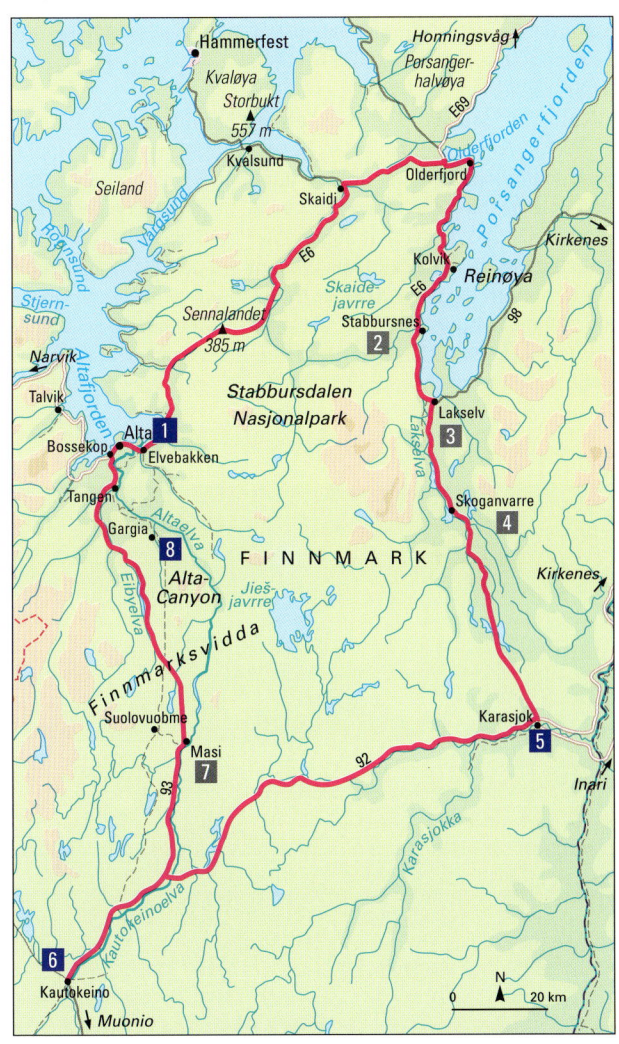

Route 11:
Die Finnmark

dere die gefiederte. Im Bereich der alten Bäume nisten u. a. Rotschwänzchen, Gänsesäger und Schellente, auch die Ammer, die eigentlich in Sibirien heimisch ist, kann hier beobachtet werden. Die Zufahrt zum Park zweigt an der E6 nach Westen ab (rund 2 km südlich der Brücke über den Stabburselv; dort auch Campingplatz) und endet auf einem kleinen Parkplatz, wo ein das Tal durchlaufender Pfad beginnt. Informationen über das Schutzgebiet bekommt man im Touristenbüro von Lakselv und im o. g. Naturhus og Museum.

Nächstes Etappenziel ist **Lakselv** 3 (S. 287f.), der am Südrand des Fjordes gelegene 2500 Einwohner große Hauptort der Porsanger-Gemeinde. Mit zwei Campingplätzen, Hotel und Jugendherberge sowie großem Outdoor-Angebot ist er Zentrum der Aktivurlauber in diesem Landesteil und zukünftig vielleicht ein neues Drehkreuz des Nordkap-Tourismus: 1993 nämlich wurde der Flugha-

fen stark ausgebaut, so daß man jetzt von Mitteleuropa aus theoretisch innerhalb von vier Stunden per Jet anreisen könnte. Und damit es auch zügig weitergeht, keine Zeit ›verloren‹ wird, wurde eine Schnellbootverbindung eingerichtet, mit der man innerhalb von 3,5 Std. von Lakselv aus das Kap erreichen kann.

Die ›Arktische Route‹: Abstecher in die Ost-Finnmark

In Lakselv eröffnet sich die Möglichkeit, auch die an Rußland grenzende Ost-Finnmark zu besuchen (rund 1000 km). Wer das möchte, muß in Lakselv auf die R 98 einbiegen, die im wahrsten Sinne des Wortes ein Highway in die Einsamkeit ist und in den Prospekten als »Eismeerstraße« oder eben als »Arktische Route« gepriesen wird. Sie umrundet den Porsangerfjord, passiert auf diesem

Am Porsangerfjord bei Lakselv

Weg nur ein einziges Dörfchen, führt dann durch die lebensfeindliche Kältesteppe des **Børselvfjells** zum zerklüfteten Laksefjord und von dort auf das arktische Ifjordfjell, dessen Schneefelder selbst im Hochsommer nicht wegtauen. Grandiose Panoramablicke bis zum fernen Horizont sind hier zu genießen, doch ist zu bedenken, daß diese Strecke häufig nur zwischen dem 1. Juni und Mitte September geöffnet ist. Mit extremem Gefälle geht es dann an den steil eingeschnittenen Tanafjord heran, dessen Hauptort **Tana** 211 km von Lakselv entfernt ist (nur zwei, drei Dörfer, keine Tankstelle, kein Geschäft auf der gesamten Strecke).

Hier trifft die R 98 wieder auf die von Karasjok (181 km) kommende E 6, die 143 km weiter im fernen Kirkenes endet. Diese Etappe führt an den grau-schwarzen Gestaden des **Varangerfjords** vorüber und erschließt Landschaften von pleistozänem Gepräge. **Kirkenes** (S. 284), eine Grubenstadt und Endstation der Hurtigrute, bietet zwar keine herausragenden touristischen Reize, ist aber zumindest für zwei Abstecher gut: Der eine führt über die R 886 an die Öffnung des Varangerfjords in die Barentssee heran und endet schließlich in **Jacob-**

selv an der Grenze nach Rußland (hin und zurück 116 km), während die R 885 dem Pasvikdal folgt, das sich keilförmig zwischen Finnland und Russisch-Karelien nach Süden öffnet.

Wo die R 885 endet, beginnt der **Øvre Pasvik-Nationalpark,** 63 km^2 groß und 1970 gegründet. Er besticht mit dem größten Kiefern-Urwald der Finnmark, einem Ausläufer der sibirischen Taiga, bietet aber auch zahllose Sümpfe, Moore und Seen sowie Findlingsfelder und gilt als das in wissenschaftlicher Hinsicht wertvollste Schutzgebiet des Landes, da die Flora hier einen Übergang von westlichen zu östlichen Pflanzenarten erkennen läßt. Vielfraß und Bär, Luchs, Elch und Ren vertreten die Säugetiere, auch Wölfe werden winters gesichtet. Seltene Vogelarten wie Singschwan und Bartkauz kommen vor, auch Saatgänse, Seeadler, Kraniche und Geierfalken, doch am reichsten sind die Stelzvögel vertreten. Es gibt drei Übernachtungshütten und mehrere markierte Pfade, Informationen bekommt man im Touristenbüro von Kirkenes (S. 284) sowie im Café von Vaggatem kurz vor Ende der Reichsstraße 885, wo nach rechts eine Piste zum Nationalpark abzweigt.

Samen –
die ›Erstgeborenen‹ in Skandinavien

Die Samen gehören zur allgemeinen Vorstellung von Norwegen
wie Fjorde, Stabkirchen und Mitternachtssonne. Sie leben im höchsten
Norden in Lappland bzw. auf der Nord-
kalotte (wie der Skandinavier sagt) bzw.
in Samiid Ædnam, dem grenzübergrei-
fenden ›Land der Samen‹, das nicht nur
große Teile von Nord-Norwegen, sondern auch von Nord-Finnland und
-Schweden sowie Russisch-Karelien
umfaßt. Hier, gewissermaßen auf dem
Dach Europas, hat der jahrhunderte-
lange Rückzug dieser eigenständigen
Volksgruppe ein endgültiges Ende gefunden, und daß die Samen nicht das
Schicksal anderer ethnischer Minderheiten geteilt haben – nämlich ausgerottet zu werden –, ist wohl nur der Tatsache zu verdanken, daß sie friedlich
gingen, wenn man ihnen ihre angestammten Länder nahm, und daß ihr
Lebensraum für die Skandinavier, Finnen und Russen letztlich nicht so ver-
lockend war wie der Westen Amerikas
für die Pioniere.

Die Herkunft der Samen ist ungewiß:
Manches deutet darauf hin, daß sie
nach der Eiszeit aus dem Osten kamen
und über die karelische Landzunge einwanderten. Andere Indizien sprechen
dafür, daß es sich bei dem Komsa-Volk
(s. S. 35), das vor 11 000–12 000 Jahren
in einem eisfreien Refugium an der
Finnmark-Küste bei Alta lebte, um
Ur-Samen handelte, die nach Ende der
Glazialzeit dann von dort aus nach
Süden vorstießen. Als gesichert gilt eigentlich nur, daß während des 2. Jahr-
tausends v. Chr. die ersten ursamischen
Gruppen in das innere Lappland einwanderten. Ihr späteres Verbreitungsgebiet umfaßte das gesamte Territo-
rium des heutigen Finnland sowie Russisch-Karelien und reichte in Schweden
bis auf die Höhe von Östersund und in
Norwegen bis an den Femund-See hinunter. Ab etwa 1000 n. Chr. wurden sie
konstant nach Norden verdrängt, bis
sie, im 19. Jahrhundert, ihr heutiges
Verbreitungsgebiet erreichten.

In Norwegen lebt, vor allem im Bezirk Finnmark, rund die Hälfte der ca. 30 000 Menschen zählenden Ethnie, bei der es sich, so die Vorstellung vieler Touristen, um eine Art ›Indianervolk Europas‹ handeln soll. Von nomadisierenden Rentierhirten mit farbenfroher Tracht und ›Indianerzelt‹ ist da die Rede, das will man sehen und ist vor Ort enttäuscht, weil sich die erwartete Exotik nicht einstellt. Die Familien sind nicht mehr bei den Rentierherden, sondern wohnen in festen Häusern; nur ein paar Hirten sausen mit Geländemaschinen zu den Weideplätzen, der große Herdentrieb erfolgt mit Helikoptern, und angesichts mobiler Schlachtanlagen, die zu den Rentierscheidungen rollen, verflüchtigt sich auch das letzte bißchen ›Lappenromantik‹ der Prospekte. Die Rentierzüchter sind längst genossenschaftlich organisierte Fleischproduzenten, auch ihre Kleidung entspricht meist der allerweltsüblichen. Zudem leben heute nur knapp 10 % aller Samen von der Rentierzucht. Das Nomadentum, auch früher ohnehin nur von den sogenannten Bergsamen (im Gegensatz zu den See-, Wald- und Skoltsamen) betrieben, gehört der Vergangenheit an bzw. ist inszenierte Schau, und eigentlich nur in Kautokeino (s. S. 257f.), dem Zentrum der norwegischen Bergsamen, wird der Fotoliebhaber auf seine Kosten kommen können. Andernortes hat schon mancher, der auf ›Trachtenpirsch‹ ging, sein Tun bereut: Die Samen wollen nicht als Folkloregruppe im Tourismusbetrieb aufgehen und sind es – heute Christen so sehr oder wenig wie wir – auch leid, die neuerdings auf der Suche nach dem Schamanismus der alten und spätestens seit dem 19. Jahrhundert der Vergangenheit angehörenden Zeit anschwärmenden Esoterik-Touristen zu ertragen.

Von Kirkenes geht es wieder zurück nach Tana und für rund 180 km am **Tanaelv** entlang, der einem tief eingeschnittenen Kerbtal folgt, mal breit und träge, dann wieder rauschend dahineilt, mal felsgerahmt ist, mal von weißen Sandstränden, Wiesen, auch Birkenhainen gesäumt wird. Lachsangler finden hier ein Paradies, und während der letzten Kilometer bis Karasjok verläuft die Fahrt durch das fast schon lieblich zu nennende Tal des Karasjokka dahin.

Karasjok

Die Strecke von Lakselv nach Karasjok über die E 6 verläuft zunächst durch ein militärisches Sperrgebiet (Halte- und Fotografierverbot), später durch ein ausgedehntes und vom Lakselv gebildetes Seensystem, das sich bis zur Samensiedlung **Skoganvarre** 4 (S. 306) erstreckt, dem ein sehr empfehlenswertes Turistsenter mit Hotel, Hüttenvermietung und Campingplatz angeschlossen ist. Man ist ganz auf Wildmark-Urlauber eingestellt, bei Anglern gilt das Gebiet als ›Geheimtip‹, und auch eine Opferstätte der Samen aus vorchristlicher Zeit ist hier erhalten. Auf der Weiterfahrt gen Süden genießt man weite Ausblicke auf die im Westen aus der Vidda aufragenden kahlen Felspyramiden von Gaissane, die bis über 1000 m hoch sind.

Schließlich wird der höchste Punkt der Straße erreicht (350 m). Nur 8 km trennen diese Landmarke von **Karasjok** 5 (S. 282f.), der inoffiziellen Hauptstadt von Samiid Ædnam. Die samische Minderheit hat sich konsolidiert und ist auch im Weltrat der Urbevölkerungen (World Council of Indigenous People, WCIP) vertreten. Seit 1988 gibt es eine eigene Flagge, auch Volksvertretungen wurden ins Leben gerufen. Das norwegische

Samen-Parlament wird alle vier Jahre zugleich mit dem Storting in Oslo gewählt. Karasjok, dessen ca. 3000 Einwohner meist samischen Ursprungs sind, ist Sitz dieses Sameting wie auch der samischen Zeitung ›Sami Aigi‹ nebst einer samischen Rundfunkstation sowie Volkshochschule. Auch die umfangreichste samische Bibliothek der Welt ist hier zu finden, doch bunte Trachtenabende mit Lagerfeuer, Joik (dem traditionellen Gesang) und Zeltromantik sucht der Reisende vergebens, wie auch traditionell gekleidete Samen im Stadtbild die absolute Ausnahme sind.

Auf seine Folklore-Kosten kann man trotzdem kommen, denn im Samelandssenteret (Samenlandzentrum) an der E 6 werden tausenderlei Samen-Souvenirs angeboten. Aber auch das informative Touristenbüro ist hier untergebracht; ein Reisebüro informiert über Aktivitäten und Touren. »Sei ein Renhirte für einen Tag« steht ebenso auf dem Programm wie Kanufahrten, White-Water-Rubberboat-Fahrten, Angeltouren, Goldwasch-Kurse und vieles andere mehr.

Gegenüber steht allein auf weiter Wiese über dem Karasjokka die alte Kirche von 1807, gleichzeitig das älteste evangelische Gotteshaus der Finnmark und einziges Gebäude der Stadt, das die Deutschen bei ihrem Rückzug nicht zerstörten.

Flußboot-Touren auf dem Karasjokka und Rundflüge über die Finnmark kann man am Flußufer bei der E 6-Brücke buchen. Dort werden auch Kanus ausgeliehen, aber Haupt-Touristenmagnet des Ortes ist das Museum für samische Kultur (Samiid Vuorka Davvirat), das jenseits der Brücke nach rechts ausgeschildert ist und sich ausführlich mit der Samen-Kultur befaßt. Die didaktisch vorbildlich aufgebaute Ausstellung, zu der auch eine Freilicht-Abteilung gehört,

Die Kirche von Karasjok

dokumentiert die Geschichte der Samen ebenso wie die Handwerkstraditionen, die Rentierzucht, den Fischfang und die Jagd, erfreut außerdem mit einer großen Trachtensammlung sowie mit mehreren Schamanentrommeln. Über 2000 Exponate sind insgesamt zu betrachten, angeschlossen ist eine Bibliothek.

Über die Vidda

In Karasjok gabelt sich die Straße, nach links ist die E 6 Richtung Tana und zur nur 17 km entfernten finnischen Grenze ausgeschildert. Wir biegen rechts ein auf die R 92 gen Kautokeino, passieren bald die schön über der Talsenke gelegene Touristenstation (Hotel und Hüttenvermietung) sowie den Campingplatz von Karasjok und fahren für rund 25 km am immer wieder herrliche Bademöglichkeiten bietenden Ufer des Karasjokka entlang flußaufwärts. Dann steigt das Tal an, und waren die flankierenden Birken gerade noch recht ansehnlich, so messen sie wenig später nur noch Zimmerhöhe. Immer wieder öffnen sich große von Tümpeln und Prielen durchzogene Kahlflächen, und bald reichen einem die Bäume nur noch bis zur Brust. Schließlich gibt es sie überhaupt nicht mehr, das eigentliche Hochplateau der Finnmarksvidda öffnet sich, und vor uns erstreckt sich ein bis zum Horizont reichendes, gewelltes Hügelland mit Heideflächen, Mooren und zahllosen kleinen Seen.

Die gut ausgebaute, oft schnurgerade verlaufende Straße passiert mehrere kleine Samenorte sowie Einöd-Campingplätze und Hüttenvermietungen, man kommt zügig voran und nicht lange, da geht es an der Abzweigung der R 93 vorbei nach Alta. Diese Strecke werden wir später befahren, aber zuvor steht ein Besuch des noch 32 km entfernten Kautokeino auf dem Programm.

Kautokeino

6 (S. 283) Kautokeino oder – auf Samisch – Guovdageainnu ist die einzige Gemeinde des Landes mit einem offiziellen samischen Namen, gleichzeitig auch die flächengrößte Norwegens (9700 km²). Sie zählt nur rund 3000 Einwohner, allerdings etwa 100 000 Rentiere, die einem Großteil der samischen Bevölkerung, die hier die Majorität bildet, auch heute noch ein Auskommen sichern. Der in der weiten Senke des Kautokeinoelv gelegene Ort ist kulturelles Zentrum von Samiid Ædnam und Sitz zahlreicher Institutionen wie dem Nordisch-Samischen Institut (Nordisk samisk institutt), des Samischen Ausbildungsrates (Samisk utdanningsråd), des einzigen Samentheaters der Welt, einer samischen Hochschule sowie einer Rentierzucht-Forschungsstation (Bajos).

Auch im Straßenbild bietet das Städtchen, das ein Zelt im Wappen trägt, Besonderes, denn nur noch hier wird die traditionelle Samentracht überwiegend auch als Alltagskleidung getragen. Das sieht exotisch aus, und entsprechend ist ein Besuch von Kautokeino fester Bestandteil der meisten geführten Nordland-Reisen. Der Ort partizipiert stark am Tourismus und erfreut sich mittlerweile zu allen Jahreszeiten hoher Besucherzahlen. Im Sommer stehen u. a. Rentiersafaris und Wanderungen, Kanutouren, Pferdetreks und Flußbootfahrten auf dem Veranstaltungsprogramm; im Herbst kann man hier an den großen Rentierscheidungen teilnehmen und den ›Indian Summer‹ in seiner ganzen Farbenpracht genießen; im Winter werden Rentierschlitten-, Schneescooter- und

Die schönste Seereise der Welt – Hurtigrute

Wir sitzen im Klappstuhl auf dem Panoramadeck der ›Nordlys‹, die Beine gegen die vibrierende Reling gestemmt, und von hier aus gesehen stimmen die Requisiten gängiger Kreuzfahrerträume. Aber die Realität hinter der Bordwand, schwarzblaues Wasser mit Schaumkronen, kahle Felsbastionen und nur vereinzeltes Grün, zeigt sofort, daß sich das Schiff keinem der üblichen Kreuzfahrtreviere nähert, sondern eher rauhe Gestade am Rande der bewohnbaren Welt ansteuert: Die an Rußland angrenzende subpolare Landschaft der Ost-Finnmark liegt in ihrer archaischen Schönheit vor uns.

Doch die Dampferfahrt über den in die Barentssee sich öffnenden Varangerfjord steht nicht am Anfang der Begegnung mit Küsten-Norwegen. Vielmehr markiert sie den mittleren Abschnitt der elftägigen Reise von Bergen nach Kirkenes und zurück, die unter dem Namen Hurtigrute (s. S. 333) in der Welt des internationalen Reiseverkehrs einen ganz besonderen Stellenwert innehat, ja als »schönste Seereise der Welt« gerühmt wird. Ob sie es ist, sei dahingestellt, aber sicher hat keine andere Strecke durch Norwegen einen solch einzigartigen Reiz wie diese, die für 4630 km an Utkant-Norge, dem äußeren Rand Norwegens, entlang verläuft: Mal geht es durch Schärengärten, mal durch Fjorde und enge Sunde,

Schiff der Hurtigrute im Trollfjord

dann wieder aufs offene Meer hinaus, bald an majestätischen Bergen und Gletschern, aber auch an lieblichen Feld- und Wiesenlandschaften vorbei. Im Sommer beziehen die Tage die Nächte ein, und die Farben des Himmels, die sich im Meer spiegeln, sind von unbeschreiblicher Schönheit. Im Winter, wenn es nördlich des Polarkreises nicht hell wird, erleuchten Mond und Sterne die eisklare Welt. Wenn man Glück hat, huscht noch das Nordlicht durch die Dunkelheit, und es kann passieren, daß man süchtig wird nach solchen Erlebnissen. Im Frühling und Herbst wird die Fahrt zu einer Reise durch die Jahreszeiten, denn während im Süden die Bäume blühen bzw. rot-gelb-golden aufleuchten, herrscht im Norden noch bzw. schon der Winter.

Selbstverständlich kann man in jedem der 36 Häfen auch an Land gehen, wenn man sich nicht damit zufrieden geben möchte, das lebhafte Treiben an den Kaianlagen von Bord aus zu betrachten. Wer besonders interessante

Streckenabschnitte auf dem Landweg zurücklegen möchte, kann an Bord organisierte Touren buchen. Da die elf zur Zeit in Dienst stehenden Dampfer der Hurtigrute zunächst einmal Verkehrsmittel für die örtliche Bevölkerung sind, kann man auch einzelne, beliebige Streckenabschnitte buchen.

Eingerichtet wurde die Postschifflinie im Juli 1893. Am 2. Juli verließ das Dampfschiff ›Vesteraalen‹ den Hafen von Trondheim mit Kurs auf Hammerfest. War ein Brief zwischen diesen beiden Orten bis dato zwischen drei Wochen (im Sommer) und fünf Monaten (im Winter) unterwegs, verkürzte sich diese Zeit nun auf wenige Tage. Direkt nach der Jungfernfahrt wurde die Hurtigrute, was soviel wie Schnellroute bedeutet, als Revolution im Verkehrs- und Kommunikationswesen gefeiert, und so dauerte es nicht lange, bis der Linienverkehr ausgeweitet wurde: 1898 kam Bergen als südlichste Endstation hinzu, ab 1907 fuhren die Schiffe über Hammerfest hinaus bis Vadsø, ab 1914 wurde auch Kirkenes angelaufen. Mehr und mehr Schiffe wurden in Dienst gestellt. Zu Beginn verkehrte die Linie nur einmal die Woche, seit 1936 (mit Unterbrechung nur während der Kriegsjahre) fährt täglich ein Schiff ab Bergen Richtung Norden und zurück. Die Pünktlichkeit der Linie ist legendär, lediglich bei Orkan kann es mitunter zu leichten Verspätungen kommen. Dank ihrer speziellen Konstruktion können die Schiffe auch bei schwerster See auslaufen.

Weil die Hurtigruten-Schiffe keine luxuriösen Kreuzfahrtschiffe mit Pool, Ballsaal und Casino sind, kann man die elegante Garderobe getrost zu Hause lassen. Die Kombischiffe sind um so mehr auch auf die Bedürfnisse von komfortgewohnten Touristen ausgerichtet, je jünger ihr Baujahr ist. Die ältesten Schiffe – schwarz-weiß gestrichen und nostalgisch anmutend – wurden zwischen 1956 und 1964 auf Werft gelegt und Mitte der 80er Jahre umgebaut; sie haben alle zwischen 2200 und 2600 BRT, sind zwischen 81 und 87 m lang, eher bescheiden eingerichtet, machen diesen ›Mangel‹ aber mit ihrem Charme mehr als wett. Die nächstjüngere Generation (Baujahr 1982/83) mit 4000–6000 BRT und 108 m Länge wird von der ›Midnatsol‹, ›Narvik‹ und ›Vesterålen‹ repräsentiert (40 Autoplätze), und die ›Kong Harald‹, ›Richard With‹ sowie der ›Nordlys‹ (Baujahr 1993/94) sind mit je 11 000 BRT und 122 m Länge sowie einem umfassenden Komfortangebot (und 50 Autoplätzen) die Flaggschiffe der Linie und in ihrem Aussehen von den mondänen Kreuzfahrtschiffen kaum zu unterscheiden. Weitere solche Luxusliner sind 1998/99 hinzugekommen, und ab dem Jahr 2000 werden die Schiffe auf ihrer Strecke erstmals auch in den Geiranger-Fjord einfahren (nur April–Sept.).

Hundeschlitten-Ausflüge geboten, im Frühling lockt das farbenprächtige Osterfestival mit einer Vielzahl von Veranstaltungen.

Sehenswert ist in dem weit auseinandergezogenen Ort insbesondere das Freilichtmuseum (Guovdageainnu Gillisillju), das ein anschauliches Bild aus alter Zeit vermittelt, als Kautokeino noch ganz aus Zelten und Kotas bestand. Im angeschlossenen Haus der Kultur, das 1987 den norwegischen Architekturpreis gewann, steht auch hochwertiges Samen-Kunsthandwerk zum Verkauf.

Erste Adresse für solche Arbeiten ist allerdings Juhl's Silbergalerie. Die Juhls gelten als Finnmarks beste Silberschmiede und der von ihnen gefertigte Schmuck ist schon einen längeren Blick, wenn nicht einen Griff in die Geldbörse wert. In dem nahezu futuristisch anmutenden Bau, der traditionelle Architekturelemente der Samen mit modernem Stil vereint, werden jederzeit Führungen auch auf Deutsch durchgeführt.

Nach Alta

Von Kautokeino aus geht es zurück zur 32 km entfernten Kreuzung der R 92 mit der R 93, auf die wir nach links in Richtung Alta einbiegen. Entlang dem Kautokeinoelv verläuft die Fahrt am Pikefoss (Stromschnelle) vorbei zur Abzweigung nach **Masi** 7 (S. 295), einem von rund 300 Samen bewohnten Dorf, das um ein Haar in den Fluten des Alta-Staudamms ›ertrunken‹ wäre. Nach Plänen von 1968 sollte der ganze Ort evakuiert werden, doch hatten die Ingenieure die Rechnung ohne die Samen gemacht, die sich heftig gegen das Vorhaben wehrten und so eine landesweite Debatte hervorriefen. In der Folge kam es zu großen Demonstrationen, und nach mehrmaligem Hin und Her faßte das Storting zu Oslo im Jahre 1981 den Entschluß, den Staudamm an einer anderen Stelle zu errichten. So blieb auch die ›amphibische‹ Landschaft rings um das idyllisch in der Flußsenke gelegene Dorf erhalten. Eine Bootsfahrt durch das von zahlreichen Vögeln besiedelte Feuchtland gehört sicherlich zu den großen Eindrücken einer Reise durch die Finnmark. Auch an Rentierscheidungen und Kälbermarkierungen kann man hier teilnehmen, und wer wirklich etwas über das Leben der Samen erfahren möchte, bekommt dazu

in Masi, wo es auch einen Campingplatz mit Hüttenvermietung gibt, reichlich Gelegenheit.

Durch nun zunehmend unwirtlicher werdendes Tundraland geht es konstant bergauf, und vom höchsten Punkt der Straße aus, ca. 80 km hinter Kautokeino, genießt man einen herrlichen Ausblick über die lebensfeindliche Felsöde der Vidda. 2 km hinter dieser 418 m hohen Landmarke lädt die bei Anglern und Wanderern beliebte **Suolovuobme-Fjellstue** (mit Restaurant) zu einem Besuch ein. Nach Querung einer weiteren Paßhöhe (380 m) führt die Straße in die vom Eibyelv gebildete Talmulde hinein, die sich schließlich zu einer nur noch ca. 15 m breiten Klamm verengt. Jenseits dieser spektakulären Kluft erstreckt sich eine mit uralten knorrigen Kiefern bestandene Schlucht, die reich an Rastplätzen ist und sich schließlich in ein fruchtbares und dicht besiedeltes Wiesental öffnet, das bei Tangen, 8 km vor Alta, erreicht wird. Hier zweigt die nach **Gargia** ausgeschilderte Nebenstraße rechts ab, die bei der romantisch gelegenen Gargia-Fjellstue (Ferienhütten, Zimmervermietung; s. S. 267, Alta) endet, von wo aus der **Alta-Canyon** 8, mit 15 km Länge und 500 m Tiefe größter und spektakulärster Canyon Nord-Europas, innerhalb von 2 Stunden wandernd erreicht werden kann (Fotos und Wegbeschreibung in der Fjellstue).

Auf den Lofoten bei Eggum ▷

Information   Unterkunft

Camping   Restaurants

Sehenswert   Aktivitäten

Einkaufen   Festivals

Nachtleben   Fährverbindung

Serviceteil

Serviceteil

So nutzen Sie den Serviceteil richtig

▼ Das erste Kapitel, **Adressen und Tips von Ort zu Ort**, listet die im Reiseteil beschriebenen Orte in alphabetischer Reihenfolge auf. Zu jedem Ort finden Sie hier Empfehlungen für Unterkünfte und Restaurants sowie Hinweise zu den Öffnungszeiten von Museen und anderen Sehenswürdigkeiten, zu Festen, Unterhaltungsangeboten etc. Piktogramme helfen Ihnen bei der raschen Orientierung.

▼ Die **Reiseinformationen von A bis Z** bieten von A wie ›Anreise‹ bis Z wie ›Zeitungen‹ eine Fülle an nützlichen Hinweisen – Antworten auf Fragen, die sich vor und während der Reise stellen.

Bitte schreiben Sie uns, wenn sich etwas geändert hat!
Alle in diesem Buch enthaltenen Angaben wurden von den Autoren nach bestem Wissen erstellt und von ihnen und dem Verlag mit größtmöglicher Sorgfalt überprüft. Gleichwohl sind – wie wir im Sinne des Produkthaftungsrechts betonen müssen – inhaltliche Fehler nicht vollständig auszuschließen. Daher erfolgen die Angaben ohne jegliche Verpflichtung oder Garantie des Verlages oder der Autoren. Beide übernehmen keinerlei Verantwortung und Haftung für etwaige inhaltliche Unstimmigkeiten. Wir bitten daher um Verständnis und werden Korrekturhinweise gerne aufgreifen:
DuMont Buchverlag, Postfach 10 10 45, 50450 Köln.
E-Mail: reise@dumontverlag.de

Inhalt

Praktische Tips von Ort zu Ort

Während im Norwegischen die Buchstaben å, æ und ø am Ende des Alphabets stehen, werden sie hier – dem deutschen Sprachgebrauch entsprechend – in das Alphabet eingereiht: Entsprechend wurde å wie a, æ wie ä und ø wie ö behandelt.

Die hier empfohlenen Hotels und Unterkünfte sind in verschiedene Preiskategorien eingeteilt:

*** 1000 NOK und mehr (Komfortklasse)
** 500 bis 1000 NOK (Mittelklasse)
* bis 500 NOK (›preiswert‹)

Å

siehe Lofoten

Ål

Information: Ål Turistkontor, 3570 Ål, ✆ 32 08 10 60, Fax 32 08 10 60.

Unterkunft: Actif Hotel, ✆ 32 08 42 88, Fax 32 08 43 51 (modernes Sporthotel mit Tennis, Squash, Sauna, Solarium etc., zweckmäßig eingerichteten Komfortzimmern und Apartments; im Winter sehr teuer, 1. 5.–1. 9. Sommerpreise; **).
Bergsjøstølen, ✆ 32 08 46 18, Fax 32 08 46 72 (Berggasthof auf 1084 m Höhe; günstige Sommerpreise; *–**).
Nordheim Fjellstue, ✆ 32 08 46 76, Fax 32 08 46 85 (günstige Zimmer, alle mit Dusche/WC, Spezialpreise für Halb-

oder Vollpension, großes Sportangebot: Verleih von Pferden, Kanus, Booten, Fahrrädern; *–**).

Camping/Hüttenvermietung: Sundre Camping-Center, 2 km westlich von Ål, ✆ 32 08 13 26; ganzjährig (sehr großes Wiesenareal, außerordentlich umfassende Ausstattung, nur 500 m bis zu einem Badeplatz; 26 Hütten für 4, 6 und 8 Personen von 250 bis 550 NOK).

Sehenswert: Bygdemuseum, große Abteilung für Rosenmalerei; Mitte Juni bis Mitte Aug. tgl. 12–16 Uhr.
Kulturhaus, Abteilung für Rosenmalerei und Rolf Nesch-Galerie; So–Fr 9–17 Uhr.
Stabkirche von Torpo; 1. 6.–31. 8. tgl. 8.30–18 Uhr.

Aktivitäten: Das Touristenbüro gibt eine umfassende **Wanderbroschüre** heraus, informiert über **Seterbesuche**; für **Verleih von Kanus, Fahrrädern und Pferden** sind die o. g. Unterkünfte zuständig.

Åndalsnes

Information: Åndalsnes og Romsdal Reiselivslag, Boks 133, im Stadtzentrum, 6300 Åndalsnes, ✆ 71 22 16 22, Fax 71 22 16 82.

Unterkunft: Grand Hotel Bellevue, Åndalgate 5, ✆ 71 22 75 00, Fax 71 22 60 38 (im Stadtzentrum gelegenes Hotel, moderne Zimmer; **).

Rauma Hotel, Vollan 16, ✆ 71 22 12 33, Fax 71 22 63 13 (günstiges Mittelklassehotel, mit Restaurant; **).

Jugendherberge: Åndalsnes Vandrerhjem, Setnes, ✆ 71 22 13 82; 15. 5.–15. 9. (rund 1,5 km vom Stadtzentrum entferntes Hostel mit Grasdach, gemütlichen Räumlichkeiten, großem Sportangebot und einem umwerfend leckeren Frühstück, das seine 60 NOK allemal wert ist; deshalb sehr empfehlenswert (Betten zu 95 NOK, Zimmer ab 260 NOK).

Camping/Hüttenvermietung: Camping Åndalsnes, 2 km vom Zentrum (dort ausgeschildert), ✆ 71 22 16 29, Fax 71 22 62 16, (riesiges Wiesengelände, durch Baumreihen aufgelockert; z. T. schöne Stellplätze am Fluß; gute Ausstattung, großer Spielplatz, aber während der Saison meist stark frequentiert; viele Hütten; *–**).

Aktivitäten: AAK Fjellsportsenter, ✆ 71 22 71 00, Fax 71 22 71 01 (Norwegens einziges ganzjährig betriebenes Fjellsportzentrum; Kletter-, Eiskletter-, Bergsteiger-, Skikurse, organisierte Berg- und Gipfeltouren, Treks, Rafting, Gletscherwanderungen, Kanuverleih und andere Aktivitäten mehr).
Das Touristenbüro organisiert geführte **Wanderungen** (gratis) unterschiedlicher Länge und Schwierigkeitsgrade, hält mehrere Broschüren bereit.

Ånderdal Nationalpark

Information: Die Torfgamme am Südufer des Ånderdalvatnet ist stets geöffnet und steht allen Wandeꞏ

rern zur Verfügung. Informationen über den Nationalpark bekommt man bei Senja Tours in Finnsnes an der Senja-Brücke (✆ 77 85 07 30) sowie beim Troms Turlag (Wanderverein) in Tromsø (✆ 77 68 51 75).

Alstahaug

 Sehenswert: Peter-Dass-Museum; Mitte Juni bis Mitte August zwischen 11 und 17 Uhr tgl. Führungen auf Norwegisch und/oder Englisch.

Alta

Information: Turistinformasjon Alta, Bossekop, ✆ 78 43 77 70 Fax 78 43 52 60; 1. 6.–31. 8.

Destinasjon Alta, Postboks 1327, 9505 Alta, ✆ 78 43 79 99, Fax 78 43 51 84; ganzjährig, für per Post angefordertes Material sowie für Buchungen u. a. von Aktivitäten zuständig.

Unterkunft: North Cape Hotel, Løkkeveien, ✆ 78 43 50 00, Fax 78 43 58 25 (bestes Hotel am Platz; **–***).

Alta Gjestestue, Bekkefaret 3, ✆ 78 43 55 66, Fax 78 43 50 80 (angenehmes Haus mit Restaurant und gemütlichen Zimmern; **).

Gargia Fjellstue, 25 km außerhalb Richtung Alta-Canyon (Gargia), ✆ 78 43 33 51, Fax 78 43 33 36 (Zimmer und Hütten, teils sehr gemütlich, naturschöne, einsame Lage; *).

Jugendherberge: Alta Vandrerhjem, Midtbakkvn. 52, ✆ 78 43 44 09; 20. 6.–20. 8. (schlichte Ausstattung; Betten 120 NOK, Doppelzimmer 250 NOK).

Camping/Hüttenvermietung: Alta Strand Camping, Øvre Alta, ✆ 78 43 40 22, Fax 78 43 42 40; ganzjährig (40 Hütten in teils schöner Lage; große Wiese, beste Ausstattung; *–**).

Alta River Camping, Øvre Alta, ✆ 78 43 43 53, Fax 78 43 69 02; ganzjährig (19 Hütten; große Zeltwiese direkt am Fluß; der Platz ist insbesondere bei Lachsanglern sehr beliebt; *).

Sehenswert: Felsbilderfeld von Hjemmeluft, kurz vor Alta an der E 6 ausgeschildert; 15. 6.–15. 8. tgl. 8–23 Uhr, Juni/Aug. bis 20 Uhr, Mai/ Sept. 9–18 Uhr, sonst tgl. 11–16 Uhr.

Aktivitäten: AKU Finnmark, Kongleveien 11, ✆ 78 43 48 40, Fax 78 44 04 80 (Seekajak-Touren, Angeltouren und Wanderungen; man spricht auch Deutsch).
Alta Friluftspark, Storelvdalen, ✆ 78 43 33 78 (Elvebåt-Touren auf dem Alta-Fluß zum Alta-Canyon, Kanuaus- leihe, Verleih von Wildmarkhütten).
Arctic Air, Alta Lufthavn, ✆ 78 44 05 80, Fax 78 44 05 81 (Heli- kopterflüge in der gesamten Finnmark).
Gargia Fjellstue, s. o. (Ausritte, Pfer- detreks, Boots- und Angeltouren, ge- führte Wanderungen).
Sleipner-Fjordtour, Jan Pedersen, ✆ 78 43 69 77 (Fjordfahrten mit einem traditionellen Nordlandboot vom 17. 7.–31. 8. tgl. um 11 und 17 Uhr).

Åsgårdstrand

Sehenswert: Im Lykkehuset (Glückshaus) verbrachte Edvard Munch mehrere Jahre seines Lebens. Das Haus ist heute Museum; Juni–Aug. Di–So 11–19 Uhr.

Aurland

Information: Aurland Reise- livslag, Postboks 53, Rådhus (Rathaus), 5745 Aurland, ✆ 57 63 33 13, Fax 57 63 32 80.

Unterkunft: Aurland Fjordho- tel, ✆ 57 63 35 05 (bestes Hotel, komfortabel eingerichtete Zimmer; mit Restaurant, Swimming-Pool; **–***).
Vangen Motel, ✆ 57 63 35 80 (zentrale Lage, einfache Zimmer und Hütten; *).

Camping/Hüttenvermietung: Camping Lunde, Aurlandsdal, ✆ 57 63 34 12, Fax 57 63 31 65; 1. 4.– 15. 10. (Wiesenareal zwischen Straße und Fluß; überteuerte Hütten; **).

Sehenswert: Otternes- Freilichtmuseum, Gruppen- gehöft aus dem 16. Jahrhundert, 5 km hinter Aurlandsvangen; 20. 6.–20. 8. Mi–Mo 11–18 Uhr.

Aktivitäten: Das Touristenbüro informiert über **Wandertouren, Fjordfahrten** auf dem Aurlands- und Nærøyfjord, **Bootsverleih**.

Beitostølen/Valdres

Information: Beitostølen Turistinformasjon, 2953 Beito- stølen, Tel. 61 34 1 06, Fax 61 34 13 41, Internet: http://www.valdres.com (zuständig für Informationen zum ge- samten Bereich von Valdres sowie Jo- tunheimen).

Unterkunft: Für Unterkunftsver- mittlung (Hütten und Ferienhäu- ser) im gesamten anstehenden Raum ist das o. g. Touristenbüro zuständig sowie

Beitostølen Hytteformidling, ☎ 61 34 1 44, Fax 61 34 13 05; Hütten 300–1200 NOK/Tag.

Aktivitäten: Das Touristenbüro in Beitostølen organisiert Berg-, Wander-, Kanu-, Rafting- und Kletter-Touren, auch Kletter-Schulung wird im Sommer täglich angeboten (10 Uhr).

Bergen

Information: Turistinformas-jon i Bergen, Vågsallmenningen 1, 5014 Bergen, ☎ 55 32 14 80, Fax 55 32 14 64, Internet: http://www.ber-gen-travel.com; Juni–Aug. tgl. 8.30–22 Uhr, Mai/Sept. tgl.9–20 Uhr, sonst Mo–Sa 9–16 Uhr.

Bergen og Hordaland Reiselivsvag, Postboks 4055, Dreggen, 5023 Bergen, ☎ 55 31 38 60, Fax 55 31 56 82 (versendet schriftlich/telefonisch angefordertes Material zu Stadt und Hordaland).

Fjord Norge, Postboks 4108, 5023 Bergen, ☎ 55 30 26 40, Fax 55 30 26 50; Besucheradresse: Fjord Expo Informationscenter, Einkaufszentrum Galleriet, Bryggen 5, 7. 5.–11. 9. Mo–Fr 9–21, Sa 9–16, So 11–18 Uhr; Infos zum gesamten Fjordland und zu Bergen; audiovisuelle Ausstellung, Multimediashows, Unterkunftsvermittlung, Geldwechsel, Fahrkartenverkauf für Rund- und Fjordfahrten, Gepäckaufbewahrung etc.
Hier (oder im Hotel) nach der **Bergenskortet** (Bergen-Karte) fragen, mit der man zahlreiche Ermäßigungen (u. a. bei Automiete, im Parkhaus) und freien Eintritt in viele Museen und Schwimmbäder bekommt, auch die Kabelbahn zum Floyen kostenlos benutzen kann; die Karte kostet 130 NOK für 1 Tag (Erwachsene) bzw. 60 NOK (Kinder) und 200 NOK bzw. 90 NOK für 2 Tage.

Unterkunft: Erfolgt die Buchung der Unterkunft mindestens 2 Tage vor Ankunft in Bergen, gewähren alle Hotels in den Sommermonaten besonders günstige Sommerpreise; außerhalb der Saison gelten diese Sonderpreise Fr–Mo.

Grand Hotel Terminus, Zander Kaaesgate 6, ☎ 55 31 16 55, Fax 55 31 85 78 (Zimmer in gediegenstem Komfort, eine der zwei besten Adressen in Bergen; ***).

Admiral Hotel, C. Sundtsgt. 9–13, ☎ 55 23 64 00, Fax 55 23 64 64 (sehr komfortables, schmuckes Jugendstilhaus, mit eigenemAnlegesteg; **–***).

Augustin Hotel, C. Sundtsgt. 22–24, ☎ 55 30 40 00, Fax 55 30 40 10 (sehr angenehmes Familienhotel mit Restaurant; **).

Fantoft Sommerhotel, 5036 Fantoft, ☎ 55 27 60 00, Fax 55 27 60 30; nur 20. 5.–20. 8. (etwas außerhalb des Zentrums gelegenes Sommerhotel mit 350 Betten; gute Busverbindungen, kostenlose Parkplätze, Restaurant, Bar, Supermarkt; es gibt auch Familienzimmer für 4 Pers. ohne Frühstück und Bettwäsche zu etwa 450 NOK!; **).

Hotel Park Pension, Harald Hårfagresgate 35, ☎ 55 54 44 00, Fax 55 54 44 44, (kleiner Familienbetrieb mit 20 Zimmern in altenglischem Stil; **).

Bergen Gjestehus, Vestre Torggate 20A, ☎ 55 31 96 66, Fax 55 23 31 46 (im Zentrum, gute Ausstattung, auch Kochmöglichkeit, Parkplatz; *–**).

Fagerheim Pensjon, Kalvedalsveien 49a, ☎ 55 31 01 72 (etwas außerhalb des Zentrums, einfache Zimmer, aber sehr preiswert; *).

Kloster Pensjon, Strangehagen 2, ☎ 55 90 21 58 (im Zentrum wohl die günstigste Herberge; *).

Jugendherberge: Montana Vandrerhjem, Johan Blydtsvn. 30, 5030

Landås, ☎ 55 20 80 70, ganzjährig geöffnet (ca. 5 km vom Zentrum, Bus Nr. 4; Betten zu 170 NOK, Doppelzimmer zu 470 NOK).

△ **Camping/Hüttenvermietung:**
Bergen Bobil-Senter, Sanviksboder 1, ☎ 55 56 88 50; Anfang Juni bis Ende Aug., Tag und Nacht geöffnet (mit Stromanschluß, Dusche, Toiletten ausgestatteter Wohnmobil/Caravan-Platz nahe Zentrum; Anfahrt: auf der R 1/E 16 an der Brygge vorbei, rund 2 km).
Bergen Campingpark, Haukås i Åsane (E 39, nördlich von Bergen), ☎ 55 24 88 08, ganzjährig geöffnet (auch Zimmervermietung; Café sowie Kiosk).
Bergenshallens Camping, Vilh. Bjerknesvn. 24, Landås, ☎ 55 27 01 80, nur Juni–Aug. (5 km vom Zentrum, Bus Nr. 3; asphaltierter Platz, nur wenige Stellplätze für Zelte).
Paradis Sportssenter og Caravan Camping, Paradis/E 39 (7 km vom Zentrum; Busverbindungen), ☎ 55 91 26 00; Mitte Mai–Ende August (Wohnwagen-/Wohnmobil-Camping direkt neben Bergens größtem Sportzentrum).

❚❙ **Restaurants: Bryggeloftet**, Bryggen 11, ☎ 55 31 06 30 (norwegische Spezialitäten, serviert in historischen Räumlichkeiten, urgemütlich eingerichtet; von den Fensterplätzen aus genießt man einen herrlichen Ausblick auf den Hafen; gehobenes Preisniveau).
Bryggen Tracteursted, Bryggen, ☎ 55 31 40 46; nur 1. 5.–1. 9. (gilt als das älteste Gasthaus Norwegens, über 300 Jahre alt; erlesene norwegische Spezialitäten zu hohen Preisen).
Café Opera, Engen 24, ☎ 55 23 03 15 (›der‹ Treff in Bergen, gute Gerichte; preisgünstig).

Enhjørningen, Bryggen, ☎ 55 32 79 19 (das älteste Fischrestaurant der Stadt, in traditionsreichen Räumen aus der Hansezeit untergebracht, gilt als eines der besten Norwegens; elegant und teuer).
Finnegårdstuene, Rosenkrantzgt. 5, ☎ 55 55 03 00 (im Bryggenviertel, traditionsreich, gutbürgerliche Küche, schöner Biergarten; mittleres Preisniveau).
Fiskekrogen, Zachariasbryggen, Fisketorget, ☎ 55 55 96 60 (vielleicht das gemütlichste Fischrestaurant der Stadt; auch zum draußen sitzen; gehobenes Preisniveau).
Fløyen Folkerestaurant, Fløyfjellet, ☎ 55 32 18 75 (Panoramarestaurant; mittlere Preislage; tgl. ab 17 Uhr).
Jeppe Restauranthuset, Vågsalmenning 6 (gegenüber Fischmarkt), ☎ 55 54 66 00 (mehrere Restaurants, alle mittleres Preisniveau, unter einem Dach bzw. auch im Freien).
Mongolian Restaurant, Olav Kyrresgt. 39, ☎ 55 32 39 15 (die Alternative in Bergen: Mongolische Küche vom Feinsten; für 150 NOK stellt man sich ein eigenes Menü zusammen, so oft man will, soviel man will).

👁 **Sehenswert: Aquarium**, Nordnesbakken 4; 1. 5.–30. 9. tgl. 9–20 Uhr, sonst tgl. 10–18 Uhr.
Bergenhus-Festung (Håkonshalle); 15. 5.–31. 8. tgl. 10–16 Uhr, sonst tgl. 12–15 Uhr.
Bergens Billedgalleri, Rasmus Meyers Allé 15; 15. 5.–14. 9. tgl. 11–17 Uhr, sonst Di–So 10–16 Uhr.
Bryggens Museum, Bryggen; 1. 5.–31. 8. tgl. 10–17, sonst Mo–Fr 11–15, Sa ab 12 Uhr, So 12–16 Uhr.
Dom, 16. 5.–31. 8. Mo–Sa 10–16, So bis 13 Uhr, sonst Di–Fr 11–14, Sa bis 15, So 10–13 Uhr.
Orgelkonzert (1. 6.–31. 8.) Do 12 Uhr.

Fantoft Stabkirche, Paradis; 15. 5.–15. 9. tgl. 10.30–14 Uhr und 14.30–18 Uhr.

Freilichtmuseum Gamle Bergen, Elsesro, Sandviken; 16. 5.–29. 8. tgl. 10–18 Uhr, stdl. Führungen (10–16 Uhr).

Hanseatisches Museum, Bryggen; Juni, Juli, Aug. tgl. 9–17 Uhr, sonst tgl. 11–14 Uhr.

Kreuzkirche; 15. 5.–15. 8. Mo–Sa 10–15 Uhr, sonst Mo–Sa 11–15 Uhr. Orgelkonzert jeden Mi um 11.30 Uhr und Sa um 12 Uhr (nur 15. 5.–15. 8.).

Kulturhistorisches Museum (auch: Bergen Museum), Håkon Sheteligsplass 10; 15. 5.–31. 8. Di–Sa 10–15, So 11–16 Uhr, sonst Di–Sa 11–14, So bis 15 Uhr.

Lepramuseum, Kong Oscarsgt. 59; 20. 5.–31. 8. tgl. 11–15 Uhr.

Marienkirche, Dreggen; 18. 5.–11. 9. Mo–Fr 11–16 Uhr, sonst Di–Fr 12–13.30 Uhr.

Naturkundliches Museum, Muséplass 3; Öffnungszeiten wie Kulturhistorisches Museum.

Permanenten (Fischereimuseum und Kunstgewerbemuseum), Nordahl Brunsgt. 9; 15. 5.–14. 9. Di–So 11–16, sonst Di–Sa 12–15 Uhr, So bis 16 Uhr.

Rasmus Meyers Samling, Rasmus Meyers Allé 7; Öffnungszeiten wie Bergens Billedgalleri.

Rosenkrantztårnet; 15. 5.–31. 8. tgl. 10–16 Uhr, sonst nur So 12–15 Uhr.

Seefahrtsmuseum, Håkon Sheteligsplass 15; 1. 6.–31. 8. tgl. 11–15 Uhr, sonst So bis Fr 11– 14 Uhr.

Stenersens Samling, Rasmus Meyers Allé 3; Öffnungszeiten wie Bergens Billedgalleri.

Troldhaugen, Hop, 8 km außerhalb des Zentrums; 18.4.–30.9. tgl. 9–18 Uhr, sonst Mo–Fr 10–14 Uhr.

 Aktivitäten: Kabelbahn zum Aussichtsberg Fløyen; halbstündig zwischen 7.30 und 23 Uhr, Sa ab 8, So ab 9 Uhr.

Einkaufen: Hauptfußgängerzonen mit hunderten Geschäften jeder Art sind die Straßen Gåten, Torgalmenning und Marken.

Bergen Steinsenter, Bredsgården Bryggen, ℰ 55 32 82 60 (Steinschleiferei, Mineralien, Edelsteinschmuck).

Fischmarkt auf dem Torget; Mo–Fr 7–16 Uhr, Do bis 19 Uhr, Sa bis 15 Uhr.

Husfliden, Vågsalmenning 3, ℰ 55 31 78 70 (größte Auswahl an Souvenirs und Kunsthandwerk).

Juhl's Silver Gallery, Bryggen (neben SAS-Hotel), ℰ 55 32 47 40 (Laden der berühmten Silberschmiede aus Kautokeino/Finnmark, s. S. 261; das Feinste und Ausgefallendste, was man sich an Schmuck nur vorstellen kann).

Viking Design, Strandkaien 2a, ℰ 55 31 05 20 (Strickwaren und Designartikel von hoher Qualität).

Nachtleben: Banco Roto, Vågsalmenning 16, ℰ 55 32 75 20 (elegante Tanz- und Pianobar mit der längsten Theke Norwegens: 36 m; geöffnet Mi–Sa 19–2.30 Uhr).

Hulen Rock Club, Olav Ryesvei 47, ℰ 55 32 32 87 (in einem ehemaligen Luftschutzbunker untergebracht, gute Musik, oft live, billiges Bier; Mi/Do 20–1, Fr/Sa 21–3 Uhr).

Maxime Club, Ole Bullsplass, ℰ 55 30 71 20 (›die‹ Disco in Bergen; Do, Fr und So ab 21 Uhr).

Veranstaltungen: Bergen ist die Kulturmetropole des Landes, und entsprechend groß ist die Zahl der Veranstaltungen, die hier rund ums Jahr stattfinden und alle im Veranstaltungsprospekt aufgelistet sind, den das Touristenbüro (s. oben) herausgibt.

Kultureller Höhepunkt eines jeden Jahres sind die **Festspillene i Bergen**, die jeweils Ende Mai/Anfang Juni stattfinden; 11 Tage lang währt dieses einzigartige Großereignis, und wer daran teilnehmen will, sollte möglichst schon mehrere Wochen zuvor Eintrittskarten zu den rund 100 verschiedenen Musik-, Ballett-, Theater- und Folklore-Vorstellungen buchen (über das Touristenbüro sowie über die Festspielleitung: Festspillene i Bergen, P.O. Box 183, 5001 Bergen, ✆ 55 21 06 30, Fax 55 21 06 40).

Volkstänze: Zwischen dem 1. Juni und dem 31. Aug. werden jeden Di und Do um 21 Uhr Volkstänze im Bryggens-Museum aufgeführt; Dauer ca. 1 Stunde, das Programm umfaßt traditionelle Volkstänze aus verschiedenen Regionen von Norwegen, wobei die Gruppen jeweils ihre eigenen Trachten tragen).

Konzerte: In Troldhaugen, dem ehemaligen Wohnsitz des Komponisten Edvard Grieg, werden vom 20. Juni bis 22. August dreimal wöchentlich (Mi/Sa/So) und vom 5. September bis 31. Oktober einmal wöchentlich (So) Konzerte veranstaltet; Informationen und Tickets über das Touristenbüro, von wo auch die Extrabusse für die Konzerte starten.

Borge

siehe Lofoten

Borgund

siehe Lærdal

Brønnøysund

 Information: Torghatten Reiselivslag, Kaigt. 9–11,

8901 Brønnøysund, ✆ 75 01 12 10, Fax 75 01 12 19.

Unterkunft: Torghatten Hotel, Valveien 11, ✆ 75 02 02 00, Fax 75 02 13 84 (zentral gelegenes Top-Hotel der Stadt, mit Restaurant, Bar, Nachtclub, modernen Komfortzimmern; **–***).

Galeasen Hotel, Havnegata 34, ✆ 75 02 14 44, Fax 75 02 13 35 (direkt am Hafen gelegenes Mittelklassehotel mit Restaurant und Bar; **).

Corner Motel, Storgt. 79, ✆ 75 02 08 77, Fax 75 02 09 41 (einfaches Haus der Mittelklasse; *–**).

Camping/Hüttenvermietung: Torghatten Feriesenter, direkt am Fuß des Torghatten am Ende der Zufahrtsstr. gelegen, ✆ 75 02 06 50, Fax 75 02 06 40; ganzjährig (die Hotelzimmer sind weniger ansprechend, aber die direkt am Meer liegenden Hütten sind groß und komfortabel, auch die Campingwiese besticht durch ihre schöne Lage; **).

Solli Camping, Laukholmvn. 2, etwas südlich des Zentrums (ausgeschildert), ✆ 75 02 20 09; ganzjährig (ansprechende Hütten für 250 und 350 NOK, aber zum Campen ist das Areal arg klein; *).

Aktivitäten: Das Touristenbüro ist für **Kanu- und Fahrradverleih** zuständig. Hier gibt es auch Informationen über **Fjordtouren** und **Wanderungen**.

Verkehrsverbindungen: Fähre Brønnøysund – Horn, ca. 15 Min., 12 Abfahrten tgl. zwischen 6.15 und 22 Uhr nach Anndalsvåg. Das Schiff nach Tjøtta legt hier jeweils 30 Minuten nach Ankunft der Fähre in Anndalsvåg ab, 60 Min.

Dagali

ℹ️ Information: Zuständig sind die Informationsbüros in Geilo (s. dort) und im Numedal (s. dort).

🛏️ Unterkunft: Dagali Hotel, ✆ 32 09 37 00, Fax 32 09 38 10 (sehr großzügiger Komplex mit Aufenthalts- und Kaminraum, Sauna, Bar, Restaurant, Fitnesscenter, Sportangebot, außerdem Verleih von Mountain Bikes; **).

⛺ Camping/Hüttenvermietung: Hallandstunet Camping, dem Dagali-Hotel angeschlossen (außerordentlich komfortabler Platz, ausgezeichnete Ausstattung, alle Einrichtungen des Hotels können benutzt werden; **). **Solvang Hytteutleie**, ✆ 32 09 37 53 (2 km von Dagali entfernt, ansprechende Hütten; *–**).

 Aktivitäten: Mountain Bike- und Wandertouren organisiert das Dagali Hotel. **Dagali Rafting**, zwischen Dagali Hotel und Hallandstunet Camping, ✆ 32 09 38 20, Fax 32 09 38 10; Juni bis Ende August (Tourbeginn tgl. um 10 und 15 Uhr, Normal- und Extremtouren, außerdem Extremtour-Plus sowie Mehrtagestouren; zwischen 550 und 650 NOK inkl. Ausrüstung etc.).

Dalen

ℹ️ Information: Turistkontor Tokke Komune, 3880 Dalen, ✆ 35 07 70 65, Fax 35 07 73 41.

🛏️ Unterkunft: Hotel Dalen, ✆ 35 07 70 00, Fax 35 07 70 11; der Hotelkette De Historiske Hotel angeschlossener Prachtbau im Schweizerstil (Baujahr 1894), gilt heute als einer der größten und imponierendsten Profanbauten in Norwegen (überaus luxuriöse Zimmer; **–***).

⛺ Camping/Hüttenvermietung: Dalen Camping, ✆ 35 07 70 65; ganzjährig (herrliche Uferlage, Bootsverleih, ansprechende Hütten zu 300 NOK/Tag).

🚶 Aktivitäten: Fahrrad-, Kanu- und Bootsfahrten, Angeln, Fahrten auf dem Telemarkkanal (s. S. 77).

Dombås/Dovrefjell

ℹ️ Information: Dovre Reiselivslag, P.B. 172, 2660 Dombås, ✆ 61 24 14 44, Fax 61 24 11 90.

🛏️ Unterkunft: Dovrefjellhotel, ✆ 61 24 10 05, Fax 61 24 15 05 (großes und überaus komfortables Hotel mit Restaurant, Sauna und Swimming-Pool; **). **Dombås Bed & Breakfast**, ✆ 61 24 18 61 (gut und günstig; *). **Dombåstun Motel**, ✆ 61 24 12 20, Fax 61 24 15 40 (schlichte Zimmer, preisgünstig; *). **Jugendherberge: Dombås Vandrerhjem**, ✆ 61 24 10 45 (sehr schön gelegenes Hostel, Betten zu 90 NOK, Doppelzimmer zu 280 NOK).

⛺ Camping/Hüttenvermietung: Camping Bjørkhoel, 6 km südlich von Dombås, ✆ 61 24 13 31; ganzjährig (großes Wiesengelände, Standardausstattung; 20 Miethütten; *). Mehrere weitere Campingplätze/Hüttenvermietungen rings um die Stadt.

Sehenswert: Kirche von Lesja, 16 km westlich von Dombås an der R 9 (Akanthusschnitzerei); 22. 6.–15. 8. tgl. 10–17 Uhr.

Aktivitäten: Dovrefjell Aktivitetssenter, ☎ 61 24 15 55, Fax 61 24 15 70 (Raftingtouren, Moschusochsensafaris zu 190 NOK, Kanu-, Elchsafaris zu 200 NOK, Elchsafaris zu Fuß zu 150 NOK, Kanutouren, Bergtouren zur Snøhetta und anderen Gipfeln im Dovrefjell, Trekkingtouren, Bergsteigerkurse, Wildniskurse usw.).

Egersund

Information: Egersund Turistinformasjon, Boks 221, im Zentrum ausgeschildert, 4370 Egersund, ☎ 51 46 82 33/20, Fax 51 46 82 22.

Unterkunft: Eger Motel, Årstadalen, ☎ 51 49 02 00, Fax 51 49 29 30 (Mittelklassehotel, hoher Standard; im Sommer ermäßigte Preise; **).
Grand Hotel, Johan Feyersgt. 3, ☎ 51 49 18 11, Fax 51 49 36 46 (Mittelklasse mit Restaurant, Bar, Fahrradverleih; **).

Camping/Hüttenvermietung: Steinsnes Camping, Tengs, (1,5 km außerhalb an der R44 Richtung Stavanger), ☎ 51 49 41 36; ganzj. (ebenes Gelände zw. Straße und Fluß, einfache Ausstattung; Hütten ab 220 NOK).

Sehenswert: Dalane Folkemuseum in Slettebo, 3 km nördlich des Zentrums; Mitte Juni–Mitte Aug. Mo–Sa 11–17, So 14–18 Uhr.
Fayencemuseum in einer alten Fabrik nördlich des Zentrums; Mitte Juni–

Mitte Aug. Mo–Sa 11–17, So 14–18 Uhr; auch Verkauf.
Stadtkirche; im Juli Mo, Mi, und Fr um 12 Uhr geöffnet.

 Aktivitäten: Angel- und Hochseetouren werden am Hafen organisiert, für **Boots- und Fahrradverleih** ist das Touristenbüro zuständig.

Eidsvoll

Sehenswert: Freilichtmuseum Eidsvoll-Bygdetun; Juni–Sept., Di–Fr 12–15 Uhr, Sa/So bis 16 Uhr.
Gebäude der Verfassunggebenden Versammlung; 16. 6.–15. 8. tgl. 10–17 Uhr, 2. 5.–15. 6. und 16. 8.–30. 9. 10–15 Uhr, sonst 12–14 Uhr.

Elverum

Information: Elverum Turistkontor, Storgt. 24, 2400 Elverum, ☎ 62 41 31 16, Fax 62 41 00 20.

Unterkunft: Elgstua, Trondheimsvn. 9, ☎ 62 41 01 22, Fax 62 41 02 73 (angenehmes Mittelklasse-Hotel, dabei sehr günstig; **).
Hotel Central, Storgt. 22, ☎ 62 41 01 55, Fax 62 41 59 56 (schlichtes Stadthotel; **).

Elverum Vandrerhjem, Meiergt. 28, ☎ 62 41 55 67, Fax 62 41 56 00; 1.6.–31.8. (sehr angenehmes Haus, gute Ausstattung, auch Apartments, Betten 165 NOK, Doppelzimmer ab 340 NOK).

Camping/Hüttenvermietung: NAF-Camping Elverum, R 3 (südl. der Stadt), ☎ 62 41 67 16; ganzjährig (schönes Wiesengelände an der Glomma, gute Ausstattung; 35 Hütten; *–**).

 Sehenswert: Glomsdalsmuseum; 22. 6.–15. 8. tgl. 10–18, sonst So–Fr 10–16 Uhr.
Norwegisches Forstmuseum; 10. 6.–20. 8. tgl. 10–18, sonst tgl. 10–16 Uhr.

 Aktivitäten: Gliding Ole Reistad Senter, Stramoen Fritidspark, ✆ 62 41 23 98, Fax 62 41 28 85; April–Sept. (Norwegens Segelflug-Zentrum, auch Segelkurse sowie Mitfluggelegenheit).
Rustad Skog, ✆ 62 42 53 36, Fax 62 42 53 40; ganzjährig (Elchsafaris, Angeltouren, Survival- und Jagdkurse).

Engerdal

 Information: Engerdal Reiselivslag, 2440 Engerdal, ✆ 62 45 80 00, Fax 62 45 80 57.

 Sehenswert: Blokkodden Wildmarkmuseum, Drevsjø; 21. 5.–20. 8. tgl. 10–16 Uhr.
Seter-Museum in Engerdalssetra; 20. 6.–20. 8. tgl. 11–16 Uhr.

 Aktivitäten: Das Sølenstua Turistsenter, ✆ 62 45 97 92 (auch Hüttenvermietung **), in Engerdal organisiert u. a. Biber- sowie Elch-Safaris.

Fagernes/Valdres

 Information: Reisetraffiklaget for Valdres og Jotunheimen, 2900 Fagernes, ✆ 61 35 94 10, Fax 61 35 94 15.

 Unterkunft: Qualtity Fagernes Hotel, Jernbarnevn., ✆ 61 36 11 00, Fax 61 36 14 20 (bestes Hotel der Stadt, gehobene Ausstattung, u. a. Restaurant, Sauna, Pool; **).
Valdres Hytteutleie, ✆ 61 35 94 40, Fax 61 35 94 59 (vermittelt Hütten im gesamten Bereich von Valdres bis hinauf nach Lom; Wochenpreise je nach Standard 1300–5800 NOK; Buchung/Katalog auch über das Touristenbüro).

 Camping/Hüttenvermietung: Fagernes Camping, ✆ 61 36 05 10 (an der E 16; zentrale Lage am Strandefjord, gute Ausstattung, u. a. auch Boots- und Fahrradverleih; komfortable Hütten; *–**).
Im Bereich der Valdresflya finden sich zahlreiche weitere Campingplätze sowie Hüttenanlagen.

 Sehenswert: Stabkirche von Hegge; 26. 6.–15. 8. tgl. 11–16 Uhr.
Valdres Folkemuseum; 14. 5.–22. 9. tgl. 10–16 Uhr; während der Saison (20. 6.–21. 8.) tgl. Folklore-Vorführungen und traditionelle norwegische Küche.

 Aktivitäten: Das Touristenbüro organisiert u. a. **Wandertouren** auf den Gipfel des Galdhøpiggen (1 Tag), **Boots- und Rafting-Touren**, hat Informationen über **Rentier- und Elchsafaris, Pferdetreks** etc.

Femund

 Information: Engerdal Reiselivslag, (s. Engerdal) und **Røros Reiselivslag** (s. Røros).

 Aktivitäten: Der Femund ist ein Paradies für **Kanuten,** Informa-

tionen über Femund-Canoe-Camp, 2443 Femundsenden (Sorken, 7 km von Femund entfernt), ✆ 62 45 90 19.
Wandern und Angeln im Femundsmarka Nationalpark, für den Park gültige Angelscheine kann man in der Svukuriset-Hütte erwerben.

Fjærland

ℹ Information: Balestrand og Fjærland Reiselivslag, 6898 Balestrand, ✆ 57 69 16 17, Fax 57 69 14 31.

🛏 Unterkunft: Kvikne's Hotel, ✆ 57 69 11 01, Fax 57 69 15 02, 1. 5.–30. 9.; Fähre ab Vangsnes; 10 Min. (in diesem direkt am Fjord gelegenen Holzpalast im sogenannten Schweizer Stil war schon Kaiser Wilhelm II. zu Gast; **–***).
Fjærland Fjordstue, ✆ 57 69 32 00, Fax 57 69 31 61, 20. 5.–15. 9. (einfache Zimmer, aber gemütlicher Aufenthaltsraum, Panoramaveranda; **).
Hotel Mundal, ✆ 57 69 31 01, Fax 57 69 31 79 (wunderschönes Holzhaus aus dem 19. Jahrhundert, nostalgisch-elegant möblierte Zimmer, ›der‹ Tip in Fjærland; **).

△ Camping/Hüttenvermietung: Bøyum Camping, ✆ 57 69 32 52; ganzjährig (gute Ausstattung; Hütten; *–**), Bootsverleih.

👁 Sehenswert: Norsk Bremumuseum (Gletschermuseum), ✆ 57 69 32 88; geöffnet ist der Komplex im April und Mai sowie Sept. und Okt. tgl. 10–16 Uhr, im Juni bis Aug. 9–19 Uhr.

🚶 Aktivitäten: In Fjærland dreht sich alles um **Gletscher:** Touren und Kurse organisiert der DNT, Anmeldungen über das Touristenbüro, sowie das Bremuseum, Startpunkt ist jeweils die Flatbrehytta am Flatbreen.

Flåm

ℹ Information: Turistinformasjon Flåm, 7543 Flåm, ✆ 57 63 23 25; 1. 5.–1. 10.

🛏 Unterkunft: Fretheim Hotel, ✆ 57 63 22 00, Fax 57 63 23 03; 1. 6.–15. 10. (traditionsreiches Fjordhotel, stilvolle, teure sowie auch schlichte, billige Zimmer; **–***).
Heimly Pensjonat, ✆ 57 63 23 00, Fax 57 63 23 40; 1. 5.–1. 10. (einfache Zimmer, teils mit Fjordblick; **–***).
Jugendherberge: Flåm Vandrerhjem, ✆ 57 63 21 21, Fax 57 63 23 80; 1. 5.–1. 10. (schönes Holzhaus, gute Ausstattung, auch Hütten und Apartments; Betten zu 115, Doppelzimmer ab 280 NOK).

△ Camping/Hüttenvermietung: Flåm Camping, der Jugendherberge angeschlossen (weitläufiges, sanft ansteigendes Wiesenareal am Waldrand; gute, aber zu wenige sanitäre Anlagen).

🚶 Aktivitäten: Hauptattraktion des Ortes sind die **Flåmbahn** (zwischen 0.05 und 18.20 Uhr 10 Abfahrten tgl., ✆ 57 63 21 00) sowie die **Fjordfahrten**, die während der Saison (21. 6.–25. 8.) auf dem Aurlands- und Nærøyfjord angeboten werden.

Flekkefjord

Information: Flekkefjord Turistinformasjon, Elvegt. 15,

4400 Flekkefjord, ✆ 38 32 21 31,
Fax 38 32 21 30.

 Unterkunft: Maritim Hotel,
Sundegt., ✆ 38 32 33 33,
Fax 38 32 43 12 (Hotel der gehobenen
Mittelklasse mit Restaurant und Bar,
Bootsverleih; **).
Bondeheimen, Elvegt. 9, ✆ 38 32 21 44,
Fax 38 32 29 79 (einfaches Mittelklasse-
haus, mit Restaurant; *).

**Camping/Hüttenvermietung:
Camping Egenes**, ✆ 38 32 01 48;
ganzjährig (Wiesengelände, einfache
Ausstattung; Miethütten; *).

Fredrikstad

Information: Turistsenteret,
Østre Brohode, Gamlebyen (an
der Zufahrtsstraße zur Altstadt, nach
der Brücke über die Glomma), 1632
Fredrikstad, ✆ 69 32 10 60,
Fax 69 32 39 85.

 Unterkunft: Hotel City,
Nygårdsgt. 46, ✆ 69 31 77 50,
Fax 69 31 30 90 (gehobene Mittelklasse,
moderner Neubau; mit Bar, Restaurant,
Trimmraum etc.; **–***).
Victoria Hotel, Turngt. 3, ✆ 69 31 11 65,
Fax 69 31 87 55 (bestes Hotel der Stadt,
sehr komfortabel; **–***).
Fredrikstad Motel, Tornesvn. 16 (am
Kongsten Fort), ✆ 69 32 05 32, Fax
69 32 36 60; (einfache Zimmer, Bad/Du-
sche auf dem Flur, dafür aber im Dop-
pelzimmer äußerst preiswert; *).

**Camping/Hüttenvermietung:
Fredrikstad Camping**, Tornesvn. 16 (am Kongsten Fort),
✆ 69 32 05 32; 1. Mai bis Ende Sept.
(sehr komfortabler Platz).

 Restaurants: Dickens, Storgt.
6, ✆ 69 31 06 96 (uraltes Ge-
bäude, entsprechend gemütlich).
Tobias, Nygårdsgt. 44, ✆ 69 31 77 50
(urig eingerichtetes Restaurant der
Mittelklasse).
Victoria Hotel, s. o. (romantisches
Restaurant im viktorianischen Stil).

Sehenswert: Stadtmuseum;
Mo–Sa 11–17, So ab 12 Uhr.

Aktivitäten: ›M/S La Vida‹,
✆ 94 31 82 58; 6. 6.–1. 8. (tgl.
außer So, um 10.30 Uhr von Fredrikstad durch den Hvaler-Schärengarten
zum schwedischen Strömstad).

Fredvang

siehe Lofoten.

Gaupne

siehe Luster.

Gausdal

**Information: Touristenbüro
Gausdal**, Gausdal Reiselivslag,
2621 Østre Gausdal, ✆ 61 22 00 66, Fax
61 22 70 20.

Geilo

**Information: Turistinformas-
jon Geilo**, 3580 Geilo, ✆
32 09 59 00, Fax 32 09 59 41 (Informationen über die gesamte Kommune).
Geilo Booking, 3580 Geilo,
✆ 32 09 59 40, Fax 32 09 59 41 (zuständig für Geilo und Umgebung).

Unterkunft: Dr. Holms Hotel, ✆ 32 09 57 00, Fax 32 09 16 20 (stilvolles Top-Hotel, erbaut 1908, mit höchst luxuriösen Zimmern und Suiten, u. a. Hallenbad, Restaurants, Bar, Weinstuben; **–***).

Hotel Geilo, ✆ 32 09 05 11, Fax 32 09 17 30 (modernes Hotel, zweckmäßig-komfortable Zimmer; Freizeitcenter mit Whirlpool und Sauna; **).

Jugendherberge: Geilo Vandrerhjem og Sportell, Gjeilgutvn. 1, ✆ 32 09 03 00; 1. 6.–30. 9. und 1. 11.–30. 5. (großer Komplex, ansprechende Räumlichkeiten, Sportangebot; Betten ab 165 NOK, Zimmer zu 450 NOK).

 Camping/Hüttenvermietung: Breie Hytte og Camping, 1,5 km vor Geilo, ✆ 32 09 04 12; ganzjährig (großes Hüttenangebot; *–**).

Geilo Camping, beim Zentrum, ✆ 32 09 07 33, Fax 32 09 11 56; ganzjährig (großzügiger Platz, ausgezeichnete Einrichtungen; Hütten; *–**).

 Aktivitäten: Geilo Aktivitets Guiding (GAG), Geilovn. 55, ✆ 32 09 59 30, Fax 32 09 16 59 (organisierte Radtouren, auch über den Rallarvegen; außerdem Wander- und Klettertouren, Treks, Gletscherwanderungen).

Geilo Hestesenter, ✆ 32 09 01 81, Fax 32 09 08 17 (Reitkurse, Ausritte, auch mehrtägige Pferdetreks über die Hardangervidda).

Dagali Rafting (s. Dagali).

Geiranger

 Information: Geiranger Turistkontor, 6216 Geiranger, ✆ 70 26 30 99; 1. 6.–1. 9

Geiranger og Stranda Reiselivslag, Rådhuset, 6200 Stranda, ✆ 70 26 00 44,

Fax 70 26 07 14;das Büro ist ganzjährig geöffnet.

 Unterkunft: Union Hotel, ✆ 70 26 30 00, Fax 70 26 31 61 (herrliche Lage und Aussicht, große Komfortzimmer; mit großem Garten und Schwimmhalle; **–***).

Grande Fjord Hotel, Ortsausgang Richtung Ørneveien, ✆ 70 26 30 90, Fax 70 26 31 77 (relativ ruhige Lage, unschöner Flachbau, aber die Zimmer sind groß und günstig; **).

Hotel Utsikten Bellevue, am Ortsausgang, ✆ 70 26 30 03, Fax 70 26 30 18 (Panoramahotel, gepflegte Lobby, aber eher schlichte Zimmer; **).

 Camping/Hüttenvermietung: Camping Grande, 2 km nördl. Geiranger, ✆ 70 26 30 90, 70 26 31 17 (herrliche Fjordlage, teils arg beengt; Hütten; *).

NAF-Camping Geiranger, ✆ 70 26 31 20; Ende Mai–10. Sept. (ebene Wiese am Fjord, während der Saison meist überfüllt; keine Hütten). Rund ein halbes Dutzend weiterer Campingplätze und Hüttenvermietungen im Umkreis von Geiranger.

 Aktivitäten: Das Touristenbüro informiert über **Fjordtouren, Bootsverleih und Wandermöglichkeiten.**

Gjøvik

 Information: Destinasjon Gjøvik, Jernabanegaten 2, 2801 Gjøvik, ✆ 61 17 16 88.

 Sehenswert: Bauernmuseum Eiktunet; 1. 6.–30. 8., Di–So 11–17 Uhr.

Grimstad

**ℹ Information: Grimstad Turist-
kontor**, Box 126, S. Petersensgt.
3, 4890 Grimstad, ✆ 37 25 85 55, Fax
37 25 85 66.

🛏 Unterkunft: Grimstad Hotel,
Kirkegt. 3, ✆ 37 25 85 55, Fax
37 25 85 66 (bestes Hotel der Stadt,
Komfortklasse, mit Restaurant und Bar;
im Sommer **, sonst ***).
Helmershus Hotel, Vesterled 23,
✆ 37 04 10 22, Fax 37 04 11 03 (breites
Komfortangebot; im Sommer **).
Grimstad Vertshus, Grimstadtunet,
✆ 37 04 25 00 (angenehmes Gasthaus,
auch preiswerte Apartments; *).

**△ Camping/Hüttenvermietung:
Camping Bie**, 2 km östlich an
der E 18, ✆ 37 04 03 96 (einfacher Übernachtungsplatz; Hütten; *).

Gudvangen

**🛏 Unterkunft: Gudvangen
Fjortell**, ✆ 57 63 39 29, Fax
57 63 39 80 (zwölf Zimmer mit Glas-
dach, stilvoll in Anlehnung an die Wikingerzeit eingerichtet, moderate
Preise; das angeschlossene Restaurant
gilt als eines der schönsten im Land; **).

**△ Camping/Hüttenvermietung:
Gudvangen Camping**, ✆
57 63 39 34; 1. 5.–15. 10. (ebene Wiese,
Hütten; *).
Vang Camping, ✆/Fax 57 63 39 26;
15. 5.–10. 9. (ebene Wiese, einfache
Ausstattung, Hütten; *).

🚶 Aktivitäten: Während der Saison (21. 6.–25. 8.) **Fahrten auf
dem Aurlands- und Nærøyfjord**.

Hafslo

siehe Luster.

Halden

**ℹ Information: Halden Reise-
livslag**, Storgt. 6, 1771 Halden,
✆ 69 18 01 02, Fax 69 18 51 44.

🛏 Unterkunft: Park Hotel, Mar-
cus Thranesgt. 30, ✆ 69 18 40 44,
Fax 69 18 45 53 (bestes Hotel der Stadt,
gehobener Standard, sogar mit Swimming-Pool; **–***).
Fredrikshald Motel, Ohmespl. 3,
✆ 69 18 82 22, Fax 69 18 82 29 (mit Bar,
Restaurant, Dachterrasse; günstigstes
Hotel der Stadt; **).
**Jugendherberge: Halden Vandrer-
hjem**, Flintvn., Gimle, ✆ 69 18 00 77;
20. 6.–15. 8. (ruhige Lage, einfache Ausstattung, in der Nähe ein Badeplatz;
Betten zu 80 NOK, Doppelzimmer 160
NOK).

**△ Camping/Hüttenvermietung:
Fredriksten Camping**, Festung
Fredriksten, ✆ 69 18 40 32; 1. 5.–15. 9.
(hoher Komfort; Panoramaplatz; *–**).

**👁 Sehenswert: Brekke-
Schleuse** bei Krusæter, 13 km
hinter Halden, tgl. ca. um 12 und 15 Uhr
passiert ein Ausflugsboot die vier
Schleusenkammern.
Festung Fredriksten; 20. 6.–14. 8. tgl.
Führungen um 12, 13.30 und 15 Uhr.
Kulturhistorisches Museum im ehe-
maligen Gefängnis; Mo–Sa 10–17, So
bis 18 Uhr.

🚶 Aktivitäten: Kanuverleih: Das
Touristenbüro informiert über
Verleihstationen in Halden und in Ørje.

›M/S Turisten‹, ✆ 69 19 80 21; 19. 5.–
27. 8. (tägliche Fahrten auf dem Halden-
Kanal bis Ørje und zurück; Buchung
auch über das Touristenbüro).

Hamar

**ℹ️ Information: Hamar Arrange-
ment**, Parkgt. 2, 2300 Hamar,
✆ 62 52 12 17, Fax 62 53 35 65.
Hedmark Reiselivsråd, Grønnegt. 11,
2300 Hamar, ✆ 62 52 90 06, Fax 62 52
21 49 (für die gesamte Hedmark).

**🛏️ Unterkunft: First Hotel Victo-
ria**, Strandgt. 21, ✆ 62 53 05 00,
Fax 62 53 32 23 (luxuriöses Hotel der
Spitzenklasse; ***).
Astoria Best Western, Torggt. 23, ✆
62 52 82 22, Fax 62 52 81 67 (Komforthotel, der gehobenen Klasse, relativ
günstig; **).
Seiersted Pensjonat, Holsetgt. 64,
✆ 62 52 12 44, Fax 62 52 12 44 (günstige Zimmer, schlicht und einfach; **).
**Jugendherberge: Hamar Vandrer-
hjem**, Åkersvikavn. 10, ✆ 62 52 60 60;
ganzjährig (dem Vikingskipet Motel angeschlossenes Hotel, nahe bei der Vi-
kingskipet-Olympiahalle; Betten zu 165
NOK, Doppelzimmer zu 400 NOK).

**⛺ Camping/Hüttenvermietung:
NAF-Camping Hamar**, 2 km
westlich vom Zentrum beim Eisenbahnmuseum, ✆ 6 25 24 90; 15. 5.–15. 9.
(schöner Wiesenplatz am Mjøsa-See; 12
Hütten; *).

**👁️ Sehenswert: Eisenbahnmu-
seum**; 23. 5.–28. 9. tgl. 10–16, im
Juli bis 18 Uhr.
Hedmark-Freilichtmuseum; 15. 5.–
19. 6. und 17. 8.–15. 9. tgl. 10–16 Uhr,
20. 6.–16. 8. 10–18 Uhr.

🚶 Aktivitäten: Das Touristenbüro
organisiert u. a. **Ausritte und
Pferdetreks** von wenigen Stunden bis
zu mehreren Tagen Dauer.
›Skibladner‹: Zwischen Ende Mai und
Anfang September legt der Raddamp-
fer Di, Do und Sa um 11.05 Uhr ab
(Richtung Gjøvik, Moelv, Lillehammer,
Gjøvik, Hamar – Ankunft 18.25 Uhr); Mi
und Fr geht es ab Hamar um 11.05 Uhr
Richtung Eidsvoll (an 13.50 Uhr) und
zurück (an Hamar 16.55 Uhr); Fahrkar-
ten an Bord, Infos über ✆ 62 52 70 85,
Fax 62 53 39 23.

Hammerfest

**ℹ️ Information: Hammerfest
Turist A/S**, Sjøgata, Boks 460,
9601 Hammerfest, ✆ 78 41 21 85,
Fax 78 41 19 00; 15. 5.–15. 8.
Turistradio: FM 107,6/FM 105,6.

**🛏️ Unterkunft: Hammerfest Tu-
ristcenter**, Storsvingen, ✆ 78 41
11 26, Fax 78 41 19 26; 1. 5.–15. 10.
(Zimmer der Mittelklasse; **; außerdem Hüttenverleih, Camping, Sauna,
großes Aktivitätsangebot).
Rica Hotel, Sørøygata 15,
✆ 78 41 13 33, Fax 78 41 13 11 (bestes
Hotel der Stadt; **).
Jugendherberge: Hammerfest Vandrerhjem, Idrettsvn. 52, ✆ 78 41 36 67;
23. 6.–23. 8. (schlichtes Stadthaus, einfache Ausstattung; Betten zu 120 NOK,
Doppelzimmer zu 300 NOK).

**⛺ Camping/Hüttenvermietung:
Hammerfest Turistcenter**, s. o.
(Hütten; **; außerdem Stellplätze für
Caravans und Zelte, großes Aktivitäts-
angebot, gehobene Ausstattung).
Storvannet NAF-Camping (im Zen-
trum ausgeschildert, stadtnah an einem

See gelegen), ✆ 78 41 10 10; 1. 6.–31. 8. (schöne Lage, ruhig, gute Ausstattung).

🍴 **Restaurant: Odds Mat & Vinhus**, Strandgt. 23, und **Skansen-Restaurant** im Rica Hotel (s. o.; große Fischauswahl) gelten zusammen als besten Lokale der Stadt.

🚶 **Aktivitäten:** Das Touristenbüro organisiert **Pferdetreks, Hochsee-, Angel- und Wandertouren, Besuch von Vogelfelsen, Fischerdörfern, Katamaran-Fahrten zum Nordkap. Katamaran-Fahrten:** Nordkap Cruise, Postboks 308, ✆ 78 40 70 00, Fax 78 40 70 72 (6. 6.–13. 8 täglich zum Nordkap und zurück für 650 NOK).

Hamnøy

siehe Lofoten.

Heddal

👁 **Sehenswert: Stabkirche**; 10. 6.–22. 6. sowie 22. 8.–15. 9. tgl. 10–17 Uhr, vom 23. 6. bis 21. 8. tgl. 9–18 Uhr; außerhalb der Saison kontaktiere man Berit Haugan, ✆ 35 02 02 50. **Heddal Bygdetun**, Freilichtmuseum; 10. 6.–22. 8. tgl. 11–16 Uhr.

Henningsvær

siehe Lofoten.

Hokksund

👁 **Sehenswert: Herrenhof Fossesholm**, südlich von Vestfos-

sen, u. a. mit einer großartigen Sammlung handgemalter Tapeten aus dem 18. Jahrhundert; Di–So 12–16 Uhr.

 Aktivitäten: Lachsangeln im Drammenelv. Angellizenzen für rund 200 NOK pro Tag über die **Laksehytta**, ✆ 32 75 42 42; Unbedingt reservieren, am besten mehrere Wochen vor Anreise. Dort auch Ausrüstungs- und Bootsverleih, Campingplatz.

Hol

🛏 **Unterkunft: Håkonsæt Hotel**, ✆ 32 08 97 77, 8 km nördlich von Hol an der R 50 (schön gelegen und angenehme Atmosphäre; *–**).

👁 **Sehenswert: Bygdemuseum**; 20. 6.–20. 8., Juni/August Di–So 11–16 Uhr, Juli Di–So 11–17 Uhr.

Honningsvåg

siehe Nordkap.

Hopperstad

👁 **Sehenswert: Stabkirche**; 11. 5.–15. 6. und 15. 8.–15. 9. tgl. 10–17 Uhr, 16. 6.–14. 8. tgl. 9–18 Uhr; außerhalb der Saison kontaktiere man ✆ 57 67 88 40.

Horten

ℹ️ **Information: Horten Turistkontoret**, Toelbugt. 1, 3187 Horten, ✆ 33 03 17 08, Fax 33 03 17 09; Juli Mo–Sa 10–17 Uhr, So 12–20 Uhr, Juni/Aug. tgl. 10–17 Uhr.

Unterkunft: Central Hotel, Storgt. 45, ☎ 33 04 16 01, Fax 33 04 41 60 (preiswertes Mittelklassehotel; **).

Hotel Grand-Ocean, Jernbanegt. 1, ☎ 33 04 17 22, Fax 33 04 82 39 (gehobene Mittelklasse, günstige Preise; **).

Jugendherberge: Borre Vandrerhjem, Langrunn/Borre, R 310, ☎ 33 04 25 90; 16. 5.–15. 8. (schön gelegen, gute Ausstattung, Betten zu 95 NOK, Doppelzimmer zu 220 NOK).

 Camping/Hüttenvermietung: Rørestrand Camping, Parkveien 34 (R 19, 1 km Richtung Åsgårdstrand), ☎ 33 07 33 40; 1. 5.–31. 8. Weitere Plätze bei Borre.

 Sehenswert: Automuseum, Solistrandsveien 12 b; 15. 6.–15. 8. tgl. 12–15 Uhr, sonst nur So 12–15 Uhr.

Marinemuseum in der Festung, größte Schiffsmodellsammlung des Königreiches; tgl. 10–15, Sa/So 12–16 Uhr.

Preus Fotomuseum, Langgaten 82; Mai–Aug. tgl. 10–16, sonst 10–14 Uhr.

Kabelvåg

siehe Lofoten.

Kåfjordbotn

 Sehenswert: Holmenes-Seesamen-Freilichtmuseum; Mitte Juni–Mitte August tgl. 10–15 Uhr.

Karasjok

 Information: Karasjok Opplevelser, Postboks 192, Samelandssenteret, 9730 Karasjok, ☎ 78 46 69 00, Fax 78 46 67 35.

 Unterkunft: North Cape Hotel Karasjok, ☎ 78 46 74 00, Fax 78 46 68 02 (bestes Haus der Stadt; ***, im Sommer **).

Annes Overnatting og Motel, ☎ 78 46 64 32, Tanavegen 40 (sehr günstige Zimmer; *).

Den Samiske Folkehøgskole, ☎ 78 46 72 44; 16. 5.–20. 8. (nette, vor allem sehr günstige Zimmer in der Volkshochschule; *).

Karasjok Camping og Vandrerhjem, Kautokeinovn., ☎ 78 46 61 35; ganzjährig geöffnet (komfortabel; Betten zu 125 NOK, keine Doppelzimmer).

 Camping/Hüttenvermietung: Karasjok Camping og Vandrerhjem, s. o. (schöne Lage am Hang über dem Fluß, komfortable Ausstattung; *–**).

 Sehenswert: Museum für samische Kultur (Samiid Vuorka Davvirat; 5. 6.–15. 8. Mo–Sa 9–18 Uhr, So ab 10 Uhr; 17. 8.–4. 6. Mo–Fr 9–15 Uhr, Sa/So ab 10 Uhr.

 Aktivitäten: Das Touristenbüro organisiert u. a. **Boots-, Angel-, Trekking-** und **Kanutouren, White-Water-Rubberboat-Fahrten, Goldwaschen, Ausflüge zu Samendörfern, Rentierscheidungen** etc.

Einkaufen: Knivsmed, ☎ 78 46 71 05 (handgeschmiedete Samenmesser).

Samelandssenteret (Heimkunst-Verkauf, Silber- und Messerschmiede, Steinschleiferei).

Samisches Künstlerzentrum, Mellomveien 1-3, ☎ 78 46 68 98;

15. 6.–15. 8. Mo–Fr 10–15 Uhr, Sa/So 11–15 Uhr (wechselnde Ausstellung mit Werken samischer Künstler).
Sølvsmia, ✆ 78 46 71 02 (handgearbeitete Silberartikel).

 Veranstaltungen: Oster-Festival (Rentierschlittenrennen, Lassowerfen, Joik-Konzerte etc.). Kararock (Rockfestival Ende Juli).

Kaupanger

siehe Sogndal.

Kautokeino

 Information: Kautokeino Turistinformasjon an der Durchgangsstraße, 9520 Kautokeino, ✆ 78 48 65 00; 6. 6.–26. 8.

Unterkunft: Norlandia Kautokeino Turisthotel, ✆ 78 48 62 05, Fax 78 48 67 01 (bestes Hotel der Stadt; **).
Alfreds Kro og Overnatting, ✆ 78 45 61 18 (sehr billige Zimmer; *).

Camping/Hüttenvermietung: Hættas Camping, ✆ 78 45 62 60; 1. 3.–31. 10. (schönes Campingareal, Hütten in verschiedenen Komfortstufen *–**).
Kautokeino Camping og Motell, ✆ 78 48 54 00, Fax 78 48 78 00; ganzjährig (ausgezeichnete sanitäre Ausstattung, schöne Stadtrandlage; 25 Hütten in verschiedenen Komfortstufen; *–**).
Masi Turistsenter, 9529 Masi, ✆ 78 48 72 54, Fax 78 48 76 09; ganzjährig (sehr empfehlenswerte Anlage, gemütliche, billige Hütten; *; großes Aktivitätsangebot).

 Sehenswert: Freilichtmuseum (Guovdageainnu Gillisillju); 15. 6.–15. 8. Mo–Sa 9–19, So ab 12 Uhr.

Aktivitäten: Cavzo Safari, 9525 Masi, ✆ 78 48 75 88, Fax 78 48 76 39 (Bootstouren im Bereich von Masi sowie der gesamten Finnmarksvidda, außerdem Besuch von Rentierscheidungen, Kälbermarkierungen, Rentier-Essen und vieles andere mehr; im Winter stehen auch Rentierschlitten-Fahrten auf dem Programm).
Nordkalottenweg: In Kautokeino beginnt der über 800 km lange Nordkalotten-Wanderweg, der bis nach Sulitjelma/Fauske im Nordland führt und durchgehend markiert ist; Information über das Touristenbüro.
Sami Travel A/S, P. B. 369, 9520 Kautokeino, ✆ 78 48 56 00, Fax 78 48 56 50 (Organisator von Boots-, Wander-, Angel- und Jagdtouren, im Winter von Hunde- und Rentierschlitten-Safaris).

 Einkaufen: Josef Per Buljo, ✆ 78 48 62 84 (Herstellung von Samenmessern).
Juhl's Silber Galerie, ✆ 78 48 61 89, Fax 78 48 69 66; ganzjährig geöffnet (samisches Kunsthandwerk vom Allerfeinsten, außerdem eine der besten Silberschmieden Norwegens; hier kann man auch nach eigenen Vorlagen Schmuck anfertigen lassen, die Preise sind außerordentlich moderat).
Kautokeino Sølvsmie, ✆ 78 48 63 11 (handgefertigter Silberschmuck nach alten samischen Motiven).
Reinkjøtt-Marked, Stornes, ✆ 78 48 64 85 (Verkauf von frischem, geräuchertem und getrocknetem Rentierfleisch; außerdem Rentierfelle).
Samisk Husflidsutsalget, ✆ 78 48 63 08 (Verkauf von samischem Kunsthandwerk sowie von Gegenstän-

den des täglichen Bedarfs wie Samenschuhe, Kleidung, Messer etc.).

Veranstaltungen: Osterfestival (in der Woche vor Ostern) mit Theatervorstellungen, Joik-Konzerten, Scooter-Rallyes sowie Rentierschlittenrennen-Weltmeisterschaften (Sonderklasse für Touristen).

Kinsarvik/Hardangerfjord

Information: Ullensvang Reiselivslag, 5780 Kinsarvik, ✆ 53 66 31 12, Fax 53 66 32 03; ganzjährig.

Unterkunft: Kinsarvik Fjordhotel, ✆ 53 66 31 00, Fax 53 66 33 74 (schönes Hotel, nette Zimmer, teilweise mit Fjordblick; **).
Harding Motel og Hyttetun, ✆ 53 66 31 82, Fax 53 66 33 45 (weitläufiger Ferienpark mit Schwimmbad, Sauna, Solarium, Spielplatz etc.; die Hütten sind riesig, bieten fünf bis sieben Betten, sind gut ausgestattet und außerordentlich günstig; *).

Camping/Hüttenvermietung: Bråvoll Camping, ✆ 53 66 35 10; 1. 5.–15. 9. (kleiner Wiesenplatz, teils schöne Stellplätze am Fjord; Hütten; *).
Kinsarvik Camping, ✆ 53 66 32 90; 15. 5.–1. 9. (aussichtsreich auf einer bewaldeten Anhöhe über dem Ort gelegen; gute Ausstattung, Hütten; *).

Aktivitäten: Hardanger Ferienpark Kinsarvik: Toller Freizeitpark für Kinder mit Spielplatz, Wasserrutschbahn, Minigolf und Minizoo etc.
Rundflüge über den Hardangerfjord können im Touristenbüro gebucht werden; dort auch Informationen über

Wanderungen, Fjordfahrten, Angeltouren.

Kirkenes

Information: Grenseland AS (Turistinformasjon), Postboks 8, 9900 Kirkenes, ✆ 78 99 25 44, Fax 78 99 25 25; ganzjährig (für ganz Ost-Varanger zuständig, außerdem zentrale Buchungsstelle für alle Aktivitäten.
Sovietreiser AS, Postboks 271, 9901 Kirkenes, ✆ 78 99 19 81, Fax 78 99 11 42 (zuständig für Informationen bzgl. Reisen ins russische Murmansk, die hier vom 1. 5.–31. 8 tgl. angeboten werden und 990 NOK kosten; möglichst 2–3 Wochen vorher anmelden.

Unterkunft: Barents Frokosthotel, ✆ 78 99 32 99, Fax 78 99 30 96 (außerordentlich günstige Frühstückspension; *)
Rica Hotel, ✆ 78 99 14 91, Fax 78 99 13 56 (Top-Hotel der Stadt, dabei relativ günstig; *)
Kirkenes Vandrerhjem, Hesseng, ✆ 78 99 88 11 (nur 15. 6.–22. 8.)

Camping/Hüttenvermietung: Kirkenes Camping, Maggadalen, ✆ 78 99 80 28, Fax 78 99 53 20: 1. 6.–5. 9. (netter Platz, auch Hütten; *)

Kongsberg

Information: Kongsberg Turistkontor, Storgt. 35, 3600 Kongsberg, ✆ 32 73 50 00, Fax 32 73 50 01.

Unterkunft: Gyldenløve Hotel, Herm. Fossgt. 1, ✆ 32 73 17 44, Fax 32 72 47 80 (sehr komfortabel ausgestattete Zimmer, aber sonst nicht mit dem Grand Hotel vergleichbar; **).

Quality Grand Hotel, Chr. Augustsgt. 2, ✆ 32 73 20 29, Fax 32 73 41 29 (mehrgeschossiger Beton- und Glaskomplex, ansprechende Komfortzimmer; mit Restaurant, Bar, Hallenbad; **).

Jugendherberge: Kongsberg Vandrerhjem, Vinjesgt. 1, ✆ 32 73 20 24; ganzjährig (ansprechendes Holzhaus, sehr gute Ausstattung; Betten zu 165 NOK, Zimmer ab 400 NOK).

 Camping/Hüttenvermietung: Lågdalsmuseet på Glitre, Gammle Drammensvei, ✆ 32 73 22 28 (im Zentrum am Volksmuseum gelegen; ausgeschildert).

Skavanger Camping, Ved Riksvei 40, 1 km nördlich des Zentrums an der R 40, ✆ 32 73 20 31.

 Sehenswert: Berkwerksmuseum mit einer umfangreichen Münz- und Medaillensammlung. Angeschlossen ist das **Skimuseum**, das die Geschichte des norwegischen Skisports dokumentiert; 18. 5.–31. 8. tgl. 10–16 Uhr, im Sept. 12–16 Uhr, sonst nur So 12–16 Uhr.

Kirche: einer der größten Barockbauten Norwegens, oberhalb der Museen gelegen; 18. 5.–31. 8. Mo–Fr 10–16 Uhr, Sa bis 13 Uhr; außerhalb der Saison Di–Fr 10–12 Uhr.

Lågdalsmuseet, Freilichtmuseum, ab dem Zentrum ausgeschildert; 23. 6.–15. 8. tgl. 11–17 Uhr, Mi im Juli bis 19 Uhr, ab 19.30 Volkstanzvorführungen.

Sølvegruvene (Silbermine), Einfahrt mit dem alten Grubenzug, gut einstündige Führung; 18. 5.–31. 6. sowie 16. 8.–31. 8. tgl. um 11, 12.30 und 14 Uhr, 1. 7.–15. 8. zusätzlich um 15.30 Uhr, im September nur So um 14 Uhr.

Kongsvinger

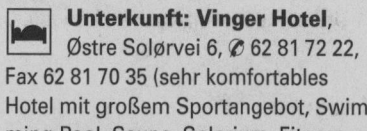 **Information: Glåmdal Reiselivslag**, Brug. 9, 2201 Kongsvinger, ✆ 62 81 52 10, Fax 62 82 02 93.

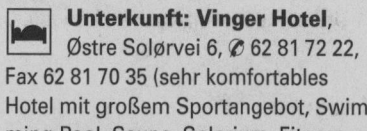 **Unterkunft: Vinger Hotel**, Østre Solørvei 6, ✆ 62 81 72 22, Fax 62 81 70 35 (sehr komfortables Hotel mit großem Sportangebot, Swimming-Pool, Sauna, Solarium, Fitnessraum; **).

Kongsvinger Gjestegård (ausgeschildert), ✆ 62 81 50 10, Fax 62 82 61 40 (angenehme Pension mit korrekten Zimmern, und gutem Frühstück; *).

 Sehenswert: Festung mit Verteidigungsmuseum; 22. 6.–22. 8. tgl. 11–16 Uhr.

Kongsvinger-Museum, Ausstellung zur Geschichte der Frau (Lokkegt.35) und Möbelsammlung (Vollgt. 10); 25. 6.–14. 8. tgl. 12–18 Uhr.

 Aktivitäten: Dæsbekken Villmarksservice, Skalbukilen (Finnskogvegen), ✆ 62 95 48 57 (Elch- und Biber-Safaris, Kanuverleih, außerdem zahlreiche Outdoor-Aktivitäten, u. a. Survival-Training).

Finnskogen Villmarkssenter, Gravberget gård (Finnskogvegen), ✆ 62 94 57 50 (Elch- und Biber-Safaris, Mountainbike- und Kanuverleih sowie Touren).

Finnskogleden: Über 240 km langer, markierter Wander- und Mountain Bike-Weg nach Trysil; Infos beim Touristenbüro und ✆ 62 94 53 44/62 81 04 81.

Kongsvoll

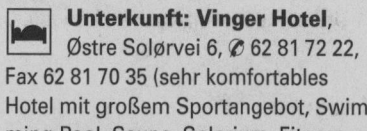 **Unterkunft: Kongsvoll Fjellstue**, Dovrefjell/E 6,

✆ 72 42 09 11, Fax 72 42 22 72 (uriger Gebirgsgasthof mit ungemein gemütlichen Zimmern; **).

🚶 **Aktivitäten:** Geführte **Moschusochsen-Safaris**, Mi, Sa, So ca. 11 Uhr ab Kongsvoll, ca. 5–6 Stunden.

Kragerø

ℹ️ **Information: Kragerø Turistkontoret**, 3770 Kragerø, ✆ 35 98 23 88, Fax 35 48 31 77.

🛏️ **Unterkunft: Victoria Hotel**, Heuchsgt. 31, ✆ 35 98 10 66, Fax 35 98 29 26 (Mittel-/ Komfortklasse, Stadthotel; **).
Kragerø Sportell, Lovisenbergvn. 20, ✆ 35 98 33 33, Fax 35 98 21 52 (Mittelklasse, großes Sportangebot, dabei ist es – im Sommer – recht preisgünstig; *–**).
Jugendherberge: Kragerø Vandrerhjem, Lovisenbergvn. 20 (zum o.g. Sportell gehörig; Betten 195 NOK; Doppelzimmer 450 NOK).

⛺ **Camping/Hüttenvermietung: Lovisenberg Camping**, Lovisenbergvn., ✆ 35 98 87 77, Fax 35 98 85 27; 20. 4.–15. 8. (Hütten zu 380 NOK/Tag). Vier weitere Campingplätze im Landesinnern bei Sannidal.

Kristiansand

ℹ️ **Information: Kristiansand Turistkontor**, Vestre Strandgt. 32, 4665 Kristiansand, ✆ 38 12 13 14, Fax 38 02 52 55.

🛏️ **Unterkunft** (alle innerhalb der Quadratur gelegen)**:**

Clarion Ernst Hotel, Rådhusgt. 2, ✆ 38 12 86 00, Fax 38 02 03 07 (bestes Hotel der Stadt, außerordentlich luxuriös; **–***).
Hotel Bondeheimen, Kirkegt. 15, ✆ 38 02 44 40, Fax 38 02 73 21 (bestes Preis-Leistungsverhältnis; **).
Rica Travel Hotel, Dronningensgt. 66, ✆ 38 02 15 00, Fax 38 02 01 19 (gehobene Mittelklasse; **).
Hotel Sjøgløtt, Østre Strandgate 25, ✆/Fax 38 02 21 20 (einfache, aber ansprechende Zimmer; *–**).
Jugendherberge: Kristiansand Vandrerhjem, Skansen 8, ✆ 38 02 83 10 (außerordentlich großer, direkt an der Küste gelegener Komplex; sehr komfortable Gesamtausstattung, auch Fahrradverleih; Betten ab 165 NOK, Doppelzimmer zu 495 NOK).

⛺ **Camping/Hüttenvermietung: Hamresanden Hytter og Camping**, Hamre (11 km östl. Zentrum an der E 18; ausgeschildert), ✆ 38 04 72 22 (Wiesengelände hinter dem öffentlichen Badestrand; gute Ausstattung; *). In Hamre noch zwei weitere Campingplätze/Hüttendörfer.
Roligheden Camping, Framnesveien 100, ✆ 38 09 67 22; 1. 6.–1. 9. (gute Ausstattung, auch Bootsverleih; Hütten zu 500 NOK).

👁️ **Sehenswert: Sørlandspark:** Tier- und Abenteuerpark an der E 18, 11 km außerhalb des Zentrums; tgl. 9–18 Uhr, vor dem 22. 6. und nach dem 15. 9. 10–15 Uhr.
Vest-Agder Fylkemuseum an der E 18; Mo–So 12–18 Uhr.

🚶 **Aktivitäten: Bootsausflüge** ab Hafen nach Lillesand, Grimstad, Arendal, Lyngør sowie Mandal und zum Schären-Archipel Hellesund.

Lærdal

 Information: Lærdal Turist-kontor, P. B. 122, Øyragata 18, 6886 Lærdal-Lærdalsøyri, ✆ 57 66 62 22, Fax 57 66 64 22.

 Unterkunft: Husum Hotel, Steinklepp/Husum, ✆ 57 66 81 48 (schmucke Holzvilla im Schweizer Stil, über 150 Jahre alt, uriges Ambiente, nostalgische Zimmer; **).
Lindstrøm Hotel, Lærdalsøyri, ✆ 57 66 62 02, Fax 57 66 66 81 (traditionsreiches Hotel, früher Poststation, äußerst komfortable und ansprechende Zimmer, besonders im alten Trakt; **).
Jugendherberge: Borlaug Vandrerhjem, Steinklepp, ✆ 57 66 87 50; 10. 1.–20. 12. (zweigeschossiger Fertigbau, einfache Zimmer; Betten ab 105 NOK, Zimmer ab 230 NOK).

 Camping/Hüttenvermietung: Steinklepp Hytter og Camping, Lærdal, ✆ 57 66 81 59 (Wiese mit Bäumen zwischen der Straße und dem Fluß; Hütten; *–**).
Vindedal Camping, Vindedal (oberhalb der E 16 zwischen Lærdalsøyri und Revnes auf einem Plateau), ✆ 57 66 65 28; 1. 6.–15. 8. (schöne Lage herrliche Aussicht auf den Fjord; verfügt über ausreichende sanitäre Anlagen).

 Sehenswert: Stabkirche in Borgund; Mai und September tgl. 10–17 Uhr, Juni–August tgl. 8–20 Uhr, will man die Kirche außerhalb der Saison besichtigen, kann man den Schlüsselherrn über ✆ 57 67 88 40 erreichen.
Stabkirche von Øye; geöffnet 18. 6.–18. 8. tgl. 9–16 Uhr.

 Aktivitäten: Das Touristenbüro organisiert **Fjordfahrten**, informiert ausführlich über alle **Wandermöglichkeiten** und verkauft Lizenzen für **Lachsangler** (ca. 1000 NOK/Tag).

Lakselv

 Information: Porsanger Arrangement, P. B. 18, 9700 Lakselv, ✆ 78 46 26 20, Fax 78 46 19 97; ganzjährig.

 Unterkunft: Lakselv Hotel, ✆ 78 46 10 66, Fax 78 46 12 99 (bestes Hotel der Stadt, mit Restaurant, Bar, Disko, Sauna; **–***).
Lakselv Gjestestue, ✆ 78 46 15 04, Fax 78 46 23 91 (günstige Zimmer; *).
Jugendherberge: Lakselv Vandrerhjem, ✆ 78 46 14 76; 1. 6.–31. 8. (Betten 125 NOK, Doppelzimmer 300 NOK).

 Camping/Hüttenvermietung: Skoganvarre Turistsenter, 9722 Skoganvarre/Lakselv, ✆ 78 46 48 46, Fax 78 46 48 97; ganzjährig (gehobene Ausstattung, großes Aktivitätsangebot, Verleih von Hütten zu Preisen ab 200 NOK).
Stabbursdalen Camp & Villmarkssenter, Stabbursdal, 9710 Indre Billefjord, ✆ 78 46 47 60, Fax 78 46 47 62; 15. 5.–20. 9. (eine der besten Adressen für Camping, Hüttenurlaub und Outdoor-Aktivitäten).

 Sehenswert: Naturhus og Museum, Stabburnes, ✆ 78 46 47 65: 15. 6.–20. 8. tgl. 9–20 Uhr, sonst nur Di und Do 12–15 Uhr.
.
 Aktivitäten: Porsanger Arrangement/Touristenbüro (s. o. ›Information‹), Organisator von Tauch-

exkursionen, Seekajak-, Kajak-, Kanu-, Wander-, Boots- und Angeltouren, Foto-safaris etc.

Stabbursdalen Camp & Villmarks-senter (s. o. ›Camping‹): hat ebenfalls Outdoor-Aktivitäten jeder Art im Programm.

Lillehammer

 Information: Lillehammer Turistkontor, Lilletorget 1, 2600 Lillehammer, ✆ 61 25 92 99, Fax 61 26 96 55; 15. 6.–15. 8. Mo–Sa 9–19 Uhr, So 11–18 Uhr, sonst Mo–Fr 9–16 Uhr, Sa 10–14 Uhr.
Lillehammer og Gudbrandsdal Reiselivs, Storgt. 117, 2600 Lillehammer, ✆ 61 27 99 90, Fax 61 22 20 38 (insbesondere für das Gudbrandstal sowie ganz Oppland zuständig).

Unterkunft: First Hotel Breiseth, Jernbanegt. 1, ✆ 61 26 95 00, Fax 61 26 95 05 (eines der besten Hotels der Stadt, entsprechend komfortabel eingerichtet; ***).
Birkebeiner Hotel, Olympiaparken, ✆ 61 26 47 00, Fax 61 26 47 50 (komfortables Hotel; auch Hüttenverleih; **).
Gjestehus Esgård, Nordserterveien 201, ✆ 61 25 06 84, Fax 61 25 31 09 (sehr großzügig angelegte Pension, gemütliche Zimmer; **).
Dutzende weitere Hotels, Hüttenanlagen und Pensionen in Lillehammer und Nordseter; Privatzimmer vermittelt das Touristenbüro.
Jugendherberge: Lillehammer Vandrerhjem Skysstasjonen, Jerbanetorget 2, ✆ 61 26 25 66; ganzjährig (ganz zentral am Bahnhof/Busbahnhof gelegenes Backsteinhaus; Betten zu 190 NOK, Doppelzimmer 460 NOK).

Camping/Hüttenvermietung: Wohl gut ein rundes Dutzend Campingplätze rings um die Stadt, am besten gefielen uns der **Camping Samuelstuen** (15 km südlich Lillehammer, über die R 213 erreichbar, ✆ 61 25 63 90; ganzjährig: Wiesenareal am Mjøsa-Ufer) sowie der **Camping Stranda** (11 km südlich bei der E 6, ✆ 61 18 46 72; März–Okt.: großes Wiesengelände am Mjøsa-Ufer); auf beiden Plätzen werden auch Hütten (*–**) vermietet.
Das größte Angebot an Hütten bietet **Nordseter Hyttegrend** (Nordseter, ✆ 61 26 40 12, Fax 61 26 40 88; *–**).

 Sehenswert: Fahrzeugmuseum; 16. 6.–31. 8. tgl. 10–18 Uhr, sonst tgl. 11–15 Uhr.
Kunstmuseum; ganzjährig geöffnet, 21. 6.–22. 8. tgl. 10–17 Uhr, sonst Di–So 11–16 Uhr.
Maihaugen-Freilichtmuseum; 1. 10.–1. 5. tgl. 11–16 Uhr, im Mai/Sept. bis 17 Uhr, sonst 9–18 Uhr geöffnet.
Norwegisches Straßenbaumuseum bei Hunderfossen nördlich von Lillehammer; 1. 5.–1. 9., tgl. 10–18 Uhr, sonst Di–So 10–15 Uhr.

Aktivitäten: Das Touristenbüro organisiert tgl. mehrstündige Führungen zu den **Olympia-Anlagen**. Außerdem informiert es über **Wandertouren, Elchsafaris, Kanufahrten und Ausritte** über die Hochfjellgebiete.
Håkon-Hall, Olympiapark, ✆ 61 25 11 40 (gilt als die beste Indoor-Kletterwand der Welt; tgl. 8–18 Uhr).
Nordseter Aktivitetssenter, Nordseter, ✆ 61 26 40 37 (umfangreiches Angebot wie Wanderungen, Trekking-, Kanu- und Mountainbike-Touren sowie Verleih von Kanus und Bikes).

Olympiarennen-/Bob-Simulator, Olympiapark; während der Saison tgl. 10–19 Uhr (außerordentlich realistische Erlebnisse; die ›Fahrt‹ dauert 5 Min.).
Räderbob, Olympische Bob- und Rodelbahn; 17. 6.–20. 8., 11 bis 19 Uhr (jeweils drei Passagiere rasen mit einem autorisierten Bob-Steuermann mit bis zu 100 km/h über die Bobbahn; 135 NOK).
›Skibladner‹: Zwischen dem 20. 6. und 13. 8. legt der Raddampfer Di, Do und Sa jeweils um 15 Uhr in Lillehammer ab (an Gjøvik 17.10 Uhr, an Hamar 18.25 Uhr); über weitere Bootstouren auf dem Mjøsa-See informiert das Touristenbüro.

Lillesand

Aktivitäten: Vierstündige **Bootsfahrt** durch den Schärenkanal Blindleia tgl. 9 Uhr ab Hafen bis Kristiansand (Busanschluß zurück); Infos über ✆ 37 26 15 00.

Lofoten

Information auf Austvågøy: Lofoten Reiselivslag, 8300 Svolvær, Torget, ✆ 76 07 30 00, Fax 76 07 30 01 (Hauptzentrale, ganzj. 8–16 Uhr, Sommersaison 17–21.30 Uhr).
Flakstadøy: Ramberg-Supermarkt (Durchgangsstraße), ✆ 76 09 34 50; nur 15. 6.–16. 8.
Moskenesøy: Moskenes, ✆ 76 09 15 99; nur 1. 6.–16. 8.
Røst: Auf Tyvsøya (Hauptinsel, am Hafen), ✆ 76 09 64 11; nur 17. 6.–18. 8.
Værøy: Im Fischerheim beim Fähranleger, ✆ 76 09 52 10; nur 17. 6.–18. 8.
Vestvågøy: Leknes (Rathausplatz), ✆ 76 06 05 94; geöffnet vom 2. 6.–30. 8.

Stamsund (Ortszentrum), ✆ 76 08 97 92; 15. 6.–16. 8.

 Unterkunft auf Austvågøy
Svolvær: Anker Brygge, ✆ 76 06 64 80, Fax 76 06 64 70 (wunderschön auf einer Halbinsel inmitten des Hafens gelegenes ›Speicherhaus‹-Hotel mit vorzüglichem Restaurant und gemütlich eingerichteten 2-Zimmer-Apartments, die im Archipel nicht ihresgleichen finden, aber auch entsprechend teuer sind; ***).
Rica Hotel Svolvær, ✆ 76 07 22 22, Fax 76 07 20 01: 1. 3.–1. 10. (modernstilvoller Holzbau mit riesiger Glasfront zum Hafen, Top-Ausstattung – das geschmackvollste Hotel der Inselgruppe, das gar nicht ›so‹ teuer ist; **–***).
Vestfjord Hotel, ✆ 76 07 08 70, Fax 76 07 08 54, sehr hoher Komfortstandard; **–***).
Hotel Havly, ✆ 76 07 03 44, Fax 76 07 07 95 (günstigstes Stadthotel, steril, funktionell; **).
Kabelvåg: Lofoten Sommerhotel, ✆ 76 07 82 88, Fax 76 07 88 88; 20. 6.–15. 8. (mit Preisen um 380 NOK für zwei Personen eine der günstigsten Herbergen im Archipel; *).
Vestvågøy
Stamsund: Stamsund Hotel, ✆ 76 08 93 00, Fax 76 08 97 62 (komfortables Haus, angenehme Zimmer; **).

Jugendherbergen auf Austvågøy
Vågan Vandrerhjem, Kabelvåg, ✆ 76 07 81 03; 10. 6.–10. 8. (sehr ansprechende Zimmer in der Lofoten-Volkshochschule, schöne Lage am Hafen; Betten zu 270 NOK, Doppelzimmer zu 420 NOK).
Moskenesøy: Å Vandrerhjem, ✆ 76 09 11 21; ganzjährig (schöner alter Holzbau, direkt im pittoresken Fischerdorf gelegen; Betten zu 125 NOK).

Røst: Røst Vandrerhjem/Fiskarheimen, ☎ 76 09 61 09; ganzjährig (täglich hauseigener Motorboot-Zubringerdienst zum Vogelberg; Betten zu 115 NOK, Doppelzimmer zu 230 NOK).

Værøy: Værøy Vandrerhjem, ☎ 76 09 53 75; ganzjährig (Tove Fagertun, der Herbergsvater, organisiert täglich Bootsausflüge zum Vogelberg und zum Sanden-Badeplatz; Betten zu 80 NOK, Doppelzimmer zu 225 NOK).

Vestvågøy: Stamsund Vandrerhjem, Justad Rorbuer, ☎ 76 08 93 34; 1. 5.–15. 10., vom 1. 11.–30. 4. nur nach Voranmeldung (gilt als eine der schönsten Jugendherbergen des Nordens; im Rorbustil direkt am Meer errichtet; Betten zu 80 NOK, Doppelzimmer zu 190 sowie 240 NOK).

 Camping/Hüttenvermietung auf Austvågøy

Brenna: Nigt Sun Camping, an der E 10 direkt vor der Brücke nach Gimsøy ausgeschildert, ☎ 76 07 78 82, Fax 76 07 80 42; 15. 5.–15. 9. (kleiner einfacher Platz in einsamer Lage mit Blick aufs offene Nordmeer; schlichte Hütten, mit 200-380 NOK sehr günstig).

Kabelvåg: Lofoten Turist- og Rorbusenter, an der E 10 südlich von Kabelvåg ausgeschildert, ☎ 76 07 81 80, Fax 76 07 83 37; 1. 5.–30. 9. (vorbildlicher Platz mit Sauna, kleinem Hallenbad, Restaurant; stets ›fest in deutscher Hand‹; Hütten, teilweise direkt am Meer im Rorbustil, von 350 bis 850 NOK).

Sandvika Fjord og Sjøhuscamp, neben Lofoten Turist- og Rorbu-senter, ☎ 76 07 81 45, Fax 76 07 90 10; ganzjährig (›die‹ Hochburg für deutsche Touristen, insbesondere Angler, im Archipel; sehr große Zeltwiese, kleiner Badestrand, vorbildliche Ausstattung; die Hütten haben alle Meerblick und kosten zwischen 270 und 600 NOK).

Kleppstad: Lyngvær Bobil-Camp, an der E 10, ☎ 76 07 77 78; 1. 5.–1. 9. (herrlich am Gimsøystraum nahe mehrerer Sandstrände gelegener Platz, sehr gute Ausstattung, Hütten ab 200 NOK).

Laukvik: Skippergården Camping, an der E 10 zwischen Svolvær und Fiskebøl ausgeschildert, noch 20 km, ☎ Fax 76 07 51 97; ganzjährig (schöner Wiesenplatz an der Außenseite der Lofoten, ideal zur Beobachtung der Mitternachtssonne; Hütten zu 250–400 NOK).

Sandsletta: Sandsletta Camping, an der E 10 zwischen Fiskebøl und Svolvær ausgeschildert, ☎ 76 07 52 57; ganzjährig (große Wiese am Fjordufer, Kiosk; Hütten in verschiedenen Versionen ab 200 NOK).

Flakstadøy

Ramberg: Meland Camping, an der E 10, ☎ 76 09 35 00, Fax 76 09 31 40 (im Ort, aber an einem mehrere Kilometer langen Sandstrand gelegen; Hütten zu 500–700 NOK, vorbildliche sanitäre Anlagen).

Moskenesøy

Fredvang: Fredvang Strandcamping, an der E 10 ausgeschildert, ☎ 76 09 42 33; Ende Mai–Mitte/ Ende September (riesiges Wiesenareal vor langen Sandstränden, von der Lage her einer der schönsten Plätze des Nordens; keine Hüttenvermietung).

Vestvågøy

Strandslett: Brustranda Sjøcamping, an der R 815, rund 10 km nördlich von Stamsund, ☎ 76 08 71 00, Fax 76 08 71 44; ganzjährig (sehr schön in einer Bucht am Vestfjord gelegen; Hütten in verschiedenen Komfortstufen von 250–900 NOK).

Unstad: Unstad Camping, an der E10 südlich Borge ausgeschildert, ☎ 76 08 54 57, Fax 76 08 55 18; 1. 5.–1. 9. (in abgeschiedener Lage am Rande des Einöddorfes beim Strand am offenen Nordmeer, sehr idyllisch; auch Hütten zu 350–700 NOK).

Rorbuanlagen auf Austvågøy
Hammerstad: Hammerstad Cam-
ping,an der E 10 zwi. Fiskebøl und Svolvær, ✆ 76 07 58 23; Ende Mai–Ende Sept. (einfache Rorbuer, schöne Lage am Fjord; beliebt bei Anglern; *–**).
Henningsvær: Henningsvær Ror-
buer, ✆ 76 07 46 00, Fax 76 07 49 10; ganzjährig (urgemütlich, teils relativ authentisch eingerichtete Rorbuer, 600–1500 NOK; großes Komfortangebot, u. a. Sauna, Whirlpool, Solarium, Verleih von Angelutensilien, Organisation von Hochsee-Rafting-Touren).
Kabelvåg: Nyvågar Rorbu- og Akti-
vitetssenter, (den Schildern Richtung Aquarium/Museum folgen), ✆ 76 06 97 00, Fax 76 06 97 01; ganzjährig (30 Rorbuer, außerordentlich luxuriös und gemütlich; mit Top-Restaurant, Bar, Caféterrasse, Sauna und einem großen Aktiv-Angebot; **).
Flakstadøy
Nusfjord: Dahl Nusfjord, ✆ 76 09 30 20, Fax 76 09 33 78; ganzjährig (in diesen traditionell eingerichteten Rorbuer wohnt man unbestreitbar am lofotentypischsten und urigsten; *–**).
Moskenesøy
Größtes Rorbu-Angebot im Archipel, Schwerpunkt Hamnøy und Reine.
Hamnøy: Eliassen Rorbuer, ✆ 76 09 23 05, Fax 76 09 24 40; ganzjährig (traumhafte Lage, wie in allen Rorbu-Anlagen in Hamnøy und Reine; *–**).
Reine: Reine Rorbuer, ✆ 76 09 22 22, Fax 76 09 22 25; ganzjährig (größte Auswahl an Rorbuer 300–1600 NOK).
Vestvågøy
Ballstad: Ballstad Rorbuer, ✆ 76 08 81 95, Fax 76 08 88 88; 1. 6.–1. 9. (einfache Hütten zu 200–500 NOK, aber urig, schönes Panorama).

Mortsund: Statles Rorbusenter, ✆ 76 08 75 55, Fax 76 08 71 11 (komfortable Rorbuer, teils mit offenem Kamin; *–***).

🍴 **Restaurants auf Austvågøy**
Henningsvær: Den Siste
Viking, am Hafenbecken, ausgeschildert, ✆ 76 07 49 11 (der Kletterschule angeschlossenes Bryggen-Café/Pub am Hafenbecken; die Lage ist traumhaft, die Gerichte günstig, und abends spielen oft Live-Bands auf).
Fiskekrogen, Henningsvær Feriebrygge, links der Hauptstraße am Hafenbecken, ausgeschildert) ✆ 76 07 46 52 (Fischgerichte vom Allerfeinsten, auch der norwegische König war hier schon einmal zu Gast).
Kabelvåg: Nyvågar Restaurant, den Schildern Richtung Aquarium/Museum folgen, ✆ 76 06 97 00 (wie die Rorbuanlage so das Restaurant: überaus edel, herrliche Lage, Spezialitäten sind Fisch- sowie Wildgerichte, ebenfalls schon vom König gekostet).
Præstenbrygga, Marktplatz, ✆ 76 07 80 60 (in einem alten Speicherhaus eingerichtetes Restaurant mit Kneipe und Café, günstigen Gerichten; sehr gemütlich, am Wochenende treten oft Jazz-, Blues- und Folk-Gruppen auf).
Svolvær: Anker Brygge, Lamholmen/Hafenbecken, ✆ 76 06 64 80 (Top-Restaurant/Pub in einem umgebauten Speicherhaus aus dem 19.Jh., rustikal-elegant, herrlich auch zum draußen sitzen, und außerordentlich geschmackvolle Gerichte der norwegischen und internationalen Küche – die beste Empfehlung im Archipel).
Moskenesøy
Å: Kafé, ✆ 76 09 11 21 (das Lokal, untergebracht in einem weißen Prachtbau aus dem 19. Jahrhundert, versteht sich auch als Galerie).

Reine: Krambua, ✆ 76 09 23 20; nur 15. 6.–15. 8., sonst nur an Samstagabenden (umgebaute Rorbuhütte, über 200 Jahre alt und entsprechend urig und rustikal; auch zum draußen sitzen).

Henningsvær: Galleri Lofotens Hus, ✆ 76 07 15 73; 25. 5.–9. 6. tgl. 10–18 Uhr, 10. 6.–10. 8. tgl 9–21 Uhr, bis Ende Aug. tgl. 10–18 Uhr (Werke des Malers Harr, außerdem Dia-Show über die Lofoten).

Kabelvåg: Galleri Espolin, unterhalb Lofot Museum, ✆ 76 07 84 05; 15. 2.–31. 5. und 15. 8.–1. 11. So–Fr 11–15 Uhr, 1. 6.–14. 6. tgl. 10–18 Uhr, Hochsaison tgl. 10–20 Uhr (einzigartige Sammlung der Werke des zeitgenössischen norwegischen Malers Kaare Espolin)

Lofot-Aquarium, unterhalb Lofot Museum, ✆ 76 07 86 65; Mai/Sept. tgl 11–15 Uhr, Juni–Aug. tgl. 10–18 Uhr, 15. 6.–15. 8. tgl. bis 21 Uhr.

Lofot Museum, an der E 10 ausgeschildert, ✆ 76 07 86 65; 1. 9.–7. 5. Mo–Fr 9–15 Uhr, 10. 5.–31. 5. tgl 9–15 Uhr, 1. 6.–31. 8. tgl 9–21 Uhr.

Semi-U-Boot ›Nemo‹, vom 15. 6.–15. 8 regelmäßige Fahrten ab Aquarium zu 150 NOK (30 Min).

Vagån-Kirche, an der E 10; im Sommer tgl. 10–15 Uhr.

Flakstadøy

Sund: Schmiedemuseum, ✆ 76 09 37 90; 18. 5.–1. 6. tgl 10–15 Uhr, 2. 6.–16. 8. tgl. 10–18 Uhr, 17. 8.–13. 9. tgl. 10–15 Uhr.

Vikten: Glashytta, ✆ 76 09 44 42; Juni–Aug. Mo–Sa 10–18 Uhr, sonst Mo–Sa 10–17 Uhr (einzige Glasbläserei nördlich des Polarkreises, ausgefallen gute, künstlerisch wertvolle Stücke).

Moskenesøy

Å: Norwegisches Fischereisiedlungsmuseum, ✆ 76 09 14 88; 20. 6.–20. 8. tgl. 10–18 Uhr, sonst Mo–Fr 10–15.30 Uhr.

Stockfischmuseum, ✆ 76 09 12 11; 20. 6.–20. 8. tgl. 11–17 Uhr, 2.–19.6. Mo–Fr 11–16 Uhr.

Hamnøy: Puppenmuseum, ✆ 76 09 21 43; Juni–Aug. tgl. 10–20 Uhr (einziges Puppenmuseum von Norwegen, mit über 1000 Puppen).

Vestvågøy

Borge: Lofotr Wikingermuseum, ✆ 76 08 49 00; 22. 5.–13. 9. tgl. 10–19 Uhr.

Aktivitäten: Bootsverleih und **Angeltouren** über alle Campingplätze und Rorbuanlagen. **Fahrradverleih** über die Touristenbüros, die mit dem Lofoten-Wanderverein auch **Wanderungen** organisieren. Für den **Seekajak**-Sport findet man im Norden keine abwechslungsreicheren Reviere als um die Lofoten. Anfang August treffen sich hier Kajak-Enthusiasten aus ganz Europa zu der ›Arctic Kajak Rally‹, die sieben Tage dauert und während derer, jedes Jahr auf verschiedenen Routen, die Vesterålen und Lofoten teilweise umrundet werden. 350–550 km werden paddelnd zurückgelegt, auch Hochsee-Abschnitte sind zu bewältigen, aber da die ›Rally‹ von Seenotkreuzern begleitet wird, besteht zu keinem Zeitpunkt ein Risiko. Teilnehmen kann jeder. Man übernachtet an Land in Rorbuer oder Zelten, genaue Infos sind über das Fremdenverkehrsamt in Svolvær zu erhalten sowie über die Nord-Norsk Klatreskole (s. u.), wo zudem Seekajaks ausgeliehen werden.

Austvågøy

Henningsvær: Nordnorwegische-Bergsteigerschule ›Den siste Viking‹, Verleih von Ausrüstungen (aber keine Kletterseile), Kletterkurse (Abschluß mit Zertifikat), Alpin-Kurse auf den Lofoten sowie in den Lyngen Alpen, Organisation von Besteigungen verschiedener Berge in Nordland (insbesondere der Stetind am Tysfjord, der als der höchste freistehende Monolith der Welt gilt): Nord-Norsk Klatreskole »Den siste Viking«, 8330 Henningsvær, ✆ 76 07 49 11; hier werden auch Zimmer sowie Rorbu-Hütten vermietet, ein gemütliches Restaurant/Café ist angeschlossen.

Kabelvåg: Janns Adventure, ✆ 76 07 89 10, Fax 76 07 19 55; Jann spricht u. a. fließend Deutsch und organisiert Wandern, Bergsteigen, Tauchen, Biken, Angeln, bietet u. a. auch Schwertwal-Safaris und Kajakkurse an. Zwischen Mitte Juni und Mitte Aug. tgl. **Bootsfahrten** ab Svolvær in den Trollfjord (3 Stunden, 250–350 NOK).

Værøy
Værøy Cruise veranstaltet in der Saison täglich außer samstags **Bootstouren** von Reine via Å zu den **Vogelfelsen**; zu buchen über das Touristenbüro oder direkt unter ✆ 76 09 52 99.

Vestvågøy
Ballstad/: Walbeobachtung und Tauchen: Informationen, Verleih von Ausrüstungen und auch Schulung (PADI-Zertifikate) über Kræmmervika Dykkesenter, 8373 Ballstad/Vestvågøya, ✆ 76 06 41 52 und 76 06 41 50; Unterrichtssprachen sind Norwegisch, Englisch und Deutsch.

 Veranstaltungen: Während der Sommersaison (zwischen 15. 6. und 15. 8.) gibt es auf den Lofoten ein außerordentlich dichtes Veranstaltungsprogramm (u. a. Kaitanz in Henningsvær, Trockenfisch-Festival in Kabelvåg), und auch im März, z. Zt. der Lofotfischerei, werden zahlreiche Veranstaltungen geboten; Informationen über das Touristenamt in Svolvær.

 Fährverbindungen bestehen von Moskenes nach Bodø (täglich bis mehrmals täglich), von Svolvær nach Skutvik auf Hamarøy (Anschluß an die E 6; drei- bis achtmal täglich), von Svolvær nach Digermulen (mehrmals täglich; Anschluß an die E 10 bei Sigerfjord/Vesterålen) sowie von Fiskebøl nach Melbu/Vesterålen (E 10 Richtung Narvik; sechs- bis 15mal tgl.). Außerdem Katamaran-Verbindungen (nur Passagiere und Fahrräder) von Reine und Å nach Værøy und Røst (zweimal tgl. während der Saison), von Stamsund nach Bodø (einmal tgl.) sowie von Svolvær nach Bodø (einmal tgl. via Skutvik) und von Svolvær nach Narvik (einmal tgl.; via Lødingen/E 6).

Lom

 Information: Jotunheimen Reiselivslag, 2686 Lom, ✆ 61 21 12 86, Fax 61 21 12 35.

Unterkunft: Røysheim Hotel, Lom/Røysheim, ✆ 61 21 20 31; Ostern–Okt. (phantastisch restaurierter Bauernhofkomplex, eines der komfortabelsten und besten Hotels weit und breit; ***).

Fossheim Turisthotel, ✆ 61 21 10 05, Fax 61 21 15 10 (im 19. Jh. Poststation, heute ein komfortables Hotel; **).

Lom Motel, ✆ 61 21 12 20, Fax 61 21 12 23 (große Anlage, mit Campingplatz, Schwimmbad, auch Hüttenvermietung; *–**).

Camping/Hüttenvermietung: NAF-Camping Lom, ✆ 61 21 12 20; ganzjährig (am südwestl. Ortsrand gelegen, sehr komfortable Ausstattung, Hütten in verschiedenen Preisstufen; *–**).

Nordal Turistsenter, ☎ 61 21 93 00, Fax 61 21 93 01 (am östl. Ortsrand, ebenfalls sehr gute Ausstattung, mehrere Dutzend Hütten; *–**).

 Restaurants: Das Restaurant des **Fossheim Turisthotel** (s. o.) steht unter Leitung des norwegischen Spitzenkochs Arne Brimi, der als ein Meister der norwegischen Naturküche bekannt ist; eines der besten Restaurants von Norwegen.
Auch die Küche des **Røysheim Hotel** gilt als eine der führenden des gesamten Landes und kann tgl. ab 19 Uhr gekostet werden (sehr teuer).

Sehenswert: Freilichtmuseum; 15. 6.–15. 8. tgl. 11–18 Uhr.
Norsk Fjellmuseum; 10. 6.–31. 8. Mo–Fr 10–19 Uhr, Sa und So ab 11 Uhr.
Stabkirche; 15. 6.–22. 8. tgl. 10–17 Uhr.

Aktivitäten: Fjell og Fritid, ☎ 61 21 17 99 (Verleih von Gletscher- und Bergausrüstung). Das Touristenbüro (s. o.) organisiert geführte **Berg- und Gletschertouren**.

Lovund

 Unterkunft: Hotel- und Ferienhütten-Anlage Lovund Rorbu Hotel, ☎ 75 09 45 32, Fax 75 09 46 50. Auch Touristeninformation, Bootsvermietung, Organisation von Angeltouren und Wanderungen sowie zu den Vogelkolonien. Hier sind Karten erhältlich, auf denen die Sehenswürdigkeiten und die besten Fischgründe eingetragen sind.

 Fährverbindung: Zu erreichen ist Lovund mit der Fähre (sechsmal wöchentlich) von Sandnessjøen, Nesna und Stokkvågen.

Luster

Information: Luster ist der Name der Gemeinde, die sich beiderseits des Lusterfjords erstreckt, auch den Jostedalsbreen umfaßt; Hauptorte sind Gaupne und Skjolden sowie Solvorn und Hafslo. Turistinformasjon Luster, 5820 Gaupne, ☎ 57 68 12 11, Fax 57 68 12 22; 1. 6.–31. 8.

Unterkunft: Walaker Hotel, Solvorn, ☎ 57 68 42 07, Fax 57 68 45 44, ›die‹ Adresse in Luster, bereits seit neun Generationen in Familienbesitz; **–***).
Jugendherberge: Skjolden Vandrerhjem, Skjolden, ☎ 57 68 66 15; 20. 5.–15. 9. (außerordentlich reizvoll direkt am Fjord mit Garten in einem ganz normalen Wohnhaus untergebracht; beste Adresse im Ort, denn die Hotels und Pensionen sind hier arg teuer; Betten 95 NOK, Doppelzimmer 225 NOK).

Camping/Hüttenvermietung: Luster Fjordhytter, Høyheimsvik, ☎ 57 68 64 00 (Apartments im Speicherhausstil am Fjord; ansprechend; **). Fünf weitere Ferienhauszentren innerhalb der Luster-Gemeinde (Information über das Touristenbüro).
Nymoen Camping, Skjolden, Richtung Sognefjell, ☎ 57 68 66 03; 1. 5.–1. 10. (sanft geneigte Wiese, schöne Lage, gute Ausstattung und einladende Hütten; *–**).
Gjerde Camping, Gjerde (im Jostedal am Weg zum Jostedalen Gletscherzentrum), ☎ 57 68 31 54; 1. 5.–1. 10. (Wiese am Wildfluß, korrekte Hütten; *).

Viki Camping, Høyheimsvik, zwischen Skjolden und Gaupne, ℰ 57 68 64 20; 1. 5.–1. 10. (idyllische Wiese am Fjord, gegenüber ergießt sich der Feigumfoss in die Tiefe; spartanische Hütten; *).

 Sehenswert: Urnes Stabkirche; 5. 6.–29. 8. tgl. 10.30–17.30 Uhr.

 Aktivitäten: Vom **Gletscher-Sightseeing** abgesehen, sind es insbesondere die dreistündigen **Bootsfahrten** auf dem Lusterfjord, die hier reizen; von Solvorn sowie Skjolden starten während der Saison täglich Ausflugsboote, die auch den Feigumfoss sowie die Urnes-Stabkirche anfahren (Buchung über das Touristenbüro). Ebenfalls über das Touristenbüro kann man **Rundflüge** buchen, ab Gaupne sind auch Helikopter-Flüge möglich.

 Fährverbindungen: Zwischen Solvorn und Urnes verkehren täglich zwischen 7.50 und 18.10 Uhr Fähren, die Fahrt dauert ca. 20 Min.

Masi

siehe Kautokeino.

Namsos

 Information: NAMARR A/S Namsos Turistinformasjon, A. Meyersgt. 10, 7800 Namsos, ℰ 74 27 34 70, Fax 74 27 50 90; ganzjährig.

 Unterkunft: Central Hotel Namsos, Kirkegt. 7–9, ℰ 74 27 10 00, Fax 74 27 11 22 (direkt im Zentrum gelegenes Komforthotel,

sehr gute Ausstattung; ***, 10. 6.–10. 8. Sommerpreise, dann **).

Namsen Motor Hotel, Spillumstranda, Spillum, 4 km vor Namsos, ℰ 74 27 61 00, Fax 74 27 67 85 (große Hotelanlage, modern und schlicht, Zimmer ** sowie Campingzimmer *–**).

 Camping/Hüttenvermietung: Namsos nye Camping, 3 km östl. der Stadt zwischen Straße und Namsenelv, ℰ 74 27 53 44, Fax 74 27 53 93; ganzjährig (von Bäumen umgebene Wiese, Badestrand, gute Ausstattung, Hütten 200–700 NOK).

 Sehenswert: Namsdalsmuseum; 22. 6.–20. 8. Mi–So 11–15 Uhr, Di 15–19 Uhr.

 Aktivitäten: Oasen, die größte in einen Fels gesprengte Schwimmhalle der Welt, ist unbedingt einen Besuch wert; Mo–Fr 9–20 Uhr, Sa bis 16 Uhr, So bis 16 Uhr. Das Touristenbüro vermittelt **Boote** und **Fahrräder** sowie **Angeltouren**.

Namsskogan

 Information: Touristenbüro, ℰ 74 33 37 00, Fax 74 33 40 89.

 Sehenswert: Namskogan-Familienpark (Tierpark); 4.–17. 6., 15.–28. 8. tgl. 10–17 Uhr, 18. 6.–14. 8. 10–19 Uhr.

Narvik

 Information: Kongensgt. 66 (E 6), ℰ 76 94 33 09 und ℰ/Fax 76 94 74 05; ganzjährig (hier auch Organisation von Wanderungen, Angel-

und Boots- sowie Besichtigungstouren).

 Unterkunft: Grand Royal Hotel, Kongensgt. 64, ✆ 76 94 15 00, Fax 76 94 55 31 (bestes Hotel der Stadt, häßlich von außen, aber ansprechende Komfortzimmer; **–***).
Breidablikk Gjestgiveri, Tore Hundsgt. 41, ✆ 76 94 14 18, Fax 76 94 57 86 (billigste Zimmer in der Stadt; *).
Jugendherberge: Narvik Vandrerhjem, Havnegt. 3, ✆ 76 94 25 98; 1. 4.–31.10.(direkt an der E 6 gelegenes, ziemlich heruntergekommenes Steinhaus, mäßige Ausstattung; Betten zu 150 NOK, Doppelzimmer ab 410 NOK).

 Camping/Hüttenvermietung: Narvik Camping, E 6 (nördlich der Stadt), ✆ 76 94 58 10; ganzjährig (an der E 6 gelegen, daher recht laut; einfache, oft unzureichende sanitäre Einrichtungen, kaum Stellplätze für Zelte; empfehlenswerte Hütten 425–550 NOK).

🍴 **Restaurant: Astrupkjelleren**, Kinobakken 1, ✆ 76 96 04 02 (in rustikal-gemütlichem Keller mit historischen Stadtfotos, guten und günstigen Tagesgerichten; abends ›der‹ Treff).

👁 **Sehenswert: Kriegsgedenkmuseum**; Tgl. 10–22 Uhr, im Winter 10–16 Uhr.
Erzverladeanlagen: 90minütige Führungen tgl. gegen 13 Uhr.

🚶 **Aktivitäten**: Zahlreiche **Wandermöglichkeiten**, außerdem **Fjord- und Angeltouren**, Fahrten mit der **Erzbahn** aufs Bjørnfjell und anderes mehr; das Touristenbüro (s. o.) organisiert und informiert.

🎭 **Veranstaltungen: Winterfestwoche** im März, bei der man der Männer und Frauen gedenkt, die die Erzbahn gebaut haben; zahlreiche Veranstaltungen, eine Art Karneval.

Nesna

🏕 **Camping/Hüttenvermietung: Nesna Feriesenter**, ✆ 75 05 65 40, Fax 75 05 66 97; ganzjährig (sehr schön am Ortsrand gelegenes Wiesenareal am Fjord, gehobene Ausstattung, Hütten von 180 bis 610 NOK).

🚶 **Aktivitäten: Angeln, Bootfahren, Wandern**; Infos und Bootsverleih auf dem Campingplatz.

Nordkap

 Information: Nordkap Reiseliv, 9751 Honningsvåg, Boks 34, ✆ 78 47 25 99, Fax 78 47 35 43; ganzjährig.

🏨 **Unterkunft in Honningsvåg: Rica Hotel,** Nordkappgt. 4, ✆ 78 47 23 33, Fax 78 47 33 79 (bestes Hotel der Stadt; **–***).
SIFI Sommerhotel, ✆ 78 47 28 17, Fax 78 47 35 11; 20. 5.–20. 8. (angenehmes Hotel mit großem Komfortangebot und günstigen Preisen; **).
In Skarsvåg: Nordkap Turistsenter, ✆ 78 47 52 67, Fax 78 47 52 10; 15. 5.–15. 9. (angenehme Zimmer und für Nordkap-Verhältnisse recht günstig; **).
Jugendherberge: Nordkap Camping og Vandrerhjem, Honningsvåg (außerhalb Richtung Kap), ✆ 78 47 33 77, Fax 78 47 11 77; 15. 5.–30. 9. (einfache Ausstattung, Betten zu 150 NOK, keine Doppelzimmer).

Camping/Hüttenvermietung: Nordkap Camping og Vandrerhjem, s. o. (sehr schönes Wiesenterrain, rings umher die Hütten, die von 400 NOK an aufwärts kosten).
Kirkeporten Camping, Skarsvåg, ✆ 78 47 52 33, Fax 78 47 52 47; 20. 5.–31. 8. (nördlichster Campingplatz der Welt, schön und ruhig nahe dem Kap gelegen; Hütten in allen Preisstufen zwischen 360 und 900 NOK).

 Sehenswert: Nordkaphalle/Nordkapfelsen; Juni–Aug. tgl. 9–2 Uhr nachts, sonst nach Vereinbarung (über das Touristenbüro in Honningsvåg); Eintritt (auch für die Felsen!) 175 NOK/Person, Kinder 50 NOK, Studenten 100 NOK, Familien 350 NOK.

Aktivitäten: Gjesvær Turistsenter, Gjesvær, ✆ 78 47 57 73, Fax 78 47 57 07 (organisiert Wanderungen auf Magerøya sowie Angel- und Bootstouren, Fotosafaris, Besuch von Vogelfelsen).
Nordkap Safari, Honningsvåg, ✆ 78 47 27 94, Fax 78 47 37 45; 1. 6.–15. 9. (Angel- und Fototouren sowie insbesondere Deep Sea Rafting-Touren für alle, die das Kap auch vom Meer her sehen wollen).

Veranstaltungen: Nordkap-Festival (Mitte Juni) mit ›Nordkap-Marsch‹ von Honningsvåg zum Kap, der mit 70 km Länge zu den anstrengendsten Volksläufen der Welt zählt.

Fährverbindungen zur Nordkap-Insel bestehen keine mehr, denn im Juni 1999 wurde der Tunnel eröffnet (Mautpflicht). Wer kein eigenes Fahrzeug hat, mietet in Honningsvåg

ein Taxi, was hin und zurück 650 NOK kostet.

Nordseter

siehe Lillehammer

Nore

siehe Numedal

Numedal

 Information: Numedal Turistservice, 3630 Rødberg, ✆ 32 74 13 90, Fax 32 74 13 91 ; ganzj.

 Unterkunft: Rødberg Hotel, Rødberg, ✆ 32 74 16 40, Fax 32 74 13 81 (weißer Holzbau, 34 Komfortzimmer, mit Restaurant und Bar; **).
Immingfjell Turistheim, Uvdal, ✆ 32 74 36 90, Fax 32 74 37 65 (auf 1100 m Höhe gelegenes Gebirgshotel; gute Wandermöglichkeiten, Bootsverleih; *–**).
Jugendherberge: Uvdal Vandrerhjem, ✆ 32 74 30 20; 1. 6.–1. 9. (schönes Holzhaus, einfache Ausstattung, Betten 90 NOK, Doppelzimmer ab 250 NOK).

 Camping/Hüttenvermietung: Uvdal Camping, Uvdal, ✆ 32 74 31 08 (Wiesenareal zwischen Straße und Fluß, gehobene Ausstattung, schön am Flußufer gelegene Hütten für zwei und vier Personen; *).
Uvdal Hytteutleie, Uvdal, ✆ 67 53 00 45, Fax 67 58 35 05 (sehr schöne Blockhausanlage; *).
Uvdal Høyfjell og Hyttesenter, Richtung Dagali, Uvdal, ✆ 32 74 37 73,

Fax 32 74 37 07 (auf 1040 m Höhe gelegene Anlage; Cafeteria, Fahrradverleih, Panoramahütten für vier Personen, die, je nach Saison, 350–550 NOK kosten).

Sehenswert: Stabkirche in Nore; 20. 6.–23. 8. tgl. 10–18 Uhr. **Uvdal Freilichtmuseum und Stabkirche**; 11. 6.–31. 8. tgl. 9–18 Uhr.

Aktivitäten: Draisine-Fahrten ab Rollag Bygdetun/Veggli (Information über das Touristenbüro), **Kanufahrten, Radtouren, Rafting** (ab Dagali, s. dort), **Wander- und Trekkingtouren**.

Nusfjord

siehe Lofoten.

Odda

Information: Odda Turistinformasjon, 5750 Odda, Tyssedalsveien 5, ✆ 53 65 18 80, Fax 53 65 18 90; ganzjährig.

Unterkunft: Hardanger Hotel, Eitrheimsvn. 13, ✆ 53 64 21 33, Fax 53 64 36 88 (Mittel-/Komfortklasse, Zimmer mit Aussicht zum Fjord; **). **Jugendherberge: Odda Vandrerhjem Sørfordheimen**, Bustetungt. 2, ✆ 53 65 14 00 (mehrgeschossiger Betonkasten im Zentrum, Betten zu 140 NOK, Zimmer ab 295 NOK).

Camping/Hüttenvermietung: Odda Camping, an der Straße nach Buar, ✆ 53 64 34 10, Fax 53 64 12 92; 1. 6.–31. 8. (große, an den Stadtwald angrenzende Wiese, sehr gepflegte Sanitäranlagen, keine Hütten).

Aktivitäten: Für Verleih von **Fahrrädern** ist das Touristenbüro zuständig, das auch **Gletscherwanderungen** organisiert. Die **Mågelitopp-Schienenbahn** fährt in 15 Min. von der 32 m hohen Staumauer des Ringdalsvatn hinauf an die fast 1000 m hohe Abbruchkante der Hardangervidda (Sa/So 10–18 Uhr, Sa oft erst ab 15 Uhr); ab Tyssedal (6 km hinter Odda), dort den Schildern zum 6 km entfernten Ringedalsvatn folgen.

Oppdal

Information: Oppdal Turist- og Informasjonskontor, Postboks 60, 7341 Oppdal, ✆ 72 40 04 70, Fax 72 40 04 80; ganzjährig.

Unterkunft: Hovdin Hotel, Gamle Kongevn. ✆ 72 42 19 11 (gute Mittelklasse; **). **Viking Nor Hotel**, Aunevn. 6, ✆ 72 42 16 11, Fax 72 42 07 30 (Top-Hotel der Stadt, außerordentlich komfortable Zimmer; **). **Jugendherberge: Vandrerhjem Oppdalstunet**, Gamle Kongevei, ✆ 72 42 23 11; ganzjährig (sehr ansprechende Holz-Pavillons, komfortable Ausstattung, Betten zu 145 NOK, Doppelzimmer zu 445 NOK).

Camping/Hüttenvermietung: Camping Halsetløkka, 3 km nördl. an der E 6, ✆/Fax 72 42 13 61; ganzj. (Übernachtungsplatz; Hütten; *).

Sehenswert: Freilichtmuseum; 22. 6.–14. 8. tgl. 12–18 Uhr. **Gräberfeld von Vang**, annähernd 1000 Grabhügel aus der Wikingerzeit; tgl. zwischen dem 22. 6. und 15. 8. 12–18 Uhr.

Aktivitäten: Wildwasser-Rubberboot-Fahrten, geführte Berg- und Canyontouren, Moschusochsensafaris, Informationen über das Touristenbüro.

Ørnes

Information: Meløy Reiselivslag, Boks 172, direkt am Hafen, 8150 Ørnes, ✆ 75 75 48 88, Fax 75 75 49 88; auch Vermittlung von Privatzimmern und Informationen über den Saltfjellet-Svartisen Nationalpark.

Unterkunft: Ørnes Hotel, ✆ 75 75 45 99, Fax 75 75 47 69 (modernes Hotel nahe dem Hafen, mit Restaurant; **).
Gunhild Rendah, Spildra/Ørnes, ✆ 75 75 42 62 (einfache Zimmer, Kochgelegenheiten; *).

Camping/Hüttenvermietung: In Ørnes selber gibt es keinen Campingplatz, dafür aber mehrere an der R 17 Richtung Storvik:
Camping Reipå, Reipå, ✆ 75 75 57 74; ganzjährig (schöner Campingplatz, einfache, aber ausreichende Ausstattung, außerdem ein Badestrand; Hütten zu 270 NOK).
Mevik Camping, Mevik, ✆ 75 75 61 34; 1. 5.–30. 9. (am Meer, in der Nähe herrlicher Sandstrände gelegener Platz; kleiner Laden, Cafeteria, Hüttenvermietung; *).

Oslo

Information: Norges Informasjonssenter, Brynjulf Bullsplass 1 (Gebäude des ehemaligen Westbahnhofs, gegenüber Rathaus und vor der Aker Brygge), 0250 Oslo, ✆ 22 83 00 50, Fax 22 83 81 50; ganzjährig Mo–So 9–19 Uhr; an offiziellen Feiertagen ist stets geschlossen. – Hier bekommt man Informationen zu Oslo und ganz Norwegen, kann Karten und Broschüren erstehen, Stadtrundfahrten und Hotelzimmer buchen, Geld wechseln sowie Multivisions- und Videoprogramme betrachten.

Oslo Sentralstasjon, Jernbanetorget (Hauptbahnhof); ganzjährig geöffnet, Mo–So 8–23 Uhr. Informationen zu Oslo, Buchung von Hotels, Pensionen, Privatquartieren, Verkauf der Oslo-Karte, Buchung von Stadtrundfahrten.

Oslo Kortet: Mit der Oslo-Karte (Verkauf über die Informationsbüros, die meisten Hotels, alle Postämter sowie die Narvesen-Kioske in Oslo) bekommt man u. a. freien Eintritt in alle Museen und Sehenswürdigkeiten der Stadt, kann alle öffentlichen Verkehrsmittel kostenlos benutzen, bekommt Ermäßigung bei Stadtrundfahrten, Auto- und Fahrradmiete und bei vielem anderem mehr. Die Karte kostet 150 NOK für 1 Tag für Erwachsene (50 NOK für Kinder), 220 NOK für 2 Tage (bzw. 60 NOK), 250 NOK für 3 Tage (bzw. 70 NOK).

Oslo-Paket: Das Oslo-Paket beinhaltet die Oslo-Karte sowie ein Hotel inkl. Frühstück und kostet pro Tag ab 399 NOK/Pers., je nachdem, welches Hotel man auswählt (angeschlossen sind 40 Häuser in allen Kategorien); Kinder bis zu 16 Jahren wohnen gratis im Zimmer der Eltern (und bekommen dann auch die Oslo-Karte gratis). Das Paket (das an allen Wochenenden des Jahres gültig ist sowie täglich in der Zeit vom 10. 6. bis 22. 8., außerdem in den norwegischen Weihnachts-, Oster- und Winterferien) ist über die meisten Reisebüros in Deutschland, der Schweiz und Österreich zu buchen, außerdem auch bei den o. g. Informationsbüros in Oslo.

Unterkunft: Wegen der enormen Preisermäßigung, die das Oslo-Paket gewährt (bis zu über 50 % auf die Übernachtungspreise), lohnt der Kauf auch dann, wenn man die Vorzüge der Oslo-Karte, die eingeschlossen ist, gar nicht nutzen will; entsprechend werden nachfolgend nur Häuser vorgestellt, die dem System angeschlossen sind:

Grand Hotel, Karl Johansgt. 31, ✆ 22 42 93 90, Fax 22 42 12 25 (eines der edelsten, klassischsten, besten Hotels in ganz Norwegen; ***).

Hotel Continental, Stortingsgt. 24–26, ✆ 22 82 40 00, Fax 22 42 96 89 (dieses erstklassige und traditionsreiche Haus gegenüber dem Nationaltheater steht dem Grand Hotel um nichts nach; ***).

Anker Hotel, Storgt. 55, ✆ 22 99 75 00, Fax 22 99 75 10 (sehr preisgünstiges und dabei noch zentral gelegenes Hotel; **).

City Hotel, Skippergt. 19, ✆ 22 41 36 10, Fax 22 42 24 29 (der ›Preisrenner‹ innerhalb des Oslo-Pakets; **).

Rainbow Astoria Hotel, Dronningensgt. 21, ✆ 22 42 00 10, Fax 22 42 57 65 (Hotel der gehobenen Mittelklasse; **).

Rainbow Hotel Europa, St. Olavsgt. 31, ✆ 22 20 99 90, Fax 22 11 27 27 (sehr komfortables Hotel der modernen Art; **).

Pensionen/Privatzimmer (Buchung nur über das Fremdenverkehrsbüro im Hauptbahnhof): Zwar gibt es in den Außenbezirken der Stadt eine ganze Reihe von Pensionen, die aber kaum billiger kommen als die o. g. günstigen Stadthotels, die über das Oslo-Paket gebucht werden können. Privatzimmer hingegen sind eine Alternative: Ab 200 NOK etwa muß man pro Person ansetzen.

Jugendherbergen: Oslo Vandrerhjem Haraldsheim, Haraldsheimvn. 4, ✆ 22 22 29 65, Fax 22 22 10 25; 2. 1.–22. 12. (zu erreichen mit Straßenbahn Nr. 10 oder 11 nach Sinsen oder Zug ab Hauptbahnhof nach Grensen; recht zentral gelegen; Betten zu 195 NOK, Doppelzimmer zu 460 NOK).

Vandrerhjem Holtekilen, Micheletsvn. 55, Stabekk, ✆ 67 51 80 40, Fax 67 59 12 30; nur 27. 5.–18. 8. (Ausweichherberge, rund 9 km vom Zentrum entfernt, mit dem Zug ab Hauptbahnhof bis Stabekk, rund 10 Min., oder mit Bus Nr. 151, 153, 161, 162, 252 ab Oslo City Center zum Kveldsrovn; Betten zu 165 NOK, Doppelzimmer zu 420 NOK).

Camping/Hüttenvermietung: Wildcampen im Wohnmobil und Caravan auf Parkplätzen und anderen Stellen in Oslo und Umgebung ist nicht gestattet!

Bogstad Camping, Ankervn. 117, ✆ 22 51 08 00, Fax 22 51 08 50; ganzjährig (nahe Bogstadvannet gelegener Komfortplatz, auch per Bus ab Hauptbahnhof/Nationaltheater schnell erreichbar).

Ekeberg Camping, Ekebergvn., 65, ✆ 22 19 85 68; 1. 6.–31. 8. (der Platz, der eine herrliche Aussicht über die Stadt bietet, ist ab der E 18 im Zentrum Oslos ausgeschildert, kann auch mit dem Bus ab Bahnhof bzw. der Straßenbahn ab Nationaltheater innerhalb 10 Min. erreicht werden).

Restaurants: Nachfolgend eine kleine Auswahl zwar nicht unbedingt billiger, aber von den Speisen her und/oder in Bezug aufs Interieur unbedingt besuchenswerter Restaurantbetriebe:

Blom Restaurant, Karl Johansgt. 41b, ✆ 22 42 73 00 (Wappenschilder und Gemälde prägen diesen Treffpunkt Norwegens Kulturelite; klassisch norwegische Küche mit Wild- und Fischspezialitäten).

Det Gamle Rådhus, Nedre Slottsgt. 1, ✆ 22 42 01 07 (norwegische Spezialitäten, mit Idealismus serviert; ältestes Restaurant von Oslo).

Engebret Café, Bankplassen 1, ✆ 22 82 25 25 (eines der ältesten, stilvollsten und besten Fisch- und Seafood-Restaurants der Stadt, auch zum draußen sitzen; gute Weinkarte).

Grand Café, Grand Hotel, s. o. (schon Ibsen, Munch, Krogh und andere Berühmtheiten pflegten hier zu speisen und ihren Kaffee zu trinken).

Theatercaféen, Hotel Continental, s. o. (Wahrzeichen Oslos und eines der wenigen noch originalgetreu existierenden Jugendstilkaffeehäuser Europas, einst Knut Hamsuns Stammlokal, heute Treff der Prominenz).

Vegeta Vertshus, Munkedamsvn. 3b, ✆ 22 83 40 20 (ein reines Vegetarier-Restaurant – welch Unikum in Norwegen).

 Sehenswert: Akershus Schloß und Festung, Akersgata; Festungswälle tgl. 6–21 Uhr, Innenräume Mo–Sa 8–20 Uhr, So 10–20 Uhr, Winter 8–16 Uhr, Eintritt frei.

Architekturmuseum, Kongensgt. 4; Mo, Di, Do und Fr 11–16 Uhr, Mi bis 18 Uhr, Sa/So 12–16 Uhr, Eintritt frei.

Botanischer Garten, Sarsgt. 1; Mo–Fr 7–20 Uhr, Sa/So 10–20 Uhr, Winter bis 17 Uhr, Eintritt frei.

FRAM-Museum (Fähre ab Rathauskai), Bygdøy; 16. 5.–31. 8. tgl. 9–18.45 Uhr, 1. 5.–15. 5. sowie 1. 9.–30. 9. tgl. 10–16.45 Uhr, sonst tgl. 11–14.45 Uhr.

Gamle Aker Kirke, Akersbakken 26; Mo–Sa 12–14 Uhr, So 9 und 11 Uhr, Eintritt frei.

Gamlebyen, Oslogt.; durchgehend geöffnet, Eintritt frei.

Henie-Onstad-Kunstzentrum, 1311 Høvikodden; Di–Do 11–21 Uhr, Fr–Mo 11–18 Uhr.

Historisches Museum, Frederiksgt. 2; Di–So 12–15 Uhr, Eintritt frei.

Kon-Tiki-Museum (Fähre ab Rathauskai), Bygdøy; 1. 6.–31. 8. tgl. 9.30–17.45 Uhr, 1. 4.–31. 5. und 1. 9.–30. 9. tgl. 10.30–17 Uhr, 1. 10.–31. 3. tgl. 10.30–16 Uhr.

Kunstgewerbemuseum, St. Olavsgt. 1; Di–Fr 11–15 Uhr, Sa/So 12–16 Uhr.

Ladegård, Oslogt. 13; Mo–So 9–16 Uhr.

Munch-Museum, Tøyengt. 53; Di, Mi, Fr, Sa 10–16 Uhr, Do/So 10–18 Uhr.

Nationalgalerie, Universitetsgt. 13; Di geschl., Mo, Mi, Fr 10–18 Uhr, Do bis 20 Uhr, Sa 10–16 Uhr, So 11–16 Uhr, Eintritt frei.

Oscarshall Schloß (Fähre ab Rathauskai), Bygdøy; So, Di, Do 12–16 Uhr (23. 5.–14. 9.) stdl. Führungen.

Oslo Domkirche, Stortorget 1; tgl. 10–16 Uhr, Eintritt frei.

Postmuseum, Kirkegaten 20; Mo–Fr 10–17 Uhr, Sa bis 14 Uhr, So 12–16 Uhr, Eintritt frei.

Rathaus (Rådhuset), Rådhusplassen; Mo–Sa 9–17 Uhr, So 12–17 Uhr, Führungen Mo–Fr um 10, 12 und 14 Uhr, Eintritt frei.

Schloß (Det Kongelige Slott); nicht zu besichtigen; tägl. 13.30 Uhr Wachablösung.

Seefahrtsmuseum (Norsk Sjøfartsmuseum, Fähre ab Rathauskai), Bygdøy; 16. 5.–30. 9. tgl. 10–19 Uhr, sonst tgl. 10.30–16 Uhr.

Skimuseum, Holmekollenschanze, Kongeveien 5; Mai tgl. 10–17 Uhr, Juni tgl. 9–20 Uhr, Juli tgl. 9–20 Uhr, Aug. tgl. 9–20 Uhr, Sept. tgl. 10–17 Uhr, sonst 10–16 Uhr.

Stadtmuseum (Bygmuseum), Frognerveien 67; 1. 6.–31. 8. Di–Fr 10–18 Uhr, Sa/So 11–17 Uhr, sonst Di–So 10–16 Uhr.

Storting (Parlamentsgebäude), Karl Johansgt. 22; Führungen 1. 7.–15. 8. Mo–Fr 10, 11.30, 13 Uhr, Eintritt frei.

Verteidigungsmuseum (Forsfarsmuseet), Akershus; Mo–Fr 10–18 Uhr, Sa/So 11–16 Uhr, Eintritt frei.

Vigeland-Museum, Nobelsgt. 32; 1. 5.–30. 9. Di–Sa 10–18 Uhr, So 12–19 Uhr, sonst Di–Sa 12–16 Uhr, So bis 18 Uhr.

Vigeland-Park/Anlage, Frognerpark; Tag und Nacht geöffnet, Eintritt frei.

Volkskundemuseum, Norwegisches (Norsk Folkemuseum, Fähre ab Rathauskai), Bygdøy; 15. 6.–31. 8. tgl. 10–18 Uhr, 1. 9.–15. 9. tgl. 10–17 Uhr, 15. 9.–15. 6. tgl. 11–15 Uhr.

Widerstandsmuseum, Norwegisches (Norges Hjemmefrontmuseum), Akershus; 15. 6.–31. 8. Mo–Sa 10–17 Uhr, So ab 11 Uhr, 15. 4.–14. 6. und 1. 9.–30. 9. Mo–Sa 10–16 Uhr, So ab 11 Uhr, 1. 10.–14. 4. Mo–Sa 10–15 Uhr, So 11–16 Uhr.

Wikingerschiff-Museum (Vikingskiphuset, Fähre ab Rathauskai), Bygdøy; 1. 5.–31. 8. tgl. 9–18 Uhr, Sept. tgl. 11–17 Uhr, Okt. tgl. 11–16 Uhr, sonst tgl. 11–15 Uhr.

Nachtleben: Clubs und Diskotheken finden sich vor allem an der Aker Brygge; die Namen der Lokale wechseln ständig, weshalb hier auf Nennungen verzichtet werden soll. Zu beachten ist, daß in diesen Lokalen die Altersgrenze meist bei 20 Jahren liegt, Eintrittsgeld üblich ist (meist ab 80 NOK) und die Getränke in aller Regel sündhaft teuer sind.

Smuget, Rosenkrantzgt. 22, ✆ 22 42 52 62; Mo–Sa von 20 Uhr bis 4 Uhr morgens (Nacht für Nacht Jazz, Blues- und Rock-Livekonzerte; Superstimmung, auch Disko).

Stortorvets Gjæstgiveri, Grensen 1, ✆ 22 33 56 30 (mehr etwas für die ältere Generation, die hier freitags zwischen 20 und 24 Uhr das Jazz-Tanzbein schwingen sowie samstags 14–17 Uhr Kaffee zu Jazzklängen trinken kann).

Black Box Teater, Olaf Ryesplass 11, ✆ 22 38 12 62 (die Bühne der freien Gruppen aus dem In- und Ausland).

Dukketeatret (Puppentheater), Frognervn. 67 (im Stadtmuseum), ✆ 22 34 86 86 (Vorstellungen tgl. Mo–Fr sowie jeden zweiten So).

Leikarringen, Oslo Konserthus, Munkedamsvn. 14, ✆ 22 11 31 11 (norwegische Volkstanz-Vorführungen, zwischen Juli und August an jedem Montag und Donnerstag ab 21 Uhr).

Nationalteatret, Stortingsgt. 15, ✆ 22 41 27 10 (Norwegisches und ausländisches Theater).

Einkaufen: Die Tempel der Shoppinglust finden sich zuhauf entlang der Karl Johansgate, doch muß man wissen, daß Norwegen teuer ist, Oslo noch teurer und die Geschäfte entlang dieser Straße am teuersten sind. Wesentlich günstiger bekommt man etwa Pullover, Strickjacken, ›Wikingerschmuck‹, Kunstgewerbe in den Provinzstädten bzw. da, wo es auch gefertigt wird. Dennoch ein paar Tips:

David-Andersen, Karl Johansgt. 20, ✆ 22 41 69 55 (größte Auswahl an Schmuck jeder Art sowie sogenanntem Saga-Schmuck – nach Art der alten Wikinger).

Husfliden, Møllergt. 4 (hinter dem Kaufhaus Glasmagasinet), ✆ 22 42 10 75 (norwegisches Kunsthandwerk jeder

Art, insbesondere Hardanger-Sticke-
reien, Holzarbeiten sowie natürlich Nor-
weger-Pullover).
Norway Design, Stortingsgt. 28,
⌀ 22 83 11 00 (alles, was man sich
unter Design im allgemeinen vorstellt).
William Schmidt, Karl Johansgt. 41, ⌀
22 42 02 88 (eine Selbstdarstellung:
»Die größte Auswahl in Oslo an echten
norwegischen Souvenirs«).

Otta

 **Information: Sel-Rondane
Reiselivslag**, P. B. 94, ⌀
61 23 02 44, Fax 61 23 09 60; ganzjährig.

**Unterkunft: Otta Turistsen-
ter**, Ulvolden, rund 3 km nördlich von Otta, ⌀ 61 23 03 23 (Zimmer-
und Hüttenvermietung, großes Sportangebot, Schwimmbad; *–**).
Grand Gjestegård, ⌀ 61 23 12 00, Fax
61 23 04 62 (große Pension, Zimmer; *).

**Camping/Hüttenvermietung:
Otta Camping**, ⌀ 61 23 51 47;
1. 5.–25. 9. (südlich von Otta an der E 6,
schöne Lage am Lågen-Fluß; Hütten; *).
Otta-Turistsenter, s. o. (große Wiese
am Fluß, schöne Stellplätze, teils unter
Birken).

**Aktivitäten: Flåte Opplevel-
ser**, Sjoa/Otta, ⌀/Fax 61 23 50 00;
15. 5.–15. 9. (Rafting, Schluchten- und
Bergtouren, Wildnis-Aufenthalte und
vieles andere mehr).
Heidal Rafting, Sjoa Gjestehus,
⌀ 61 23 60 37, Fax 61 23 60 14;
15. 5.–15. 9. (Raftingtouren in allen
Schwierigkeitsgraden, verschiedene
Wildnistouren).
Norwegian Wildlife & Rafting,
⌀/Fax 61 23 87 27 und Fax 61 23 87 60

Rafting, Kajaking Canyoning, Abseiling,
Rapelling, Klettern, Riberboard-, Glet-
scher-, Grotten- und Angeltouren.
Norsk Fjellskole Rondeheim, Høv-
ringen, ⌀ 61 23 37 14, Fax 61 23 37 60
(Bergtouren, Reiten, Rafting, Mountain
Biking, Bergsteigen ...).

Peer Gyntveien

 **Information: Peer Gynt
Sommerarena**; 2646 Gålå,
⌀ 61 29 81 09, Fax 61 29 85 40.
Peer Gynt Arrangement, 2640 Vinstra, ⌀ 61 29 47 70, Fax 61 29 47 71,
Internet: http://www.peergynt.no,
informiert über den Peer Gynt-Seter-
weg und das Peer Gynt-Festival.

Ramberg

siehe Lofoten.

Reine

siehe Lofoten.

Ringebu

Sehenswert: Stabkirche;
25. 5.–13. 6. und 16. 8.–6. 9. tgl.
10–16 Uhr, 14. 6.–15. 8. tgl. 9–18 Uhr.

Rjukan

 **Information: Turistkontoret
Rjukan**, 3660 Rjukan,
⌀ 35 09 12 90, Fax 35 08 15 75.

**Unterkunft: Gaustablikk
Høyfjellhotel**, Rjukan,

✆ 35 09 14 22, Fax 35 09 19 75 (traumhaft gelegenes Hochgebirgs- und Panoramahotel, umfassendes Sportangebot, exklusive Zimmer; ***).

Jugendherberge: Rjukan Vandrerhjem, Birkelandsgt. 2, ✆ 35 09 05 27; 2. 1.–22. 12. (nicht gerade ansprechender Betonbau, aber gute Räumlichkeiten, Betten zu 120 NOK, Zimmer ab 295 NOK).

 Camping/Hüttenvermietung: Sandviken Camping, Tinn, ✆ 35 09 81 73; ganzjährig (angenehmer Campingplatz mit sehr guter Ausstattung; Campinghütten in verschiedenen Preisklassen von 250 bis 750 NOK/Tag).

 Sehenswert: Industriearbeitermuseum im stillgelegten Kraftwerk **Vemork,** rund 7 km westlich des Zentrums an der R 37; Anfang Mai–Ende September tgl. 10–18 Uhr. **Rjukan og Tinn Museum,** 22 Gebäude vom Mittelalter bis ins 19. Jahrhundert; 20. 6.–15. 8. Mo–Fr 12–18 Uhr, Sa und So bis 16 Uhr.

Røldal

 Sehenswert: Stabkirche vom Anfang des 13. Jahrhunderts; 1. 6.–15. 8. tgl. 10–16 Uhr.

Røros

Information: Røros Reiselivslag, 7461 Røros, P. B. 123, Peder Hiortsgt. 2, ✆ 72 41 11 65, Fax 72 11 02 08; 15. 6.–15. 8. Mo–Sa 9–18 Uhr, So 10–16 Uhr, sonst Mo–Fr 9–16 Uhr, Sa 10.30–12.30 Uhr (Information und auch kostenloser Fahradverleih).

Roros Booking, gleiche Adresse, ✆ 72 41 00 00, Fax 72 41 02 08; gleiche Öffnungszeiten (für Buchungen zuständig: Touren, Aktivitäten, Unterkunft).

 Unterkunft: Bergstadens Hotel, Oslovn. 2, ✆ 72 41 11 11, Fax 72 41 01 55 (außerordentlich luxuriöses Hotel, Zimmer ganz in Pastellfarben gehalten; mit Café, Bodega, Pizzeria, Pub, Hallenbad und Sauna; **–***).

Quality Røros Hotel, Magrittsvn., ✆ 72 41 10 11, Fax 72 41 00 22 (die »Nummer zwei« in Røros, rustikale Komfortzimmer, außerdem Restaurant, Bar, Disko, Hallenbad; **–***).

Erzscheidergården, Spell Ovavn. 6, ✆ 72 41 11 94, Fax 72 41 19 60 (zentral gelegene Familienpension, einfache, aber angenehme Zimmer, Möglichkeiten zur Selbstverpflegung; **).

Fjellheimen Turiststasjon, Johan Falkbergetsvn. 25, ✆ 72 41 14 68 (500 m vom Zentrum entfernte Anlage mit Spielplatz und Möglichkeiten zur Selbstversorgung; *–**).

Jugendherberge: Røros Vandrerhjem, Øra 25, ✆ 72 41 10 89; ganzjährig (sehr angenehmes, freistehendes Haus mit gemütlichem Aufenthaltsraum, sehr guter Ausstattung; Betten zu 170 NOK, Doppelzimmer bis 740 NOK).

 Camping/Hüttenvermietung: Bergstaden Camping, Johan Falkbergetsvn. 34, ✆ 72 41 15 37 (1 km vom Zentrum entfernter Campingplatz; nur sieben Hütten zu 150–300 NOK).

Håneset Camping, Oslovn (R 30), ✆ 72 41 06 00, Fax 72 41 06 01 (2,5 km vom Zentrum entfernte Anlage mit Spielplatz, Kanu- und Pferdeverleih; Hütten zwischen 250 und 800 NOK).

 Sehenswert: Olavsgrube; vom 1. 6.–19. 6. gibt es alltags Füh-

rungen um 13 und 15 Uhr, sonntags nur um 12 Uhr; 20. 6.–14. 8. tgl. Führungen um 10.30, 12.00, 13.30, 15.00, 16.30 und 18 Uhr; 15. 8.–10. 9. wie 1. 6.–19. 6.
Røros-Museum; 20. 6.–14. 8. Mo–Fr 10.30–18 Uhr, Sa/So bis 16 Uhr; sonst 11–15 Uhr bzw. 11–16 Uhr.

Aktivitäten: Das Touristenbüro informiert ausführlich über (auch geführte) Fahrradtouren und Wanderungen, Kanutouren und Kutschenfahrten, Biber- und Elch-Safaris und vieles mehr.
Bootsfahrt mit der ›Femund II‹: Zwischen dem 13. 6. und 15. 10. verkehrt das Veteranenschiff ›Femund II‹ täglich auf der Strecke von Sørvika (ab 9 Uhr) nach Elgå (an 12.15 Uhr) bzw. weiter nach Femundsenden (nur 7. 7.–15. 8.; Ankunft Femundsenden 15.30 Uhr) und zurück (Ankunft Sørvika 15.15 Uhr bzw. 21 Uhr).
Rørosfly, ✆ 72 41 24 83 (Buchung und Information auch über das Touristenbüro); ganzjährig (Rundflüge über Røros, den Femund-See, Rondane und Dovrefjell).
Røros Hestsportsenter, Kvernengan, ✆ 72 41 29 83; ganzjährig (Pferdeverleih, außerdem geführte Touren, auch mehrtägige Fjellritte, Touren mit Pferd und Kutsche).

Saltdal

Information: Salten Reiselivslag, P. B. 224, Busstorget, 8201 Fauske, ✆ 75 64 33 03, Fax 75 64 32 38; ganzjährig (diese Infostelle ist u. a. für das Saltdal zuständig).

Unterkunft: Norlandia Rognan Hotel, Rognan, E 6, ✆ 75 69 00 11, Fax 75 69 13 72 (bestes Hotel der Stadt, günstige Sommerpreise; **).
Fredheim Folkehøyskole, Rognan, Fredheimvn. 17, ✆ 75 69 03 55, Fax 75 69 02 29; 1. 6.–1. 9. (äußerst günstige Zimmer. *).
Jugendherberge: Graddis Vandrerhjem, Røkland/Junkerdal, R 77 Richtung schwedische Grenze, ✆ 75 69 43 41; 20. 6.–20. 8. (einsame Wald- und Wiesenlage, auch Camping; Betten zu 110 NOK, Doppelzimmer zu 300 NOK).

Camping/Hüttenvermietung: Rognan Camp og Turistsenter, Rognan, E 6, ✆ 75 69 00 88; ganzjährig (schöne Lage direkt am Fjord; Hütten zwischen 170 und 700 NOK).
Polar Camping, Røkland, E 6, ✆ 75 69 41 03; 1. 5.–1. 9. (direkt an der E 6 auf einer großen Wiese; Hütten zwischen 250 und 480 NOK).
Saltdal Turistcenter, Røkland, E 6, ✆ 75 69 41 00, Fax 75 69 41 18 (gemütliches Restaurant, luxuriöse Blockhütten; zum Campen nicht sehr geeignet; **).

Sandefjord

Information: Sandefjord Reiselivsforening, Boks 367, Rathaus, 3201 Sandefjord, ✆ 33 46 05 90, Fax 33 46 06 20.

Unterkunft: Hotel Kong Carl, Torgt. 9, ✆ 33 46 31 17, Fax 33 46 31 19 (alt und charmant, das empfehlenswerteste Hotel der Stadt; **).
Sandefjord Motorhotel, Fokserød/ E 18, ✆ 33 47 03 80, Fax 33 47 01 77 (relativ preiswert; **).

Camping/Hüttenvermietung: Granholmen Camping, Granholmsvn. 75 (R 303), ✆ 33 45 81 77;

1. 6.–1. 9. (an der Schärenküste gelegener Wiesenplatz mit Badestrand; Hütten; *–**).

 Sehenswert: Walfangmuseum, Museumsgate 39; Mai–Sept. tgl. 11–17 Uhr, sonst 11–15 Uhr.

Sandnessjøen

 Information: Midt-Helgeland Turistinformasjon, Zentrum (ausgeschildert), Boks 414, 8801 Sandnessjøen, ✆ 75 04 25 80, Fax 75 04 64 94; ganzjährig.

 Unterkunft: Rica Hotel Sandnessjøen, Torolv Kveldulusonsgt. 16, ✆ 75 04 00 77, Fax 75 04 01 86 (bestes Hotel der Stadt, kühl-moderne Einrichtung; Sommerpreise; **).
Sandnessjøen Restaurantdrift, Øyvind Lamesvn. 4, ✆ 75 04 40 11, Fax 75 04 38 30 (großes Zimmerangebot, gutes Restaurant; **).

 Camping/Hüttenvermietung: Stokka-Camping, direkt hinter dem Flughafen, 12 km südlich an der R 17 (sehr großes, durch Hecken und Bäume aufgeteiltes Wiesen- und Fjellgelände direkt am Meer, einfache, aber ausreichende sanitäre Einrichtungen sowie Küche; Hütten, teils sehr romantisch gelegen, außerdem einfache Zimmer; *).

Setermoen (Bardu)

 Information: Bardu Turistinformation, 9250 Bardu, ✆ 77 18 56 50, Fax 77 18 56 51.

 Sehenswert: Freilichtmuseum Bardu Bygdetun; 20. 6.–20. 8. tgl. 10–18 Uhr.

Skjolden

siehe Luster.

Skoganvarre

siehe Lakselv.

Sogndal/Kaupanger

 Information: Reiselivskontoret Sognefjorden, P. O. Box 222, 5801 Sogndal, ✆ 57 67 30 83, Fax 57 67 28 06; ganzjährig (für den gesamten Bereich des Sognefjordes und auch für den Jostedalsbreen zuständig; die Broschüre ›Sognefjord Guide‹ enthält hunderte wichtiger Adressen).

 Unterkunft: Sogndal Hotel, Stadtzentrum Sogndal, ✆ 57 67 23 11, Fax 57 67 26 65 (außerordentlich elegante Zimmer, schmucke Holzmöbel, zarte Farben; mit Restaurant, Sauna, Swimming-Pool; **–***).
Hofslund Fjord Hotel, Stadtzentrum, ✆ 57 67 10 22, Fax 57 67 16 30 (sehr empfehlenswert sind die Zimmer mit Fjordblick; gehobene Mittelklasse, **).
Loftenes Pensjonat, Fjørevegen 17, ✆/Fax 57 67 15 77 (große, geräumige, nett möblierte Zimmer; *–**).
Jugendherberge: Sogndal Vandrerhjem, Richtung Kaupanger, ✆ 57 67 20 33; 19. 6.–20. 8. (Betten zu 85 NOK, Doppelzimmer zu 200 NOK).

 Camping/Hüttenvermietung: Vesterland Feriepark, an der

Straße nach Kaupanger, ℘ 57 67 83 30, Fax 57 67 87 33 (schöne Hügellage, sehr komfortabel eingerichtete Hütten, kein Camping; **).

Kjørnes Camping, an der Straße nach Kaupanger, ℘ 57 67 45 80; 1. 6.–1. 9. (weitläufige Wiese am Fjord, ruhige Lage; zahlreiche Hütten in einem Obstbaumhain; sehr empfehlenswert; *).

 Sehenswert: Sognefjord-Bootsmuseum; 1. 5.–31. 8. tgl. 10–18 Uhr.
Sogn Folkemuseum; Mai und Sept. tgl. 10–15 Uhr, Juni–Aug. tgl. 10–18 Uhr.
Stabkirche von Kaupanger; 7. 6.–1. 7. tgl. 10–17.30 Uhr, 1. 7.–10. 8. tgl. 9.30–18 Uhr, 10. 8.–20. 8. tgl. 10–17 Uhr.

Aktivitäten: Im Touristenbüro kann man **Fjordfahrten** sowie auch **Fjordflüge** buchen, **Fahrräder** ausleihen und sich über **Wanderungen** informieren.
Lachsangeln auf dem Arøyelv, einem der berühmtesten Lachsflüsse des Landes; Angellizenzen kosten hier bis zu mehreren tausend NOK pro Tag!

Solvorn

siehe Luster.

Stabbursnes

siehe Lakselv.

Stalheim

 Unterkunft und Restaurant: Stalheim Hotel, ℘ 56 52 01 22, Fax 56 52 00 56;

10. 5.–25. 9. geöffnet (das 1960 um- und ausgebaute Hotel besticht mit seiner Aussicht: Es liegt am Rand eines 550 m tiefen Abgrundes und blickt sowohl auf den monumentalen Stalheimsfoss als auch auf den markanten Gipfel des Jordalsknut und ins dramatische Nærøytal hinein. Die Gerichte sind so erlesen wie das Panorama spektakulär ist (insbesondere das Buffet ist seinen Preis wert, die Zimmer sind groß und elegant; **–***).

Stamsund

siehe Lofoten.

Stavanger

Information: Destinasjon Stavanger, P. O. Box 11, 4001 Stavanger, ℘ 51 85 92 00, Fax 51 85 92 02.
Besuchadresse: Vågen (Hafen); 1. 6.–31. 8., tgl. von 9–20 Uhr, sonst Mo–Fr 9–16 Uhr, Sa bis 14 Uhr.

Unterkunft: Während der Wochenenden sowie der Sommersaison (15. 6.–15. 8.) bieten viele Hotels Sommerpreise an, die teilweise um bis zu 30 % unter den regulären Tarifen liegen.
Grand Hotel, Klubgt. 3, ℘ 51 89 58 00, Fax 51 89 57 10 (im Zentrum, klassisch und schön, eine der besten Adressen; ***, Sondertarife **).
Scandic Hotel Stavanger, Eiganesvn. 181, ℘ 51 52 65 00, Fax 51 52 83 34 (im Zentrum, billigstes Hotel mit Hallenbad; ***, Sondertarife **).
Commandør Hotel, Valberggt. 9, ℘ 51 89 53 00, Fax 51 89 53 01 (im Zentrum gelegenes Mittelklassehotel mit

sehr gutem Preis-Leistungs-Verhältnis;
**, Sondertarife *).
Havly Hotel, Valberggt. 1, ✆
51 89 67 00, Fax 51 89 50 25 (im Zentrum gelegen, ebenfalls sehr gutes
Preis-Leistungs-Verhältnis; **, Sondertarife *).
Stavanger Bed & Breakfast,
Vikedalsgt. 1a, ✆ 51 56 25 00, Fax
51 56 25 01 (mehrere günstige B&B-
Quartiere haben sich zu einer Kette zusammengeschlossen).
Jugendherberge: Stavanger Vandrerhjem, Tjensvoll, Henrik Ibsengt.
21, ✆ 51 87 29 00, Fax 51 87 06 30; (Betten zu 125 NOK, Doppelzimmer ab 270
NOK).

**Camping/Hüttenvermietung:
Mosvangen Camping**, Tjensvoll, Henrik Ibsengt. 21, ✆ 51 53 29 71
(24. 5.–8. 9.; im südlichen Stadtgebiet
gelegen).

Sehenswert: Domkirche;
15. 5.–15. 9. Mo–Sa 10–19 Uhr,
So 13–18 Uhr, sonst Mo–Sa 9–15 Uhr.

Aktivitäten: Im Touristenbüro
kann man zahlreiche **Fjordtouren** und **Ausflüge** buchen, auch ein
Besuch der Felskanzel Prekestolen steht
auf dem Programm.

Nachtleben: Dickens, Skagenkaien 6, ✆ 51 89 59 70 (beliebtester Pub der Stadt, untergebracht in
einem alten Speicherhaus).
The Irishman, Høleberggt. 9,
✆ 51 89 41 81; tgl. ab 17 Uhr (gemütlichster Pub der Stadt).

Sund

siehe Lofoten.

Svartisen

Information: Zuständig ist das
Touristenbüro in Ørnes (s. dort)
sowie das Infozentrum an der R 17 in
Holand (1. 5.–31. 8.).
Svartisen Turistsenter, beim Gletscher, ✆ 75 75 00 11, Fax 75 75 00 28
(Informationen über Gletscherwanderungen und -Kurse).

Unterkunft: Svartisen Turistsenter, s. o. (einfache Unterkunft, Betten zu 150 NOK).
Halsa Gjestegård, Halsa (südlich des
Gletschers an der R 17), ✆ 75 75 06 77,
Fax 75 75 07 70; ganzjährig (mit Boots-
und Fahrradverleih, auch Camping,
Restaurant; Zimmer, Hütten zwischen
400 und 650 NOK).

**Camping/Hüttenvermietung:
Furøy Camping**, Furøy, südlich
des Svartisen beim Fähranleger,
✆ 75 75 05 25; ganzjährig (Fahrrad-
und Bootsverleih, Badeplatz, sehr gute
Ausstattung), Hütten zu 300–400 NOK.

Aktivitäten: Gletscher-Wanderungen, Anmeldung unter
✆ 75 75 00 11.

Bootsverbindungen: Ab Brasetvik/Forøy via Holand zum Engabreen, tgl. zwischen 7.20 und 20 Uhr
alle halbe Stunde oder stündlich, je
nach Nachfrage. Außerplanmäßige
Fahrten kosten pro Boot hin und zurück
etwa 150 NOK und müssen angemeldet
werden unter ✆ 75 75 00 17 oder
94 86 55 16.

Svolvær

siehe Lofoten.

Tjøtta

Unterkunft: Tjøtta Gjestegård, ℘ 75 04 64 40 (angenehme, Pension mit Restaurant, Boots- und Fahrradverleih; *).

Camping/Hüttenvermietung: Offersøy Camping, ℘ 75 04 63 72; 15. 6.–20. 8. (einfache Ausstattung, Bootsverleih; Hütten zu 500 NOK).

Tønsberg

Information: Tønsberg Reiselivslag, N. Langgt. 36 b, 3126 Tønsberg, ℘ 33 31 02 20, Fax 33 31 95 90, Juni/Aug. Mo–Sa 10–17 Uhr, Juli tgl. 10–20 Uhr, sonst Mo–Fr 10–15.30 Uhr.

Unterkunft: Borge Hotel, Husøysund (6 km außerhalb der City auf Husøy), ℘/Fax 33 36 74 25 (außerordentlich günstiges Familienhotel mit Garten, Tennis, Spielplatz, eigenem Anlegesteg und beheiztem Pool; **).
Grand Hotel, Øvre Langgt. 65, ℘ 33 31 22 03, Fax 33 31 28 92 (komfortables Mittelklassehotel mit der üblichen Ausstattung; **).
Jugendherberge: Tønsberg Vandrerhjem, Dronning Blancasgt. 22, ℘ 33 31 28 48; 2. 1.–22. 12. (zentrale Lage direkt unterhalb des Schloßberges, gute Ausstattung; Betten zu 140 NOK, Zimmer zu 340 NOK).

Camping/Hüttenvermietung: Furustrand Camping, Tolvsrød (5 km östlich, R 311) ℘ 33 32 44 03, Fax 33 32 74 03; ganzjährig geöffnet (großes, am Meer gelegenes Wiesengelände, mit Geschäft und Hüttenvermietung; *).

Sehenswert: Vom Aussichtsturm des **Castrum Tunsbergis** ein beeindruckendes Panorama über das Häusermeer und den nahen Oslofjord; 15. 5.–21. 6. Mo–Fr 10–16 Uhr, Sa/So 12–17 Uhr; 16. 8.–13. 9. nur Sa/So 12–17 Uhr, sonst nur So 12–15 Uhr.
Vestfold-Museum am Fuße des Burgberges mit großer Freilichtabteilung; 15. 5.–19. 7. Mo–Sa 10–17 Uhr, So ab 12 Uhr, sonst Mo–Fr 10–14 Uhr.

Aktivitäten: Vierstündige **Bootsrundfahrt** durch die der Küste vorgelagerten Schären mit dem Veteranendampfschiff ›D/S Kysten I‹; Abfahrt tgl. um 12 Uhr am Anleger vor dem Touristenbüro; Informationen ℘ 33 31 25 89.

Træna

Unterkunft: Gasthof Træna Gjestegård, ℘ 75 09 52 28, Fax 75 09 52 29. Auch Touristeninformation, Bootsvermietung, Organisation von Angeltouren und Wanderungen. Hier sind Karten erhältlich, auf denen die Sehenswürdigkeiten und die besten Fischgründe eingetragen sind.

Fährverbindungen: Zu erreichen mit der Fähre (sechsmal wöchentlich) von Sandnessjøen, Nesna und Stokkvågen.

Tromsø

Information: Destinasjon Tromsø, Storgata 3, 9001 Tromsø, ℘ 77 61 00 00, Fax 77 61 00 10; ganzjährig geöffnet.

Informationskiosk außerhalb an der Europastraße in Hungeren/Tromsdalen; nur 20. 6.–31. 7.

Unterkunft: Grand Nordic Hotel, Storgt. 44, ☎ 77 68 55 00, Fax 77 68 25 00 (außerordentlich komfortables Hotel; ***).

Kongsbakken Gjestehus, Skolegt. 24, ☎ 77 68 22 08, Fax 77 68 80 44 (eine der empfehlenswertesten und preisgünstigsten Pensionen in der Innenstadt; recht ordentliche Zimmer; außerdem noch preiswertere Mehrpersonenzimmer*–**).

Skipperhuset Pensjonat, Storgt. 112, ☎ 77 68 16 60 (Fischerheim, auch für Touristen; relativ hoher Komfortstandard, dabei äußerst günstig; *).

Jugendherberge: Tromsø Vandrerhjem, Elverhøy, Gitta Jønssonsvei 4 (1 km vom Zentrum entfernt), ☎ 77 68 53 19; 20. 6.–18. 8. (dreigeschossiger Betonkasten, gehobene Ausstattung; Betten zu 115 NOK, Doppelzimmer zu 350 NOK).

Camping/Hüttenvermietung: Tromsdalen Camping, Tromsdalen, ca. 3 km vom Zentrum entfernt, ☎ 77 63 80 37 (der Campingplatz ist von Ende Juni–Mitte August oft überfüllt, dann leider auch ziemlich unsauber; *–**).

Skittenelv Camping, Skittenelv, 25 km nördlich, ☎ 77 69 00 26, Fax 77 69 00 50 (nächstgelegener Ausweichplatz; *).

Restaurants: Brankos, Storgata 57, ☎ 77 68 26 73 (jugoslawische Küche mit sehr leckeren Gerichten und sehr gemütlichem, großem Weinkeller).

Midnattsol Seafood and Mongolian Grill, Stortorget 2, ☎ 77 68 96 66 (Meeresfrüchte, Fisch und mongolische Spezialitäten).

Pizzahuset, Skippergata 44, ☎ 7 76 84 10 (außerordentlich leckere, üppig belegte und günstige Pizzen im Haus sowie auch im angenehmen Biergarten).

 Sehenswert: Domkirche, Storgata; 3. 6.–31. 8. Di–Do 12–16 Uhr.

Eismeerkathedrale, Tromsdalen; Mai tgl. 16–18 Uhr, 1. 6.–15 .8. Mo–Sa 10–20, So ab 13 Uhr, 6. 8.–15. 9. tgl. 16–18 Uhr.

Nordlichtplanetarium, Breivika; 21. 5.–20. 8. tgl. 11–12, 13.30–15, 16.30–18 Uhr.

Polarmuseum, Søndre Tollbugt. 11; 15. 5.–14. 6. tgl. 11–18 Uhr, 15. 6.–31. 8. tgl. 11–20 Uhr, sonst 11–15 Uhr.

Seilbahn zum Storsteinen, Tromsdalen; 1. 4.–30. 9. tgl. 10–17 Uhr, 20. 5.–20. 8. tgl. bis 1 Uhr nachts.

Tromsø Museum, Lars Thøringsveg 10; 1. 6.–31. 8. tgl. 9–20 Uhr, sonst Mo–Fr 8.30–15.30 Uhr, Sa 12–15 Uhr und So 11–16 Uhr.

Aktivitäten: Tromsø Arrangement, s. o. (organisiert u. a. auch **Wandertouren, Boots- und Angeltouren**, informiert ausführlich über alle Aktivitäten in und um Tromsø).

Nachtleben: Blå Rock Café, Strandgt. 14, ☎ 77 61 00 20 (gilt als das nördlichste Rock-Café der Welt; Pizza, Bier, Rock, Superstimmung und Wochenend-Rocknächte, die erst am frühen Morgen enden).

Øl-Hallen, ☎ 77 62 45 80, Mack-Brauerei, Storgt. 4 (Probier-Halle für das Mack-Bier, gebraut in der nördlichsten Brauerei der Welt).

Paletten, Storgata 51, ✆ 77 68 05 10
(Tromsøs multikultureller Treffpunkt,
billiges Essen, viel Musik).

Trondheim

🛈 **Information: Trondheim Aktivum**, Postboks 2102, Torget,
7001 Trondheim, ✆ 73 92 93 94, Fax
73 51 53 00; 28. 6.–8. 8. Mo–Fr 8.30–22
Uhr, Sa/So 10–20 Uhr, Mai/Juni sowie
Aug. Mo–Fr 8.30–18 Uhr, Sa/So 10–16
Uhr, sonst Mo–Fr 9–16 Uhr (während
der Hochsaison organisiert das Infor-
mationsbüro Stadtrundfahrten, Hafen-
touren, Angeltouren und auch Ausritte
in der nahe gelegenen Bymarka; außerdem werden hier Führer für Stadt-
besichtigungen vermittelt).

🛏 **Unterkunft: Britannia Hotel**,
Dronningensgt. 5, ✆ 73 53 53 53,
Fax 73 51 29 00 (gleichermaßen char-
mantes wie elegantes Haus der
Spitzenklasse, edel eingerichtete Zimmer, Restaurant, Bar; **–***).
Royal Garden Hotel, Kjøpmannsgt.
73, ✆ 73 80 30 00, Fax 73 80 30 50
(moderne Glasarchitektur vom Feinsten, außerordentlich luxuriöse, moderne Zimmer; mehrere Restaurants,
Bar, Kinderspielraum, Sportzentrum;
–*).
Hotel Augustin, Kongensgt. 26,
✆ 73 54 70 00, Fax 73 54 70 01 (sehr ansprechendes, modernes, direkt im Zentrum gelegenes Frühstückshotel; **).
Hotel Residence, Torvet, ✆ 73 52 83 80,
Fax 73 52 64 60 (wunderschönes
Jugendstilhaus im Stadtzentrum gelegen; **).
Lilletorget Hotel, Cicignonsplass
(Lilletorget), ✆ 73 80 63 00, Fax
73 53 21 43 (angenehmes kleines Hotel,
komfortable Zimmer; **).

Lade Gjestegård, Jarleveien 44, ✆/
Fax 73 92 18 55 (korrekte Zimmer, von
denen mehrere auch für vier Personen
ausgelegt sind; *).
**Jugendherbergen: Trondheim Inter-
Rail Center, Studentersamfundet,**
Elgesetergt. 1, ✆ 73 89 95 38, nur
1. 7.–20. 8. (Bed & Breakfast für nur
sage und schreibe 120 NOK!).
Trondheim Vandrerhjem, Weide-
mannsvn. 41, ✆ 73 53 04 90, Fax
73 53 52 88; ganzjährig (moderner
Komplex, ziemlich steril; Betten zu 150
NOK, Doppelzimmer zu 490 NOK).
Trondheim Vandrerhjem Jarlen,
Kongensgt. 40, ✆ 73 51 32 18 (sehr
schönes, direkt im Zentrum gelegenes
Stadthaus, gehobene Ausstattung; Bet-
ten zu 200 NOK, Doppelzimmer zu 450
NOK).
Privatzimmer vermittelt das Touristen-
büro Trondheim Aktivum.

⛺ **Camping/Hüttenvermietung:**
In Trondheim selbst oder in
direkter Umgebung gibt es keinen Cam-
pingplatz.
Bobilplass, direkt am Hafen; s. Stadt-
plan (großer Asphaltplatz, speziell für
Wohnmobile).
Flakk Camping, Trondheim-Flak (zu
erreichen über R 715 und 707, 10 km
außerhalb der Stadt), ✆ 72 84 39 00;
1. 5.–1. 9. (Platz für Zelte, Caravans und
Wohnmobile; Bademöglichkeiten).
Sandmoen Camping, Heimdal
(E 6; 10 km vom Stadtzentrum),
✆ 72 84 82 22, Fax 72 84 82 11; ganz-
jährig (250 Stellplätze für Caravans und
Wohnmobile, Restaurant, Geschäft; 53
Hütten; *–**).

🍴 **Restaurants: Britannia Hotel**,
s. o. (die Restaurants dieses Hotels, Palmehaven und Jonathan, gehören zu den feinsten und besten nördlich

von Bergen; beide sind elegant, aber am ansprechendsten speist man im Kellergewölbe des Jonathan).

Dickens, Kjøpmannsgt. 57, ✆ 73 51 57 50 (untergebracht im ältesten Speicherhaus am Nidelv, gilt dieses Restaurant als eines der atmosphärischsten des Landes; sehr rustikal, urgemütlich, gute Gerichte der norwegischen Küche; gehobene Preise).

Havfruen, Kjøpmannsgt. 7, ✆ 73 53 26 26 (bestes und unbedingt gemütlichstes Fischrestaurant der Stadt, untergebracht in einem der alten Speicherhäuser am Nidelv; hohes Preisniveau).

Pizzakjelleren, Fjordgt. 7, ✆ 73 51 38 38 (prima Pizzas bis in die frühen Morgenstunden; ›Renner‹ des Hauses ist das Angebot, für 49 NOK so viel essen zu können, wie man nur will).

Vækteren, Prinsengt. 47, ✆ 73 52 35 56 (norwegische Gerichte von 90–140 NOK in gemütlicher, rustikaler Atmosphäre; auch Wild).

👁 **Sehenswert: Dom;** 1. 5.–22. 6. Mo–Fr 9–15 Uhr, Sa bis 14 Uhr, So 13–16 Uhr; 23. 6.–21. 8. Mo–Fr 9–18 Uhr, Sa bis 14 Uhr, So 13–16 Uhr; zwischen dem 22. 8. und 14. 9. wird alltags schon um 15 Uhr geschlossen (sonst identische Öffnungszeiten); 15. 9.–30. 4. Mo–Fr 12–14.30, Sa 11.30–14 Uhr und So 13–15 Uhr; während der Saison gibt es um 12, 14 und 16 Uhr mehrsprachige Führungen. Das Billett berechtigt auch zum Eintritt in das Erzbischöfliche Palais.

Festung Kristiansten; Juni–Aug. Mo–Fr 10–15 Uhr, Sa und So 11–15 Uhr.

Kunstgalerie, Bispegate 7b; tgl. 10–16 Uhr, in der Nebensaison nur Di–So von 12–16 Uhr.

Kunstindustriemuseum, Munkegate; tgl. 10–17 Uhr, So 12–17 Uhr.

Seefahrtsmuseum, Fjordgate 6 A; Mo–Sa 8.30–17 Uhr, So ab 11 Uhr; im Winterhalbjahr Di–Sa 10–15 Uhr, So 12–16 Uhr.

🍸 **Nachtleben: Bryggene**, die alte Speicherhauszeile am Nidlev bietet mehrere Cafés und Pubs, in denen man teils auch draußen, auf schwimmenden Plattformen auf dem Fluß sitzen kann.

Café Remís, Kjøpmannsgt. 12, ✆ 73 52 05 52 (Homo-/Lesben-Treff).

Dickens, s. o. (auch der Pub ist ›die‹ Adresse in Trondheim für alle, die's urgemütlich haben wollen).

Pianobar/ Queen's Pub, Britannia Hotel, s. o. (zwei der ersten Adressen für allerhöchste Ansprüche).

Restaurant Puben, Studentensamfundet, Elgesetergt. 1, ✆ 73 89 95 22 (bis in den frühen Morgen geöffneter Studententreff; günstig).

✂ **Veranstaltungen:** Trondheim Aktivum gibt einen jährlich aktualisierten Veranstaltungs-Kalender heraus, und es lohnt sich, schon vor der Anreise genaue Informationen abzurufen. Herausragende Festlichkeiten sind u. a. die **Olavsfesttage**, die jedes Jahr um den 29. Juli stattfinden.

🚢 **Fährverbindung:** Die im Trondheimsfjord gelegene Insel Munkholmen ist im Sommer (29. 5.–29. 8.) zwischen 10 und 18 Uhr mindestens stündlich innerhalb weniger Minuten mit dem Boot zu erreichen.

Trysil

ℹ **Information: Trysil Ferie og Fritid**, 2420 Trysil, ✆ 62 45 05 11, Fax 62 45 11 65.

Unterkunft: Mehr als zwei Dutzend Hotels, ein Dutzend Pensionen sowie ein Dutzend Campingplätze und Hüttenvermietungen rings um Trysil; Informationen über das Touristenbüro.

Sehenswert: Trysil Bygdetun; Juli tgl. 11–17 Uhr, Juni und Aug. 11–15 Uhr.

Aktivitäten: Trysil Ferie og Frited, das Touristenbüro (s. o.) organisiert tgl. Biber- sowie Elch-Safaris, Ausritte, Kanu-, Boots- sowie Angeltouren, Survival-Kurse und vieles andere mehr; ein umfassendes Outdoor-Angebot).
Trysil Rafting, ✆ 62 45 97 92, Fax 62 45 97 87 (Buchung auch über das Touristenbüro; organisierte Rafting-Touren von mehreren Stunden bis zu mehreren Tagen Dauer; Tagestouren ab 450 NOK, Familientouren zu 250 NOK).

Uvdal

siehe Numedal.

Vågåmo

Information: Vågå Reiselivslag, Brennvegen 1, 2680 Vågåmo, ✆ 61 23 78 80, Fax 61 23 71 44.

Unterkunft: Vågå Hotel, ✆ 61 23 70 71, Fax 61 23 75 25 (größtes und bestes Hotel der Stadt, mit Restaurant, Sauna, Pool; **).
Vågå Gjestgiveri, ✆ 61 23 73 60 (angenehme Pension, günstig; *–**).

Camping/Hüttenvermietung: Smedsmo Camping, am westl.

Ortsrand/R 15, ✆ 61 23 74 50; ganzjährig (Standardausstattung; 15 Hütten sowie auch Zimmervermietung; *–**). Zahlreiche weitere Campingplätze und Hüttenanlagen befinden sich in der Umgebung.

Sehenswert: Stabkirche von Vågå; 1. 6.–17. 6. und 8. 8.–31. 8. Mo–Fr 9–15 Uhr, 18. 6.–7. 8. tgl. 10–13 und 14–17 Uhr.

Aktivitäten: Naturopplevelser (Buchung auch über das Touristenbüro), ✆ 61 23 73 60 (Höhlenexkursionen, Gletscherwanderungen, Bergbesteigungen, Treks und Wandertouren, Floßfahrten, Schluchtwanderungen sowie Schluchttouren, während derer man, mit Neoprenanzug, Helm etc. ausgestattet, die Wildwasserschluchten von Jotunheimen ›durchschwimmt‹).
Norwegian Wildlife and Rafting (Buchung auch über das Touristenbüro), ✆ 61 23 87 27, Fax 61 23 87 60 (Rafting und Raftingkurse, Bergsteigen, Höhlen- und Gletscherwanderungen, Gipfel- und Schluchtentouren).
Sjoa Rafting, ✆ 88 00 63 90, Fax 61 23 19 00; Mai–Sept. (Raftingtouren in jedem Schwierigkeitsgrad werden angeboten).

Valdres

siehe Beitostølen und Fagernes.

Valldal

Information: Touristenbüro am Fjord, ✆ 70 25 77 67; in der Hochsaison tgl. 9–22 Uhr, sonst 10–18 Uhr. Vermittlung von Unterkünften und Buchung von Wanderungen.

Sehenswert: das **Trollstig-Wegmuseum** dokumentiert die Geschichte des Trollstigen; 20. 6.–10. 8. tgl. 11–15.30 Uhr.

Vesterålen

Information: Vesterålen Reiselivslag, Postboks 243, 8401 Sortland, ✆ 76 12 15 55, Fax 76 12 36 66.

Aktivitäten: Über **Walsafaris** informiert Andøykontoret, Postboks 58, 8480 Andenes, ✆ 76 11 56 00, Fax 76 11 56 10. Die Walsafaris starten zwischen dem 25. 5. und 15. 9. tgl. um 10.30 Uhr, dauern 4–5 Std. und kosten 595 NOK (Jugendliche bis 16 Jahre 400 NOK, Kinder bis 8 Jahre 200 NOK).

Voss

Information: Voss Booking, Postboks 28, Uttrågate 26, 5700 Voss, ✆ 56 51 08 00, Fax 56 51 08 01; Juni–Aug. Mo–Sa 9–19 Uhr, So ab 14 Uhr, sonst Mo–Fr 9–16 Uhr.

Unterkunft: Fleischer's Hotel, Evangerveien 13, ✆ 56 51 11 55, Fax 56 51 22 89 (**–***).

Bavallstova Pensjonat, Bavallen, ✆ 56 51 18 83 (sehr ruhige Hanglage am Skigebiet, einfach ausgestattete Zimmer; *–***).

Voss Turistheim, ✆ 56 51 15 77, Fax 56 51 09 78; 1. 6.–10. 8. (einfache Zimmer, aber dafür preiswert; *–**).

Jugendherberge: Voss Vandrerhjem, oberhalb vom Bahnhof am Hang, ✆ 56 51 20 17; 9. 1.–31. 10. (Betten zu 170 NOK, Doppelzimmer zu 400 NOK).

Camping/Hüttenvermietung: Voss Camping, im Ort ausgeschildert, ✆ 56 51 15 97; ganzjährig (schöne Seelage, teils sehr schattige Stellplätze, Standardausstattung; die Hütten kosten 300 NOK, sind recht dürftig eingerichtet).

Sehenswert: Voss-Folkemuseum; Mai–Sept. tgl. 10–17 Uhr, Okt.–April Mo–Fr 10–15 Uhr.

Aktivitäten: Seilbahn auf den Hausberg Hangur; 1. 6.–1. 9. tgl. 11–17 Uhr, alle 15 Min. Das Touristenbüro organisiert **Rafting-Trips, Kajaktouren, Pferdetreks, Ausritte, Wanderungen, Canyoning, Felsklettern, Fjord-Flüge, Tandem-Paragliding-Sprünge, Fahrten** und viele andere Aktivitäten mehr.

Reiseinformationen von A bis Z

Anreise

... mit dem eigenen Fahrzeug

Wer mit dem eigenen Fahrzeug nach Norwegen unterwegs ist, kommt nicht daran vorbei, seinen Urlaub mit einer Schiffsreise einzuläuten und sollte, um lange Wartezeiten zu vermeiden, zumindest bei Anreise während der Hochsaison (15. Juni bis 15. August) eine Reservierung vornehmen. Welche der rund ein Dutzend Verbindungen bevorzugt wird, hängt vom Wohnort, der Routenwahl und auch vom Geldbeutel ab. Ein Preisvergleich lohnt stets, man sollte sich in einem Reisebüro beraten lassen oder die Angebote der verschiedenen Gesellschaften einholen (es gibt zahlreiche Spartarife) und das Ticket bereits vor der Abreise erstehen: Das kommt in vielen Fällen bis zu 30 % billiger, als die Passage erst am Fährhafen zu zahlen.

Generell: Ab Berlin und dem Osten Deutschlands bietet es sich an, mit der TS-Linie von Saßnitz/Rügen (280 km) oder der TR-Linie von Rostock nach Trelleborg/Schweden überzusetzen. Hamburg hingegen liegt sowohl für Puttgarden/Fehmarn (165 km), Travemünde (75 km), Kiel (97 km), Hirtshals (495 km) und Frederikshavn (500 km) gleich günstig.

Die Distanz von Trelleborg nach Oslo (via E 6) beträgt rund 650 km, ab Helsingborg sind es 550 km, ab Halmstad 450 km, ab Varberg 380 km, ab Göteborg schließlich rund 300 km.

Folgende Gesellschaften/Routen kommen in Frage:

Color Line, Norwegenkai, D-24143 Kiel, ✆ 04 31/7 30 00, Fax 73 0 04 00 (Kiel/D–Oslo/N; Hirtshals/DK–Oslo/N; Hirtshals/DK–Kristiansand; Hirtshals/DK–Larvik/Moss; Frederikshavn/DK–Larvik/Moss/N; Strömstad/S–Sandefjord/N).

Fjord Line, c/o Karl Geuther GmbH, Martinistr. 58, D-28195 Bremen, ✆ 04 21/1 76 03 62, Fax 85 75 (Hanstholm/DK–Egersund/N–Bergen/N).

Stena Line, Schwedenkai 1, D-24103 Kiel, ✆ 01 80/5 33 36 00, Fax 5 33 36 05 (Kiel/D–Göteborg/S; Frederikshavn/DK–Göteborg/S; Frederikshavn/DK–Oslo/N; Grenå/DK–Varberg/S).

TR-Line, Mattentwiete 8, D-20457 Hamburg, ✆ 0 40/3 60 14 42-46, Fax 3 60 12 57 (Rostock/D–Trelleborg/S).

TS-Line, c/o Schwedisches Reisebüro, Kurfürstendamm 71, D-10711 Berlin, ✆ 0 30/32 76 11 11, Fax 32 76 11 90 (Saßnitz/Rügen/D–Trelleborg/S).

TT-Line, Adresse wie TR-Line (Travemünde/D–Trelleborg/S).

Scandinavian Seaways, Van der Smissen Str. 4, D-22767 Hamburg, ✆ 0 40/3 89 03 71, Fax 38 90 31 20 (Kopenhagen/D–Oslo/N).

Vogelfluglinie, Auskunft in allen Bahnhöfen der Bundesrepublik Deutschland (Puttgarden/Fehmarn–Rødby Havn/DK, überland 192 km nach Helsingør, von dort nach Helsingborg/S).

... mit der Eisenbahn

Auch wer per Schiene nach Norwegen reisen will, kann zwischen verschiedenen Alternativen wählen: Die internationalen Züge fahren entweder via Hamburg, Puttgarden, Kopenhagen, Helsingør (Eisenbahnfähre nach Helsingborg/S) und Göteborg nach Oslo oder via Berlin, Saßnitz/Rügen (Eisenbahnfähre nach Trelleborg/S), Malmö und Göteborg. Mit der schnellsten Verbindung benötigt man von Hamburg aus rund 16 Std. bis ans Ziel, von Zürich ca. 30 Std. und von Wien etwa 37 Std.

Man kann aber auch per Bahn von Hamburg nach Hirtshals oder Frederikshavn/DK fahren und von dort aus mit einer Fähre (s. o.) nach Oslo, Kristiansand, Moss, Larvik, Egersund, Stavanger oder Bergen übersetzen.

Wer voraussichtlich viel mit der Bahn fahren will, ist mit einem **Scan Rail Pass** am besten bedient: Er berechtigt zu kostenlosem Fahren in Dänemark, Schweden, Finnland und eben auch Norwegen und ist in drei Varianten für die 1. und 2. Klasse erhältlich. Für 536 DM fährt man 3 Wochen lang in der 2. Klasse, für 352 DM an 5 beliebigen Tagen innerhalb von 2 Wochen und für 474 DM an 10 beliebigen Tagen innerhalb eines Monats. Kinder zwischen 4 und 12 Jahren erhalten 50 % Ermäßigung auf diese Preise, Jugendliche zwischen 12 und 25 Jahren rund 25 % Rabatt.

Aber es gibt auch andere Rabattsysteme, die zeitlich nicht so begrenzt sind. Da die meisten Reisebüros keine Unterlagen über die Spezialtarife haben, sollte man die folgenden Agenturen kontaktieren, die gleichzeitig Vertretungen der skandinavischen Staatsbahnen sind:

NSA, Kleine Johannisstr. 10, D-20457 Hamburg, ✆ 0 40/37 69 30, Fax 36 41 77

Schwedisches Reisebüro, Kurfürstendamm 71, D-10711 Berlin, ✆ 0 30/32 76 11 11, Fax 32 76 11 90

Fahrräder: Die Beförderung eines Fahrrads im Zug ist sowohl in Deutschland, Dänemark, Schweden als auch in Norwegen problemlos. In Norwegen kostet der Transport ungeachtet der Entfernung allerdings 80 NOK, Expreßzüge nehmen hier keine Räder mit.

... mit dem Bus

Die Anreise mit dem Bus erfolgt über Oslo oder Kristiansand, und beide Orte können von den meisten Großstädten Deutschlands, der Schweiz und Österreichs aus problemlos erreicht werden. Ab Norddeutschland kostet das Ticket 190 DM für die einfache Fahrt, 305 DM für die Hin- und Rückfahrt nach Kristiansand. Oslo ist rund 15 % teurer, und ab Mitteldeutschland muß man ca. 30 % mehr ansetzen, ab Süddeutschland, der Schweiz sowie Österreich 50 % mehr. Informationen erhält man in guten Reisebüros, beim Norwegischen Fremdenverkehrsamt sowie den Gesellschaften selbst:

Bayern Express & Kühn Berlin, Mannheimer Str. 33, D-60713 Berlin, ✆ 0 30/86 09 60, Fax 86 09 62 99

Blaguß Travel, Wiedner Hauptstr. 15, A-1040 Wien, ✆ 01/50 18 00, Fax 50 18 01 25

Deutsche Touring, Adenauerallee 87, D-20097 Hamburg, ✆ 0 40/2 80 45 38, Fax 2 80 48 38

NOR-Way Busekspress, Karl Johansgt. 2, N-0154 Oslo, ☏ 23 00 24 40, Fax 23 00 24 49 (Für Platzreservierung in Norwegen)

... mit dem Flugzeug

SAS (Scandinavian Airlines) fliegt täglich von zahlreichen deutschen Städten sowie u. a. von Wien, Zürich, Amsterdam, Kopenhagen und Stockholm aus nach Oslo. Aufgrund der großen Entfernungen ist ein Linienflug eine attraktive Alternative zum Auto- oder Bahnfahren: Der ›Super Flieg & Spar‹-Tarif liegt bei 720 DM von/nach Frankfurt. Den regulären Preis von über 2200 DM für die Strecke werden wohl nur Reisende mit dicken Spesenkonten bezahlen wollen.

Interessant in diesem Zusammenhang ist auch der **Visit Scandinavia Air Pass** (s. a. S. 332), der zusammen mit dem internationalen SAS- oder Lufthansa-Ticket gekauft werden muß und günstige Inland-Flugpreise bietet.

Informationen und Reservierungen über folgende SAS-Servicerufnummern:

in Deutschland ☏ 0 18 03/23 40 23
in Österreich ☏ 0 71 34/56 78 90
im Internet: http://www.sas.se

Zwischen Anfang Juni und Ende August bietet die Charterfluggesellschaft AERO LLOYD einmal wöchentlich Nonstop-Flüge von Düsseldorf, Frankfurt, München und Berlin nach Bergen, und der Preis für das Hin- und Rückflugticket ist mit rund 450 DM unschlagbar günstig!

Reservierungen in Reisebüros sowie über:

AERO LLOYD, ☏ 01 671/62 53 00, Fax 62 52 19

Bleibt als dritte Möglichkeit die norwegische Fluggesellschaft Widerøe, die täglich außer samstags die Strecke Berlin–Oslo bedient. Preise ab etwa 500 DM.

Informationen und Buchung über Reisebüros sowie über:

Widerøe, Postboks 131, N-1324 Lysaker, ☏ 81 00 12 00, Fax 67 11 61 95

Mitfahren

Die mittlerweile in fast allen größeren Städten etablierten Mitfahrzentralen vermitteln preiswerte Mitreisegelegenheiten (z. B. Berlin–Oslo 90 DM, Hamburg–Oslo 80 DM, evtl. zuzüglich einer Gebühr für die Fähre). Eine Reihe von Mitfahrzentralen haben sich unter dem Namen **Citynetz** zusammengeschlossen und sind erreichbar unter: ☏ (Vorwahl der jeweiligen Stadt)/1 94 44.

Pauschalarrangements

Bei den großen Gesellschaften der Reisebranche sucht man Norwegen oftmals vergeblich im Prospekt, aber viele kleine Spezialreisebüros gibt es, die das Land im Programm haben – und zwar für einen Sommer- ebenso wie für einen Winterurlaub. Sie alle zu nennen hieße, den Rahmen zu sprengen; wir verweisen auf den alljährlich neu erscheinenden ›Offiziellen Norwegenkatalog‹, erhältlich beim Norwegischen Fremdenverkehrsamt (s. S. 325), in dem über 100 in Frage kommende Reiseveranstalter aufgelistet sind.

Ärztliche Versorgung

Wer ärztliche Hilfe benötigt, wende sich an eine Ärztestation *(legevakt)* oder an das örtliche Krankenhaus (*sjukehus* oder *sjukestue*) bzw. an einen Zahnarzt (*tannleger*). Die Telefonisten sprechen (wie auch die Ärzte) oft Deutsch, auf jeden Fall aber Englisch. Hausbesuche werden von norwegischen Ärzten nur bei Unfällen und schweren Krankheiten gemacht.

Apotheken

Medizin ist in Norwegen nur in Apotheken (*apotek*) erhältlich – vieles bekommt man nur auf Rezept eines norwegischen Arztes.

Arbeiten in Norwegen/ Au Pair

Wer in Norwegen Arbeit aufnehmen möchte, muß in seinem Heimatland eine entsprechende Erlaubnis beantragen (genauere Informationen erteilen die norwegischen Botschaften, s. S. 319). Ausländische Jugendliche im Alter von 16 bis 30 Jahren können in den Sommer- bzw. Semesterferien auf norwegischen Bauernhöfen arbeiten. Sie bekommen dafür Kost und Logis sowie ein kleines Taschengeld.

Wer Interesse hat oder eine Au Pair-Stelle in Norwegen antreten möchte (Anmeldeschluß für das laufende Jahr ist Mitte April), wende sich an:

ATLANTIS ungdomsutveksling, Rolf Hofmosgt. 18, N-0655 Oslo, ✆ 22 67 00 43.

Behinderte

Rettferd, was soviel wie Gleichheit und Gerechtigkeit bedeutet, ist der Träger des Zusammenlebens in Norwegen, und wie es hier keine Privilegierten gibt, so gibt es auch keine Unterprivilegierten. Behinderte sind aus der Gesellschaft nicht ausgeschlossen, sondern voll und ganz integriert. Entsprechend sind z. B. alle öffentliche Einrichtungen, aber auch Eingänge, Gehsteige, Lifts etc. auf die Belange von Rollstuhlfahrern zugeschnitten. Die Ampeln zeigen nicht nur Farbe, sondern geben auch akustische Signale ab, im Theater ist es selbstverständlich, daß Hörapparate gratis verliehen werden. Anfang der achtziger Jahre lief überdies ein behindertengerecht gestaltetes Fährschiff vom Stapel: Die ›Prinsesse Ragnhild‹ bedient die Strecke Kiel–Oslo. Obendrein gibt es in Norwegen mehr als 100 Hotels, die speziell auf die Belange von Behinderten eingerichtet sind (ein Verzeichnis ist über das Fremdenverkehrsamt zu beziehen).

Weitere Informationen wie auch Hotel- und Mietwagen-Buchungen, Bus-/Schiffstouren über:

Euro Booking, Rådhusgt. 17, N-0158 Oslo, ✆ 22 00 77 30, Fax 22 00 77 29

Diebstahl

Obwohl Norwegen eines der sichersten Reiseländer Europas ist, gilt auch hier der Grundsatz, daß Gelegenheit Diebe macht. Deshalb tut man stets gut daran, die üblichen Sicherheitsvorkehrungen zu ergreifen.

Insbesondere vollgepackte Autos sollten nicht unbeobachtet abgestellt werden; Mountain Bikes sind extrem gefährdet und sollten deshalb immer angekettet werden.

Diplomatische Vertretungen

... in der Bundesrepublik Deutschland

Königlich Norwegische Botschaft
Mittelstraße 43
D-53175 Bonn
✆ 02 28/81 99 70
Fax 37 34 98
Internet: http://www.norwegen.org

... in der Schweiz

Königlich Norwegische Botschaft
Dufourstr. 29
CH-3005 Bern
✆ 0 31/44 46 76
Fax 43 53 81

... in Österreich

Königlich Norwegische Botschaft
Bayerngasse 3
A-1037 Wien
✆ 01/7 15 66 92
Fax 7 12 65 52

... in Norwegen

Botschaft der Bundesrepublik Deutschland
(Forbundsrepublikken Tysklands Ambassade)
Oscarsgate 45
N-0258 Oslo
✆ 22 55 20 10
Fax 22 44 76 72

Botschaft der Schweiz
(Sveitsisk Ambassade)
Bygdøy Allé 78
N-0268 Oslo
✆ 22 43 05 90
Fax 22 44 63 50

Botschaft von Österreich
(Østerriksk Ambassade)
Thomas Heftyesgt. 19–21
N-0244 Oslo
✆ 22 55 23 48, Fax 22 55 43 61

Einreisebestimmungen

Personalpapiere: Für die Einreise nach Norwegen benötigen Bürger der Bundesrepublik Deutschland, der Schweiz und Österreichs einen gültigen Personalausweis bzw. eine Identitätskarte oder einen Reisepaß.

Fahrzeugpapiere: Kraftfahrzeuge müssen beim Grenzübertritt das Nationalitätskennzeichen tragen. Die Internationale Versicherungskarte (Grüne Karte) ist nicht erforderlich, wird aber empfohlen. Der nationale Führerschein ist ausreichend, auch um ein Auto vor Ort zu mieten.

Einfuhr von Tieren: Seit dem 1. Oktober 1998 gelten neue Einfuhrbedingungen für Hunde und Katzen nach Norwegen aus EU/EFTA-Ländern: Bei der Einreise nach Norwegen muß eine von einem Tierarzt unterschriebene Bescheinigung vorgelegt werden, die aus einer Gesundheits- und einer Impfbescheinigung besteht und bestätigt, daß alle Bedingungen erfüllt sind. Das Formular bekommt man beim Tierarzt oder von der Norwegischen Tiergesundheitsverwaltung:

Statens Dyrehelsetilsyn, Sentralforvaltningen, Postboks 8147 Dep., N-0033 Oslo, ✆ 22 24 19 40 (Mo–Fr, 9–14 Uhr). Fax 22 24 19 45

Einfuhr von Waren: Norwegen ist bekanntlich kein Mitglied der EU, entsprechend sind mehrere Sondervorschriften zu beachten. Unter den beim Zoll übli-

chen Vorbehalten (›zum Eigenge-
brauch‹) darf man als Reisender mit
festem Wohnsitz in Europa einführen:

Alkohol: Ab 18 Jahren dürfen 2 l
Wein (bis 22 %) und 2 l Bier eingeführt
werden, ab 20 Jahren statt 2 l Wein
auch 1 l Wein und 1 l Spirituosen (bis
60 %). Zusätzlich zu den zollfreien
Waren darf man 4 l Spirituosen und 10 l
Bier gegen Verzollung einführen.

Tabakwaren dürfen ab 18 Jahren
eingeführt werden, und zwar 200 Ziga-
retten oder 250 g Tabak plus Zigaretten-
papier oder 50 Zigarren.

Außer dem persönlichen Reisege-
päck dürfen **Waren** bis 1200 NOK eingeführt werden, Fleischwaren aber nur
bis zu 3 kg und nur als Konserven; die
Altersfreigrenze für Lebensmittel liegt
bei 12 Jahren.

Verboten ist die Einfuhr von Eiern,
Kartoffeln, Pflanzen, Waffen, Munition,
Narkotika, Giften und Medikamenten.

Essen und Trinken

Die norwegische Küche

»Man ißt schlecht in Norwegen«, hört
man immer wieder von enttäuschten
Touristen. Der Grund dafür ist allerdings, daß sie sich vom sehr hohen
Preisniveau einschüchtern lassen und
im erstbesten Selbstbedienungsrestau-
rant am Straßenrand einkehren oder
gar in den Cafeterías der Campingplätze, die nun wirklich nicht mehr als
Imbißbuden sind. Man muß wissen,
wohin die Norweger gehen, wenn sie
schlemmen wollen (s. unter »Praktische
Tips von Ort zu Ort«), und wird feststel-
len, daß es im Königreich zwar nicht
gar so viele Restaurants gibt, die erlesene Genüsse bieten, daß diese wenigen aber durchaus so gut sind, daß

man, erlaubt es die Reisekasse, jeden
Tag aufs neue einkehren möchte.

Insbesondere in den Restaurants der
guten Hotels könnte auch ein Lukull
durchaus zu seinem Recht kommen,
denn hier wird das berühmte skandinavische Büffet serviert. Nicht nur der
Gaumen, sondern auch die Augen
sollen es genießen, weshalb die Leckereien oft wie Stilleben garniert sind.
Zum Frühstück (das man zwischen 8
und 10 Uhr einnimmt) gibt es zumeist
eine Auswahl an Brötchen und verschiedenen Brotsorten, Butter, Marga-
rine, Marmeladen, Haferbrei, Corn-
flakes, Müsli, Salate, Käse, Wurst und
Eier, Fischkonserven, kalte Fleischge-
richte, dazu Milch und Kaffee, Tee und
Saft. Auch an das als Büfett servierte
Mittagessen (13–16 Uhr) muß man sich
behutsam und wählerisch herantasten,
denn nicht selten werden dutzende
Spezialitäten aufgetischt: etwa Lachs-
häppchen und geräucherte Forellen,
Hering in allen erdenklichen Zuberei-
tungsformen, Krabben, Brathähnchen
und Roastbeef, Frikadellen, Soßen,
Salate, Gemüse und auch einige warme
Gerichte. Zum abendlichen Büfett muß
der ohnehin schon große Tisch noch
einmal ausgezogen werden, und nachdem man von den Heringsvariationen
gekostet hat, sodann von den Lachs-
Leckereien, von Fisch und Meeresfrüchten schlechthin, wechselt man den Tel-
ler und widmet sich dem kalten Braten
und Aufschnitt, den Pasteten, Sülzen
und Salaten, bevor man sich an die
warmen Gerichte heranmacht und
abschließend das Dessert genießt.

Einzelne dieser Köstlichkeiten
bekommt man auch in den nicht auf
Büfetts spezialisierten Restaurants
serviert, und nur dort findet man in
aller Regel eine Auswahl an norwegischen Spezialitäten auf der Speisekarte.

Diese sind allerdings nicht unbedingt nach des Mitteleuropäers Geschmack, und um *blodpudding* (Blutpudding) und *lungemos* (Lungenhaschee) zu mögen, muß man wohl als Norweger geboren sein. Auch die Nationalspeise *rømmegrøt* (eine sehr fettige Grütze, aus saurer Sahne plus Gries zubereitet, mit Zucker, Zimt und Butter gewürzt) ist gewöhnungsbedürftig, und wer sich an *gammelost*, altem Käse, versucht, läuft Gefahr, seine Geschmacksnerven abzustumpfen.

Wer kein Risiko eingehen will, der wählt Fisch, der in Norwegen, dem Land der Lachse und Forellen, Dorsche und Steinbeißer, Heringe, Makrelen, Flundern, Köhler, Steinbutts ... natürlich stets frisch auf den Tisch kommt. Die bekannteste und teuerste Fischspezialität aus Norwegen ist Räucherlachs, die im Land vielleicht populärste und billigste heißt *fiskebøller* (aus durchgedrehter Fischmasse bestehende Klößchen) sowie *fiskekaker* (Fisch-Frikadellen) und als die ›seltsamsten‹ gelten *rakørret* (gesalzene und angegorene Forelle, die mehrere Monate in einer Salzlake gelegen haben muß) wie auch *lutefisk* (gewässerter und aufgequollener Stockfisch), der den meisten Touristen, die ihn kosten, buchstäblich den Magen verdreht, doch in Norwegen so beliebt ist, daß er als Weihnachtsessen auf die Festtafel kommt: Er präsentiert sich als dicke und schwabbelige weiße Masse, die obendrein ganz mächtig stinkt.

Außerordentlich lecker sind *Fløytemysmost, Geitost* und *Gudbrandsdalsost*, drei Käsesorten (eine aus Kuh-, die andere aus Ziegenmilch, die dritte aus Kuh- und Ziegenmilch), die eigentlich gar keine sind, sondern bloß so heißen. Diese Delikatessen überraschen mit einem Geschmack nach Erdnußbutter und Karamel, kön-

nen an eingetrocknete Kondensmilch erinnern und werden aus jener Molke hergestellt, die bei der Produktion von normalem Käse übrigbleibt. Am Stück präsentiert sich solcher ›Käse‹ als dicker brauner und ziemlich harter Klotz, als Brotbelag ist er wellig und waffeldünn, leicht zähflüssig und neigt dazu, am Gaumen zu kleben. Aber er schmeckt, wird in Norwegen in gigantischen Mengen verzehrt und ist so beliebt, daß er bei ins Ausland reisenden Norwegern einen Teil des Handgepäcks ausmacht.

Hefe-Brot gibt es kaum im Norden, wo traditionell Hafer und Gerste angebaut wurden – Getreidesorten, die sich nicht für die Zubereitung mit Hefe eignen. Angeboten werden *loff* (Weißbrot), *kneipp-brød* (Grauweißbrot) – mit Backpulver aufgetrieben – oder *flatbrød* (papierdünnes, trockenes Fladenbrot) oder *lefser*. Letzteres ist eine süße Fladenspezialität aus Kartoffeln und Mehl, mit Butter und/oder Sahne genossen. Wird der Teig nur aus gekochten und gemahlenen Kartoffeln hergestellt, handelt es sich um *potetlompe*, die man entweder mit Wurst als Imbiß zu sich nimmt oder als Beilage zum Kaffee.

Getränke

Kaffee, meist Kochkaffee, wird in Norwegen in solchen Mengen und dabei so schwarz genossen, daß noch Brasilianer Herzklopfen bekommen. Von einer Teekultur hingegen kann man nicht sprechen, und so bekommt, wer Tee bestellt, ein Glas heißes Wasser mit Teebeutel. Wer Milch, die recht preiswert ist, ordert, hat die Wahl zwischen *H-melk* (Vollmilch), *lettmelk* (Magermilch), *skummetmelk* (Buttermilch) und *Cultura* (Leicht-Buttermilch). Auch für Kaffee, den man sich in den meisten gastronomischen Betrieben aus großen

Thermoskannen selbst einschenkt, zahlt man kaum mehr als zu Hause (die zweite Tasse ist oft umsonst oder wenigstens nur halb so teuer wie die erste), wohingegen Mineralwasser, Säfte (die meistens viel Zucker und Wasser, doch wenig Frucht enthalten) und die üblichen Soft-Drinks nicht gerade günstig sind.

Alkoholfreie Getränke bekommt man in allen Cafés, Bars, Kneipen und Restaurants, Alkoholisches nur in den relativ wenigen Gaststätten, die eine entsprechende Lizenz haben. Wie alle Skandinavier, so haben nämlich auch die Norweger ein etwas gestörtes Verhältnis zum Alkohol. Der Stoff, der das Walhalla der Wikinger erst zum Paradies machte, floß so reichlich durch des Nordmanns Kehle, daß gegen Ende des 19. Jahrhunderts zigtausende Familien vor dem Ruin standen. In der Folge entstanden zahlreiche Absolutistenbewegungen, und heute sind Spirituosen sowie Wein und Bier nur noch zu hohen Preisen und eben nur in den sehr rar gesäten (staatlichen) Alkoholläden *(Vinmonopolet)* erhältlich.

Bier freilich fließt trotz dieser Restriktionen reichlich durch Norwegens Kehlen, und es wird nach dem Reinheitsgebot gebraut. Es gibt solches mit 7 % Alkohol *(gulløl, bokkøl)*, anderes mit 4 % *(pils, bayeral)*, solches mit 2,5 % *(lettøl)* und gänzlich alkoholfreies *(zero)*; an Malzbier erinnert das ebenfalls alkoholfreie *vørterøl*. Wein trinken die Norweger auch, aber von einer entsprechenden Kultur möchte man nicht reden, und daß die nationalen Schnapsprodukte allesamt aus norwegischen Kartoffeln destilliert werden, schmeckt man auch. Eigentlich gibt es nur eine einzige nordische Spirituose, die auch im Ausland einen guten Ruf genießt: Aquavit, insbesondere, wenn

von Linje oder – unvergleichlich viel besser, auch doppelt so teuer – von Gilde gebrannt.

Kulinarisches Lexikon

Allgemeines

Herr Ober	Kelner!
Fräulein	Frøken!
Was wünschen Sie	Hva ønsker de?
Ich möchte gerne …	Jeg ville gjerne ha …
Guten Appetit	Velbekomme!
Prost	Skål!
Noch etwas	Litt mer?
Ja danke, gern	Ja takk, gjerne.
Nein danke, nicht mehr	Nei takk, ikke mer.
Kann ich die Rechnung bekommen	Kann jeg få regningen?
Das ist für Sie	Det er til Dem.
Behalten Sie den Rest	Behold resten.
Frühstück	frokost
Mittagessen	middag
Abendessen	kveldsmat, aftensmat
Café	kaffe
Imbißstube	snackbar, gatekjøkken
Gasthaus	gjestgiveri
Restaurant	restaurant

fisk	**Fisch**
abbor	Barsch
blekksprut	Tintenfisch
blåskjell	Miesmuschel
flyndre	Flunder
hellefisk	Heilbutt
hjerteskjell	Herzmuschel
hvitting	Weißling
hyse	Schellfisch
hummer	Hummer
krabbe	Krabbe
laks	Lachs
makrell	Makrele

pale	Seelachs	grillet kylling	Grillhähnchen
piggvar	Steinbutt	gås	Gans
reker	Garnelen	hare	Hase
rødsprette	Scholle	kalkun	Pute
sei	Seelachs	kylling	Hähnchen
sild	Hering	rapphøne	Rebhuhn
sjøtunge	Seezunge	rein	Ren
skjell	Muschel	rådy	Reh
skrei	Kabeljau		
snegler	Schnecke	**Zubereitung**	
ørret	Forelle	bakt	gebacken
østers	Austern	kokt	gekocht
steinbitt	Steinbeißer	krydret	gewürzt
torsk	Dorsch	ristet	geröstet
ål	Aal	saltet	gesalzen
		stekt	gebraten
grønnsaker	**Gemüse**		
agurk	Gurke	**frukt**	**Obst**
brekkbønner	Brechbohnen	bjørnebær	Brombeere
blomkål	Blumenkohl	blåbær	Blaubeere
bønner	Bohnen	bringebær	Himbeere
erter	Erbse	eple	Apfel
gulrot	Mohrrübe	jordbær	Erdbeere
kål	Kohl	kirsebær	Kirsche
løk	Zwiebel	moltebær	Multebeere
rødkål	Rotkohl	pære	Birne
sopp	Pilz	tyttebær	Preiselbeere
surkål	Sauerkraut		
		Getränke	
kjøtt	**Fleisch**	flaske	Flasche
fåre	Hammel	glass	Glas
kalve	Kalb	kanne	Kanne
lamme	Lamm	kopp	Tasse
okse	Rind	krus	Krug
svine	Schwein	kaffe	Kaffee
bryst	Brust	melk	Milch
guljas	Gulasch	saft	Saft
lår	Keule	te	Tee
postei	Pastete	vann, vatn	Wasser
pølse	Wurst	med/uten sukker	mit/ohne Zucker
stek	Braten	bayer	dunkles Bier
		bitter	Magenbitter
fjærfe/vilt	**Geflügel/Wild**	brennevin	Branntwein
and	Ente	fatøl	Faßbier
dyresteik	Renbraten	hvitvin	Weißwein
elg	Elch	konjakk	Cognac, Weinbrand

likør	Likör
moltebærvin	Multebeerwein
musserende vin	Sekt
pils	Pils (helles Bier)
rom	Rum
rødvin	Rotwein
toddy	Grog
vin	Wein
øl	Bier
sterk	stark
svak	schwach
søt	süß
tørr	herb

Feiertage und Feste

Feiertage sind der 1. Januar, Gründonnerstag sowie Karfreitag und Ostermontag, der 1. Mai, der 17. Mai (Nationalfeiertag), Christi Himmelfahrt sowie Pfingstmontag, schließlich der 25. und 26. Dezember.

FKK

Zwar ist das Nacktbaden nicht verboten, aber Freikörperkultur hat keine Tradition in Norwegen, und nur dort, wo man von Fremden nicht gesehen wird, schickt es sich, unbekleidet ein Bad zu nehmen; oben ohne hingegen ist durchaus üblich.

Fotografie

Alles, was benötigt wird, sollte man von zu Hause mitbringen, denn wer vor Ort nachkaufen muß, hat tief in die Tasche zu greifen: Papierfilme sind etwa 50 % teurer als bei uns (Kodak auch doppelt so teuer), Diafilme gar kosten zwei- bis dreimal soviel. Papierfilme gibt's auch in den Supermärkten zu kaufen, Diafilme meist nur in Fotoläden.

Geld

In Norwegen zahlt man mit Kronen (abgekürzt NOK) und Øre. Das kleinste Geldstück ist 50 Øre, das größte 20 NOK; es gibt 50-, 100-, 200-, 500- und 1000 NOK-Scheine, und 1 NOK entspricht etwa 0,23 DM.

Es ist günstiger, erst in Norwegen zu tauschen, und nur wer voraussichtlich spät nachts oder am Wochenende einreist, sollte sich mit Bargeld eindecken. Möglichst große Beträge tauschen kann sich lohnen, weil – unabhängig von der Summe – sehr hohe Wechselgebühren berechnet werden.

Eurocheques (Höchstbetrag: 1300 NOK) haben sich in Geschäften und Restaurants als Zahlungsmittel nicht durchgesetzt, können aber bei Banken gegen Bargeld getauscht werden.

Reiseschecks in DM werden problemlos zu einem günstigen Kurs umgetauscht (u. a. in allen Postämtern).

Mit **Kreditkarten** hingegen (hauptsächlich Visa, seltener Eurocard) kann man in den meisten Geschäften zahlen, auch an Tankstellen, aber Bargeld erhält man damit nur an bestimmten Banken.

Geldautomaten finden sich mittlerweile in fast jedem Ort, die meisten akzeptieren die gängigen Kreditkarten (meist Visa und Eurocard, seltener American Express) sowie zusehends auch die EC-Karten. Tragen letztere den Zusatz ›Maestro‹, ›Cirrus‹ oder ›edc‹ und hat man außerdem eine PIN-Nummer (Geheimnummer), ist man damit auch in Norwegen so flüssig wie zu Hause – vorausgesetzt, das Konto ist gedeckt und die Karte ist für Verwendung im Ausland kodiert.

Budget: Das billigste Bett schlägt mit mindestens 100 NOK zu Buche, im Durchschnitt aber eher mit 150 NOK; Hütten bekommt man (in spartanischer Version) nicht unter 250 NOK (für 2 Personen), und soll es was Besseres sein, legt man auch 600 NOK pro Nacht (aber für 4 Personen) auf den Tisch. Dienstleistungen müssen teuer bezahlt werden, die meisten Grundnahrungsmittel sind 50–100 % teurer als in heimischen Regionen. Wenn möglich, sollte man in größeren Städten und in größeren Supermärkten einkaufen. Ein einfaches Gericht im Selbstbedienungs-Restaurant ist kaum unter 80 NOK zu bekommen, und wer auf Alkohol nicht verzichten will, sollte ein spezielles Spirituosen-Budget aufstellen: Die Flasche Wein kostet mindestens 70 NOK, 0,2 l Bier gibt es ab 10 NOK in der Leichtversion (2,5 %), und ›harte Sachen‹ verschlingen ab 280 NOK die Flasche. Was ist billig? Billiger als in Deutschland ist eigentlich gar nichts, und auch Fisch, früher stets günstiger, kam 1999 auf knapp 105 NOK das Kilo (Dorsch).

Gesundheitsvorsorge

Auch in Norwegen gilt inzwischen das E 111-Formular der deutschen Krankenkassen. Dennoch wird der Abschluß einer privaten Krankenversicherung weiterhin empfohlen, da die deutschen Kassen kaum je mehr als etwa 50 % der in Norwegen anfallenden Arztkosten übernehmen.

Die Mitnahme umfangreicher Reiseapotheken ist unnötig, da die Apotheken mit Pharmapräparaten gut bestückt sind (für die meisten Medikamente besteht Rezeptpflicht); homöopathische Medikamente sowie Gesundheitstees sind weitgehend unbekannt.

Informationsstellen

Allgemeine Informationen für eine Reise erhält man beim Norwegischen Fremdenverkehrsamt in Hamburg (für den deutschen Sprachraum), bei der Zentrale der Norwegischen Reisevereinigung in Oslo sowie in den regionalen und lokalen Fremdenverkehrsbüros.

Norwegisches Fremdenverkehrsamt
Postfach 76 08 20
D-22058 Hamburg
✆ 01 80/5 00 15 48
Fax 0 40/22 71 08 15
Internet:
http://www.norwegeninfo.com
http://www.tourist.no
http://www.aktiv-urlaub.com
http://www.skandinavien.de/norwegen

Norges Informasjonssenter
Brynjulf Bullsplass 1
N-0250 Oslo
✆ 22 83 00 50
Fax 22 83 81 50
Internet:
http://www.oslopro.no

Karten

Als außerordentlich zuverlässig haben sich die Kümmerly + Frey-Straßenkarten erwiesen, die den Norden Europas in mehreren Blättern vorbildhaft darstellen: Blatt 6 umfaßt ganz Norwegen (1 : 1 000 000), Blatt 1 (1 : 325 000) bildet den Süden ab (südlich einer gedachten Linie von Oslo nach Bergen), Blatt 2 (1 : 325 000) das Fjordland, das Zentralgebirge (Jotunheimen) sowie Ost-Norwegen, Blatt 3 (1 : 325 000) die Regionen Møre og Romsdal und Trøndelag, Blatt 4 (1 : 400 000) Nordland und West-Troms, Blatt 5 (1 : 400 000) schließlich Troms sowie die Finnmark. Eine sehr detaillierte Darstellung des Landes bietet die Statens Kartverk-Originalkarte ›Veiatlas Norge‹ (1 : 300 000) auf 230 Seiten inkl. 50 detaillierter Stadtpläne. Daraus ausgekoppelt sind 5 Kartenblätter (gleicher Maßstab), zuständig für den anstehenden Bereich ist die ›Veikart Sør-Norge‹, ›Veikart-Midt-Norge‹, ›Veikart Nordland‹, ›Veikart Troms og Finnmark‹ und die ›Veikart Norge‹.

Auf der Grundlage topographischer Karten hat das norwegische Landesvermessungsamt spezielle Wander- und Skikarten im Maßstab 1 : 25 000 bis 1 : 100 000 herausgegeben, die alle relevanten Reviere zwischen Süd-Norwegen und dem Trøndelag abdecken.

Die topographischen Karten des Landesvermessungsamtes (Maßstab 1 : 50 000) decken das gesamte Land ab und sind insbesondere für Wanderer und Kanuten empfehlenswert.

Alle Karten sind zu beziehen über:

NORDIS Buch- und Landkartenhandel
Postfach 10 03 43, D-40767 Monheim, ✆ 0 21 73/95 37 12
Fax 5 42 78
E-Mail: NORDISBULK@aol.com
Internet: www.nordis.com/buch

Kinder

Schon im Alter von $1^1/_2$ Jahren genossen es unsere Kinder sichtlich, Wasser aus jedem Bach trinken zu können, mit zum Fischfang rauszurudern, ins Hochgebirge (in der Trage sitzend) zu wandern, auf autofreien Straßen Fahrrad zu fahren oder auch mal im Schwimmring hängend baden zu gehen. Andere Kinder fanden sie reichlich, die Norweger

sind äußerst kinderfreundlich, in jedem Restaurant gibt's Wickelräume und Kinderstühle, und Spielplätze finden sich häufiger als in heimischen Breiten.

Kleidung

Norwegen ist zwar wesentlich durchwärmter als andere Länder auf gleicher geographischer Breite (z. B. Grönland und Alaska), aber einen warmen Pulli sollte man auch sommers stets im Gepäck haben. Regenzeug sowieso, aber ruhig auch Badesachen. Gesellschaftskleidung hingegen ist so gut wie nie und nirgends erforderlich, man würde damit nur aus dem Rahmen fallen.

Lesetips

Folgende Bücher norwegischer Autoren bieten sich – neben den bekannten Klassikern von Knut Hamsun und Henrik Ibsen – für eine Einstimmung an. Sie sind über den Buchhandel und u. a. über NORDIS zu beziehen.

Askildsen, Kjell: Eine weite, leere Landschaft. Mönkeberg, 1992. Faszinierend tiefgründige Erzählungen, lakonisch, ironisch, witzig aus der Sicht eines alten Mannes geschrieben, der seine Umwelt und sein eigenes Alter demaskiert.

Brandt, Ruth: Freundesland. Hamburg, 1992. Die fesselnde Geschichte einer Frau, die gegen die NS-Besatzung in Norwegen Widerstand leistete, nach Schweden flüchtete und als Journalistin im Exil Willy Brandt kennenlernte.

Christensen, Lars Saaby: Yesterday. München, 1991. Roman über die Aufbruchstimmung der Jugend in Oslo zwischen 1965 und 1972.

Ferguson, Robert: Knut Hamsun, Leben gegen den Strom. München, 1992. Bislang die ausführlichste Biographie über Knut Hamsun.

Gaarder, Jostein: Sofies Welt, München, 1998. Teils melancholisch, teils phantasievoll nähert sich dieser z. Zt. international berühmteste norwegische Schriftsteller den Wundern des Denkens. Für ›Sofies Welt‹ – eine unerhört spannende Geschichte der Philosophie – erhielt er u. a. den Deutschen Jugend-Literaturpreis.

Gaup, Ailo: Der Noaide oder das verlorene Wissen. München, 1991. Kann ein Volk überleben, das seiner Mythen, seines magischen Wissens beraubt wurde? Ein Journalist und seine Frau gehen dieser Frage im Samenland nach.

Gulbranssen, Trygve: Und ewig singen die Wälder/Das Erbe von Bjørndal. München, 1987. Diese beiden Romane zählen trotz ihres ›Heimatschnulzen‹-Image zu den stärksten Dichtungen Skandinaviens und erzählen vom Leben dreier Generationen eines norwegischen Bauerngeschlechts.

Hansen, Thorkild: Jens Munk. Rostock, o. J. Der Autor setzt dem kühnen Seefahrer Jens Munk (1579 in Norwegen geboren), der versuchte, die Nordwest-Passage nach China zu finden, ein literarisches Denkmal.

Haugen, Paal-Helge/Groth, Jan: Das überwinterte Licht. Münster, 1988. Dieser Gedichtband erschließt die Welt der modernen norwegischen Lyrik.

Hoel, Sigurd: Ein Oktobertag in Oslo. Rostock, 1990. Ein psychologischer Roman über das Schicksal einer Frau im Oslo der 30er Jahre.

Undset, Sigrid: Kristin Lavranstochter. Freiburg, 1995. Für diesen Roman, der im Norwegen des 14. Jh. spielt und die Lebensgeschichte der Heldin Kristin Lavranstochter erzählt, erhielt Sigrid Undset 1928 den Nobelpreis für Literatur.

Wassmo, Herbjørg: Das Buch Dina. München, 1992. Ein historischer Roman, der über die Geschichte einer ungewöhnlichen Frau das Norwegen des 19. Jahrhunderts schildert.

Mücken & Co.

Der ›Lapplandfluch‹ fliegt zwischen Juni und August auch über Norwegen, und insbesondere in Nord-Norwegen (Schwerpunkt Binnen-Finnmark), in den Wäldern Ost-Norwegens sowie auf der Hardangervidda und dem Dovrefjell ballen sich die (weiblichen) Kleinlebewesen oft auf allen unbedeckten Körperteilen, um die Blutquelle anzuzapfen, die sie zur Sicherung der Fortpflanzung brauchen.

Auch die Kriebelmücke ist auf unseren Lebenssaft angewiesen, und wer Opfer dieses winzigkleinen, oft kaum sichtbaren Insektes wird, hat für viele Tage eine arg juckende Erinnerung, zumal die Tierchen selten Einzelgänger sind und zumeist in wahren ›Wolken‹ kommen. Ebenso hält es hier die Fliege, während einem die Bremse höchstens im Dutzend auflauert …

Den besten Schutz bietet die Kleidung, die möglichst nicht zu eng anliegen sollte. Nicht bedeckte Stellen kann man mit Chemie einreiben, etwa mit ›Autan‹, ›Bonomol‹, ›US 622‹ oder – am besten, weil am wirksamsten – mit dem Produkt ›Djungelolja‹. Viel Vitamin B1 soll auch helfen, aber die Mengen, die man zur Vorbeugung schlucken muß, sind von gesundheitsschädigender Höhe. Draußen hilft ein Feuer, auf das man grüne Äste und Gras legt, die Plagegeister zu vertreiben; in geschlossenen Räumen kann man (schrecklich stinkende) Räucherspiralen benutzen, und Autos, Wohnmobile, Caravans macht man am besten mit Moskitonetzen und Fliegengittern mückensicher.

Wer gestochen wurde, kann dem Juckreiz mit Soventol-Salbe beikommen, gewöhnlicher Salmiakgeist leistet aber die gleichen Dienste.

Museumsbahnen

Eisenbahnfans können sich in Norwegen im Paradies wähnen, denn nicht weniger als sechs Museumsbahnen laden während der Sommersaison zu Reisen in die Vergangenheit ein.

Die 1896 eröffnete **Tertitt-Bahn** fährt auf nur 750 mm breiter Spur und bimmelt sonntags (ab dem 2. Sonntag im Juni bis zum 2. Sonntag im September) mit ihren Personenwägelchen unter enormer Rauchentwicklung auf der 3,9 km langen Strecke von Sørumsand nach Fossum und zurück (stdl. zwischen 11 und 15 Uhr). Sørumsand liegt 14 km abseits der E 6 nördlich von Oslo (Abfahrt in Gran bei km 25 auf die R 171). Informationen: Hølandbahn, Postboks 59, 1920 Sørumsand, ✆ 63 82 69 70.

26 km sind es gar, die man auf den Gleisen der 1872 eröffneten **Krøderbahn** zurücklegen kann, die auf der Strecke Krøderen – Vikersund sonntags (jeweils fünfmal tgl.) im Juli und August ver-

kehrt. Jeweils abwechselnd sind eine Dampflok und ein historischer Motortriebwagen im Einsatz, auch Draisinen werden verliehen. Auskunft: Touristenbüro Noresund (3536 Noresund, ✆ 32 14 96 11). Der Ausgangspunkt Krøderen liegt an der R 280, die von der R 11 aus (Route 1, 2 und 3) via R 35 schnell erreicht ist.

Norwegens älteste Museumsbahn, die **Setesdalbahn** (Spurweite 1067 mm) besticht mit wunderschön restaurierten Waggons, einer über 100 Jahre alten Dampflok und einer abwechslungsreichen, rund 5 km langen Strecke zwischen Grovane und Beihølen. Grovane liegt nördlich von Kristiansand (s. S. 75f.) an der R 405 (Abzweig von der R 39) und ist von Kristiansand aus auch per Anschlußzug zu erreichen. Gefahren wird an allen Sonntagen zwischen Mitte Juni und Anfang September, Informationen erteilt das Touristenbüro von Kristiansand (s. S. 286).

Die alte **Vossbahn**, 1883 eröffnet, wurde 1964 stillgelegt, erst 1993 zur Museumsbahn erklärt und verkehrt, direkt vor der Haustür Bergens, auf dem 19 km langen Abschnitt Garnes – Midttun. Gezogen wird sie von einer Dampflok (Baujahr 1913), auch die Waggons stammen aus alter Zeit, und als besonderes Bonbon werden verkehrshistorische Rundreisen von und nach Bergen angeboten: Die Anreise zum Bahnhof erfolgt dann mit einem Fjorddampfer (Baujahr 1932) und die Rückreise mit historischen Bussen (1937–54). Informationen erteilt das Touristenbüro von Bergen (s. S. 269).

Die älteste noch betriebsfähige Wechselstromlokomotive der Welt (Baujahr 1908) bedient (neben ›modernen‹ Loks) die 19 km lange Strecke Løkken – Fannrem der 1908 eröffneten **Thamshavn-Bahn**. Ihre Spurbreite beträgt 1 m, die Fahrzeit rund 1 Std., gefahren wird jeweils sonntags (Mitte Juni bis Mitte Aug.), im Juli auch an Dienstagen sowie mittwochs. Auskunft: Touristenbüro Løkken (✆ 72 49 90 95). Løkken selbst erreicht man am einfachsten über die R 700, die in Berkåg, 85 km südlich von Trondheim, von der E 6 abzweigt.

Seit 1995 ist Norwegen um zwei einzigartige Attraktionen, die **Rjukanbahn** und die **Tinnosbahn**, reicher. Erstere verkehrt auf dem rund 20 km langen Abschnitt von Rjukan (s. Route 2) nach Mæl am Tinnsjøen, die Tinnosbahn verbindet Tinnoset (am gegenüberliegenden Seeufer) mit dem 25 km entfernten Notodden (die Strecke kann man auch mit einer Draisine befahren), und wenn die alte Eisenbahnfähre über den Tinn-See wieder in Betrieb genommen wird, kann man von Rjukan bis Notodden durchfahren. Informationen: Touristenbüro Rjukan (s. S. 303) und Notodden (3671 Notodden, ✆ 35 01 35 20) sowie über ✆ 35 01 29 30 und 35 09 51 53.

Notfälle

Feuerwehr	1 10
Polizei	1 12
Krankenwagen	1 13

Nummernbedienung

In Norwegen ist es vielerorts üblich, beim Betreten eines Postamtes, einer Bank, diverser Behörden und Geschäfte ohne Selbstbedienung einen Nummernzettel aus dem Automaten zu ziehen und dann solange zu warten, bis die gezogene Nummer auf einer Anzeigetafel erscheint. Wer glaubt, dieses System umgehen zu können, indem er sich einfach an einem Schalter an- und sodann dumm stellt, muß Lehrgeld zahlen, wird nämlich, wenn er ›an der Reihe ist‹, zurückgeschickt, um eine Nummer zu ziehen.

Öffnungszeiten

Geschäfte: 9–16/17 Uhr (Supermärkte meist bis 18/19 Uhr), Do bis 19/20 Uhr, Sa bis 13 Uhr, So geschlossen.
Banken: Mo–Mi und Fr 8.15–15.30 Uhr, Do bis 17 Uhr.
Post: Mo–Fr 8/8.30–16/17 Uhr, Sa 8–13 Uhr.
Alkoholläden: Mo–Mi 10–16 Uhr, Do bis 17 Uhr, Fr 10–16 Uhr, Sa 9–13 Uhr.

Polarlicht

Den Völkern des Nordens war es stets ein Mirakel, denen des Südens (wo es nur sehr selten zu sehen ist; einmal konnte es allerdings von Singapur aus beobachtet werden) hingegen ein Menetekel. Die Wissenschaftler sehen es nüchterner und sprechen von »freien, elektrisch geladenen Elektronen«, die Bestandteile des Sonnenwindes sind, den das Gestirn ständig aussendet. Diese Elektronen nun dringen dort in die Erdatmosphäre ein (mit 900 m/s), wo das Magnetfeld am schwächsten ist – an den Polkappen. Beim Aufprall auf die Sauerstoff- und Stickstoffatome der Luft werden die Elektronen abgebremst und geben einen Teil ihrer Energie an die Atome weiter, und zwar an die Neutronen. Diese Neutronen nun werden durch die Energietransfusion in neue Quantenbahnen geworfen, und beim Versuch, ihre alten Bahnen wieder zu erreichen, müssen sie die aufgenommenen Lichtquanten wieder abgeben. Dies geschieht üblicherweise in der Ionosphäre zwischen 120 und 130 km Höhe, und die Farben des Lichts korrelieren mit der Höhe. Zu sehen ist das Polarlicht – es wird auch als Nordlicht bezeichnet – nicht nur nördlich des Polarkreises, sondern oft auch bis hinunter nach Mittel-Norwegen, und zwar von ungefähr Ende August bis Ende März.

Post

Für Briefe (bis 20 g) sowie Postkarten bezahlt man 6 NOK Portokosten bei A-Post (Luftpost; Beförderungszeit nach Mitteleuropa ca. 2–4 Tage) bzw. 4 NOK bei B-Post (Landweg; Beförderungszeit ca. 5–7 Tage).

Radio

Deutsche UKW-Sendungen kann man nicht empfangen, um auf Langwelle etwas hören zu können, benötigt man eine lange Antenne (ca. 2 m). Was bleibt, ist die Kurzwelle, auf der folgende Sender zu hören sind:
Deutsche Welle: 6074 kHz, 49,0 m und 31,0 m; wer wissen will, was wann läuft, kann ein kostenloses Programmheft abrufen: Deutsche Welle, Raderberggürtel 50, D-50968 Köln, ✆ 02 21/38 90.
Deutschlandfunk: 6090 kHz, 49,0 m
Radio Bremen: 6190 kHz, 48,5 m
Südwestfunk: 6030 kHz, 49,8 m

Rauchen

Auch Norwegen hat drastische Maßnahmen ergriffen, um die Rechte der Nichtraucher in der Öffentlichkeit zu sichern. Cafés, Restaurants etc. haben separate Räume für Nichtraucher eingerichtet, in öffentlichen Transportmitteln sowie öffentlichen Gebäuden (Rathaus, Post etc.) ist Rauchen verboten.

Reisen in Norwegen

... mit dem eigenen Fahrzeug

Straßenzustand: Alle Hauptstraßen und auch die meisten Nebenstraßen sind asphaltiert, und selbst die wenigen nicht asphaltierten Straßen sind – weil mit einem asphaltähnlichen Ölkiesbelag bedeckt – gut und zügig zu befahren.
Verkehrsbestimmungen: Die **Geschwindigkeitsbegrenzungen** liegen bei 50 km/h innerhalb geschlossener Ortschaften, 80 km/h außerhalb bzw. 60 km/h für (gebremste) Gespanne. Norweger halten sich meist peinlich genau an diese Regeln, denn zum einen ist es mitunter wirklich lebensgefährlich (für sich und andere), sie zu mißachten, und andererseits sind mehr polizeiliche Radarwagen unterwegs, als man glauben möchte. Eine Überschreitung der erlaubten Höchstgeschwindigkeit kann teuer zu stehen kommen: 400 NOK beträgt die Strafe für 5 km/h, die man zu schnell fährt.

Natürlich besteht **Anschnallpflicht**, und wer ›gurtlos‹ erwischt wird, wird mit drastischen Strafen rechnen müssen.

Alkohol am Steuer sollte man sich verkneifen, denn obschon die Strafgrenze bei 0,5 Promille liegt, kann man auch schon bei weniger seinen Führerschein (auf mindestens 1 Jahr) verlieren und obendrein auch ins Gefängnis wandern (auch als Tourist!).

Mit einer Buße von 400 NOK wird bestraft, wer mißachtet, daß grundsätzlich, auch tagsüber, mit **Abblendlicht** gefahren werden muß.

Falschparken wird mit rund 300 NOK geahndet, und wer im Halteverbot parkt, darf auch mit dem Doppelten oder mehr rechnen.

Tanken: Bleifreies Benzin gibt es an jeder Tankstelle. Das Tankstellennetz aber kann – je nach Landschaft – dünn bis äußerst dünn sein, und nach 22 Uhr sind oft nur noch Geld- oder Kreditkarten-Automaten in Betrieb (meist nicht für Diesel).

Die Mitnahme eines Reservekanisters ist somit stets und überall zu empfehlen. Ebenso das Horten von (nicht geknickten) Geldnoten (am besten 100er) für die Automaten.

Die Treibstoffpreise sind völlig instabil. In jedem Fall sind sie für Benzin und Super, ob verbleit oder bleifrei, in der Regel höher als in Deutschland (ab 9 NOK/l), auch Diesel ist heutzutage äußerst teuer (um 7,80 NOK/l).

Maße: Die auf norwegischen Straßen genehmigte Wagenbreite beträgt 2,50 m, und – wichtig! – die Höchstbreite von Campingwagen darf 2,30 m nicht überschreiten. Die maximal erlaubte Gesamtlänge von Wagen und Campingwagen beträgt 18,50 m, und auf zahlreichen norwegischen Gebirgsstraßen ist das Fahren mit Wohnwagengespannen und Bussen verboten! Welche Straßen davon betroffen sind, kann man einer Karte entnehmen, die vom Norwegischen Fremdenverkehrsamt (s. S. 325) herausgegeben wird.

Hochgebirgsstraßen: Manche Hochgebirgsstraßen sind im Winter (teils schon ab September) und Frühling (teils bis in den Juni hinein) gesperrt. Auskünfte darüber kann man beim Norwegischen Fremdenverkehrsamt erhalten

sowie – in der Saison – bei der Vegmeldingssentrale in Oslo (✆ 22 65 40 40).

Winter: Zwischen dem 1. 11. und 30. 4. darf man in Norwegen mit Spikes fahren (im Norden ab September), und wer keine hat, muß zumindest auf Winterprofil umrüsten und unbedingt zusätzlich mit Schneeketten ausgerüstet sein, denn die Straßen werden zwar geräumt, aber Splitt wird nicht immer gestreut und Salz nur in wenigen Regionen im Süden. Spikes-Verleihstellen gibt es an verschiedenen Fährhäfen in Dänemark sowie in Norwegen, Informationen darüber geben die Geschäftsstellen des ADAC etc. sowie auch das Norwegische Fremdenverkehrsamt.

Autopannen, die nicht selbst behoben werden können, plündern leicht die Reisekasse, denn unter umgerechnet rund 100 DM/Std. ist kein Mechaniker bereit, den Finger zu krümmen.

Nottelefone der Automobilclubs finden sich lediglich auf den Europastraßen sowie einigen stark frequentierten Reichsstraßen. Zusätzlich befahren aber die Straßenwacht-Fahrzeuge des norwegischen Automobilclubs (NAF) zwischen dem 20. 6. und 30. 8. die wichtigsten Straßen – insbesondere die Paßstraßen. Die reine Pannenhilfe ist, wie international üblich, für Mitglieder u. a. des ADAC kostenlos.

Die NAF-Notrufzentrale ist 24 Std. zu erreichen unter ✆ 81 00 05 05.

... mit dem Mietwagen

Auch Wohnwagen und Wohnmobile stehen in Norwegen zum Verleih (Adressen über das Fremdenverkehrsamt; s. S. 325), aber die Preise liegen bei 1500–2000 DM pro Woche.

Normale PKWs (ab ca. 100 DM/Tag bei Wochenmiete, sonst ab ca. 120 DM) sind in fast jeder größeren Stadt

(Adressen im örtlichen Telefonbuch unter dem Stichwort ›Bilutleie‹) und auf praktisch allen Flughäfen erhältlich und können bereits von der Bundesrepublik, der Schweiz und Österreich aus gebucht werden. Viele Vermieter geben ihre Fahrzeuge nur an Personen über 25 Jahren ab. Der nationale Führerschein ist ausreichend.

... mit öffentlichen Verkehrsmitteln

Wer sie nutzen will, sollte das Norwegische Fremdenverkehrsamt (s. S. 325) kontaktieren und die Broschüre ›Verkehrsverbindungen für Touristen‹ abrufen, in der alle wesentlichen Informationen über Bus- und Bahnfahren sowie Fliegen gegeben werden.
Eisenbahn: In Sachen Komfort ist die NSB führend in Europa. Die Preise für Fahrkarten sind moderat, und obendrein werden zahlreiche Spartarife angeboten.

Wer voraussichtlich viel Bahnfahren und auch mit der Bahn anreisen will, wird mit dem **Scan Rail Pass** (s. S. 316) am günstigsten reisen. Interessant ist das Rabattsystem **Minipris:** Es gilt an allen ›grünen Tagen‹ (meist Mo–Do), das Ticket muß mindestens einen Tag vor Reiseantritt gekauft werden und gewährt rund 50 % Ermäßigung. Der maximale Preis beträgt 570 NOK, und Kinder (bis 12 Jahren) in Begleitung Erwachsener fahren gar kostenlos. Senioren ab 67 Jahren erhalten 50 % Ermäßigung, Rentner ab 60 Jahren erhalten mit einer **Rail-Europ-S-Karte** 30 %, ansonsten gibt es noch spezielle Gruppentarife.
Flugverkehr: In Relation zur Einwohnerzahl ist das norwegische Flugnetz außerordentlich dicht, insgesamt werden über 50 Destinationen täglich angeflogen. Die größten Fluggesellschaften sind SAS (Scandinavian Airlines; auch internationale Flüge) sowie Braathens und Widerøe; die Preise sind für europäische Verhältnisse außerordentlich günstig, obendrein gibt es zahlreiche Spartarife (bis über 50 % Rabatt), die besonders für Familien große Vorteile bieten. Wer flexibel ist, hat gute Chancen als Stand-by-Passagier (Last Minute-Ticketkauf am Airport) zu extrem günstigen Preisen transportiert zu werden.

Mit dem **Visit Scandinavia Air Pass** von SAS (s. S. 317) kann man Norwegen wie auch das übrige Skandinavien zu äußerst günstigen Preisen bereisen.

Braathens bietet entsprechend den **Visit Norway Pass** an, der einen Monat lang zwischen 13 Städten, nicht jedoch von und nach Spitzbergen, gültig ist. Die Preise richten sich danach, ob man innerhalb Norwegens eine Kurz- oder eine Langstrecke fliegt. Als Langstrecke gilt jeder Flug, der über Trondheim hinaus geht; südlich oder nördlich von Trondheim gibt es nur Kurzstrecken. Eine Kurzstrecke kostet 85 US$, eine lange 170 US$, Kinder (zwischen 2 und 16 Jahren) erhalten 50 % Rabatt. Informationen und Buchung über:
Braathens, Postboks 55, N-1330 Fornebu, ✆ 67 59 70 00, Fax 67 58 62 61, Internet: http://www.braathens.no.

Auch **Widerøe** (Postboks 131, N-1324 Lysaker, ✆ 81 00 12 00, Fax 67 11 61 95, Internet: http://www.wideroe.no), der größte Anbieter für Inlandflüge in Norwegen, hat spezielle Sommerangebote: etwa den **Sommerpaß** (Einzelflüge ab 105 DM) und das **Norwegen Entdecker Ticket,** mit dem man 14 Tage lang auf allen Strecken fliegen kann. Für ganz Norwegen kostet es 3000 NOK

(Verlängerungswoche 900 NOK), gilt es nur bis zur Höhe von Trondheim, sind 1700 NOK zu bezahlen, bis Tromsø 2600 NOK.

Bus: Mit dem weitverzweigten norwegischen Expreß-Busnetz (NOR-WAY Bussekspress) kann man praktisch alle Städte in Norwegen erreichen. Die kleineren Ortschaften, die von diesen überaus komfortablen Luxusbussen nicht angefahren werden, sind durch lokale Buslinien miteinander verbunden. Im Sommer werden obendrein zahlreiche zusätzliche Linien eingerichtet. In der Broschüre ›Verkehrsverbindungen für Touristen‹ sind sie ebenso aufgelistet wie die Spezialtarife, die eine Ersparnis von bis zu 50 % ermöglichen. Kinder unter 4 Jahren übrigens fahren kostenlos Bus in Norwegen, und wer unter 16 Jahren ist, braucht nur die Hälfte des offiziellen Tarifes zu zahlen. Wer voraussichtlich viel mit dem Bus fahren wird, sollte sich evtl. einen **NOR-WAY Buss Pass** zulegen: Er gilt für unbegrenztes Reisen an 7 Tagen (1375 NOK) oder 14 Tagen (2200 NOK).

In Städten und deren Umgebung ist es verboten, Fahrräder im Bus zu transportieren, aber in ländlichen Gebieten haben die Busse meist eine spezielle Vorrichtung. Der Preis fürs Rad entspricht in etwa dem Entgeld für eine Kinderfahrkarte. Ausführliche Informationen über:
NOR-WAY Bussekspress, Karl-Johansgt. 2, N-0154 Oslo, ✆ 23 00 24 40 und 81 54 44 44, Fax 23 00 24 49.
Fähren: Ohne die rund 240 Fährschiffe, die auf 156 ›Wasserstraßen‹ verkehren, würde rein gar nichts laufen im ›Land der tausend Fjorde‹. Neben den üblichen, relativ preisgünstigen Autofähren werden auf zahlreichen Strecken außerdem auch Schnellboote (nur Personen- und Fahrradtransport) eingesetzt.

Nicht zu vergessen natürlich die Schiffe der **Hurtigrute** (s. S. 258ff.), die auf ihrem täglichen Weg von Bergen nach Kirkenes und retour rund drei Dutzend Häfen anlaufen. So man sich mit einem Decks-/Sitzplatz zufrieden gibt, ist die Passage gar nicht mal teuer (vergleichbar mit Busfahren), zudem braucht man keine vorherige Buchung/Reservierung vorzunehmen (was sonst schon mehrere Monate vor Reiseantritt erforderlich ist). Die Tickets bekommt man direkt an Bord, auch Fahrräder werden kostengünstig transportiert.

Wer auf eine Kabine und volle Verpflegung nicht verzichten mag, muß in der Nebensaison für die Gesamtstrecke Bergen–Kirkenes–Bergen inkl. der Mahlzeiten in einer Mittelklasse-Kabine (›I 2‹ oder ›A 2‹) 9500 NOK bezahlen bzw. 13 500 NOK in der Hochsaison. Bucht man lediglich ein Kabinenarrangement, kommt man freilich wesentlich günstiger weg, denn so opulent und geschmackvoll die Mahlzeiten sind, so teuer sind sie auch. Als Alternative für preisbewußte Reisende empfehlen sich die Angebote der Cafeteria.

Über die zahlreichen Rabatte informieren die Buchungsstellen:
Norwegische Schiffahrtsagentur (NSA), Kleine Johannisstr. 10, D-20457 Hamburg, ✆ 0 40/37 69 30, Fax 36 41 77.
OVDS, Postboks 375, N-8451 Stokmarknes, ✆ 76 96 76 00, Fax 76 11 82 01.
Reisebüro Glur, Spalenring 111, CH-4009 Basel, ✆ 0 61/2 05 94 94, Fax 2 05 94 95.

Reisezeit

Wie es heißt, kommen und gehen die Touristen mit den Mücken, und in der

Tat sind vor Mitte/Ende Juni und nach Ende August nur relativ wenige Reisende unterwegs, obwohl sich das Land gerade in der Nebensaison besonders reizvoll präsentiert. Im **Frühsommer** etwa, der von Mitte Mai bis Mitte Juni herrscht, erblühen im Fjordgebiet und in den Tälern von Süd- und Ost-Norwegen die Blumen und Bäume, insbesondere die Kirschen in der Telemark, die Äpfel am Hardangerfjord, während die Berge noch weitgehend ein Schneekleid tragen. Die Tage sind schon lang, und es regnet wenig, statistisch betrachtet viel seltener als etwa im Juli und August.

Es wird schon warm genug, daß man ohne zu frieren den Anblick des Bergwinters genießen kann, aber wenn's unbedingt ein Bad im Meer ist, was reizt, so sollte man, wie der Kulturreisende (die Museen öffnen oft erst Mitte Juni), der Bergwanderer und der vorwiegend nordwärts (gen Trøndelag, Nord-Norwegen) orientierte Besucher auch, lieber dem **Hochsommer** den Vorzug geben. Dann allerdings, vorwiegend im Juli, trifft das Gros aller Urlauber ein, und auf vielen Straßen fährt man dann im Konvoi dahin. Die Unterkünfte sind jetzt oft komplett belegt, auf den Campingplätzen sind die Nachbarn näher als vielleicht erwünscht, vor den Fährstationen bilden sich nicht selten lange Warteschlangen, und die berühmtesten Sehenswürdigkeiten des Landes kann man meist nur in ›Prozession‹ besuchen. In vielen Landesteilen kommen dann auf einen Norweger nicht selten zehn Ausländer, auf dem Nordkap-Parkplatz geht es wie auf einer Wohnmobil-Ausstellung zu.

Ab Mitte August, dem Beginn des **Spätsommers**, ist der Rummel vorbei, auch wenn der sommerlichen Wetterlage noch mindestens zwei (Nord-Nor-

wegen) bis vier Wochen verbleiben. Kaum ein Gang abseits der Straße, von dem man jetzt nicht etwas Schmackhaftes aus dem großen Wildgarten der norwegischen Natur mitbringen könnte, und wer Pilze, Blaubeeren, Rausch- und Krähenbeeren mag, der kann sich in Norwegen bis weit in den September hinein, wenn auch die letzten Preiselbeeren reif sind, im Paradies wähnen.

Anfang September dann, die Touristen sind größtenteils wieder abgereist, streift das Land sein farbenfrohes **Herbst**-Kleid über, und wer je das flammende Feuermeer des ›Indian Summer‹ erlebt hat, der wird immer wieder kommen. Insbesondere in Nord-Norwegen, Schwerpunkt Finnmark, bewegt man sich dann wie in einem Farbtraum, und weil es nachts, wenn nicht selten schon das Polarlicht über den Himmel zieht, bereits empfindlich kalt wird, kann man sich morgens oft am Gegenspiel rot glühender Bäume und von Rauhreifschichten überzogener Berge erfreuen. Die Wetterlage ist oft ziemlich stabil, aber in den Bergen fällt spätestens Mitte September der erste Schnee, der die Hochpaßstraßen unter sich begräbt. In den geschützten Landesteilen aber, etwa am Oslofjord, kann man mittags durchaus noch ein warmes Sonnenbad genießen, vielleicht sogar noch einmal einen Sprung ins Salz- oder Süßwasser riskieren.

Gegen Ende September, dem Beginn des **Spätherbst**, wird der Himmel von Tag zu Tag wetterwendischer. Sturm und Regen wechseln sich mit mehr oder weniger kurzen Sonnenperioden ständig ab, und im Oktober gerät das Land zunehmend in den Einflußbereich atlantischer Tiefausläufer, die bald mit solcher Häufigkeit kommen, daß oft den ganzen Monat lang keine Sonne gesehen werden kann. Der Wind frischt auf, bläst aus meist westlicher und südwestlicher Richtung, und mit Sturm bis Orkanstärke und sintflutartigen Regenfällen dämmert das Land in den schneereichen **Winter** hinüber, der in den Bergen sowie im Norden des Landes bis in den Mai währt, in den Tälern bis Anfang April. Von Mitte Februar bis Ende März (wenn die Tage schon wieder rund zwölf Stunden lang sind) herrscht Wintersport-Saison, doch die Schneeferien (Ende Februar bis Anfang März) sowie die Ostertage sollte man meiden: Die Preise für alles sind dann bis zu 50 % höher als üblich, und es kann mitunter ein Problem sein, überhaupt freie Unterkünfte zu finden.

Sport

Wer weitergehende Informationen zu Urlaubsaktivitäten sucht, findet im Reiseteil dieses Buches zahlreiche Hinweise. Sehr detaillierte Angaben ansonsten in der über 60 Seiten starken Broschüre ›Aktiv Urlaub‹, die kostenlos über das Norwegische Fremdenverkehrsamt (s.S. 325) zu beziehen ist.

Angeln

Ausführliche Informationen und Gebietsbeschreibungen findet man in dem Buch ›Angeln in Norwegen‹, herausgegeben von Johan Berge und zu bestellen über das Norwegische Fremdenverkehrsamt in Hamburg. Ebenfalls sehr informativ das unter gleichem Titel erschienene und von Carl-Werner Schmidt-Luchs verfaßte Sonderheft des Blinker-Magazins, das über NORDIS (s. S. 326) erhältlich ist.

Süßwasserangeln: Fürs Süßwasserangeln muß man erst einmal eine staat-

liche Angellizenz erwerben (in jedem Postamt) und zu diesem Zweck eine *fiskeravgift* von 180 NOK pro Jahr entrichten. In Gebieten, in denen Angeln nur zeitlich oder örtlich erlaubt ist, sind zusätzlich weitere 90 NOK zu zahlen. Außerdem benötigt man eine Angelerlaubniskarte, die *fiskekort*, die in der Regel über die lokalen Fremdenverkehrsämter, Sportgeschäfte, Campingplätze, Hotels etc. zu beziehen ist und für das Angeln in einem bestimmten Gebiet Gültigkeit besitzt.

In den über 200 000 Binnenseen, Flüssen und Bächen Norwegens tummeln sich insgesamt 42 verschiedene Fischarten. Der begehrteste Fisch ist der Lachs (die offizielle Fangzeit beginnt am 1. Juni, es gibt aber zahlreiche Abweichungen in den einzelnen Revieren), und von den rund 400 Lachsflüssen des Landes gelten die nachfolgenden als die besten: Tana-, Alta- und Neideelv in der Finnmark, Målselv und Reisaelv in Troms, Ranaelv in Nordland, Namsen und Verdalselv in Nord-Trøndelag, Gaula, Orkla und Størdalselv in Sør-Trøndelag, Surna und Suldalslågen im Vestland, Drammenelv und Numedalslågen im Østland.

Die ergiebigsten Forellenreviere befinden sich im Landesinneren, beste Fangzeit ist nach der Schneeschmelze. Als Faustregel für Süd-Norwegen sowie die Waldgebiete von Ost-Norwegen gilt, daß man die besten Fänge vor Juni macht, während in Nord-Norwegen Juli und August günstiger sind.

Für die Äsche – die im Süden hauptsächlich in Flüssen, im Norden hingegen in Seen zu finden ist – gilt der Sommer als die beste Fangzeit, wohingegen der Hecht vorzugsweise Ende Mai geangelt wird; empfehlenswert sind die großen Flüsse des Südens (u. a. Glomma, Numedalslågen) sowie Buchten und flachere Stellen der großen Seen Tyrifjord, Mjøsa, Femund, Randsfjord. Barsche gibt es vor allem in Øst- und Sørland, die beliebtesten Reviere sind die Seen Mjøsa, Randsfjord und Tyrifjord, wo üblicherweise vom Boot aus geangelt wird. Sehr häufig kommt hier auch der Aal vor, als beste Gewässer gelten die großen Flüsse sowie die kleinen, nahrungsreichen Tieflandseen. Karpfenartige Fische schließlich finden sich im ganzen Land, doch die besten Fangmöglichkeiten hat man im südöstlichen Landesteil.

Meerangeln: Meerangeln darf man, wo man will, Lizenz und Angelschein sind nicht erforderlich. Angeln kann man mit Rute oder Handschnur vom Boot oder mit Wurfangeln von Land aus. Ruderboote kosten rund 80 NOK pro Stunde bzw. 700 NOK pro Woche, wohingegen Boote mit Außenborder rund 50–70 % teurer sind.

Bergsteigen

Die norwegische Gebirgswelt bietet dem alpinen Kletterer Herausforderungen in allen Schwierigkeitsgraden. Die Saison geht hier von etwa Ende April bis in den September hinein, als beste Monate gelten Juli und August, obwohl sich Südwände auch im Mai schon ›problemlos‹ besteigen lassen.

Die bekanntesten Klettergebiete finden sich im Romsdal (s. S. 151), auf den Lofoten (s. S. 231ff.) sowie im Bereich der Lyngen-Alpen (s. S. 211), und sowohl im Romsdal als auch auf den Lofoten läßt die Infrastruktur nichts zu wünschen übrig: Es werden Kurse abgehalten, Besteigungen in allen Schwierigkeitsgraden durchgeführt, und auch Ausrüstungen können dort ausgeliehen werden (nur Kletterseile nicht).

Bergwandern

Wandermöglichkeiten gibt es in der Norwegischen Bergwelt auf jedem Niveau: Von den idyllischen Almgründen an der schwedischen Grenze bis zu den wilden Gebirgszügen im Westen, von den kleinen Gipfeln der Setesdalheia bis zu den weiten Ebenen der Hardangervidda und der Finnmark. Aber der Urlauber findet hier auch eine Infrastruktur, die in Europa ihresgleichen sucht: Ein dichtes Netz von hunderten Hütten und Wanderwegen (allein um Oslo wurden über 1200 km Wanderwege angelegt) erschließt alle Regionen des Landes, man kann wählen zwischen mehrstündigen Ausflügen in die Bergwildnis und mehrwöchigen Touren, ja wenn man will, kann man sogar ganz Norwegen durchwandern.

Literatur: Empfehlenswert ist das Buch ›Bergwandern in Norwegen‹ von Erling Welle-Strand, das Routen in Norwegens wichtigsten Wandergebieten beschreibt sowie ein Hüttenverzeichnis beinhaltet (zu beziehen über das Fremdenverkehrsamt; s. S. 325). ›Wanderungen in Norwegen‹ ist der Titel eines 40 Touren umfassenden Buches von Ute und Peter Freier, das das gesamte Spektrum von leichten Spaziergängen bis zu mehrtägigen Wanderungen abdeckt. Etwas für den Wander-›Freak‹ ist das Buch ›Erlebnis Fernwandern‹ von Herbert Mayr, das in sechs ausgesuchten Touren die schönsten Fernwanderwege vorstellt.

Ausrüstung: Natürlich trägt zum Gelingen einer Wanderung u. a. auch die Ausrüstung bei. Aber früher, als sich Outdoor-Bekleidung noch nicht zum Selbstzweck entwickelt hatte und kein Statussymbol war, gelangen die Wanderungen genauso gut wie heute. – Dies vorweg und nicht nur für jene, die ihre Barschaft betrachten und vor der Frage stehen: »Soll ich mir eine Ausrüstung kaufen oder wandern gehen ...?«

Tageswanderungen: Kleidung sollte möglichst weit und bequem sein, warme Sachen und ein Regenschutz gehören ebenfalls ins Gepäck. Ohne adäquates Schuhwerk geht es nicht, und wer in Norwegen wandern will, ist nur mit (eingelaufenen) Berg- oder Trekkingschuhen gut beraten. An Kleinutensilien seien Karte und Kompaß genannt, eventuell ein Signalgerät (Leuchtpistole), Höhenmesser und Feldstecher. Natürlich Ersatzschnürsenkel, Toilettenpapier, Taschenmesser, Sonnenbrille, Plastiktüten für den Picknickmüll, nicht zu vergessen eine Erste-Hilfe-Ausrüstung sowie Anti-Mückenmittel, von dem manches Mal das Gelingen der Wanderung abhängig sein kann. Wasser-Entkeimungsmittel sind in Norwegen völlig überflüssig, und damit das Wasser in Seen und Flüssen möglichst wenig belastet wird, sollte – wer Seife etc. mitnimmt – alkalifreie Produkte bevorzugen. In ihrer Länge möglichst variierbare Skistöcke entlasten die Knie beim Abstieg ganz ungemein, helfen beim Aufstieg Kraft sparen und bieten auch bei Flußüberquerungen eine wichtige Hilfe. Zudem sollte man Proviant nicht vergessen.

Mehrtageswanderungen: Zu den Punkten Kleidung, Schuhe, Kleinutensilien und Skistöcke gilt im großen und ganzen das gleiche wie oben beschrieben. Kleidung zum Wechseln ist sinnvoll, aber will man das Gewicht niedrig halten, reicht es aus, nur Hose oder Shorts und ein T-Shirt plus Pullover zusätzlich mitzunehmen.

Wer nicht in Wanderhütten, die in der Saison oft hoffnungslos überlastet sind, übernachten will, benötigt natürlich neben Ruck- und Schlafsack auch Zelt, Isomatte und Kocher. Wir würden stets einen Spiritus-Kocher bevorzugen und zwar nicht, weil er effektiver arbeitet, sondern weil der (nicht explosive) Brennstoff nahezu überall (auch in Fjellstationen) zu beziehen ist.

Planung: Unerläßlich ist gutes Kartenmaterial. Der norwegische Gebirgsverein (Adresse s. unten) hat ausführliche Übersichtkarten über die Gebirgsregionen herausgegeben (kostenlos erhältlich), und auf ihnen sind die entsprechenden Detailkarten, die Wanderhütten und die gekennzeichneten Wege mit ihrer durchschnittlichen Wanderzeit angegeben. Zusätzlich empfehlen sich topographische Karten im Maßstab 1 : 50 000, die man entweder vor Ort in Norwegen (Buchhandel) oder beim NORDIS-Versandbuchhandel bestellen kann (s. S. 326).

Als die beste **Wanderzeit** gelten die Monate zwischen Anfang Juni und Mitte September, Hochsaison herrscht vom 15. Juli bis 15. August (dann sind die Hütten oft überbelegt), aber auch ab Mitte Mai und bis Anfang Oktober kann man durchaus wandern gehen (die Hütten sind in der Regel vom 15. Februar bis 1. Oktober geöffnet).

Hütten: Das Angebot reicht von einfachen und rustikalen nicht bewirtschafteten Hütten (NB), in die man Verpflegung und Schlafsack (aber nicht das Kochgeschirr) selber mitbringen muß, über bewirtschaftete Hütten mit Selbstbedienung (SB), wo auch Proviant verkauft wird, bis hin zu bewirtschafteten Herbergen (B), in denen sogar Vollpension erhältlich ist. Verwaltet werden diese Hütten vom DNT (Adresse s. unten), bei dem man auch den zu allen verschlossenen Hütten (alle NB) passenden Universalschlüssel erhält.

Wer im DNT Mitglied ist, bekommt den Schlüssel kostenlos (sonst gegen

Pfand) und zahlt für eine Nacht in einer NB- oder SB-Hütte 110 NOK (sonst 185 NOK), in den B-Hütten sind um 155 NOK (bzw. 230 NOK) zu entrichten und auf Mahlzeiten gibt es 25 % Rabatt.

Die Mitgliedschaft kann also sehr lohnend sein, zumal man dann ›Erstrecht‹ bei der Übernachtung in allen Hütten genießt, über den aktuellen Stand der Wanderdinge im Land ständig unterrichtet wird und auch bei den geführten Wanderungen des DNT (über 200 Stück allein im Sommer) sowie bei Gletscher- und Bergsteigerkursen, Hundeschlitten- und Skitouren sowie Skikursen Preisnachlaß erhält. Diese Mitgliedschaft kostet 335 NOK pro Jahr (jedes weitere Familienmitglied 130 NOK) bzw. 150 NOK für Jugendliche unter 21 Jahren sowie Senioren über 67 Jahren.

Weitere Informationen und Anmeldeformulare bei:

Den Norske Turistforening (DNT)
Storgaten 3, Postboks 7 Sentrum
N-0101 Oslo
✆ 22 82 28 22
Fax 22 82 28 01

DNT-Vertretung in Deutschland:
Nach Norden, Helga Rahe, Drostestr. 3, 48157 Münster, ✆ 02 51/32 46 08, Fax 32 68 46. Hier kann man auch Mitglied werden (zahlbar dann in DM), erhält alle Informationen auf Deutsch und kann, gegen eine geringe Gebühr, auch Plankarten für Wanderungen abrufen.

Fahrradfahren

Für Radfahrer ist Norwegen ein Traumland, denn die Verkehrsdichte ist relativ gering, die Straßen sind in gutem Zustand, und die abwechslungsreiche Landschaft kennt nicht nur anstrengende Berg- und Tal-, sondern auch

relativ leicht zu bewältigende Wald- und Küstenstrecken. Ersatzteile kann man in Norwegen (auch für MTBs) nahezu überall erstehen, die Anreise ist problemlos im Flugzeug (kein Mehrpreis, so die Gepäck-Freigrenze nicht überschritten wird) und Zug möglich, und im Land selber kann man das Rad außerhalb der Städte auch im Bus mitnehmen, aber auch von der Eisenbahn (außer Expreßzüge) wird es befördert (30 Min. vor Zugabfahrt am Bahnhof aufgeben).

Literatur: Der Landesverband der norwegischen Radfahrer (Syklistenes Landsforening) hat eine Broschüre herausgegeben, in der über 22 Touren im ganzen Land beschrieben, auch wichtige praktische Hinweise (z. B. sind manche Tunnel für Radfahrer gesperrt) gegeben werden. Diese Broschüre kann man in Deutschland unter dem Titel ›Radwandern in Norwegen‹ (von Sissel Jenseth) über den Buchhandel beziehen. Als weitere Standardwerke für Radwanderer gelten ›Norwegen per Rad‹ (Frank Pathe) sowie ›Wildes Norwegen‹ (Herbert Mayr), die in Deutschland ebenfalls im Buchhandel erhältlich sind.

Fisch-/Walsafaris

Die Zahl der Boote, die an der norwegischen Küste zwischen dem Skagerrak im Süden und der Barentssee im hohen Norden täglich zum **Hochseeangeln** raustuckern, dürfte dreistellig sein, und kein Fischerdorf, in dem nicht mindestens ein halbes Dutzend Skipper darauf warten, mit den Touristen hinauszufahren und ihnen beim Fang ein bißchen unter die Arme zu greifen; eine 4-stündige Tour inklusive Angelausrüstung kostet zwischen 200 und 250 NOK.

Auch **Pottwal-Safaris** werden organisiert, und zwar von den Vesterålen aus (s. S. 247): Es wird eine ›Trefferquote‹ von 90 % garantiert, denn die Skipper kennen den genauen Verlauf der Walzugstraße auf dem offenen Nordmeer, über die alljährlich ein fester Stamm von gut 100 Pottwalen zieht.

Für **Schwertwal-Safaris** bietet sich der Tysfjord südlich von Narvik an. Im Rahmen der 5 Std. dauernden Bootsfahrten können dort oft hunderte ›Killerwale‹ beobachtet werden. Informationen über **Salten Reiselivslag**, Postboks 224, N-8201 Fauske, ✆ 75 64 33 03, Fax 75 64 32 38.

Gletscherwandern/-kurse

Eine Gletscherwanderung kann zwar ein großartiges Erlebnis sein, aber kalkulierbar sind die damit verbundenen Risiken nur, wenn man mit einem ortskundigen Führer geht, denn die norwegischen Gletscher wandern jährlich um bis zu 2 m. Die Spalten können daher mehrere Meter lang und oft bis über 40 m tief sein, und oft genug sind sie mit Schnee bedeckt und daher nicht sichtbar. Wer alleine geht, riskiert sein Leben!

Der bekannteste Gletscher Norwegens ist der Jostedalsbreen (s. S. 138), gleichzeitig der größte von Festland-Europa. Während der Sommersaison werden im Bereich seiner Seitenarme täglich Touren organisiert und Gletscherkurse abgehalten. So insbesondere vom Jostedalen Gletscherzentrum (s. S. 140) aus (auf den Nigardsbreen) sowie von der Flatbrehytta (s. S. 141). Weitere Ausgangspunkte für geführte Gletscherwanderungen im Gebiet von Jostedalsbreen/Jotunheimen sind Glitterheim, Spiterstulen, Juvasshytta (s. S. 143) sowie die Sognefjell Turishytta (s. S. 144). Im Bereich der Hardangervidda werden Gletschertouren auf dem Hardangerjøkul arrangiert (Informationen über das Touristenbüro in Geilo; s. S. 277), und im hohen Norden ist besonders der Svartisen (s. S. 196f., 199) bei Gletscherwanderern beliebt.

Golf

In Norwegen gibt es mittlerweile über 3 Dutzend Golfplätze (11 mit 18, 16 mit 9 und 11 mit 6 Löchern), die Saison währt von Mitte Mai bis September. Die Gastgebühr liegt zwischen 150 und 250 NOK/Tag, aber nicht auf allen Plätzen können Golfausrüstungen gemietet werden. Ausführliche Informationen sind zu beziehen über **Norges Golfforbund**, Postboks 163 Lilleaker, N-0216 Oslo, ✆ 22 73 66 20.

Kanu/Kajak

Mit seinen unzähligen Fjorden, Seen und Flüssen ist Norwegen auch für diese Sportarten eines der abwechslungsreichsten und beliebtesten Länder Europas. Østfold etwa ist für idyllische Kanutouren geradezu prädestiniert, denn dort ermöglichen Flüsse, Seen und Kanäle lange, zusammenhängende Fahrten, und insbesondere der Halden-Kanal (s. S. 156.) läßt hier keine Wünsche offen. Ansonsten findet man auch auf den Seen und Kanälen Telemarks optimale Möglichkeiten, und eine Fahrt auf dem 110 km langen Telemark-Kanal (s. S. 77), der in beiden Richtungen befahrbar ist, gehört zum Schönsten, was Norwegen dem Paddler zu bieten hat. Der Femund-See (s. S. 165) gilt als eines der großen Kanu-Eldorados von Europa; im hohen Norden hat sich u. a. der Reisaelv (s. S. 212) einen Namen gemacht. Kanuverleih gibt es in vielen

Landesteilen, auch organisierte Touren werden durchgeführt. Empfehlenswert ist der ›Kanuführer Femund-See und Røa‹ von Norbert Wehrmann (über NORDIS Buch- und Landkartenhandel zu beziehen, s. S. 326).

Passionierte Wildwasserfahrer sollten sich an **Norges Kajakkforbund** (Hauger Skolevei 1, 1351 Rud, ✆ 67 15 48 23) wenden, der das auf norwegisch und englisch erhältliche Buch ›Elvepadling‹ (Wildwasserfahren) von Nils Flakstad/Leif Ongstad herausgibt, in dem 62 Tourenbeschreibungen für die meisten Flüsse Süd-Norwegens gegeben werden (das Buch ist in Deutschland ebenfalls über NORDIS zu beziehen).

Um das Meer zu befahren, benötigt man ein Seekajak, doch Seekajak-Verleih gibt es – abgesehen von den Lofoten (s. S. 231ff.), einem der besten Seekajak-Reviere Europas – bislang so gut wie nicht an Norwegens Küsten, so daß man sein eigenes Gefährt mitbringen muß. Die in Mode gekommenen aufblasbaren Kanus sind für norwegische Gewässer vollkommen ungeeignet, wenn nicht lebensgefährlich, da sie sich über jeder kleinen Welle durchbiegen und dem Wind eine große Angriffsfläche bieten. Ideal ist dagegen ein den Eskimobooten nachgebauter Seekajak. Seekajak-Fahrern sei der ›Kanuführer Sognefjord‹ von Klaus Hartmann empfohlen (2 Bde., über NORDIS zu beziehen, s. S. 326).

Luftsport

Informationen über Drachenfliegen, Fallschirmspringen, Segelfliegen, Paragliding etc. kann man abrufen beim Dachverband **Norsk Aeroclub**, Møllesvingen 2, 0854 Oslo, ✆ 23 10 29 00, Fax 23 10 29 01.

Rafting/Wildwasserfahren

Die wilden norwegischen Gebirgsflüsse sind geradezu prädestiniert für diese relativ junge Sportart, die wesentlich ungefährlicher ist, als es den Anschein hat – zumindest, wenn man mit erfahrenem Führer und entsprechender Ausrüstung startet. Vorkenntnisse sind dann nicht erforderlich, höchstens eine Portion Mut. Durchgeführt werden solche Raftings mit großen Gummischlauchbooten, und Anbieter finden sich u. a. in Dagali (s. S. 107), Vågåmo (s. S. 124), Trysil (s. S. 163), Otta (s. S. 178).

Reiten

In Süd-Norwegen gibt es zahllose Reitzentren, wo man die Vierbeiner stunden- oder tageweise ausleihen, auch an Kursen sowie an organisierten Tages- oder Wochentouren teilnehmen kann. Weitere Informationen sowie eine Auflistung aller Reitschulen kann man abrufen beim **Norsk Rytterforbund**, Hauger Skolevei 1, 1351 Rud, ✆ 67 58 88 00.

Segeln/Bootstourismus

Nur wenige Länder auf der Erde besitzen eine Küste, die sich ähnlich gut für Wassersport jeder Art eignet, wie Norwegen, wo meistens dichte Schärengärten einen Schutz vor dem offenen Meer bieten und sich nicht zuletzt tausende Fjorde tief ins Land hineinziehen. Ausgezeichnetes Kartenmaterial zu bekommen, ist kein Problem (s. u.), auch gibt es landesweit insgesamt rund 120 Gästehäfen (Preise für die jeweiligen Anleger 20–100 NOK), die Zollformalitäten bei Bootseinfuhr sind schnell erledigt, und auch wer vor Ort ein Boot, wenn nicht eine Yacht chartern will, mit oder ohne Skipper, oder wer an Segeltörns auf historischen Schiffen interessiert ist, findet hier alles zum Besten. Alle erforderlichen Seekarten erhält man über den norwegischen Buchhandel oder direkt bei **Norges Sjøkartverk**, Postboks 60, N-4001 Stavanger, ✆ 51 85 87 00, Fax 51 85 87 01.

Ausführliche Informationen bietet die **Kongelig Norsk Seilerforening**, Huk Aveny 3, N-0287 Oslo.

Eine Auflistung und Beschreibung aller Häfen mit ausführlichen Informationen offeriert das über das Norwegische Fremdenverkehrsamt zu beziehende Buch ›Gästehäfen in Norwegen‹. Als Führer für Sportschiffer versteht sich das Buch ›Norwegen von Oslo bis Bergen‹ von Jan Werner, und das 28 Seiten dicke Merkblatt ›Bootssportführer Norwegen‹ des Norwegischen Fremdenverkehrsamtes (s. S. 325) bietet alle Informationen, die Sportschiffer benötigen.

Sommerski

Wer immer schon mal mit freiem Oberkörper oder im Bikini auf die Loipe oder die Abfahrtspiste gehen wollte – in Norwegen ist es möglich. Die besten Verhältnisse für alpinen und nordischen Skisport findet man sommers auf dem Sognefjell (s. S. 144) sowie im Bereich des Galdhøpiggen, wo sogar ein Sommerskizentrum eingerichtet wurde (s. S. 143). Des weiteren bietet sich insbesondere die Valdresflya an. Über dortige Verleihstationen etc. kann man sich im Touristenbüro von Fagernes (s. S. 275) ausführlich informieren.

Tauchen

Die norwegische Küste mit ihren äußerst klaren, sauberen und fischreichen Gewässern gilt als eines der besten Tauchreviere Europas. Im gesamten Küsten- und Schärengebiet Süd- und West-Norwegens finden sich entsprechend zahlreiche Taucherzentren (Dykkersenter), die Kurse anbieten, Ausrüstung verleihen und Flaschen auffüllen. Die berühmtesten Tauchreviere des Landes aber liegen vor den Lofoten (s. S. 231ff.), wo ebenfalls eine außerordentlich gute Infrastruktur vorhanden ist.

Ausführliche Informationen bekommt man über **Norges Dykkerforbund**, Hauger Skolevei 1, N-1351 Rud, ✆ 67 56 88 00.

Vogelbeobachtung

Zu den bekanntesten Vogelrevieren Norwegens zählen die 22 Vogelfelsen des Landes (s. S. 222f.), die mit die größten Seevogelkolonien der Welt überhaupt besitzen und teilweise sogar außerordentlich leicht zu erreichen sind.

So auch die Insel Runde (s. S. 222), das größte Seevogelparadies Norwegens südlich des Polarkreises. Sie ist durch eine Brücke mit dem Festland verbunden. Auf dem Campingplatz Goksøyr erhält man alle für einen Besuch erforderlichen Informationen. Das dortige Touristenbüro **Runde Reiselivslag**, Postboks 154, N-6060 Hareid, ✆ 70 01 37 90, bietet ebenfalls erschöpfende Auskünfte.

Im Norden sind es insbesondere die großen Vogelfelsen von Røst und Værøy (beide zum Lofot-Archipel gehörig), die sich für einen Besuch anbieten (s. S. 240f.).

Aber auch im Binnenland findet der Vogelinteressent zahlreiche lohnende Naturreservate. Insbesondere das direkt an die E 6 angrenzende Fokstumyra (s. S. 180) auf dem Dovrefjell nahe Dombås sei in diesem Zusammenhang empfohlen.

Sprachkurse

Die Universität Bergen bietet alljährlich einen dreiwöchigen Norwegisch-Sprachkurs an (erste Sprachkenntnisse werden aber vorausgesetzt). Anmeldeschluß ist jeweils der 10. April.

Informationen und Anmeldung über **Sommerkurs for utenlandske norskstuderende**, Nordisk institutt, HF-bygget, Sydneplass 9, N-5007 Bergen.

Tax-free-System

Beim Kauf von Waren im Wert ab 308 NOK stellen viele Geschäfte (erkennbar an den Tax-free-Aufklebern) ›Tax-free-Schecks‹ aus, mit denen an Fähr- und Flughäfen sowie an größeren Grenzübergängen die norwegische Mehrwertsteuer von 16,67 % des Endpreises abzüglich einer Gebühr in bar zurückvergütet wird. Dabei muß man seinen Wohnsitz außerhalb Skandinaviens haben, einen Paß oder Personalausweis vorlegen, die Ware darf vor der Ausreise nicht in Gebrauch genommen und muß spätestens vier Wochen nach Kauf ausgeführt werden.

Auskünfte erteilt **Global Refund Norge**, Postboks 48, N-1345 Østerås, ✆ 67 14 99 01, Fax 67 14 97 84.

Telefonieren

Auslandsgespräche im Selbstwählverkehr können entweder von den Telegrafenämtern aus geführt werden oder von den Telefonhäuschen, die in schönstem Rot erstrahlen. Die Münzfernsprecher akzeptieren 1- und 5-NOK-Stücke und – die neuesten – auch 10- und 20-NOK-Stücke; ansonsten finden sich heutzutage auch mehr und mehr Kartentelefone (Karten gibt es u. a. in Kiosken zu kaufen). Die Gebühren halten sich mit denen in Deutschland in etwa die Waage (1 Min. in die BRD ca. 1,80 NOK).

Eine mehrsprachige Bedienungsanleitung (auch auf deutsch) findet sich üblicherweise in jeder Telefonkabine, und in fast allen Telefonzellen besteht auch die Möglichkeit, sich anrufen zu lassen (die entsprechende Nummer ist auf dem Telefon angegeben). Für Auslandsgespräche wählt man erst einmal die 00, gefolgt von der Vorwahlnummer des Landes (Bundesrepublik Deutschland 49, Schweiz 41, Österreich 43), dann die Ortskennzahl ohne die 0, schließlich die Teilnehmerzahl.

Will man nach Norwegen anrufen, muß die Landeskennziffer 47 vorgewählt werden; davor kommt die Nummer, die mit dem Ausland verbindet (in Deutschland ist das die 00), danach die achtstellige Telefonnummer (in Norwegen gibt es keine Ortsvorwahlen mehr).

Trinkgeld

Trinkgelder sind in Norwegen zwar nicht üblich, weil neben der Mehrwertsteuer auch die Bedienung bereits im Endbetrag enthalten ist, aber kleine Aufrundungen werden überall gerne entgegengenommen. Insbesondere im Restaurant hat es sich eingebürgert, die Summe aufzurunden. Taxifahrer erwarten rund 10 %, da ein Extraeinkommen in dieser Höhe vom Finanzamt automatisch angesetzt wird.

Unterkunft

Ob Sie sich in einem altehrwürdigen Hotel aus der Zeit der Belle Epoque dem Luxus hingeben oder auf einem Bauernhof die Freuden des einfachen Lebens genießen wollen, ob Sie in Privat-, Pensionszimmern oder lieber in Jugendherbergen nächtigen möchten, ob Sie die Freiheit eines eigenen Ferienhauses suchen oder Ihr Urlaubsglück eher auf Campingplätzen, wenn nicht mitten in der freien Natur finden möchten: Norwegen macht's möglich.

Wer sich über alle Unterkunftsmöglichkeiten und die zahlreichen Spezialtarife ausführlich informieren will, sollte das Norwegische Fremdenverkehrsamt kontaktieren (Adresse s. S. 325) und die Informationspakete ›Hotelangebote‹, ›Camping und sonstige Übernachtungsmöglichkeiten‹ sowie ›Ferienhäuser‹ abrufen.

Hotels

Die Bezeichnung Hotel ist in Norwegen ein gesetzlich geschütztes Gütezeichen, das an Betriebsführung und Ausstattung hohe Anforderungen stellt. Auf diese Art und Weise ist gewährleistet, daß ein Unternehmen zahlreiche Mindestansprüche befriedigt, weshalb der Standard der norwegischen Hotels entsprechend hoch ist.

Das gleiche hohe Niveau haben auch die Preise außerhalb der Saison, wenn vorwiegend Geschäftsleute unterwegs sind. 300 oder 400 DM für ein Doppelzimmer sind dann durchaus normal, und gäbe es keine Rabattsysteme während der Sommermonate, so würden die Hotels in dieser Zeit wahrscheinlich vollkommen verwaist dastehen.

Am flexibelsten reist man mit dem Rabattsystem **Fjord Pass** (75 NOK für zwei Erwachsene und deren Kinder unter 15 Jahren; gültig vom 1. 5.–30. 9.), der in 235 Hotels, Pensionen und Gasthöfen akzeptiert wird und den Übernachtungspreis um 120–250 NOK pro Tag reduziert. Weitere Informationen erhält man beim Fremdenverkehrsamt (s. S. 325).

Aus der Pionierzeit des Tourismus, als das Reisen noch ein rein aristokratisches Vergnügen war, sind in Norwegen einige einzigartig schöne Beherbergungsbetriebe erhalten. 16 haben sich unter der Bezeichnung **De Historiske Hotel** organisiert. Stets finden sich diese Belle Epoque-Häuser in landschaftlich herausragender Lage, alle Häuser bieten historisches Ambiente und modernen Komfort zu Preisen, die in Anbetracht des Gegenwertes außerordentlich moderat sind. Informationen und zentrale Buchung über **De Historiske Hotel**, Postboks 1940, N-5817 Bergen, ✆ 55 31 57 40, Fax 55 31 91 01.

Die dichteste Konzentration an ›Historischen Hotels‹ findet sich zwischen Bergen und Lom, in der alten Hansestadt bieten sich gleich zwei solcher Häuser an: **Hotel Park Pension** und **Grand Hotel Terminus**. In Voss befindet sich das altehrwürdige **Fleischer's Hotel,** als allerbeste Adresse im Königreich gilt **Kvikne's Hotel** in Balestrand. Am Lustrafjord in Solvorn lädt das **Walaker Hotel** ein, und in Lom schließlich das rustikale **Fossheim Turisthotell**.

Ferienhäuser

Hytteferie ist die traditionelle Art des Urlaubmachens in Norwegen, und wer als ausländischer Tourist von dieser gleichermaßen romantischen und praktischen, recht komfortablen wie günstigen Alternative Gebrauch machen will, sollte sich rechtzeitig an ein Vermittlungsbüro wenden.

Feriehytter gibt es überall im Land, sie bestehen üblicherweise aus Küche, mehreren Schlafzimmern, WC und Wohnzimmer (meist mit Kamin), die Preise liegen zwischen etwa 450 und 2000 DM pro Woche – je nach Ausstattung, Lage, Mietdauer und -zeitpunkt; eine durchschnittliche Hütte für 4–6 Personen ist in der Hochsaison durchaus schon für etwa 700 DM pro Woche zu haben.

Buchen kann man Ferienhäuser entweder durch ein Reisebüro in Deutschland oder – meist wesentlich günstiger – direkt bei einem Vermittlungsbüro (Katalog anfordern):

Norsk Hytteferie, Boks 3404 Bjølsen, N-0406 Oslo, ✆ 22 35 67 10, Fax 22 71 94 13 (über 1000 Hütten von der Südküste bis zum Nordkap).

Fjordhytter, Lille Markev. 13, N-5001 Bergen, ✆ 55 23 20 80, Fax 55 23 24 04 (über 800 Hütten im Großraum West-Norwegen).

In Deutschland kann man beide Prospekte bestellen über ✆ 04 31/97 04 94, Fax 97 04 96.

Rorbuferie

Ferien in einer *rorbuer* (wörtlich: Wohnstätte für die Ruderer), einer einst für die Lofot-Fischer eingerichteten Hütte (s. S. 243), erfreuen sich allergrößter Beliebtheit im Lofoten- und Vesterålen-Archipel sowie auch an vielen anderen Küstenstrichen in Nord-Norwegen. Rot gestrichen sind diese aus Holz gebauten Unterkünfte fast alle, alle stehen am Meer, aber längst nicht mehr unbedingt auf Pfählen darin, wie traditionell üblich. Von der Ausstattung her können sie denkbar einfach bis überaus kom-

fortabel sein, und entsprechend variieren auch die Preise von ca. 300 NOK (2–4 Personen) bis 1500 NOK/Nacht (8 Personen); ein Ruderboot ist meist inklusive.

Ein komplettes Rorbu-Verzeichnis kann man beim Norwegischen Fremdenverkehrsamt (s. S. 325) abrufen. Für den Sommer ist in jedem Fall rechtzeitiges Reservieren unbedingt zu empfehlen.

Gasthäuser, Pensionen etc.

Unterkünfte, die sich nicht als Hotel bezeichnen dürfen, können in Norwegen unterschiedliche Namen tragen. Etwa *Pensjon* (Pension), *Gjestgiveri* (Gasthaus), *Hospits* (Hospiz), *Turistheim, Gjestgård* oder *Gård* (Gasthof) sowie – meist im Gebirge – *Fjellstue* (Bergstube), *Seter* (etwa: Almhütte). Allen gemeinsam ist, daß sie weniger Komfort bieten als Hotels (aber dennoch durchaus von hohem Standard sein können) und natürlich preislich auch günstiger sind (im Durchschnitt um 400–600 NOK/Doppelzimmer). Die Zimmer sind üblicherweise mit Dusche und Bad ausgestattet, Mahlzeiten (das Frühstück ist oft inklusive) können, müssen aber nicht unbedingt angeboten werden.

Die günstigsten Unterkünfte verbergen sich hinter Aufschriften wie *Rom, Overnatting* oder *Værelser* – allesamt Umschreibungen für private Übernachtungsmöglichkeiten –, und während der Saison ist es nie ein Problem, an den Hauptstraßen solche Schilder auszumachen. Aber auch in den lokalen Touristenbüros kann man in aller Regel Adreßlisten abrufen, in denen die Privatquartiere (durchschnittlich um 250–300 NOK/Doppelzimmer) aufgeführt sind.

Jugendherbergen

Die Familien- und Jugendherbergen von Norwegen, Wanderheim *(vandrerhjem)* genannt und jedem offen stehend (unabhängig von Mitgliedschaft oder Alter), stellen mit Preisen zwischen 80–190 NOK (6-Bett-Zimmer) und 180–220 NOK (Doppelzimmer mit Bad/WC) recht günstige Unterkünfte dar. Landesweit gibt es rund 100 dieser modern und stets in schöner Lage eingerichteten Häuser (oft mit einem großen Aktivitätsangebot). In den meisten bekommt man auch günstige warme Mahlzeiten serviert (Frühstück 40–60 NOK, Hauptmahlzeit 60–120 NOK), mitunter entspricht der Komfort dem eines Mittelklassehotels, und die Atmosphäre ist international. Mitglieder von Jugendherbergsverbänden erhalten eine Ermäßigung von 20 NOK, Kinder unter 3 Jahren übernachten kostenlos, und Kinder zwischen 4 und 15 Jahren erhalten 50 % Rabatt (auch auf Mahlzeiten). Weitere Informationen bei **Norske Vandrerhjem**, Dronnigensgate 26, N-0154 Oslo, ✆ 22 42 14 10, Fax 23 13 93 50.

Ferien auf dem Bauernhof

Ferien auf dem Bauernhof ist wohl die beste Art, Einblicke in norwegische Traditionen und Lebensweisen zu nehmen, mit Norwegern in Kontakt zu kommen. Die Auswahl der zur Verfügung stehenden Objekte reicht von kleinen Almen bis hin zu großherrschaftlichen Traditionshöfen, und einziger Vermittler solcher Ferien in Norwegen ist Norsk Bondegårdsferie. Der Katalog ›Norwegische Bauernhofferien‹ bietet eine komplette Beschreibung von rund 130 Höfen und ist zu beziehen über **Norsk Bondegårdsferie**, Hadelandsveien 169, Postboks 99, N-1482 Nittedal, ✆ 67 07 23 83, Fax 67 07 22 65 und **Polarkreis Reisebüro**, Bahnstr. 18, D-46535 Dinslaken, ✆ 0 20 64/5 53 96, Fax 0 20 64/1 36 04.

Camping/Campinghütten

Über 1500 klassifizierte Campingplätze laden landesweit zu Camping und Caravaning ein. Den meisten Anlagen sind mehrere 2–4-Bett-Holzhütten angeschlossen, die zwar schlicht eingerichtet sind (Bettzeug ist in der Regel selber mitzubringen), aber auch Reisenden ohne spezielle Ausrüstung die Benutzung der Campingplätze für relativ wenig Geld ermöglichen (etwa 300–500 NOK pro Hütte). Die Campgebühren halten sich in erstaunlichen Grenzen, denn rund 80–150 NOK für ein Wohnmobil inkl. vier Personen auf einem Mittelklasse-Platz ist wesentlich weniger als z. B. in vermeintlichen Billigländern Südeuropas pro Nacht verlangt wird.

Je nach Ausstattung des Campingplatzes trägt er ein bis fünf Sterne: Ein Stern steht für Basiskomfort (WCs und Waschgelegenheiten müssen vorhanden sein), zwei Sterne garantieren das Vorhandensein von Wasch- und Duschräumen sowie solchen zum Wäschewaschen und Bügeln, und drei Sterne schließlich bedingen zusätzlich auch warmes Wasser in Duschen und Waschbecken, Aufenthaltsraum, Kochgelegenheit, Telefon, Lebensmittelverkauf, ständige Aufsicht. Weitere Sternchen stehen für zusätzliche Einrichtungen.

Zeit

Norwegen hat – wie Mitteleuropa – die MEZ und auch die Sommerzeit (28. 3.–21. 9.).

Zeitungen

Deutschsprachige Zeitungen und Zeit-
schriften (meist Welt, Süddeutsche, Zeit,
Bild, Spiegel, Stern, diverse Frauenzeit-
schriften) kann man während der Saison
(Mitte Juni bis Mitte August) an den
größeren Kiosken des Landes finden.

Kleiner norwegischer Sprachführer

In Norwegen gibt es, vom Samischen
abgesehen, zwei Sprachen: Nynorsk
und Bokmål. Beide wurden 1985 als
Norwegens offizielle Schriftsprachen
anerkannt. Während die Landbevölke-
rung vor allem die im 19. Jahrhundert
kreierte ›Kunstsprache‹ Nynorsk spricht,
halten es Wirtschaft, Verwaltung, Literatur und Presse mit dem aus dem Dänischen hervorgegangenen Bokmål.

Zur Zeit benutzten 16 % der Bevölkerung Nynorsk und ca. 84 % Bokmål,
weshalb öffentliche Formulare und
Fragebogen stets zweisprachig sind,
man den Namen des Landes als *Norge*
(Bokmål) oder *Noreg* (Nynorsk) auf
Briefmarken lesen kann.

Aussprache/Betonung – Bokmål

Die Vokabeln kennen ist eine Sache, sie
richtig auszusprechen und zu betonen
eine andere. Da sind zunächst die
Vokale, die wie im Deutschen ausgesprochen werden, **o** aber meist wie ›u‹,
und **u** wie ›ü‹.

Außerdem kennt die norwegische
Sprache zusätzliche Buchstaben, **å** und
Å (gesprochen o), **æ** und **Æ** = ä sowie **ø**
und **Ø** = ö.

Mit den Konsonanten ist es etwas
schwieriger:

– **d** ist stumm vor s und nach n sowie l
  und als Endkonsonant nach r und l
– **g** wird vor i und y wie ›j‹ ausgesprochen
– **gj** wird wie ›ja‹ ausgesprochen
– **h** vor j und v ist stumm
– **k** vor i und y wird wie ›ch‹ ausgesprochen
– **kj** ebenfalls wie ›ch‹, nach Vokalen
  hingegen wie ›i‹, sonst wie ›j‹
– **s** ist stimmlos
– **sk** wird vor i und j wie ›sch‹ ausgesprochen
– **sj** sowie skj wird stets wie ›sch‹ ausgesprochen
– **tj** ist gleich ›tsch‹
– **v** wie ›w‹

Wörterbuch (s. auch S. 322)

Zahlen

eins	en
zwei	to
drei	tre
vier	fire
fünf	fem
sechs	seks
sieben	syv
acht	åtte
neun	ni
zehn	ti
elf	elleve
zwölf	tolv
dreizehn	tretten
vierzehn	fjorten
fünfzehn	femten
sechzehn	seksten
siebzehn	sytten
achtzehn	åtten
neunzehn	nitten
zwanzig	tjue
fünfundzwanzig	tjuefem
dreißig	tretti
vierzig	førti
fünfzig	femti
sechzig	seksti

siebzig	sytti
achtzig	åtti
neunzig	nitti
hundert	hundre
hundertfünfzig	hundreog femti
zweihundert	to hundre
tausend	tusen
zweitausend	to tusen

Zeitbegriffe

Montag	mandag
Dienstag	tirsdag
Mittwoch	onsdag
Donnerstag	torsdag
Freitag	fredag
Samstag	lørdag
Sonntag	søndag
Januar	januar
Februar	februar
März	mars
April	april
Mai	mai
Juni	juni
Juli	juli
August	august
September	september
Oktober	oktober
November	november
Dezember	desember
Frühling	vår
Sommer	sommer
Herbst	høst
Winter	vinter
Sekunde	sekund
Minute	minutt
Stunde	time
Tag	dag
Woche	uke
Monat	måned
Jahr	år
Werktag	hverdag
Feiertag	helligdag

Allgemeines

| ja/nein | ja/nei |
| Entschuldigung | unnskyld |

Bitte	vær så snill
Danke	takk
Vielen Dank	Tusen takk.
Sprechen Sie Deutsch?	Snakker De tysk?
Ich verstehe nicht	Jeg forstår ikke
Mann	mann
Frau	kvinne, dame oder frue (Ehefrau) oder fru (Anredeform)
Sohn/Tochter	sønn/datter
Wie heißen Sie	Hva heter du?
Mein Name ist …	Jeg heter …
Hallo	hei
Guten Tag	god dag
Guten Abend	god aften
Gute Nacht	god natt
Auf Wiedersehen	farvel, adjø, på gjensyn

Rund ums Fahrzeug

Wie komme ich nach …	Hvordan kommer jeg til …?
Wieviele Kilometer sind es bis …?	Hvor mange kilometer er det til …?
Wo ist die nächste Tankstelle	Hvor er nærmeste bensinstasjon?
Bitte volltanken	Full tank, takk
Zeigen Sie mir das bitte auf der Karte	Vil De vise meg på kartet
Wie weit ist das	Hvor langt er det?
Darf ich hier parken	Kan jeg parkere her?
Es ist ein Unfall passiert	Det er sjedd et uhell
Mein Auto hat eine Panne	Bilen har en motorskade
Der Motor springt nicht an	Motoren vil ikke starte
Mein Auto hat eine Reifenpanne	Bilen har punktert
links	til venstre
rechts	til høyre
Bilverksted	Autoreparaturwerkstatt
Blindvei	Sackgasse

Bomvei	Mautstraße
Dårlig veidekke	Schlechte Fahr-bahn
Enveiskjøring	Einbahnstraße
Fartsgrense	Geschwindigkeits-begrenzung
Forbudt	Verboten
Forbikjøring forbudt	überholen ver-boten
Gjennomkjøring forbudt	Durchfahrt ver-boten
Innkjørsel	Einfahrt
Kjør sakte	Langsam fahren
Lekeplass	Kinderspielplatz
Livsfare	Lebensgefahr
Omkjøring	Umleitung
Privat vei	Privatweg
Rett fram	Geradeaus
Sperret	Geschlossen
Stopp	Halt
Stopp forbudt	Halten verboten
Svake kanter	Fahrbahnrand nicht befahrbar
Toll	Zoll
Veiarbeid	Baustelle

Arzt/Apotheke

Arzt	lege
Apotheke	apotek
Chirurg	kirurg
Frauenarzt	kvinnelege
Hals-, Nasen-, Ohrenarzt	øre-, nese-, hals-spesialist
Internist	indremedisiner
Kinderarzt	barnelege
Unfallstation	legevakt
Zahnarzt	tannlege
Erste Hilfe	førstehjelp
Wo ist hier eine Apotheke	Hvor er det et apotek?
Ich habe ein Rezept	Jeg har en resept
Ich möchte ...	Jeg vil gjerne ha ...
ein Beruhigungs-mittel	et berolingende middel
ein Hustenmittel	et middel mot hoste
ein Schlafmittel	et sovemiddel
ein Mittel gegen Durchfall	et middel mot diare
Erkältung	forskjølelse
Halsschmerzen	halssmerter
Kopfschmerzen	hodepine
Zahnschmerzen	tannverk
Antibabypille	p-pille
Antibiotikum	antibiotika
Binde	bind
Hustensaft	hostesaft
Kamille	kamille
Magentropfen	magedråper
Pflaster	plaster

Wetterbericht

Hvordan blir været i dag	Wie wird das Wetter heute?
Det blir pent/dårlig vær	Es gibt schönes/schlechtes Wetter
Det er kaldt	Es ist kalt
Det er varmt	Es ist warm
Det regner	Es regnet
Sola skinner	Die Sonne scheint
Det blåser	Es ist windig
skyet	bewölkt
is	Eis
frost	Frost
uvær	Gewitter
hagl	Hagel
hete	Hitze
klima	Klima
luft	Luft
tåke	Nebel
regn	Regen
snø	Schnee
sol	Sonne
soloppgang	Sonnenaufgang
storm	Sturm
temperatur	Temperatur
værmelding	Wetterbericht
skyd	Wolke

Post

| Wo ist das nächste Postamt | Hvor er nærmeste postkontor? |

Wo ist ein Briefkasten	Hvor er det en postkasse?
Wo ist die nächste Telefonzelle	Hvor er nærmeste telefonkiosk?
Absender	avsender
Adresse	adresse
Ansichtskarte	prospektkort
Brief	brev
Briefmarke	frimerke
Briefumschlag	konvolutt
Drucksache	trykksak
Einschreiben	rekommandert brev
Empfänger	motakker
Formular	blankett
Gebühr	gebyr
Gewicht	vekt
Luftpost	luftpost
Paket	pakke
postlagernd	poste restante
Telefon	telefon
Telegramm	telegram
Vermittlung	formidling

Herberge

Wo ist eine gute Pension	Hvor er et godt pensjonat?
Haben Sie ein freies Zimmer	Har du et ledig værelse?
Ich habe ein Zimmer bestellt	Jeg har bestilt et værelse
Kann ich das Zimmer ansehen	Kan jeg fåse på rommet?
Ich bleibe eine Nacht (... Tage, ... Wochen)	Jeg blir en natt (... dager, ... uker)
Wieviel kostet das Zimmer je Tag/ Woche	Hvor mange koster rommet per døgn/uker?
Einzelzimmer	enkeltrom
Doppelzimmer	dobbeltrom
Dusche	dusj
Balkon	balkong
mit	med
ohne	uten
Toilette	toalett

Einkaufen

Wo haben Sie ...	Hvor har du ...?
Wieviel kostet ...	Hvor mange koster ...?
Das gefällt mir (nicht)	Dette liker jeg (ikke)
Geben Sie mir ...	Gi meg ...
Das ist zu ...	Det er for ...
teuer	dyrt
klein	lite
groß	stort
kurz	kort
lang	langt
Ich möchte gerne ... kaufen	Jeg vil gjerne kjøpe ...
Brot	brød
Schwarzbrot	dansk Rugbrød
Fladenbrot	flatbrød
Knäckebrot	Knekkebrød
Weißbrot	loff
Brötchen	rundstykke
Käse	ost
Milch	melk
Sauermilch	surmelk
Saure Sahne (35%)	seter-rømme
Saure Sahne (20%)	lett-rømme
Sahne	fløte

Öffentliche Verkehrsmittel

Abfahrt	avgang
Ankunft	ankomst
Bahnhof	stasjon
Fahrkarte	billett
Kinderfahrkarte	barnebillett
Rückfahrkarte	returbillett
Erste Klasse	første klasse
Nichtraucher	ikke-røkere
Taxi	drosje
Bus	buss
Haltestelle	stoppested
Zug	tog
Bahnhof	stasjon
Flugzeug	fly
Flughafen	flypass
Schiff	skip
Fähre	ferje

Hafen	havn
Wie komme ich zum Bahnhof (Hafen, Flughafen)	Hvordan kommer jeg til stasjonen (havn, flypass)?
Wohin wollen Sie	Hvor skal de hen?
Ich will nach ...	Jeg skal til ...
Welcher Bus geht nach ...	Hvilken buss går til ...?
Welches ist die beste Verbindung nach ...	Hva er den beste forbindelsen til ...?
Wann fährt der Zug nach ...	Når går neste tog til ...?

Einmal zweiter (erster) Klasse nach	En enkelbillette andre (første) klasse till ...
Wie lange ist die Karte gültig?	Hvor lenge gjelder billetten?
Wo muß ich umsteigen?	Hvor skal jeg bytte?
Hält der Zug in ...	Stanser toget i ...?
Verzeihung, ist dieser Platz besetzt	Unnskyld, er denne plassen opptatt?
Dies ist mein Platz	Dette er min plass
Sind wir pünktlich	Er vi i rute?

Abbildungsnachweis

Archiv für Kunst und Geschichte, Berlin S. 37
dpa, Frankfurt a. M. S. 61
Udo Haafke, Ratingen S. 5 unten, 102/103, 162, 164, 206/207, 220/221
Hans Klüche, Bielefeld S. 129, 130 oben, 132, 189, 209, 249, 258/259
Gustav Kuhweide, Köln S. 23, 98/99
Knut Liese, Ottobrunn S. 2 oben, 3 unten, 13, 21, 50, 52, 61, 85, 151, 156/157, 166, 193, 201
Dirk Schröder, Kolbermoor Umschlagrückseite, S. 3 oben, 8 oben, 14, 34, 58, 89, 114, 138, 175, 186, 197, 200, 212, 214, 215, 228/229, 230, 231, 247, 254
Paul Smit – Imago, Leiden/Holland hintere Umschlaginnenklappe, S. 9, 11, 16, 51, 53 oben, 54/55, 72/73, 80, 82/83, 117, 124, 125, 146, 234/235, 244, 246
Wilkin Spitta, Loham S. 4 unten, 5 oben, 19, 36, 63, 65, 68, 69, 76, 78, 97, 110, 119, 120/121, 133, 148/149, 160/161, 170/171
Annette Ster, Kabelvåg/Norwegen Umschlagvorderseite, S. 4 oben, 6 oben, 6 unten, 8 unten, 27, 30, 38, 45, 47, 53 Mitte, 59, 62, 70/71, 90, 109, 118, 139, 150, 152/153, 172, 174, 177, 180, 181, 182/183, 185, 198/199, 203, 213, 218, 224/225, 227, 233, 243, 248, 252, 253, 256, 262
Helge Sunde, Bergen/Norwegen S. 2 unten, 7 oben, 7 unten, 28, 31, 41, 53 unten, 75, 77, 92/93, 95, 112/113, 128, 140, 142, 159, 178, 190/191, 204/205, 217, 222, 237
Andreas Werth, Celle S. 130 unten, 136, 210/211, 238

Karten und Pläne: Berndtson & Berndtson, Fürstenfeldbruck

Register

Personen

Orte

Ortsregister

355

Titelbild: Im Romsdal: Die Rauma mit dem Romdalshorn
Umschlaginnenklappe: Bergen: Blick auf Bryggen
Umschlagrückseite. Rafting in Jotunheim

Über die Autoren: Michael Möbius, geboren 1955, hat zusammen mit der Fotografin Annette Ster, geboren 1964, zahlreiche Publikationen über den südwesteuropäischen und skandinavischen Raum veröffentlicht. Seit 1991 leben beide auf den Lofoten. Bei DuMont erschienen von ihnen in der Reihe Richtig Reisen die Bände »Gran Canaria« und »Nord-Skandinavien« sowie das Reise-Taschenbuch »Südnorwegen«. Außerdem verfaßten sie den Text zum Norwegen-Bildband von Wulf Ligges.

© DuMont Buchverlag, Köln
3., aktualisierte Auflage 2000
Alle Rechte vorbehalten
Satz und Druck: Rasch, Bramsche
Buchbinderische Verarbeitung: Bramscher Buchbinder Betriebe

Printed in Germany   ISBN 3-7701-3463-X